스페인어 진짜학습지 첫걸음 부록

성취도 평가

스페인어 진짜학습지 첫걸음 부록 성취도평가

여러분의 스페인어 실력을 점검할 수 있도록, **스페인어 진짜학습지 첫걸음** 교재의 학습 진도율에 맞춰 총 4회분의 성취도평가를 제공합니다.

본편 **Día 01 ~ Día 18** 학습 완료	➡	성취도평가 ❶ 문제풀기
본편 **Día 19 ~ Día 36** 학습 완료	➡	성취도평가 ❷ 문제풀기
본편 **Día 37 ~ Día 54** 학습 완료	➡	성취도평가 ❸ 문제풀기
본편 **Día 55 ~ Día 72** 학습 완료	➡	성취도평가 ❹ 문제풀기

성취도평가 문제를 풀어 보면서
여러분의 스페인어 실력을 마지막으로 확인해 보세요!

성취도평가 ❶

스페인어 진짜학습지 첫걸음

평가 부분 본편 Día 01 ~ Día 18 학습내용   나의 점수   개 / 20개

1 ser 동사의 현재 시제 변형이 잘못된 문장을 고르세요.

① Tú eres Marcos.

② Él es Julio.

③ Yo soy Mario.

④ Usted eres Gabriela.

2 국가명과 국적 형용사가 잘못 연결된 것을 고르세요.

① Corea – coreano/coreana

② Estados Unidos – estadounidense/estadounidensa

③ España – español/española

④ China – chino/china

3 다음 한국어 문장을 스페인어로 올바르게 바꾼 문장을 고르세요.

보기   너희는 일본인이야.

① Nosotros somos japoneses.

② Ellos son japoneses.

③ Vosotros sois japoneses.

④ Nosotros sois japoneses.

4 여성명사만 나열된 보기를 고르세요.

① casa, habitación, ciudad, sal

② isla, mapa, verdad, televisión

③ gente, calle, casa, día

④ café, noche, flor, casa

5 성수일치가 잘못된 문장을 고르세요.

① Soy cantante.

② Ellos son guíos.

③ Nosotras somos profesoras.

④ Vosotros sois jefes.

6 다음 질문의 대답으로 어울리지 않는 것을 고르세요.

| 보기 | ¿Eres coreano? |

① No, soy coreano.

② Sí, soy de Corea.

③ No, no soy coreano.

④ No, soy español.

7 다음 질문의 대답으로 틀린 문장을 고르세요.

| 보기 | ¿No sois coreanos? |

① No, no somos coreanos.

② Sí, somos coreanos.

③ Sí, no somos coreanos.

④ Sí, somos de Corea.

8 다음 한국어 문장을 스페인어로 올바르게 바꾼 것을 고르세요.

> [보기]   그들은 키가 작고 금발이에요.

① Ellos son altos y rubios.

② Ellos sois bajos y rubios.

③ Ellos son bajos y rubios.

④ Vosotros sois altos y rubios.

9 다음 중 성격을 나타내는 형용사가 아닌 것을 고르세요.

① bueno

② tranquilo

③ cabezón

④ delgado

10 estar 동사의 현재 시제 변형이 잘못된 문장을 고르세요.

① Él está triste.

② Ella es emocionado.

③ Yo estoy enojado.

④ Tú estás contento.

11 다음 한국어 문장을 스페인어로 올바르게 바꾼 문장을 고르세요.

> [보기]   너는 어떤 상태야?

① ¿Cómo estás?

② ¿Cómo estoy?

③ ¿Cómo eres?

④ ¿Estás bien?

12 다음 중 성수일치가 잘못된 문장을 고르세요.

① Estamos estresados.

② ¿Estáis cansados?

③ Nosotras estamos mal.

④ Están bienes.

13 다음 중 다른 세 문장과 다른 상태를 나타내는 문장을 고르세요.

① Estoy cansado.

② Estoy muerto.

③ Estoy hecho polvo.

④ Estoy enfermo.

14 다음 문장의 빈칸에 들어갈 수 없는 단어를 고르세요.

| 보기 | Yo estoy _____. |

① en casa

② en la oficina

③ en la calle

④ Corea

15 다음 질문의 대답으로 틀린 문장을 고르세요.

> 보기
> ¿Hablas español?

① Sí, hablo un poco español.

② Sí, un poquito.

③ No, no hablo español.

④ Sí, hablo bien español.

16 다음 ar 동사들의 현재 시제 1인칭 단수 변형이 잘못된 것을 고르세요.

① cantar – canto

② bailar - bailaro

③ tocar - toco

④ cocinar – cocino

17 다음 한국어 문장을 스페인어로 올바르게 바꾼 문장을 고르세요.

> 보기
> 우리는 요리하는 것을 배워요.

① Aprendemos cocinar.

② Aprendemos a cocinar.

③ Aprendemos en cocinar.

④ Aprendemos cocinamos.

18 comer 동사의 현재 시제 변형이 잘못된 문장을 고르세요.

① Yo no como mucho.

② Tú comes mucho por la noche.

❸ Nosotros comimos carne.

❹ ¿Ustedes comen jamón?

⑲ 다음 문장의 빈칸에 들어갈 수 없는 단어를 고르세요.

| 보기 | _____ beben cerveza. |

❶ Vosotros

❷ Elena y Pablo

❸ Ustedes

❹ Ellos

⑳ 다음 문장의 틀린 부분들을 맞게 고친 보기를 고르세요.

| 보기 | Mi familia no viven a Seúl. |

❶ Mi familia viven no en Seúl.

❷ Mi familia vive no en Seúl.

❸ Mi familia no vive en Seúl.

❹ Mi familia no viven en Seúl.

성취도평가 ❶의 정답 및 해설은 28페이지를 확인하세요.

스페인어 진짜학습지 첫걸음

성취도평가 ❷

평가 부분: 본편 Día 19 ~ Día 36 학습내용

나의 점수   개 / 20개

1 지시 형용사 '이'가 잘못 쓰인 보기를 고르세요.

① Estes chicos

② Esta compañía

③ Este libro

④ Estas calles

2 문법적으로 틀린 문장을 고르세요.

① Esa es Laura.

② Aquellas mujeres son coreanas.

③ Eso chaval baila bien.

④ ¿Qué es esto?

3 다음 한국어 문장을 스페인어로 올바르게 바꾼 문장을 고르세요.

보기   그의 여자 동료들

① Su compañeras

② Suyos compañeras

③ Sus compañeros

④ Sus compañeras

4 부정관사가 잘못 쓰인 보기를 고르세요.

① Soy uno hombre divertido.

② Viajo con unas amigas.

③ Estoy en una ciudad linda.

④ Unos compañeros míos no hablan coreano.

5 다음 빈칸 중 부정관사 'un'이 들어갈 수 없는 문장을 고르세요.

① Él es _____ niño inteligente.

② _____ padre de Ariel está en Corea.

③ _____ hermano de Ariel aprende pilates.

④ _____ café, por favor.

6 다음 한국어 문장을 스페인어로 올바르게 바꾼 것을 고르세요.

| 보기 | 한국인들은 노래를 잘해요. |

① El coreano canta bien.

② Los coreanos cantan bien.

③ Unos coreanos cantan bien.

④ Unos coreanos cantáis bien.

7 빈칸에 관사가 꼭 필요한 문장을 고르세요.

① Soy _____ cantante.

② Yo hablo _____ español.

③ ¿Dónde está _____ hotel?

④ Estamos en _____ Corea.

8 숫자가 스페인어로 잘못 쓰인 보기를 고르세요.

① 4 – cuatro

② 14 – cuatroce

③ 40 – cuarenta

④ 44 – cuarenta y cuatro

9 다음 질문의 대답으로 어울리지 않는 보기를 고르세요.

> 보기 ¿Cuántas personas son?

① Somos dos.

② Somos cinco personas.

③ Una sola persona.

④ Son las dos.

10 다음 중 주제가 다른 문장을 고르세요.

① Las once.

② ¿Qué hora es?

③ Es la una menos cinco.

④ Son veinte.

11 숫자가 스페인어로 올바르지 않게 쓰인 보기를 고르세요.

① 100 – cien

② 523 – quinientos veintitrés

③ 976 – novecientos sesenta y seis

④ 2080 – dos mil ochenta

12 다음 요일과 관련된 문장들 중 문법적으로 틀린 것을 고르세요.

① ¡Hasta el martes!

② Hoy es miércoles.

③ Amo los sábados.

④ Bebemos cerveza en el viernes.

13 다음 질문에 어울리지 않는 대답을 고르세요.

| 보기 | ¿Cuándo es tu cumpleaños? |

① Este mes es diciembre.

② Mi cumple es el cinco de mayo.

③ Es el doce de enero.

④ Es la próxima semana.

14 다음 빈칸에 들어갈 수 없는 단어를 고르세요.

| 보기 | Hay _____ gatos. |

① muchos

② unos

③ estos

④ diez

15 다음 한국어 문장을 스페인어로 올바르게 바꾼 것을 고르세요.

| 보기 | 인생을 즐겨야 해요. |

① Hay a disfrutar la vida.

② Hay que disfrutar la vida.

③ Hay con disfrutar la vida.

④ Hay de disfrutar la vida.

16 다음 tener 동사의 현재 시제 변형이 잘못된 것을 고르세요.

① yo – tengo

② tú – tenes

③ vosotros – tenéis

④ ellas – tienen

17 다음 중 상태를 얘기하는 문장이 아닌 것을 고르세요.

① Tengo mucho calor.

② ¿Usted tiene prisa?

③ Javier y yo tenemos mucha hambre.

④ No tengo novia.

18 문법적으로 올바르지 않은 문장을 고르세요.

① ¿Cuántos años tienes?

② Tengo veintiún años.

③ Tenemos cincuenta y un.

④ ¿Ana tiene dieciocho años?

19 금지 표현이 들어간 문장을 고르세요.

① No debes fumar en el museo.

② No tienes que trabajar mañana.

❸ No hay que llorar.

❹ No hay problema.

20 다음 한국어 문장을 스페인어로 올바르게 바꾼 것을 고르세요.

> 보기   너 내일 뭐 해야 해?

❶ ¿Qué tienes que hacer mañana?

❷ ¿Qué tenes que hacer mañana?

❸ ¿Qué tienes hacer mañana?

❹ ¿Qué hay que hacer mañana?

성취도평가 ❷의 정답 및 해설은 29페이지를 확인하세요.

성취도평가 ❸

스페인어 진짜학습지 첫걸음

평가 부분 본편 Día 19 ~ Día 36 학습내용

나의 점수   개 / 20개

1 다음 중 ir 동사의 현재 시제 변형이 틀린 것을 고르세요.

① usted – vas

② ustedes – van

③ ellos – van

④ nosotros – vamos

2 빈칸에 들어가는 단어가 다른 보기를 고르세요.

① Voy _____ trabajo.

② ¿Vas _____ banco ahora?

③ ¿Vais _____ restaurante?

④ Ella va _____ plaza.

3 다음 한국어 문장을 스페인어로 올바르게 바꾼 것을 고르세요.

보기   나는 내일 쉴 거예요.

① Voy a descansar mañana.

② Voy de descansar mañana.

③ Voy descansar mañana.

④ Ir a descansar mañana.

15

4 단어들이 의미에 맞지 않게 연결된 보기를 고르세요.

① pasado mañana – 모레

② esta semana – 이번 달

③ hoy – 오늘

④ el próximo año – 내년

5 문법적으로 틀린 문장을 고르세요.

① ¿Qué haces mañana?

② Hago ejercicio.

③ Hago que trabajar mañana.

④ ¿Haces ejercicio?

6 다음 빈칸에 hacer 동사가 들어갈 수 없는 문장을 고르세요.

① _____ buen tiempo.

② _____ sol.

③ _____ llueve.

④ _____ un poco de calor.

7 다음 빈칸에 들어갈 수 있는 poder 동사의 올바른 현재 시제 변형을 고르세요.

보기   ¿Yo _____ ir contigo?

① podo

② pudo

③ puedo

④ puego

8 다음 한국어 문장을 스페인어로 올바르게 바꾼 것을 고르세요.

> 보기 우리는 맥주 하나와 카페 라떼 하나를 원해요.

① Quieremos una cerveza y un café con leche.

② Quiremos una cerveza y una café con leche.

③ Querimos una cerveza y un café con leche.

④ Queremos una cerveza y un café con leche.

9 다음 빈칸에 들어갈 수 없는 단어를 고르세요.

> 보기 Quiero _____ .

① pasear

② camino

③ salir

④ trabajar

10 현재 시제 동사 변형이 틀린 문장을 고르세요.

① Mis amigos piden una paella.

② Digo mentiras.

③ Sigo con Laura.

④ ¿Puedo pido un café?

11 saber 동사가 잘못 쓰인 문장을 고르세요.

① Yo no sé.

② ¿Sabes Nuria?

❸ ¿Usted sabe dónde está Nuria?

❹ Sabemos hablar español.

12 문법적으로 틀린 문장을 고르세요.

❶ Conozco nadar.

❷ Conozco a Nuria.

❸ Tú conoces mucha gente.

❹ Mi novio conoce un buen bar.

13 다음 질문에 알맞은 대답을 고르세요.

| 보기 | ¿Me puedes ayudar? |

❶ Sí, te puedo ayudar.

❷ Sí, me puedes ayudar.

❸ Sí, te puedes ayudar.

❹ Sí, me puedo ayudar.

14 다음 빈칸에 들어갈 수 없는 단어를 고르세요.

| 보기 | _____ voy a regalar una bici. |

❶ Te

❷ Le

❸ La

❹ Os

15 부정어가 올바르지 않게 들어간 문장을 고르세요.

① No quiero nada.

② No conozco a nadie.

③ Nunca no estudias.

④ Él no fuma nunca.

16 다음 한국어 문장을 스페인어로 올바르게 바꾼 것을 고르세요.

> 보기   너는 모든 일이 잘 풀릴 거야.

① Nada te vas a salir bien.

② Todo te vas a salir bien.

③ Nada te va a salir bien.

④ Todo te va a salir bien.

17 다음 질문에 알맞은 대답을 고르세요.

> 보기   ¿Quieres regalar un libro a Martín?

① Sí, se lo quiero regalar.

② Sí, le lo quiero regalar.

③ Sí, se lo quieres regalar.

④ No, se lo no quiero regalar.

18 문법적으로 잘못된 문장을 고르세요.

① ¿Me puedes dar una servilleta?

② Yo te do una mano.

❸ Quiero dar la vuelta al mundo.

❹ Me lo tienes que dar.

19 다음 중 서수가 잘못 표기된 보기를 고르세요.

❶ 세 번째 – tercero

❷ 다섯 번째 - cinto

❸ 일곱 번째 – séptimo

❹ 열 번째 – décimo

20 다음 빈칸에 각각 들어가야 하는 서수를 고르세요.

| 보기 | De _____, quiero paella. Es mi _____ paella. |

❶ segund, primer

❷ segundo, primer

❸ segundo, primero

❹ segundo, primera

성취도평가 ❸의 정답 및 해설은 30페이지를 확인하세요.

성취도평가 ❹

스페인어 진짜학습지 첫걸음

20 . .

평가 부분 본편 Día 55 ~ Día 72 학습내용

나의 점수   개 / 20개

1 문법적으로 틀린 문장을 고르세요.

① ¿Quién eres tú?

② ¿Quién te espera?

③ ¿Quién nos enseña español?

④ ¿Quién viajas a Madrid?

2 다음 질문에 알맞은 대답을 고르세요.

> 보기
> ¿Cuándo estudias español?

① Estudio en mi casa.

② Estudio por la noche.

③ Estudio con un amigo.

④ Sí, estudio español.

3 다음 한국어 문장을 스페인어로 올바르게 바꾼 것을 고르세요.

> 보기
> 우리는 언제까지 기다려야 해요?

① ¿Desde cuándo tenemos que esperar?

② ¿Hasta cuándo tenemos que esperar?

③ ¿Hasta cuándo tenemos a esperar?

❹ ¿Desde cuándo tenemos a esperar?

4 빈칸에 동시에 들어갈 수 있는 전치사를 고르세요.

> 보기
>
> ¿ _____ quién vas a invitar?
> ¿ _____ dónde va Valeria?

❶ A

❷ De

❸ Con

❹ En

5 빈칸에 들어갈 수 있는 동사를 고르세요.

> 보기
>
> ¿Por dónde _____

❶ eres

❷ estudias

❸ paseas

❹ dices

6 다음 한국어 문장을 스페인어로 올바르게 바꾼 것을 고르세요.

> 보기
>
> 너는 몇 시에 집에 도착해?

❶ ¿Con qué hora llegas a casa?

❷ ¿En qué hora llegas a casa?

❸ ¿Qué hora llegas a casa?

❹ ¿A qué hora llegas a casa?

7 빈칸에 들어가는 의문사가 다른 문장을 고르세요.

① ¿Con _____ frecuencia haces ejercicio?

② ¿_____ es tu bolso?

③ ¿_____ tipo de música escuchas?

④ ¿_____ hay en tu bolso?

8 다음 한국어 문장을 스페인어로 올바르게 바꾼 것을 고르세요.

> 보기   내 최애 사람은 너야.

① Mi favorita persona eres tú.

② Mi persona favorita eres tú.

③ Mía persona favorita eres tú.

④ Mis personas favoritas son tú.

9 다음 질문의 대답으로 어울리지 않는 문장을 고르세요.

> 보기   ¿Cómo es tu hermano?

① Es cabezón.

② Es una persona fría.

③ Está emocionado.

④ Muy malo.

10 다음 중 성격이 다른 질문을 고르세요.

① ¿Cómo estás?

② ¿Cómo andamos?

❸ ¿Cómo te va todo?

❹ ¿Cómo vas a ir?

11 의문사 cuánto의 형태가 틀린 문장을 고르세요.

❶ ¿Cuántos dinero tienes?

❷ ¿Cuántas veces viajas al año?

❸ ¿Cuánto dura el espectáculo?

❹ ¿Cuánto lleváis?

12 문법적으로 틀린 문장을 고르세요.

❶ ¿Porqué sales ahora?

❷ Quiero llegar a tiempo así que voy a salir temprano.

❸ ¿Por qué no vienes conmigo?

❹ Aprendo español porque quiero viajar a España.

13 다음 빈칸에 들어갈 전치사를 순서대로 나열한 보기를 고르세요.

| 보기 | Voy _____ la casa _____ mi hermano _____ mi novio. Vamos _____ tren. |

❶ a, con, de, en

❷ en, de, con, a

❸ en, con, de, a

❹ a, de, con, en

14 다음 중 빈칸에 다른 전치사가 들어가는 문장을 고르세요.

❶ Tengo algo _____ ti.

❷ _____ mí, el español es divertido.

❸ Gracias _____ todo.

❹ Lola trabaja _____ comer.

⓯ 위치 부사구가 한국어 뜻과 알맞지 않게 연결된 것을 고르세요.

❶ cerca de – ~의 근처에

❷ encima de – ~의 아래에

❸ al lado de – ~의 옆에

❹ fuera de – ~의 밖에

⓰ 문법적으로 틀린 문장을 고르세요.

❶ Ellos tienen más amigos que yo.

❷ Mi abuela camina más rápido que yo.

❸ En Corea hace más calor que Argentina.

❹ Mi hermana y yo somos más tacañas que mi mamá.

⓱ 다음 문장을 문법에 맞게 바꾼 보기를 고르세요.

보기   Eres más viejo que yo.

❶ Eres mejor que yo.

❷ Eres peor que yo.

❸ Eres mayor que yo.

❹ Eres menor que yo.

⓲ 동급 비교가 잘못된 문장을 고르세요.

① Aquí hay tanto gente como en Seúl.

② Hoy llueve tanto como ayer.

③ Ella es tan famosa como tú.

④ Soy tan friolero como mi hija.

19 다음 중 최상급 어순이 바르게 정렬된 문장을 고르세요.

① Soy el más hombre feliz del mundo.

② Soy el hombre más feliz del mundo.

③ Soy el más feliz hombre del mundo.

④ Soy el hombre feliz más del mundo.

20 다음 한국어 문장을 스페인어로 올바르게 바꾼 것을 고르세요.

> 보기   가장 중요한 것은 사랑이에요.

① El más importante es el amor.

② Lo más importante es amo.

③ Lo importante es el amor.

④ Lo más importante es el amor.

성취도평가 ❹의 정답 및 해설은 31페이지를 확인하세요.

정답 및 해설

성취도평가 ❶ 정답 및 해설

정답

1. ④ 2. ② 3. ③ 4. ① 5. ② 6. ① 7. ③ 8. ③ 9. ④ 10. ②
11. ① 12. ④ 13. ④ 14. ④ 15. ① 16. ② 17. ② 18. ③ 19. ① 20. ③

해설

1. usted은 3인칭 단수 인칭대명사로, ser 동사의 3인칭 단수인 es와 함께 사용
2. 미국의 국적 형용사는 성별이 구분되지 않음. 남녀 모두 estadounidense
3. '너희'에 해당하는 주어는 vosotros이며, 그에 맞는 ser 동사 변형은 sois
4. mapa(지도), día(날, 하루), café(커피)는 남성 명사
5. guía(가이드)는 중성 단어로 남성형 따로 없음
6. 보기 ❶은 '아니, 나 한국인이야.'라는 문장이므로, 질문에 대한 대답으로 어울리지 않음
7. 질문이 부정형인지와 관계없이 긍정 대답이면 sí, 부정 대답이면 no
8. 주어 ellos(그들)에 맞는 ser 동사 son과 형용사 bajo(키가 작은), rubio(금발의)를 주어에 맞게 성수일치
9. delgado(날씬한)는 외모를 나타내는 형용사
10. es는 ser 동사의 현재 시제 3인칭 단수 변형
11. 의문사 cómo(어떻게)와 estar 동사 사용하여 질문
12. bien(좋게, 잘)은 부사이므로 성수일치를 하지 않음
13. 나머지 보기는 모두 피곤하다는 이야기지만 ❹ enfermo는 '아픈'이라는 형용사
14. '~에'(위치)를 의미하는 전치사 en 사용 필수
15. '나는 스페인어를 조금 해.'라는 표현은 'Hablo un poco de español.'
16. bailar의 현재 시제 1인칭 단수 변형 형태는 bailo
17. '~하는 것을 배우다.'는 'aprender a + 동사원형'
18. -er 어미의 1인칭 복수 현재 시제 변형은 -emos
19. 2인칭 복수 주어인 vosotros에 알맞은 -er 어미 현재 시제 변형은 -éis
20. '내 가족'은 3인칭 단수 주어로 동사도 3인칭 단수 변형. '~에'(위치)를 나타낼 때는 전치사 en 사용. 부정문의 no는 동사 앞 위치

성취도평가 ❷ 정답 및 해설

정답

1. ❶ 2. ❸ 3. ❹ 4. ❶ 5. ❷ 6. ❷ 7. ❸ 8. ❷ 9. ❹ 10. ❹
11. ❸ 12. ❹ 13. ❶ 14. ❸ 15. ❷ 16. ❷ 17. ❹ 18. ❸ 19. ❹ 20. ❶

해설

1. 지시 형용사 '이'의 남성 복수 형태는 estos
2. 지시 형용사 '그'의 남성 단수 형태는 ese
3. '그의'는 su, 그가 가지고 있는 '여자동료들'이 복수이므로 소유 형용사 su도 복수 형태로 사용
4. 부정관사 남성 단수 형태는 un
5. 하나밖에 없는 사물/사람은 정관사 사용
6. 명사를 일반화할 때는 정관사 사용
7. 존재 여부를 아는 대상의 위치를 물어볼 때 정관사 사용
8. 숫자 14는 catorce
9. 'Son las dos.'(두 시예요.)는 현재 시각을 말하는 문장
10. 보기 ❹는 '스물이다. 20이다.'라는 의미로, 현재 시각이 아닌 가격이나 수를 말하는 문장
11. 70은 setenta
12. 요일 앞에는 전치사 사용하지 않음
13. 보기 ❶ '이번 달은 12월이다.'는 생일과 무관한 문장
14. hay 동사의 목적어 명사 앞 지시 형용사 사용 불가
15. '~해야 한다.'라는 구문은 'hay que + 동사원형'
16. 올바른 형태는 tienes
17. 보기 ❹는 '나는 여자친구가 없다.'라는 의미로, 상태가 아닌 인간 관계를 이야기하는 문장
18. 숫자 51은 cincuenta y uno. 뒤에 '년, 해'에 해당하는 명사 año가 들어가지 않았으므로 uno의 o는 생략하지 않음
19. 제시된 보기 중, 'no deber + 동사원형' 구문만 '~하면 안 된다.'라는 금지 표현
20. 주어가 들어가는 '~해야 한다.'라는 구문은 'tener que + 동사원형'

성취도평가 ❸ 정답 및 해설

정답

1. ① 2. ④ 3. ① 4. ② 5. ③ 6. ③ 7. ③ 8. ④ 9. ② 10. ④
11. ② 12. ① 13. ① 14. ③ 15. ③ 16. ④ 17. ① 18. ② 19. ② 20. ④

해설

1. 인칭대명사 usted은 3인칭 단수
2. plaza는 여성 명사로 보기 ④의 빈칸은 'a la', 나머지 보기들은 목적지가 남성 명사라 빈칸은 a와 정관사 el 이 합쳐진 'al'이 필요
3. 미래를 나타내는 구문은 'ir a + 동사원형'
4. esta semana는 '이번 주'라는 뜻
5. 'hacer que + 동사원형'은 없는 구문
6. llover는 '비 오다'라는 동사로 hacer와 함께 사용하지 않음
7. poder는 ue 불규칙 동사
8. querer는 ie 불규칙 동사이지만 1인칭 복수(nosotros)에서는 규칙이므로 queremos
9. 'querer + 동사원형'(~를 하고 싶다.) 형태이므로, 변형 동사 형태인 camino는 빈칸에 들어갈 수 없음
10. pedir 동사는 i 불규칙이 맞지만 'poder + 동사원형' 구문이 사용되었으므로 pido가 아닌 동사원형인 pedir 가 들어가야 맞는 문장
11. saber 동사 뒤 사람이 바로 목적어로 나올 수 없음
12. conocer 동사는 바로 뒤 동사원형이 나올 수 없음. '~을 할 줄 알다.'는 'saber + 동사원형'
13. '너는 나를 도와줄 수 있니?'에 대한 대답으로 보기 ①의 '응, 나는 너를 도와줄 수 있어.'가 어울림
14. la는 직접 목적격대명사로 '그녀를, 그것을, 당신을'을 뜻하므로 간접 목적격대명사(~에게)가 필요한 빈칸에 맞지 않음
15. nunca는 no 자리에 대신 사용되거나 no가 있는 문장 동사 뒤에 들어가므로, nunca와 no가 붙어서 쓰일 수 없음
16. '잘 풀릴 거야.'라는 긍정문이므로 부정어인 nada는 들어갈 수 없음
17. '너는 마르틴에게 책 한 권을 선물하고 싶어?'라는 질문의 대답은 보기 ①. 3인칭 간접 목적격대명사(le, les) 는 3인칭 직접 목적격대명사(lo, la, los, las)와 만나면 se로 바뀜
18. dar 동사의 현재 시제 1인칭 단수(yo) 변형은 doy
19. 다섯 번째는 quinto
20. '메인 메뉴로'라는 의미의 'de segundo', '내 첫번째 빠에야예요.'에서는 빠에야가 여성 명사이므로 primera.

성취도평가 ④ 정답 및 해설

정답

1. ④ 2. ② 3. ② 4. ① 5. ③ 6. ① 7. ② 8. ② 9. ③ 10. ④
11. ① 12. ① 13. ④ 14. ③ 15. ② 16. ③ 17. ③ 18. ① 19. ② 20. ④

해설

1. 'quién'은 '누구'라는 의문사로 주어를 모르기 때문에 동사는 3인칭 단수로 쓰임. 또는 보기 ④의 의문사 앞에 전치사 con을 넣어 '너는 누구와 마드리드로 여행 가?'라고 바꿀 수도 있음
2. '너는 언제 스페인어를 공부해?'에 맞는 대답은 보기 ②의 '나는 밤에 공부해.'
3. '~까지'는 hasta, '~해야 한다.'는 'tener que + 동사원형'
4. 목적어를 묻는 '누구를', 목적지를 묻는 '어디로' 모두 전치사 a 필요
5. pasear por + 장소 : ~를 산책하다
6. '몇 시에'는 a qué hora
7. 보기 ②는 qué가 아닌 cuál 필요
8. 형용사 favorito는 명사 뒤 위치
9. 상대방의 생김새와 성향을 물어보는 질문이므로 상태를 이야기하는 보기 ③은 불가
10. 나머지 보기는 모두 상대방의 안부를 묻는 질문이지만, 보기 ④ '너는 어떻게 가?'는 방법을 물어보는 질문
11. dinero는 셀 수 없는 명사이므로 의문사 cuánto 역시 단수 사용
12. '왜?'에 해당하는 의문사 por qué는 띄어서 사용
13. 제시된 보기는 '나는 내 남자친구와 함께 내 남자형제의 집에 가. 우리는 기차로 가.'라는 뜻. 목적지 전치사 a, 소유주 전치사 de, ~와 함께 전치사 con, 교통수단 전치사 en
14. '~때문에 고마워요.'는 'gracias por + 동사원형/명사' 나머지 보기는 모두 빈칸 para
15. '~의 아래에'는 debajo de. encima de는 '~의 위에'라는 뜻
16. 한국에서와 아르헨티나에서의 날씨를 비교하는 문장이니 아르헨티나 앞에도 전치사 en 필요
17. '더 나이 많은'은 mayor
18. tanto가 명사를 꾸며 줄 때는 성수일치 필수. gente는 여성 단수 명사이므로 tanta gente
19. 최상급 어순은 '주어 + 동사 + 정관사 + (명사) + más/menos + 형용사 + (de/entre + 비교대상)'
20. lo + más + 형용사 : 가장 ~한 것

진짜학습지

스페인어 진짜학습지 첫걸음 부록

스페인어능력시험
DELE A1
모의테스트

스페인어 진짜학습지 첫걸음 부록 DELE A1 모의테스트

목차

PRUEBA 1: COMPRENSIÓN DE LECTURA — p. 03
독해 영역

PRUEBA 2: COMPRENSIÓN AUDITIVA — p. 12
듣기 영역

PRUEBA 3: EXPRESIÓN E INTERACCIÓN ESCRITAS — p. 18
작문 영역

PRUEBA 4: EXPRESIÓN E INTERACCIÓN ORALES — p. 20
회화 영역

DELE A1 모의테스트 정답표 — p. 28

DELE A1 모의테스트 듣기 영역 mp3, 해석 및 듣기 스크립트 PDF는 진짜학습지 (daily.siwonschool.com) > 학습지원 > 공부 자료실에서 다운받으실 수 있습니다.

Prueba 1. Comprensión de lectura

Esta prueba tiene cuatro tareas. Usted debe responder a 25 preguntas.
La duración es de 45 minutos.
Usted debe marcar o escribir únicamente en la **Hoja de respuestas.**

Tarea 1

INSTRUCCIONES

Usted va a leer un correo electrónico de Ana a un amigo. A continuación, tiene que leer las preguntas (de la 1 a la 5) y seleccionar la opción correcta (A, B o C).

Tiene que marcar la opción elegida en la **Hoja de respuestas.**

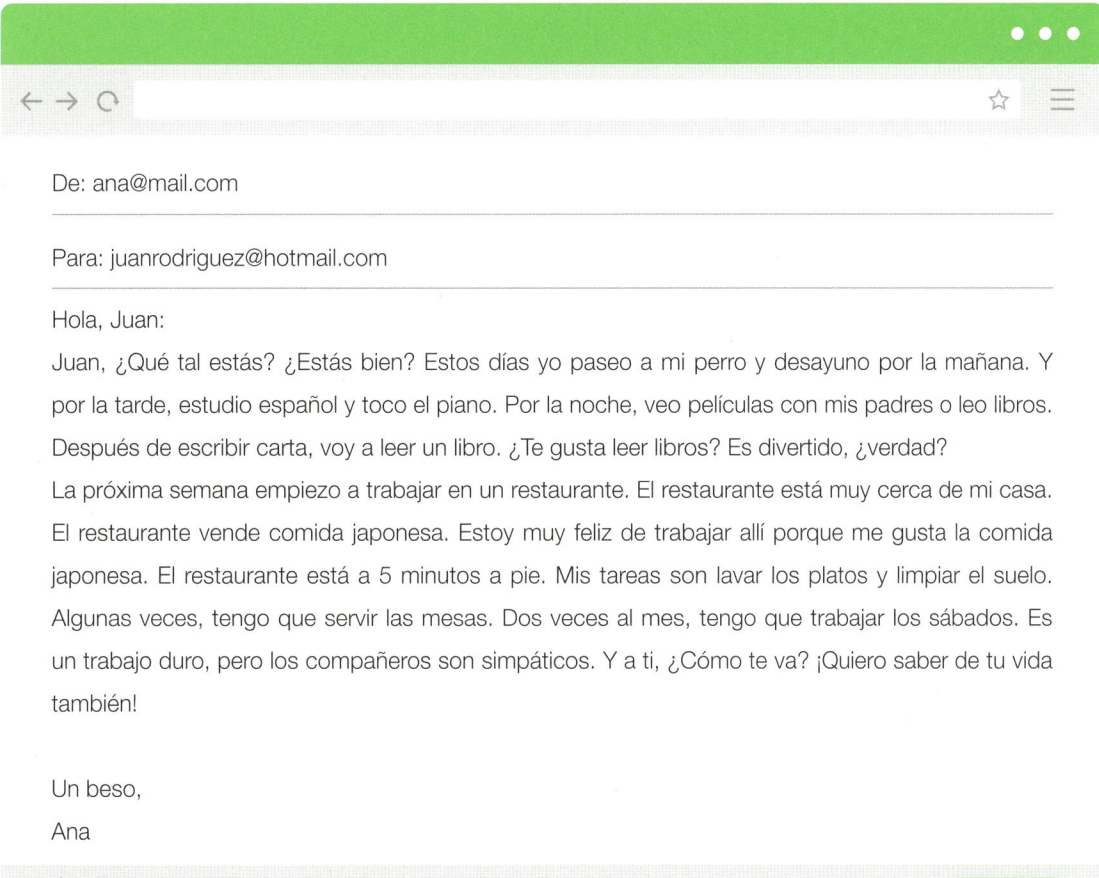

De: ana@mail.com

Para: juanrodriguez@hotmail.com

Hola, Juan:

Juan, ¿Qué tal estás? ¿Estás bien? Estos días yo paseo a mi perro y desayuno por la mañana. Y por la tarde, estudio español y toco el piano. Por la noche, veo películas con mis padres o leo libros. Después de escribir carta, voy a leer un libro. ¿Te gusta leer libros? Es divertido, ¿verdad?
La próxima semana empiezo a trabajar en un restaurante. El restaurante está muy cerca de mi casa. El restaurante vende comida japonesa. Estoy muy feliz de trabajar allí porque me gusta la comida japonesa. El restaurante está a 5 minutos a pie. Mis tareas son lavar los platos y limpiar el suelo. Algunas veces, tengo que servir las mesas. Dos veces al mes, tengo que trabajar los sábados. Es un trabajo duro, pero los compañeros son simpáticos. Y a ti, ¿Cómo te va? ¡Quiero saber de tu vida también!

Un beso,
Ana

PREGUNTAS

1. En este correo, Ana le cuenta a Juan…

A) cuándo empieza a trabajar.

B) por qué pasea a su perro.

C) dónde ve películas con sus padres.

2. En el texto se dice que…

A) Ana no tiene que lavar los platos y limpiar el suelo.

B) ella solo trabaja entre semana.

C) sus compañeros son amables.

3. Ana va a ir a su trabajo…

A) en coche.

B) a pie.

C) en autobús.

4. El instrumento que Ana toca es…

A) el piano.

B) el violín.

C) la guitarra.

5. ¿Qué comida le gusta a Ana?

A) B) C)

Tarea 2

INSTRUCCIONES

Usted va a leer unos mensajes. Tiene que relacionar los mensajes (A - J) con las frases (de la 6 a la 11). Hay diez mensajes, incluido el ejemplo. Tiene que seleccionar seis.

Tiene que marcar las opciones elegidas en la **Hoja de respuestas**.

Ejemplo:
Frase 0: No puedes hablar en voz alta.
La opción correcta es la letra **A**, porque está prohibida hablar en voz alta en la biblioteca.

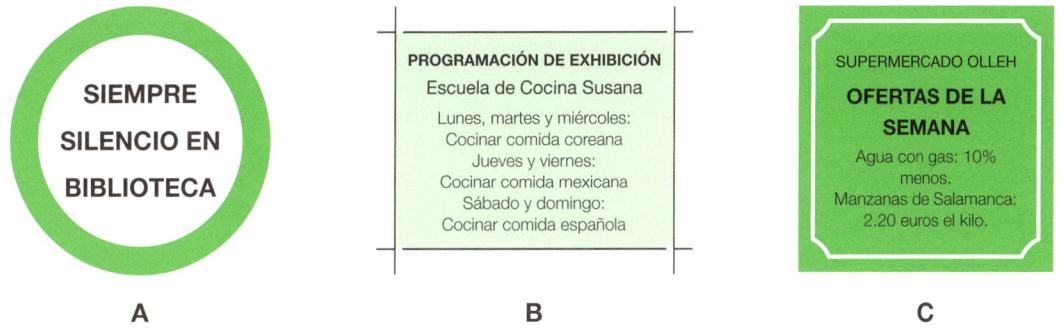

INFORMACIÓN CULTURAL

Concierto del cantante español Juanes
Domingo, 21 a las 20 h / Palacio de la Puente
Entradas en página web: 30 euros;
en Oficina de Turismo: 35 euros.

F

BUZÓN MÓVIL 1

Sábado, 4. 10.33 h.
0 mensaje nuevo
Llamar gratis al 135.

G

Agenda

- Llamar a Pedro esta tarde a las 15 h.
- Organizar la fiesta de cumpleaños de papá.

H

AGENDA

Escribir un correo electrónico a Juan y hablar sobre mi trabajo nuevo.

I

Teletexto

INFORMACIÓN
(domingo)

Mucho frío y llueve en todo el país.

J

	FRASES	MENSAJES
0.	No puedes hablar en voz alta.	A
6.	El fin de semana hace mal tiempo.	
7.	El concierto es el domingo.	
8.	Esta información está en una escuela.	
9.	Puede aprender cocinar comida latinoamericana.	
10.	Quiere llamar a alguien por la tarde.	
11.	No hay ningún mensaje nuevo.	

Tarea 3

INSTRUCCIONES

Usted va a leer unos anuncios informativos sobre hoteles. Tiene que relacionar los anuncios (A - J) con los textos (del 12 al 17). Hay diez anuncios, incluido el ejemplo. Seleccione seis.

Tiene que marcar la opción elegida en la **Hoja de respuestas.**

Ejemplo:
Texto 0: Busco un hotel para el mes de mayo en una ciudad con playa.
La opción correcta es la letra **A.**

A
Seúl

Una habitación para una persona. Solo en la primavera. 5 minutos andando para ir al mar. 50 euros al día.

B

Daegu

Un hotel muy lejos de la ciudad. Un jardín muy grande para jugar al fútbol. 100 euros al día.

C

Busan

Una habitación para 2 personas. Enfrente de la montaña. dos camas y un baño. 80 euros al día.

D

Jeju

Una habitación pequeña. Muy cerca de la ciudad. Baño compartido. 55 euros al día.

E
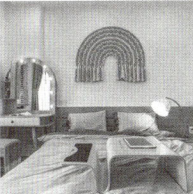
Daejeon

Una habitación grande para dos personas. Cerca del museo. 100 euros al día.

F

Incheon

Una habitación grande para 4 personas. Cerca del parque de atracciones. 120 euros al día.

G

Gangreung

Un hotel grande para 5~6 personas. 5 minutos a pie hasta el campo de esquí. 500 euros a la semana.

H

Jeonju

Una habitación para 4 personas al máximo. Solo puede estar en otoño. Cerca de la montaña Moak. 150 euros al día.

I

Chuncheon

Una habitación para una persona. Una cafetería debajo del hotel. Buena vista. 45 euros al día.

J

Mokpo

Una habitación para pareja. Solo para el verano. Enfrente del mar. Una cama y un baño. 70 euros al día.

	TEXTOS		
0.	Busco un hotel para el mes de mayo en una ciudad con playa.		A
12.	Somos un grupo de amigos y nos gusta mucho esquiar. Buscamos una hotel cerca del campo de esquí.		
13.	Quiero un hotel para mí sola. Máximo, 50 euros al día.		
14.	Tenemos dos hijas y queremos quedar en hotel grande en una zona con muchas atracciones para ellas.		
15.	Queremos ver hotel para tres personas. Buscamos uno cerca de las montañas, en septiembre.		
16.	Buscamos un hotel cerca del mar para ir de vacaciones del 1 al 15 de agosto.		
17.	Queremos dormir en hotel en el campo, con mucho espacio para practicar deporte con nuestros hijos.		

Tarea 4

INSTRUCCIONES

Usted va a leer la información de la página cultural del periódico La Cultura de Seúl. A continuación tiene que leer las preguntas (de la 18 a la 25) y seleccionar la opción correcta (A, B o C).

Tiene que marcar las opciones elegidas en la **Hoja de respuestas.**

La Cultura de Seúl

Agenda cultural
22 de octubre – 28 de octubre

CINE	**TEATRO**	**ARTE**	**CONCIERTO**	**ACTIVIDADES**
NO HAY MAÑANA	*LA VIDA MÍA*	*FOTOS DE ANIMACIONES*	*K-POP IN SEÚL*	*PARQUE DE HORROR*
La directora de cine inglesa Sora Kim presenta su película <<*No hay mañana*>>.	Adaptación teatral de la conocida obra inglesa <<*LA VIDA SUYA*>>.	Gran exposición de fotografías sobre animaciones japonesas.	El Festival de Música K-POP llega a la ciudad de Seúl por fin.	Centro de ocio para niños. Tema: El fantasma
Lugar: Cines Marta	**Lugar:** Teatro Ana Guerrero	**Lugar:** Expo Forum, Busan	**Lugar:** Isla de Nodeul	**Lugar:** Centro de ocio
Horario: 18 h, 20 h, 22.30 h.	**Horario:** De miércoles a viernes a las 22 h.	**Horario:** todos los días de 10 h a 20 h.	**Horario:** 18 h.	**Horario:** todos los días 18 h a 22.30 h.
Precio: Sábados y domingos, 6,50 euros; de lunes a viernes, 6 euros	**Precio:** 5 euros	**Precio:** Entrada gratuita	**Precio:** 49 euros, un concierto 69 euros, dos conciertos	**Precio:** 3 euros

18. Los fines de semana la entrada de cine…

A) es más barata.

B) es más cara.

C) cuesta igual.

19. La exposición abre…

A) de lunes a viernes.

B) los fines de semana.

C) de lunes a domingo.

20. Los conciertos empiezan a las…

A) 5 de la tarde.

B) 6 de la tarde.

C) 8 de la noche.

21. Los fines de semana, el centro de ocio cierra…

A) más tarde.

B) más pronto.

C) a la misma hora.

22. El director Sora Kim es de…

A) Corea.

B) China.

C) Inglaterra.

23. En la exposición sobre animaciones japonesas puede ver…

A) películas.

B) fotografías.

C) cuadros.

24. A las diez de la noche empieza…

A) la película.

B) el concierto.

C) la obra de teatro.

25. No cuesta dinero ver…

A) el parque.

B) la exposición.

C) las películas.

Prueba 2. Comprensión auditiva

Esta prueba tiene cuatro tareas. Usted debe responder a 25 preguntas.
La prueba dura 25 minutos.
Usted debe marcar o escribir únicamente en la **Hoja de respuestas.**

Tarea 1

INSTRUCCIONES

Usted va a escuchar cinco conversaciones. Hablan dos personas. Las conversaciones se repiten dos veces. Hay una pregunta y tres imágenes (A, B y C) para cada conversación. Tiene que seleccionar la imagen que responde a la pregunta.

Tiene que marcar las opciones elegidas en la **Hoja de respuestas.**

Ahora va a escuchar un ejemplo.

0. ¿Qué come el hombre hoy?

A

B

C

La opción correcta es la letra **A.**

1. ¿Quién es Alejandro?

A

B

C

2. ¿En qué trabaja la chica?

A

B

C

3. ¿Dónde va el hombre esta tarde?

A

B

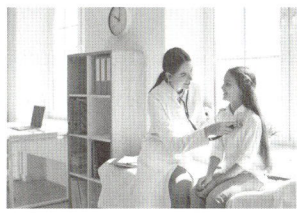
C

4. ¿Qué regalo compra el hombre?

A

B

C

5. ¿Cuál es el pasatiempo de la mujer?

A

B

C

Tarea 2

INSTRUCCIONES

Usted va a escuchar cinco mensajes. Cada mensaje se repite dos veces. Tiene que relacionar las imágenes (de la A a la I) con los mensajes (del 6 al 10). Hay nueve imágenes, incluido el ejemplo. Seleccione cinco.

Tiene que marcar las opciones elegidas en la **Hoja de respuestas**.

Ahora va a escuchar un ejemplo. Atención a las imágenes.
Mensaje 0: Queremos dos cervezas, una paella valenciana y un plato de calamares fritos, por favor. La opción correcta es la letra **F**.

	MENSAJES	IMÁGENES
0.	Mensaje 0	F
6.	Mensaje 1	
7.	Mensaje 2	
8.	Mensaje 3	
9.	Mensaje 4	
10.	Mensaje 5	

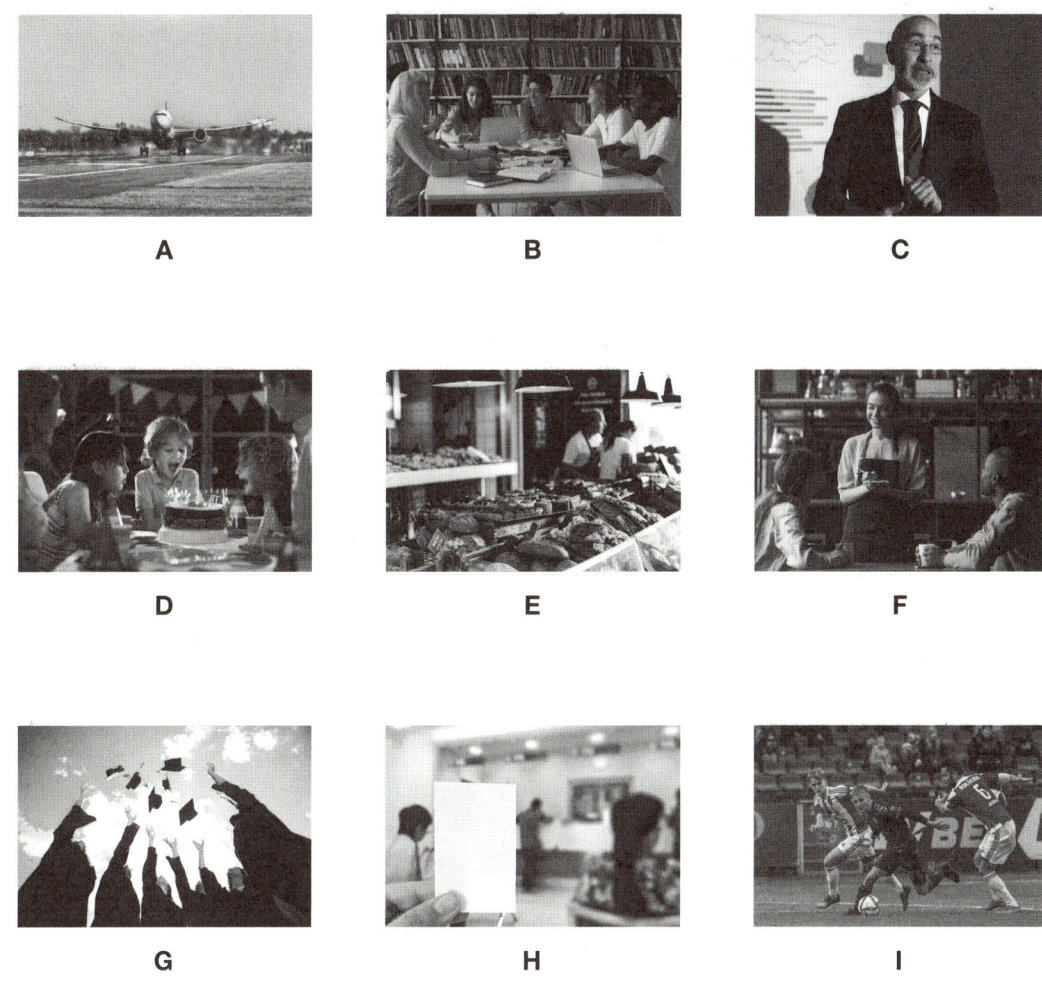

Tarea 3

INSTRUCCIONES

Usted va a escuchar a una chica, Alicia, que habla sobre su familia. La información se repite dos veces. A la izquierda están los nombres de la familia de Alicia. A la derecha, la información sobre ellos. Usted tiene que relacionar los números (del 11 al 18) con las letras (de la A a la L).

Hay doce letras, incluido el ejemplo. Seleccione ocho.

Tiene que marcar las opciones elegidas en la **Hoja de respuestas**.

Ahora va a escuchar un ejemplo.
CHICA: Me llamo Alicia. Tengo 23 años y estudio Historia de España en la universidad.
La opción correcta es la letra **C**.

0.	Alicia	C
11.	Elena	
12.	Claudia	
13.	Christopher	
14.	Julián	
15.	Ana	
16.	Javier	
17.	María	
18.	Ángel Luis	

A	Habla inglés muy bien.
B	Trabaja en una escuela.
C	Estudia Historia de España.
D	Llega tarde.
E	Vive en Inglaterra.
F	Es periodista.
G	Tiene varios perros.
H	Es muy saludable.
I	Se levanta temprano.
J	Le gusta mucho el té.
K	Es de Sevilla.
L	Toma un café en un bar.

Tarea 4

INSTRUCCIONES

Usted va a escuchar a una mujer, Alba, que habla sobre cómo es el plan de viaje con un amigo. Va a escuchar la conversación dos veces. Usted tiene siete frases (de la 19 a la 25) que no están completas. Tiene que leer las frases y seleccionar una opción del cuadro (de la A a la I) para completar las frases, como en el ejemplo.

Hay nueve letras, incluido el ejemplo. Seleccione siete.

Tiene que marcar las opciones elegidas en la **Hoja de respuestas**.

Ahora tiene 30 segundos para leer las frases.

0.	Alba va a viajar en _____A_____.
19.	Alba va a visitar _____.
20.	Esta ciudad tiene una _____ bonita.
21.	Esta ciudad hace buen _____.
22.	Alba va en _____ a esta ciudad.
23.	El precio de la ciudad es bastante _____.
24.	Alba va a alojarse _____ del centro.
25.	La ciudad tiene un _____ de vino.

A	dos semanas
B	tiempo
C	lejos
D	playa
E	campo
F	tren
G	cerca
H	tres museos
I	caro

Prueba 3. Expresión e interacción escritas

Tarea 1

INSTRUCCIONES

Usted quiere estudiar en una academia para aprender español. Tiene que completar este formulario de la página web de la academia.

BIENVENIDOS A NUESTRA ACADEMIA

DATOS PERSONALES

Nombre:

Apellido(s):

Edad:

Sexo:

Correo electrónico:

Teléfono móvil:

1. ¿Cómo eres tú?

2. ¿Por qué estudias español?

3. ¿Cuántas horas estudias español al día?

4. ¿Hay algo que quieres aprender?

Tarea 2

INSTRUCCIONES

Usted quiere invitar a un amigo a su fiesta de boda. Escriba un mensaje a su amigo. En el mensaje usted tiene que:

- saludar
- decir cuándo es la fiesta
- decir dónde es la fiesta
- indicar cómo llegar a la fiesta
- despedirse

Número de palabras recomendadas: entre 30 y 40.

Prueba 4. Expresión e interacción orales

INSTRUCCIONES

La prueba de Expresión e interacción orales tiene tres tareas:
- TAREA 1: Presentación personal (1-2 minutos).
- TAREA 2: Exposición de un tema (2-3 minutos).
- TAREA 3: Conversación con el entrevistador (3-4 minutos).

Para la preparación de las tareas 1 y 2, dispone de 10 minutos antes de la prueba.

Tarea 1. Presentación personal del candidato

El candidato debe preparar su presentación personal para hablar durante 2 minutos. En su preparación podrá tomar notas que después puede llevar a la sala de examen. Deberá tratar todos los aspectos recogidos en la lámina, que es única para todos los candidatos.

Esta tarea es un monólogo breve, no es una conversación con el entrevistador, que no participará haciendo preguntas al candidato. En los dos minutos que tiene el candidato para hablar puede mirar las notas que ha tomado en la preparación de la tarea pero no leerlas.

- Nombre
- Edad
- Nacionalidad
- Lugar donde vive
- Profesión o estudios
- Carácter, personalidad
- Lenguas que habla

Esta es la lámina que tiene el candidato:

Tarea 1. Presentación personal del candidato

INSTRUCCIONES

Usted tiene que preparar su presentación personal para hablar uno o dos minutos aproximadamente.
Tiene que hablar sobre los siguientes aspectos:

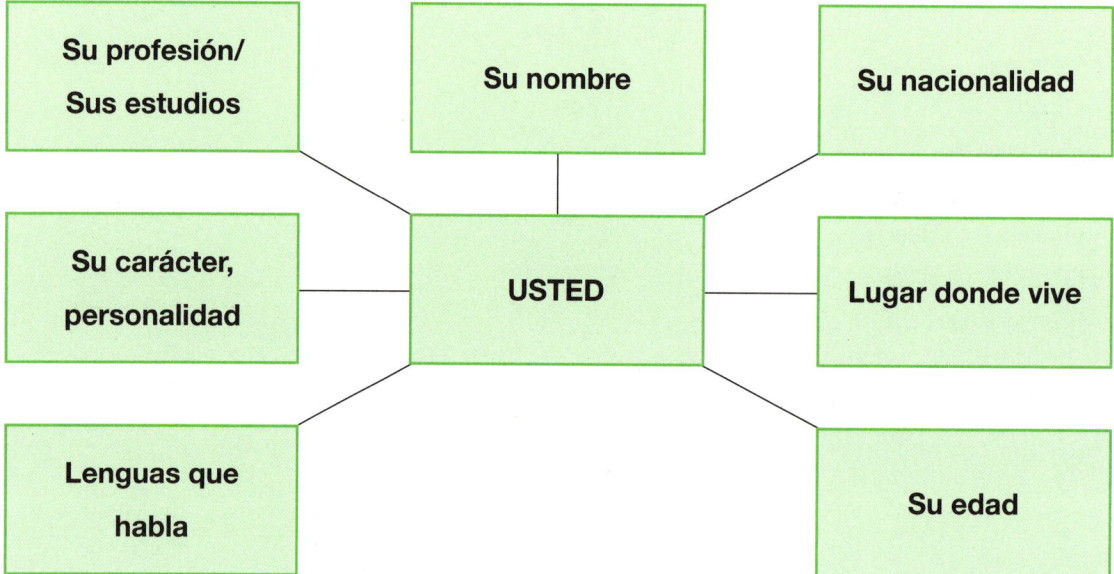

Tarea 2. Exposición de un tema

El personal de apoyo ofrece al candidato dos láminas. El candidato escoge una de ellas. Cada lámina incluye cinco opciones. El candidato elegirá tres de ellas para desarrollar su exposición durante dos o tres minutos aproximadamente.

En un cuadro en la parte inferior de la lámina se recogen algunas sugerencias para que el candidato las utilice como apoyo, si lo desea. El candidato debe preparar su exposición para hablar de 2 a 3 minutos. En su preparación podrá tomar notas que después puede llevar a la sala de examen. Durante el monólogo puede mirar las notas pero no leerlas.

El entrevistador, al margen de dar instrucciones, no interviene durante el desarrollo de la tarea, ya que se trata de un monólogo.

Una vez concluida la exposición, el examinador dará paso a la Tarea 3, en la que hará algunas preguntas al candidato sobre el tema de la Tarea 2.

Tarea 2. Exposición de un tema

INSTRUCCIONES

Usted tiene que seleccionar **tres** de las cinco opciones para hablar durante **dos o tres minutos** aproximadamente.

INSTRUCCIONES TAREA 3

El entrevistador le va a hacer unas preguntas sobre el tema de la Tarea 2.

Después, usted va a hacer dos preguntas al entrevistador sobre el tema de la Tarea 2.

Tarea 3. Conversación con el entrevistador

Para esta tarea, que el candidato no prepara y que enlaza directamente con el tema que ha desarrollado en la Tarea 2, el examinador dispone de un guion de preguntas. El examinador escogerá los temas de los que ha hablado el candidato en la Tarea 2 para seleccionar las preguntas.

La conversación durará 3 o 4 minutos aproximadamente. El número y el orden de las preguntas que plantee el examinador al candidato variarán en función del tiempo y de cómo se desarrolle la conversación. Cuando el candidato haya contestado a las preguntas del examinador, el candidato tiene que hacer dos preguntas al entrevistador sobre el tema del que hayan estado hablando.

El candidato no dispone de material de apoyo para esta tarea. Las preguntas las proporciona el examinador al término de la Tarea 2.

Tarea 3. Conversación con el entrevistador

INSTRUCCIONES

El entrevistador le va a hacer unas preguntas sobre el tema de la Tarea 2.

Ejemplo de preguntas que puede hacer el examinador:

Tarea 3. Conversación con el entrevistador		
Trabajo	Transporte	Deportes
Entonces, trabaja/estudia en... ¿**Está** cerca o lejos de su casa?	**Entonces**, usa el...para ir a... ¿**Cuántas** veces a la semana usa ese transporte? ¿Utiliza también otros medios de transporte?	**Entonces**, (a) usted le gusta/hace/es aficionado a... ¿Hace ese deporte todos los días? ¿Qué días?

Tiempo libre	Comidas
Entonces, en su tiempo libre le gusta ir a/hacer... ¿**Con quién** (va)?	¿Le gusta comer en restaurantes o prefiere comer en casa? ¿**Por qué?**

시원스쿨닷컴

스페인어 진짜학습지 첫걸음 부록　DELE A1 모의테스트 정답표

PRUEBA 1: COMPRENSIÓN DE LECTURA 독해 영역

1	2	3	4	5
A	C	B	A	A

6	7	8	9	10	11
J	F	D	B	H	G

12	13	14	15	16	17
G	I	F	H	J	B

18	19	20	21	22	23	24	25
B	C	B	C	C	B	C	B

PRUEBA 2: COMPRENSIÓN AUDITIVA 듣기 영역

1	2	3	4	5
B	A	C	B	B

6	7	8	9	10
A	C	D	I	H

11	12	13	14	15	16	17	18
K	G	A	F	I	L	D	H

19	20	21	22	23	24	25
H	D	B	F	I	C	E

PRUEBA 3: EXPRESIÓN E INTERACCIÓN ESCRITAS 작문 영역

Tarea 1 모범답안

BIENVENIDOS A NUESTRA ACADEMIA	
DATOS PERSONALES	
Nombre: Sara	Apellido(s): Kim
Edad: 24	Sexo: Mujer
Correo electrónico: sarakim@mail.com	
Teléfono móvil: 029331947	
1. ¿Cómo eres tú? : Soy una persona extrovertida y divertida.	
2. ¿Por qué estudias español? : Porque quiero viajar a España este año.	
3. ¿Cuántas horas estudias español al día? : Estudio español 2 horas al día.	
4. ¿Hay algo que quieres aprender? : Quiero aprender más gramática y vocabulario.	

Tarea 2 모범답안

Hola, soy Sora. ¿Qué tal? Me caso con José el 22 de diciembre. Mi fiesta de boda es el 21 de diciembre. La fiesta es en mi casa. Puedes tomar el autobús número 263 frente a tu casa. Hasta luego.

PRUEBA 4: EXPRESIÓN E INTERACCIÓN ORALES 회화 영역

Tarea 1 모범답안

¡Hola! Mi nombre es Rubén. Soy de Corea del Sur y ahora vivo en Seúl. Tengo 25 años y soy estudiante. Estudio Periodismo en la universidad. Por eso, quiero ser periodista después de terminar la universidad. Soy activo, optimista y sociable. Hago muchos ejercicios con mis amigos. Normalmente monto en la bicicleta los fines de semana. Viajo por el mundo y conozco amigos internacionales. También quiero aprender idiomas para conversar con ellos. Actualmente, hablo tres lenguas: coreano, inglés y español. Voy a aprender más lenguas, como japonés y francés.

Tarea 2 모범답안

Seleccionar comidas, tiempo libre y deportes.

En mi tiempo libre, normalmente hago muchas cosas. Primero, busco diferentes restaurantes para probar diferentes comidas. yo como mucho. Actualmente, estoy interesado en probar comidas españolas. Por ejemplo, quiero probar los churros con chocolate, las croquetas de jamón y la paella valenciana. También, hago mucho ejercicios yo mismo y veo partidos de fútbol y tenis. Disfruto de mi tiempo libre jugando al tenis con amigos. Pero algunos días, quiero hacer nada en casa. Me tumbo en mi cama y veo muchas películas. A veces leo libros. Yo necesito pasar tiempo muy tranquilo también. Disfruto mucho de todas estas cosas.

Tarea 3 모범답안

감독관: Entonces, ¿usted prefiere comer en restaurantes?

응시자: Sí, yo prefiero comer en restaurantes. Pero los domingos ceno en casa con mi familia.

감독관: Genial. ¿Qué tipo de comida cena en casa con su familia?

응시자: Normalmente, cenamos comidas típicas coreanas. Por ejemplo, sopa caliente, varios platos de carne y verdura, y arroz.

감독관: Vale. ¿Qué días juega al tenis?

응시자: Normalmente, juego al tenis los sábados. Entre semana tengo que ir a la universidad y estudiar mucho.

감독관: Entonces, ¿está muy ocupado el fin de semana, no? Además, a veces se queda en casa. ¿Qué película le gusta?

응시자: Quiero ver una película de acción. Pero no puedo ver unas películas de miedo.

※ DELE A1 모의테스트 문제의 해석 및 듣기 스크립트는 진짜학습지(daily.siwonschool.com) > 학습지원 > 공부 자료실에서 PDF 파일로 제공합니다.

진짜학습지

스페인어 진짜학습지 첫걸음 부록

정답 및 모범답안

기초발음편

기초발음 01 **Dios mío.**
세상에나.

스페인어 진짜 써먹기 정답

① 1. ① 2. ②
② ②
③ 1. ① 2. ③ 3. ②
④ 1. O 2. O 3. X 4. X

해석

① 1. ① 자전거 ② 달 ③ 곰
   2. ① 섬 ② 물 ③ 집
② 친구 | 세상에나
③ 1. 커피
   2. 섬
   3. 유럽
④ 1. 집
   2. 행복한
   3. 아기
   4. 아우렐리오 (남자 이름)

기초발음 02 **Café dulce.**
달달한 커피.

스페인어 진짜 써먹기 정답

① 1. bebé bonito 2. café dulce
   3. Dios mío
② 1. flor 2. mucho
③ 1. 쎄레알 2. 비씨 3. 따꼬
④ 1. casa 2. cucaracha

해석

③ 1. 시리얼
   2. 자전거
   3. 타코
④ 1. 집
   2. 바퀴벌레

기초발음 03 **Me llamo Erica.**
제 이름은 에리카예요.

스페인어 진짜 써먹기 정답

① 1. ① 2. ② 3. ③
② 1. junto 2. pollo
③ 1. b (➡ gato) 2. d (➡ gente) 3. e (➡ giralsol)
   4. c (➡ contigo) 5. a (➡ guapo)

해석

① 1. 펭귄
   2. 미겔 (남자 이름)
   3. 가이드
② 1. 함께
   2. 닭고기

기초발음 04 **Ahora o nunca.**
지금 아니면 못 해.

스페인어 진짜 써먹기 정답

① 1. río | 리오 2. perro | 뻬로
② 1. español 2. niño
   3. muñeca
③

	1.p	u	l	2.p	o
				e	
3.q				r	
u				r	
4.e	s	p	a	ñ	o	l
s				i	
o				ñ	
				a	

해석

① 1. 강
   2. 강아지
② 1. 스페인어
   2. 어린 아이
   3. 인형, 예쁜 여자

기초발음 05 Sin sal, por favor.
소금 빼고 주세요.

스페인어 진짜 써먹기 정답

① 1. c (➡ vino)   2. a (➡ taxi)
   3. b (➡ sal)   4. d (➡ vale)
② ②
③ 1. zoo | 쏘   2. ya | 야
④ 1. paz   2. mes   3. feliz

해석

① 1. 와인
   2. 택시
   3. 소금
   4. 알겠어
② 차, 티 | 천천히 | 감자
③ 동물원 | 와이파이 | 너 | 이미
④ 1. 평화
   2. 달, 월
   3. 행복한

기초발음 06 Práctica ①
연습문제

연습문제 정답

① 1. vamos   2. bailar
   3. quesadilla   4. río   5. Francia
② ④
③ 1. 헨떼   2. 모히또   3. 가또   4. 아오라
④ 1. llave   2. pollo   3. lluvia   4. luna   5. limón
⑤ 1. ③   2. ①   3. ③   4. ②   5. ②
⑥ 1. tú y yo   2. 뚜 이 요
⑦ 1. ①   2. ②   3. ③   4. ①
⑧ 1. 베네수엘라   2. 에꾸아도르
   3. 우루구아이   4. 아르헨띠나

해석

① 1. 가자
   2. 춤추다
   3. 퀘사디야
   4. 강
   5. 프랑스
② ① 집 ② 택시 ③ 곡물, 시리얼
   ④ 엉덩이 ⑤ 주스 ⑥ 자전거
③ 1. 사람들
   2. 모히또 (칵테일)
   3. 고양이

   4. 지금
⑤ 1. 치즈
   2. 펭귄
   3. 가이드
   4. 부끄러움
   5. 돈키호테 (소설)
⑦ 1. 천천히
   2. 훌륭한
   3. 인형
   4. 달달한

기초발음 07 ¡Hola!
안녕하세요!

스페인어 진짜 써먹기 정답

① 1. Buenos días.
   2. Buenas tardes.
   3. Buenas noches.
② ③
③ 1. Mucho   2. placer   3. Cómo
④ 1. Hola   2. días   3. Encantada

해석

① 1. 좋은 아침이에요.
   2. 좋은 오후에요.
   3. 좋은 밤이에요.
② ① 나는 에리카야.
   ② 내 이름은 에리카야.
   ③ 네 이름은 에리카야.
③ 1. 반가워요.
   2. 반가워요.
   3. 넌 이름이 뭐야?
④ Marcos 안녕! 넌 이름이 뭐야?
   Erica 안녕! 내 이름은 에리카야. 반가워.

기초발음 08 ¿Cómo estás?
어떻게 지내?

스페인어 진짜 써먹기 정답

① 1. Aquí   2. Ahí
② 1. ②   2. ③   3. ③
③ 1. llamas   2. tú   3. gusto   4. Bien   5. vamos

해석

② 1. 어떻게 지내?
   2. 어떻게 지내?

3. 다 괜찮아?
❸ Marcos 안녕! 좋은 오후야.
Sara 안녕! 넌 이름이 뭐야?
Marcos 내 이름은 마르코스야. 너는?
Sara 나는 사라야. 반가워. 어떻게 지내?
Marcos 잘 지내. 그냥 저냥.

❸ 1. b 2. c 3. d 4. a

기초발음 09 ¡Hasta luego!
다음에 봐!

스페인어 진짜 써먹기 정답
❶ 1. ① 2. ③
❷ luego, mañana, pronto, ahora 중 3개
❸ 1. Buena 2. Buen
❹ 1. c 2. b 3. a

해석
❸ 1. 행운을 빌어!
  2. 즐거운 여행!

기초발음 10 ¡Muchas gracias!
정말 감사합니다!

스페인어 진짜 써먹기 정답
❶ 1. b 2. c 3. a 4. d
❷ 1. muy 2. Mucho 3. Muchas
❸ 1. La cuenta, por favor.
  2. Un café, por favor.
  3. Una cerveza, por favor.

해석
❶ 1. 고마워. ➡ 천만에.
  2. 어떻게 지내? ➡ 매우 잘 지내.
  3. 죄송합니다. ➡ 아무 일 아니에요.
  4. 축하해. ➡ 고마워.
❷ 1. 나 매우 잘 지내.
  2. 반가워요.
  3. 정말 감사합니다.

기초발음 11 ¡Muy bien!
매우 좋아요!

스페인어 진짜 써먹기 정답
❶ 1. rico 2. bien 3. bonito 4. guay
❷ 1. ¡Dios mío! 2. ¡Madre mía!

❸ 1. b 2. c 3. d 4. a

기초발음 12 Práctica ②
연습문제

연습문제 정답
❶ 1. día 2. tarde 3. noche 4. bueno
❷ 1. Mucho gusto.
  2. (남자일 경우) Encantado. (여자일 경우) Encantada.
  3. Un placer.
❸ ②
❹ 1. Estoy muy bien.
  2. No estoy bien.
  3. Estoy mal.
❺ 1. ¿Todo bien? | 다 괜찮아요?
  2. ¿Qué tal? | 어떻게 지내?
  3. ¿Cómo estás? | 어떻게 지내?
❻ 1. ① 2. ③ 3. ② 4. ①
❼ 1. Una cerveza, por favor.
  2. Un té, por favor.
  3. Un mojito, por favor.
  4. Una piña, por favor.
  5. Un pan, por favor.
❽ 1. c 2. a 3. b
❾ 1. Muchas gracias.
  2. Lo siento.
  3. Enhorabuena.
  4. La cuenta, por favor.

해석
❷ 1. 반가워요.
  2. 반가워요.
  3. 반가워요.
❸ ① 잘 가! 안녕!
  ② 건배!
  ③ 다음에 봐!
  ④ 잘 가! 안녕!
❹ 1. 나는 매우 잘 지내요.
  2. 나는 잘 지내지 못해요.
  3. 나는 안 좋아요.
❺ Erica 안녕! 내 이름은 에리카야. 너는?
  Lucas 나는 루카스야. 반가워.
  Erica 어떻게 지내?
  Lucas 아주 잘 지내.
❼ 1. 맥주 한 잔 주세요.
  2. 차 한 잔 주세요.

3. 모히또 한 잔 주세요.
4. 파인애플 하나 주세요.
5. 빵 하나 주세요.
❽ 1. 축하해요!
2. 죄송합니다.
3. 감사합니다.
❾ 1. 정말 감사합니다.
➡ 천만에요.
2. 죄송합니다.
➡ 아무 일 아니에요.
3. 축하합니다.
➡ 감사합니다.
4. 계산서 주세요.
➡ 여기 있습니다.

본편

Día 01 — Yo soy Sara.
나는 사라예요.

스페인어 진짜 써먹기 정답

❶ 1. b   2. c   3. a
❷ 1. soy   2. eres   3. es
❸ 1. (Yo) Soy   2. (Tú) Eres   3. Ella es   4. Él es

오늘의 Misión 모범답안

1. (Yo) soy Yuri. 저는 유리예요.
2. Ella es Eunji. 그녀는 은지예요.
3. Él es Minchul. 그는 민철이에요.

Día 02 — Nosotros somos coreanos.
우리는 한국인이에요.

스페인어 진짜 써먹기 정답

❶ 1. Somos   2. Sois   3. Son
❷ 1. Yo soy coreana.
   2. Nosotros somos japoneses.
   3. Ellos son mexicanos.
❸ 1. Vosotros sois de México.
   2. Ellas son de Estados Unidos.
   3. Nosotros somos de España.
   4. Ustedes son de China.

해석

❷ 1. 나는 한국 여자예요.
   2. 우리는 일본인이에요.
   3. 그들은 멕시코인이에요.

오늘의 Misión 모범답안

1. Tom Cruise es de Estados Unidos.
   톰크루즈는 미국 출신이에요.
2. Penélope Cruz y Javier Bardem son españoles.
   페넬로페 크루즈와 하비에르 바르뎀은 스페인 사람이에요.
3. Song Hye Kyo y Suzy son coreanas.
   송혜교와 수지는 한국인이에요.

Día 03 Él es estudiante.
그는 학생이에요.

스페인어 진짜 써먹기 정답

① 남성명사 limón, mapa, café
여성명사 noche, sal, verdad
② 1. llaves 2. habitaciones 3. luces
③ 1. médico | médica
2. profesor | profesora
3. actor | actriz
④ 1. Ella es cocinera.
2. (Nosotros) somos estudiantes.
3. Ellos son guías.

해석

① 레몬 | 밤 | 소금 | 지도 | 사실 | 커피
② 1. 열쇠
2. 방
3. 불빛, 전구
③ 1. 의사
2. 선생님
3. 배우

오늘의 Misión 모범답안

1. Soy estudiante.
저는 학생이에요.
2. Min Jeong es profesora.
민정은 선생님이에요.
3. Ellos son actores.
그들은 배우예요.

Día 04 ¿Eres Erica?
너는 에리카니?

스페인어 진짜 써먹기 정답

① 1. Eres 2. Eres de 3. es china
② 1. b 2. c 3. a 4. d
③ 1. (Yo) soy Ana.
2. (Alberto/Él) es médico.
3. (Nosotros) somos españoles.

해석

② 1. 너 한국 출신이니?
➡ 응, 나 한국인이야.
2. 너 어디 출신이니?
➡ 나 한국 출신이야.
3. 너희 한국인이니?
➡ 응, 우리 한국인이야.
4. 그들은 한국 출신인가요?
➡ 네, 그들은 한국인이에요.
③ 1. 너 아니?
➡ 응, 나 아나야.
2. 알베르토는 의사인가요?
➡ 네, 알베르토는/그는 의사예요.
3. 너희는 스페인 사람이니?
➡ 응, 우리는 스페인 사람이야.

오늘의 Misión 모범답안

1. ¿Eres español?
너는 스페인 사람이니?
2. ¿Usted es de China?
당신은 중국 출신이에요?
3. ¿Sois estudiantes?
너희는 학생이니?

Día 05 Lucas no es actor.
루카스는 배우가 아니에요.

스페인어 진짜 써먹기 정답

① 1. no soy guía.
2. no somos mexicanos.
3. no son cantantes.
4. no soy actor.
② ①
③ 1. Sí 2. Sí 3. No
④ 1. ¿Ella es de Estados Unidos?
2. No, ella no es estadounidense.

해석

① 1. 너 가이드야?
➡ 아니, 나 가이드 아니야.
2. 너희 멕시코인이야?
➡ 아니, 우리 멕시코인 아니야.
3. 그녀들은 가수예요?
➡ 아니요, 그녀들은 가수가 아니에요.
4. 당신은 배우예요?
➡ 아니요, 저는 배우가 아니에요.
② 사라와 나는 학생이 아니에요.
③ 1. 너 스페인 출신 아니야?
➡ 응, 나 스페인 사람이야.
2. 에리카는 종업원이 아닌가요?
➡ 응, 그녀는 종업원이야.
3. 당신들은 후안과 에바가 아닌가요?
➡ 아니요. 우리는 사라와 마르코스예요.
④ 1. 그녀는 미국 출신이야?
2. 아니, 그녀는 미국인이 아니야.

오늘의 Misión 모범답안

1. ¿No eres de España?
   ➡ Sí, soy español.
   너는 스페인 출신이 아니니?
   ➡ 응, 나는 스페인 사람이야.

2. ¿Erica no es camarera?
   ➡ Sí, es camarera.
   에리카는 종업원이 아닌가요?
   ➡ 네, 종업원이에요.

3. ¿Ustedes no son Juan y Eva?
   ➡ No. Somos Sara y Marcos.
   당신들은 후안과 에바가 아닌가요?
   ➡ 아니요. 우리는 사라와 마르코스예요.

Día 06 Práctica ①
연습문제

연습문제 정답

① 1.① 2.② 3.③ 4.① 5.②
② 1. soy 2. eres 3. es 4. somos 5. sois 6. son
③ 1. pollo 2. día 3. viaje 4. pan 5. café *순서 무관
④ 1. noches 2. panes 3. japoneses 4. luces
⑤ 1. d 2. a 3. b 4. c
⑥ 1. ¿Eres coreano/a?
   2. ¿Usted es coreano/a?
   3. ¿Ustedes son coreanos/as?
   4. ¿Sois coreanos/as?
⑦ 1.③ 2.②

연습문제 해석

① 1. ① 나 ② 그들 ③ 우리
   2. ① 당신들 ② 너 ③ 그녀
   3. ① 그들 ② 나 ③ 그
   4. ① 그녀들 ② 그들 ③ 당신들
   5. ① 우리(여자) ② 우리 ③ 그들
③ 닭고기 | 거리 | 날, 하루 | 도시 | 여행 | 소금 | 빵 | 텔레비전 | 커피 | 사람들
④ 1. 밤
   2. 빵
   3. 일본인
   4. 불빛, 전구
⑤ 1. 너 마리아야?
   ➡ 응, 나 마리아야.
   2. 마리아는 미국인이에요?
   ➡ 아니요, 그녀는 스페인 사람이에요.
   3. 그녀는 스페인 출신이에요?
   ➡ 네, 그녀는 스페인 사람이에요.
   4. 그녀는 선생님 아니에요? - 아니요, 그녀는 학생이에요.

⑦ 1. 그녀들은 미국인들이지?
   ① 너 ② 나 ③ 아니오
   2. 너는 어디 출신이야?
   ① 나 ② ~의/출신의 ③ 어떻게/어떤

Diálogo

Diana ¡Hola, Xavi! ¿Es tu familia?
Xavi   Sí, es mi familia. Somos mi mamá, mi papá y yo.
Diana ¡Son muy guapos!
Xavi   Gracias. Yo soy español pero mis papás no son españoles.
Diana ¿Verdad? ¿De dónde son ellos?
Xavi   Mi mamá es de México y mi papá es coreano.
Diana ¡Guau! ¡Y tú, de España!
Xavi   Sí. Y son actores.
Diana ¡Madre mía! Mis padres son cantantes.
Xavi   ¡Guau! ¡Somos artistas!

*la familia 가족 mis papás/mis padres 나의 부모님 guau 와우!
el/la artista 예술가

Diálogo 해석

Diana 안녕, 싸비! 너의 가족이야?
Xavi   응, 나의 가족이야. 우리는 나의 엄마, 나의 아빠 그리고 나야.
Diana 매우 잘생기고 예쁘시다!
Xavi   고마워. 나는 스페인 사람이지만 나의 부모님은 스페인 사람이 아니야.
Diana 정말? 어디 출신이셔?
Xavi   나의 엄마는 멕시코 출신이고 나의 아빠는 한국인이야.
Diana 와우! 그리고 너는, 스페인 출신!
Xavi   맞아. 그리고 그들은 배우들이야.
Diana 세상에나! 나의 부모님은 가수야.
Xavi   와우! 우리 예술가네!

오늘의 Misión 모범답안

1. Yo soy Olivia. Soy de Corea. No soy estudiante. Soy camarera.
   저는 올리비아예요. 저는 한국 출신이에요. 저는 학생이 아니에요. 저는 종업원이에요.

2. Soy Álex. No soy español. Soy de México. Soy actor.
   저는 알렉스예요. 저는 스페인 사람이 아니에요. 저는 멕시코 출신이에요. 저는 배우예요.

3. Yo soy Diana. Soy de Estados Unidos. Soy cantante.
   저는 디아나예요. 저는 미국 출신이에요. 저는 가수예요.

Día 07 — Él es alto.
그는 키가 커요.

스페인어 진짜 써먹기 정답

❶ 1. moreno | morena
   2. feo | fea
   3. bajo | baja
   4. delgado | delgada
      혹은 flaco | flaca

❷ 1. es alta
   2. somos flacas
   3. son lindos

❸ 1. (yo) soy alto
   2. (Marcos/él) no es lindo
   3. (nosotras) somos gordas

해석

❷ 1. 그녀는 키가 커요.
   2. 우리 여자들은 날씬해요.
   3. 그들은 잘생겼어요.

❸ 1. 너는 키가 크니?
      ➡ 응, 나는 키가 커.
   2. 마르코스는 잘생겼나요?
      ➡ 아니요, 마르코스는/그는 잘생기지 않았어요.
   3. 너희 (여자들은) 뚱뚱하니?
      ➡ 응, 우리 여자들은 뚱뚱해.

오늘의 Misión 모범답안

1. Soy alto/a.
   저는 키가 커요.
2. No soy delgado/a.
   저는 날씬하지 않아요.
3. Soy guapo/a.
   저는 잘생겼어요/예뻐요.

Día 08 — Erica es amable.
에리카는 친절해요.

스페인어 진짜 써먹기 정답

❶ ③

❷ 1. buenos 2. tacaños 3. cabezones

❸ 1. tonto 2. fría 3. majos

❹ 1. (Yo) soy tranquilo/a.
   2. (Nosotros) somos tímidos.
      혹은 (Nosotras) somos tímidas.
   3. Ellas son divertidas.

해석

❶ 사교적인 | 친절한 | 똑똑한
❷ 1. 착한
   2. 인색한
   3. 고집 쎈
❸ 1. 바보인
   2. 차가운
   3. 좋은, 착한

오늘의 Misión 모범답안

1. Soy inteligente.
   저는 똑똑해요.
2. No soy tranquilo/a.
   저는 차분하지 않아요.
3. Soy majo/a.
   저는 좋은 사람이에요.

Día 09 — Estoy alegre.
나는 기뻐요.

스페인어 진짜 써먹기 정답

❶ 1. estoy 2. estás 3. está
❷ 1. b 2. a 3. d 4. c
❸ 1. (Yo) estoy feliz.
   2. Él está contento/alegre.
   3. ¿Usted está aburrido/a?

해석

❷ a. 슬픈
   b. 기대하는, 신나는
   c. 사랑에 빠진
   d. 화난

오늘의 Misión 모범답안

1. Estoy feliz.
   저는 행복해요.
2. Estoy contento/a.
   저는 기뻐요.
3. No estoy triste.
   저는 슬프지 않아요.

Día 10 · Estamos muy cansados.
우리는 매우 피곤해요.

스페인어 진짜 써먹기 정답

❶ 1. estamos 2. estáis 3. están

❷ ③

❸ 1. d 2. b 3. a 4. c

❹ 1. ¿Ustedes están listos?
2. Sí, estamos listos.

해석

❷ ① 죽은
② 가루가 된
③ 훌륭한, 멋진
④ 피곤한

❸ 1. 너희 아프니?
➡ 응, 우리 아파.
2. 우리 괜찮아?
➡ 아니, 우리 아파.
3. 그녀들은 스트레스 받았나요?
➡ 네, 스트레스 받았어요.
4. 너희 여자들 스트레스 받지 않았어?
➡ 응, 우리 스트레스 받았어.

❹ 1. 당신들 준비되었나요?
2. 네, 준비되었어요.

오늘의 Misión 모범답안

1. Estoy cansado/a. Estoy estresado/a. No estoy bien.
저는 피곤해요. 저는 스트레스 받았어요. 저는 괜찮지 않아요.
2. No estoy mal. No estoy cansado/a. Estoy bien.
저는 나쁘지 않아요. 저는 피곤하지 않아요. 저는 괜찮아요.
3. Estoy fatal. Estoy muy cansado/a. Estoy hecho/a polvo.
저는 아주 나빠요. 저는 매우 피곤해요. 저는 가루가 되었어요.

Día 11 · Lucas está en casa.
루카스는 집에 있어요.

스페인어 진짜 써먹기 정답

❶ ①

❷ 1. No estáis en Corea.
2. Mi pasaporte está en casa.
3. Ustedes están en la planta baja.

❸ 1. la cafetería 2. la calle
3. la oficina 4. el cajero

 1. Sí, (Corea) está en Asia.
2. Sí, mi casa está en Seúl.
혹은 No, mi casa no está en Seúl.

해석

❶ ① 피곤한
② 한국
③ 호텔
④ 집

❷ 1. 너희는 한국에 없다.
2. 나의 여권은 집에 있어요.
3. 당신들은 1층에 있어요.

❹ 1. 한국은 아시아에 있나요?
➡ 네, 한국은 아시아에 있어요.
2. 너의 집은 서울에 있니?
➡ 응, 나의 집은 서울에 있어. / 아니, 나의 집은 서울에 있지 않아.

오늘의 Misión 모범답안

1. El pasaporte no está en casa.
여권은 집에 없어요.
2. El aguacate está en la habitación.
아보카도는 방에 있어요.
3. La cerveza está en la mesa.
맥주는 책상에 있어요.

Día 12 · Práctica ②
연습문제

연습문제 정답

❶ 1. alto | alta
2. bonito | bonita
혹은 lindo | linda
혹은 guapo | guapa
3. gordo | gorda
4. rubio | rubia
5. moreno | morena

❷ 1. c 2. a 3. d 4. f 5. b 6. e

❸ 1. Yo estoy triste.
2. Nosotros estamos aburridos.
3. Ustedes están contentos.
4. Sofía y Valeria están emocionadas.

❹ 1. es alta 2. es bajo
3. es fría 4. es sociable
5. son inteligentes

❺ 1. Estoy 2. está 3. estoy 4. estamos 5. está

❻ 1. ¿Dónde estás (tú)?
2. (Yo) estoy en la oficina.
3. ¿Ustedes están en España?
4. No, (nosotros/as) estamos en Corea.
5. Ellas están en el hotel.

연습문제 해석

3
1. 나는 슬퍼요.
2. 우리는 심심해요.
3. 당신들은 기쁩니다.
4. 소피아와 발레리아는 신났어요.

4
1. 엘레나는 키가 커요.
2. 루카스는 키가 작아요.
3. 엘레나는 차가워요.
4. 루카스는 사교적이에요.
5. 그들은 똑똑해요.

5
1. 너 어떻게 지내? (너 어떤 기분/상태야?)
   ➡ 나 잘 지내. (나 괜찮아.)
2. 디에고는 아픈가요?
   ➡ 아니요, 디에고는 아프지 않아요.
3. 당신은 피곤한가요?
   ➡ 네, 저는 피곤해요.
4. 너희들 준비 되었어?
   ➡ 응, 우리 준비 되었어.
5. 너희 아버지는 어떠시니?
   ➡ 우리 아버지는 매우 괜찮으셔.

Diálogo

Jesús Oye, Elena. ¿Dónde estás? ¿Estás con Carlos?
Elena Sí, estoy con él. Estamos en la cafetería.
Jesús ¡Qué bien! ¿Es guapo?
Elena Sí, es muy guapo. Es un poco moreno y alto.
Jesús ¡Dios mío! ¿Es amable también?
Elena No, no es muy amable. Y es tacaño.
Jesús ¿No es amable? Está bien. Eres maja. ¿Es tacaño? Está bien. Eres rica. Y, ¿cómo está él?
Elena Él está feliz y contento.
Jesús Ahh! ¡Felicidades, amiga! ¡Él está feliz, contento y enamorado de ti!
Elena Pero yo no estoy enamorada. ¡Estoy muy aburrida y estresada aquí!

*con ~와 함께   rico 맛있는/부유한   Está bien. 괜찮아.

Diálogo 해석

Jesús 얘, 엘레나. 너는 어디에 있니? 까를로스와 함께 있니?
Elena 응, 그와 함께 있어. 우리는 카페에 있어.
Jesús 잘됐다! 그는 잘 생겼어?
Elena 응, 그는 매우 잘 생겼어. 그는 조금 까무잡잡하고 키가 커.
Jesús 세상에나! 그는 친절하기도 해?
Elena 아니, 매우 친절하지는 않아. 그리고 인색해.
Jesús 친절하지 않아? 괜찮아. 너는 좋은 사람이니까. 인색해? 괜찮아. 네가 부자니까. 그는 지금 어때?
Elena 그는 행복해하고 기뻐해.
Jesús 아! 축하해, 친구야! 그는 행복해하고 기뻐하고 너에게 반했네!
Elena 그런데 나는 반하지 않았어. 나는 여기에서 지루하고 스트레스 받은 상태야!

오늘의 Misión 모범답안

1. No soy bajo/a. No estoy aburrido/a. Estoy en casa.
   나는 키가 작지 않아요. 나는 지루하지 않아요. 나는 집에 있어요.
2. Soy bajo/a. No estoy aburrido/a. Estoy en la oficina.
   나는 키가 작아요. 나는 지루하지 않아요. 나는 사무실에 있어요.
3. Soy muy bajo/a. Estoy aburrido/a. Estoy en la calle.
   나는 키가 매우 작아요. 나는 지루해요. 나는 밖에 있어요.

Día 13 Yo hablo español.
나는 스페인어를 말해요.

스페인어 진짜 써먹기 정답

1 1. o   2. as   3. a   4. amos   5. áis   6. an
2 1. c   2. b   3. a
3 ③

해석

2
1. 당신은 스페인어를 말하나요?
   ➡ 네, 저는 스페인어를 말해요.
2. 너희는 일본어를 말하니?
   ➡ 응, 우리는 일본어를 말해.
3. 아드리안과 세실리아는 중국어를 말하나요?
   ➡ 아니요, 그들은 일본어를 말해요.

3 너는 한국어를 말하니?
① 아니, 나는 한국어를 말하지 못해.
② 응, 나는 한국어를 말해.
③ 응, 나는 작게 말해.
④ 응, 쬐금.

오늘의 Misión 모범답안

1. Sí, hablo español.
   응, 나는 스페인어를 해요.
2. Sí, hablo un poco de español.
   응, 나는 스페인어를 조금 해요.
3. Sí, un poquito.
   응, 쬐금.

Día 14 Lucas canta bien.
루카스는 노래를 잘해요.

스페인어 진짜 써먹기 정답

1 1. canta   2. canta   3. cantas   4. canto
2 1. Yo canto muy bien.
      2. Mi mamá no baila bien.
      3. Juan y yo cantamos juntos.

4. Nosotras no bailamos salsa.
❸ **1.** Escucho la música española.
   2. Viajáis a México.

해석
❶ Noa 엘레나는 노래를 잘해.
  Hugo 응, 그녀는 노래를 잘해.
  Noa 너도 노래를 잘하니?
  Hugo 아니, 나는 노래를 잘하지 않아.
❷ **1.** 나는 노래를 매우 잘해요.
   2. 나의 엄마는 춤을 잘 추지 않아요.
   3. 후안과 나는 함께 노래해요.
   4. 우리 여자들은 살사를 추지 않아요.
❸ **1.** 나는 스페인 음악을 들어요.
   2. 너희는 멕시코로 여행을 가.

오늘의 Misión 모범답안
1. Canto bien.
   나는 노래를 잘해요.
2. Bailo bien.
   나는 춤을 잘 춰요.
3. Cocino muy bien.
   나는 요리를 매우 잘해요.

Día 15 Yo aprendo pilates.
나는 필라테스를 배워요.

스페인어 진짜 써먹기 정답
❶ **1.** c **2.** b **3.** f **4.** a **5.** d **6.** e
❷ ①
❸ **1.** aprende **2.** aprenden **3.** aprendemos

해석
❷ 나는 (　) 배워요.
   ① 노래하다
   ② 인터넷으로
   ③ 스페인어를
   ④ 한국에서
❸ **1.** 나의 아빠는 집에서 요가를 배우세요.
   2. 당신들은 한국어를 배우나요?
   3. 우리 여자들은 탱고를 추는 것을 배워요.

오늘의 Misión 모범답안
1. Aprendo español.
   나는 스페인어를 배워요.
2. Aprendo a cocinar.
   나는 요리하는 것을 배워요.
3. Aprendo a bailar salsa.
   나는 살사 추는 것을 배워요.

Día 16 Nosotros comemos pasta y pizza.
우리는 파스타와 피자를 먹어요.

스페인어 진짜 써먹기 정답
❶ **1.** bebo **2.** comes **3.** come **4.** beben
❷ **1.** b **2.** a **3.** c
❸ **1.** (Yo) como mucho por la mañana.
   2. (Nosotros/as) no bebemos cerveza por la tarde.
   3. (Ustedes) no comen por la noche.

해석
❷ **1.** 너는 고수를 먹니?
    아니, 나는 먹지 않아.
   2. 그는 고수를 먹나요?
    네, 그는 먹어요.
   3. 너희는 고수를 먹니?
    응, 우리는 먹어.

오늘의 Misión 모범답안
1. No como cilantro.
   나는 고수를 먹지 않아요.
2. No bebo cerveza.
   나는 맥주를 마시지 않아요.
3. No bebo vino.
   나는 와인을 마시지 않아요.

Día 17 Ellos viven en Madrid.
그들은 마드리드에 살아요.

스페인어 진짜 써먹기 정답
❶ ④
❷ **1.** Seúl **2.** Madrid
   3. Ciudad de México **4.** Bogotá
❸ **1.** (Yo) vivo en Argentina.
   2. (Yo) no vivo con mi familia.
   3. Mi mamá vive en Corea.
   4. Mi mamá y mi papá viven juntos.
   5. ¿Dónde vives (tú)?

해석
❷ **1.** 한국 서울
   2. 스페인 마드리드
   3. 멕시코 멕시코시티
   4. 콜롬비아 보고타

오늘의 Misión 모범답안
1. Vivo en Corea.

나는 한국에 살아요.
2. Vivo en Seúl.
   나는 서울에 살아요.
3. Vivo en España.
   나는 스페인에 살아요.

Práctica ③
연습문제

연습문제 정답

① 1. as 2. amos 3. an
② 1. español 2. inglés 3. coreano 4. chino
   5. francés
③ 1. ③ 2. ② 3. ①
④ 1. bebo 2. bebe 3. bebéis
⑤ 1. ¿(Tú) comes cilantro?
   2. ¿Ustedes comen carne?
   3. ¿Ella no bebe cerveza?
   4. ¿Ellos no comen por la noche?
⑥ 1. Elena vive sola.
   2. ¿Juana y tú vivís juntos?
   3. Mi familia vive aquí.
⑦ 1. por 2. en 3. de
⑧ 1. vivo 2. canta 3. cocina 4. comemos
   5. beben 6. aprende

연습문제 해석

③ 1. ① 조금의 ② 잘 ③ 아니다
   2. ① 한국어 ② 매우 ③ 많이
   3. ① 그녀 ② 그들 ③ 당신들
⑥ 1. 엘레나는 혼자 살아요.
   2. 후아나와 너는 함께 살아?
   3. 나의 가족은 여기 살아.
⑦ 1. 나는 스페인어를 인터넷을 통해 배워요.
   2. 우리는 뉴욕에 살아요.
   3. 너는 오렌지 주스를 마신다.
⑧ 안녕. 내 이름은 리타야. 나는 페루에서 나의 가족과 함께 살아. 나의 엄마는 노래를 매우 잘 하셔. 나의 아빠는 요리를 최악으로 하셔. 우리는 많이 먹어. 나의 아빠와 나의 엄마는 (술을) 안 드셔. 나의 엄마는 기타 치는 것을 배우셔.

Diálogo

Yui	¡Hola! Mucho gusto. Me llamo Yui.
Leo	Soy Leo. Un placer.
Yui	¡Hablas bien el español!
Leo	Sí, hablo muy bien. Soy español. ¿Y, tú?
Yui	Yo soy de Japón. Pero vivo en España.
Leo	¿Vives en España? ¡Qué guay!
Yui	Tú también vives aquí, ¿no?
Leo	Sí. Bueno, ¿cocinas bien?
Yui	No. Por eso estoy aquí. ¡Aprendemos a cocinar!
Leo	Claro. Yo cocino muy mal. Pero como muy bien.
Yui	Jajaja. Yo también como mucho.

*bueno 좋은, 그러면, 뭐   por eso 그래서

Diálogo 해석

Yui	안녕! 반가워. 내 이름은 유이야.
Leo	나는 레오야. 반가워.
Yui	너는 스페인어를 잘한다!
Leo	응, 나는 스페인어를 매우 잘해. 나는 스페인 사람이야. 너는?
Yui	나는 일본 출신이야. 그런데 스페인에 살아.
Leo	너는 스페인에 살아? 멋지다!
Yui	너도 스페인에 사는 거 아니야?
Leo	응. 뭐... 요리 잘해?
Yui	아니. 그래서 나는 여기 있어. 요리하는 것을 배우자!
Leo	그렇지. 나는 요리를 매우 못해. 그런데 매우 잘 먹어.
Yui	ㅎㅎㅎ 나도 많이 먹어.

오늘의 Misión 모범답안

1. Yo vivo en Seúl. Aprendo español. Hablo un poco de español. Escucho la música española. No como carne.
   나는 서울에 살아요. 나는 스페인어를 배워요. 나는 스페인어를 조금 해요. 나는 스페인 음악을 들어요. 저는 고기를 먹지 않아요.

2. Yo hablo bien español. Vivo en México. Vivo solo/a. Viajo mucho. No bebo.
   나는 스페인어를 잘해요. 나는 멕시코에 살아요. 나는 혼자 살아요. 나는 많이 여행해요. 나는 술을 마시지 않아요.

3. Yo vivo en Busan. Como muchísimo. Toco muy bien el piano. Aprendo a cantar. Pero no canto bien.
   나는 부산에 살아요. 나는 매우 많이 먹어요. 나는 피아노를 매우 잘 쳐요. 나는 노래를 배워요. 하지만 노래를 잘하지 않아요.

Día 19 — Este hombre es Marcos.
이 남자는 마르코스예요.

스페인어 진짜 써먹기 정답

① 1. esta 2. estos 3. este 4. estas
② 1. Esta 2. Esos 3. Esa 4. Ese
③ 1. ¿Qué es esto?
   2. ¿Qué es aquello?

해석

① 1. 이 길/거리
   2. 이 빵들
   3. 이 배우
   4. 이 맥주들
② 1. 이 여자는 마리아예요.
   2. 저 사람들은 누구예요?
   3. 저 여자는 마리아예요.
   4. 저 남자는 호세예요.
③ 1. 이것은 무엇이에요?
   2. 저것은 무엇이에요?

오늘의 Misión 모범답안

1. Esto es una pizza.
   이것은 피자예요.
2. Este chico es coreano.
   이 청년은 한국인이에요.
3. Esa no habla español.
   저 여자는 스페인어를 못해요.

Día 20 — Lucas es mi familia.
루카스는 내 가족이에요.

스페인어 진짜 써먹기 정답

① 1. mi esposo/mi marido 2. tu novia
   3. nuestra compañera
② 1. Ellas son vuestras compañeras.
   2. Ellos son sus padres.
   3. (Tú) eres mi familia.
③ 1. mío 2. tuyo 3. nuestra 4. suyas

해석

③ 1. 너의 것이니?
     ➡ 응, 나의 것이야.
   2. 나의 것이니?
     ➡ 아니, 너의 것이 아니야.
   3. 너희 것이니?
     ➡ 응, 우리 것이야.
   4. 맥주들 에리카 거야?
      아니, 그녀의 것들이 아니야.

오늘의 Misión 모범답안

1. Emilio es mi hermano.
   에밀리오는 내 남자형제예요.
2. Julia es mi novia.
   훌리아는 내 여자친구예요.
3. Javier y Nuria son mis amigos.
   하비엘과 누리아는 내 친구들이에요.

Día 21 — Marcos trabaja en un restaurante.
마르코스는 한 식당에서 일해요.

스페인어 진짜 써먹기 정답

① 1. un 2. unas 3. unos 4. una
② 1. un hotel 2. un restaurante
   3. una cafetería
③ 1. Soy un profesor frío.
   2. Juana es una amiga amable.
   3. Somos unos coreanos divertidos.

해석

① 1. 어떤, 한 친구
   2. 어떤, 몇몇 감자튀김들
   3. 어떤, 몇몇 강아지들
   4. 어떤, 한 열쇠
② 1. 그는 어떤 호텔에서 일해요.
   2. 그들은 어떤 식당에서 일해요.
   3. 그녀는 어떤 카페에서 일해요.
③ 1. 나는 차가운 선생님이에요.
   2. 후아나는 친절한 친구예요.
   3. 우리는 재미있는 한국인이에요.

오늘의 Misión 모범답안

1. Trabajo en una cafetería.
   나는 어떤 카페에서 일해요.
2. Trabajo en un banco.
   나는 어떤 은행에서 일해요.
3. Trabajo en una oficina.
   나는 어떤 사무실에서 일해요.

Día 22 El amigo de Erica cocina bien.
에리카의 그 친구는 요리를 잘해요.

스페인어 진짜 써먹기 정답

① 1. el 2. la 3. los 4. las
② 1. el 2. la 3. los
③ 1. el 2. la 3. los

해석

② 1. 호텔은 어디에 있나요?
   2. 나는 아나의 집에 있어요.
   3. 나의 형제의 동료들은 이탈리아인이에요.
③ 마르코스는 나의 친구예요. 펠리페는 마르코스의 아버지예요. 마리아는 마르코스의 어머니예요. 롤라와 이그나시오는 마르코스의 남매들이에요.

오늘의 Misión 모범답안

1. Los coreanos bailan bien.
   한국인들은 춤을 잘춰요.
2. Los coreanos beben por la noche.
   한국인들은 밤에 술을 마셔요.
3. Los coreanos trabajan mucho.
   한국인들은 일을 많이 해요.

Día 23 La hermana de Marcos es una actriz famosa.
마르코스의 여자 형제는 유명한 배우예요.

스페인어 진짜 써먹기 정답

① 1. una 2. El 3. una 4. La 5. una 6. un
② 1. Una 2. Los | españoles 3. el 4. unos | amigos

해석

① 롤라는 똑똑한 학생이에요. 그녀의 남자친구는 어떤 카페에서 일해요. 그 카페는 한국의 어떤 도시에 있어요. 그들은 강아지 한 마리와 함께 살아요.

오늘의 Misión 모범답안

1. Vivo en una ciudad coreana. La ciudad es bonita.
   나는 어떤 한국 도시에 살아요. 그 도시는 예뻐요.
2. Ese es un amigo de Miguel. Los amigos de Miguel son majos.
   그는 미겔의 한 친구예요. 미겔의 친구들은 좋은 사람이에요.
3. ¿Trabajas en un hotel? ¿Dónde está el hotel?
   너는 호텔에서 일해? 그 호텔은 어디에 있어?

Día 24 Práctica ④
연습문제

연습문제 정답

① 1. Mis 2. nuestra 3. tu 4. Vuestro
② 1. mío 2. mía 3. tuyo 4. tuya
③ 1. b 2. a 3. d 4. c
④ 1. eso 2. estos 3. este 4. esta
⑤ 1. un 2. una 3. una 4. un
⑥ 1. El jefe de Manuel canta bien.
   2. Los coreanos trabajan mucho.
   3. Los padres de mi novio viven en Colombia.
   4. El perro de mis padres es bonito.
⑦ 1. Una 2. la 3. una 4. una 5. el 6. un

연습문제 해석

① 1. 나의 부모님은 금발이에요.
   2. 앙헬라는 우리의 여자형제예요.
   3. 그는 너의 남자친구니?
   4. 너희의 강아지는 여기 있어.
② 1. 세상에나!
   2. 피자는 너의 것이야. 나의 것이 아니야!
   3. 이 책은 나의 것이 아니야. 너의 것이야!
   4. 이 맥주는 나의 것이야. 너의 것이 아니야!
③ 1. 이 고기
   2. 이 감자튀김들
   3. 이 지도
   4. 이 배우들
④ a. 저게 뭐예요?
   → 성당이에요.
   b. 이 사람들은 누구예요?
   → 이 남자는 나의 아버지고 이 여자는 나의 딸이에요.
⑤ 1. 아보카도예요.
   2. 퀘사디아예요.
   3. 열쇠예요.
   4. 빵이에요.
⑦ 내 남자 형제의 어떤 친구는 아르헨티나의 수도에 살아요. 부에노스 아이레스는 예쁜 도시예요. 그녀는 유명한 가수이고 한국어를 잘해요. 어떤 식당에서 일하기도 해요.

Diálogo

Eduardo	¿Quién es esta?
Nina	Es Rosalía. Es una cantante muy famosa.
Eduardo	¿Sí? Y, ¿de dónde es ella?
Nina	Es española. Vive en una ciudad de España.
Eduardo	Los españoles cantan bien, ¿no?
Nina	No todos. Pero un amigo mío de España canta muy bien.

Eduardo	Es José, ¿verdad? Sí, ese amigo es cantante.	
Nina	Es el hermano de mi novio.	
Eduardo	¿De verdad? Guau. Bueno, me voy, Nina. Trabajo en una cafetería.	
Nina	Vale. ¡Hasta luego!	

*todos 모든 사람들   vale 알겠어

Diálogo 해석

Eduardo	이 여자는 누구야?
Nina	로살리아야. 매우 유명한 가수야.
Eduardo	그래? 그러면, 그녀는 어디 출신이야?
Nina	스페인 사람이야. 스페인의 어떤 도시에 살아.
Eduardo	스페인 사람들은 노래 잘하지?
Nina	모든 사람들이 (잘하는 것은) 아니야. 하지만 나의 어떤 스페인 출신 친구는 노래를 매우 잘해.
Eduardo	호세 맞지? 맞아, 그 친구는 가수야.
Nina	그는 내 남자친구의 형제야.
Eduardo	진짜? 와우. 그럼, 나 갈게, 니나. 나는 어떤 카페에서 일하거든.
Nina	알겠어. 다음에 봐!

오늘의 Misión 모범답안

1. Esta es mi madre. Trabaja en un restaurante. El restaurante está en Seúl.
   이 여자는 내 어머니예요. 어떤 식당에서 일하세요. 그 식당은 서울에 있어요.

2. El hermano de Sara vive en una ciudad colombiana. Su casa es linda. Sara viaja mucho a esa ciudad.
   사라의 남자형제는 어떤 콜롬비아 도시에 살아요. 그의/그녀의 집은 예뻐요. 사라는 그 도시로 많이 여행가요.

3. Pedro es mi compañero. Su familia está en Corea ahora. Un hermano de Pedro habla coreano. Ese hermano es guía de la familia.
   페드로는 내 동료예요. 그의 가족은 지금 한국에 있어요. 페드로의 형제 한명은 한국어를 해요. 그 형제는 가족의 가이드예요.

Día 25 Somos cuatro personas.
우리들은 4명이에요.

스페인어 진짜 써먹기 정답

❶ **1.** seis **2.** nueve **3.** catorce **4.** quince **5.** diecisiete
❷ **1.** tres (personas) **2.** cuatro (personas) **3.** cinco (personas)
❸ **1.** dos **2.** ocho

해석

❷ 몇 분이세요?
   1. 우리는 세 명이에요.
   2. 우리는 네 명이에요.

3. 우리는 다섯 명이에요.
❸ Eduardo 좋은 오후예요!
   Nina 안녕하세요! 주스 두 개 그리고 화이트 와인 여덟 잔 주세요.

오늘의 Misión 모범답안

1. Dos sangrías, por favor.
   상그리아 두 개 주세요.
2. Una tortilla de patatas y una cerveza, por favor.
   또르띠야 데 빠따따스 하나와 맥주 하나 주세요.
3. Tres copas de vino blanco, por favor.
   화이트 와인 세 잔 주세요.

Día 26 Ahora es la una.
지금 1시예요.

스페인어 진짜 써먹기 정답

❶ **1.** veintiséis
   2. cuarenta y nueve
   3. cincuenta y ocho
   4. setenta y seis
   5. ochenta y tres
❷ **1.** ① **2.** ③
❸ **1.** Es la una de la tarde.
   2. Son las ocho en punto.
   3. Son las once menos quince.

해석

❶ **1.** 26 **2.** 49 **3.** 58 **4.** 76 **5.** 83
❷ **1.** 몇 시예요?
   2. 5시 반이에요.
❸ **1.** 오후 1시예요.
   2. 8시 정각이에요.
   3. 11시 15분 전이에요.

오늘의 Misión 모범답안

1. Son las dos y media de la tarde.
   오후 2시 반이에요.
2. Son las nueve en punto.
   9시 정각이에요.
3. Es la una menos cinco.
   1시 5분 전이에요.

Día 27 — Son doscientos euros.
200유로예요.

스페인어 진짜 써먹기 정답

❶ 1. dos mil veinte
   2. mil novecientos ochenta y ocho
   3. quince mil quinientos cincuenta
   4. un millón setecientos sesenta mil setenta y seis

❷ ④

❸ 1. Son tres dólares.
   2. Son veintisiete euros.
   3. Son ocho mil novecientos cincuenta pesos.

❹ 1. cuatrocientos catorce mil cuarenta
   2. un millón trescientos ochenta mil dieciocho

해석

❷ 얼마예요?
❸ 1. 3달러예요.
   2. 27유로예요.
   3. 8,950페소예요.
❹ 1. 414.040   2. 1.380.018

오늘의 Misión 모범답안

1. La televisión son mil euros.
   텔레비전은 1000유로예요.
2. El café son cinco dólares.
   커피는 5달러예요.
3. La tableta son quinientos mil wones.
   태블릿은 50만원이에요.

Día 28 — Hoy es lunes.
오늘은 월요일이에요.

스페인어 진짜 써먹기 정답

❶ 1. el martes   2. el miércoles   3. el domingo
❷ 1. El jueves leo un libro.
   2. El viernes bebo con unos amigos.
   3. El sábado viajo con mi novia.
❸ 1. este   2. los   3. de   4. a

해석

❷ 1. 목요일에 나는 책을 한 권 읽어요.
   2. 금요일에 몇몇 친구들과 술을 마셔요.
   3. 토요일에 나의 여자친구와 여행해요.

오늘의 Misión 모범답안

1. Los lunes estudio español.
   매주 월요일에는 스페인어를 공부해요.

2. Los viernes salgo con mis amigos.
   매주 금요일에는 친구들과 놀러 나가요.
3. Los domingos como con mi familia.
   매주 일요일에는 가족과 식사해요.

Día 29 — Este mes es diciembre.
이번 달은 12월이에요.

스페인어 진짜 써먹기 정답

❶ 1. 7월 junio ➡ julio
   2. 10월 octobre ➡ octubre
   3. 11월 novembre ➡ noviembre
❷ 1. el doce de octubre de mil cuatrocientos noventa y dos
   2. el veintiocho de septiembre de mil ochocientos veintiuno
   3. el cuatro de febrero de dos mil treinta
❸ 1. Hoy es el nueve de abril.
   2. Mañana es el treinta de mayo.
   3. El cumpleaños de María es el catorce de agosto.
   4. El Día del Padre es el diecinueve de marzo.

오늘의 Misión 모범답안

1. Hoy es el tres de junio de 2024.
   오늘은 2024년 6월 3일이에요.
2. Es el quince de enero de 2025.
   2025년 1월 15일이에요.
3. Es el veinticinco de octubre de 2026.
   2026년 10월 25일이에요.

Día 30 — Práctica ⑤
연습문제

연습문제 정답

❶ 1. dos (personas)   2. cuatro (personas)
   3. nueve (personas)
❷ 1. once
   2. quinientos catorce
   3. seiscientos veintisiete
   4. novecientos cincuenta y ocho
❸ 1. d   2. a   3. b   4. c
❹ 1. mil doscientos euros
   2. ciento ochenta y nueve mil wones
   3. setenta y cuatro mil dólares
   4. un millón quinientos mil euros
❺ 1. el martes   2. el miércoles
   3. el viernes   4. el sábado
❻ 1. d   2. c   3. b   4. a
❼ 1. Hoy es lunes.

2. Mañana es el trece de febrero.
3. El próximo mes es marzo.
❽ 1. Hoy es el doce de febrero.
2. El próximo mes es marzo.
3. Pasado mañana es miércoles.
4. Este viernes es el dieciséis.

연습문제 해석

❶ 몇 분이세요?
  1. 우리는 두 명이에요.
  2. 우리는 네 명이에요.
  3. 우리는 아홉 명이에요.
❸ a. 10시 15분이에요.
  b. 10시 반이에요.
  c. 10시 5분 전이에요.
  d. 10시 정각이에요.
❽ 1. 오늘은 2월 12일이에요.
  2. 다음 달은 3월이에요.
  3. 내일 모레는 수요일이에요.
  4. 이번 금요일은 16일이에요.

Diálogo

Camarero   ¡Hola! ¿Cuántos son?
Carla   Somos dos. ¿Cuánto cuesta una copa de vino?
Camarero   Son tres euros.
Carla   Cuatro copas de vino y una cerveza, por favor.
Camarero   ¿Seguro? Son las once de la mañana.
Carla   Muy seguro.
Camarero   A ver. ¿Qué día es hoy?
Carla   Es martes. Los martes bebo por la mañana.
Camarero   Hoy es lunes. ¿Qué fecha es hoy?
Carla   Hoy es el dieciséis de septiembre de dos mil veinticinco. Es mi cumple.
Camarero   No. El próximo mes es septiembre. ¡Estás borracha!

*seguro 확실하게   a ver 어디 봅시다   borracho 취한

Diálogo 해석

Camarero   안녕하세요! 몇 분이세요?
Carla   두 명이에요. 와인 한 잔 얼마예요?
Camarero   3유로예요.
Carla   와인 네 잔과 맥주 한 개 주세요.
Camarero   확실해요? 지금 오전 11시예요.
Carla   매우 확실해요.
Camarero   어디 봅시다. 오늘 무슨 요일이에요?
Carla   화요일이에요. 매주 화요일 오전에 저는 술을 마셔요.
Camarero   오늘은 월요일이에요. 오늘 며칠이게요?
Carla   오늘은 2025년 9월 16일이에요. 제 생일이에요.
Camarero   아니에요. 다음달이 9월이에요. 당신 취했어요!

오늘의 Misión 모범답안

1. Hoy es el treinta de agosto. Ahora son las diez de la noche. Los sábados bebo cerveza. La cerveza son dos euros.
   오늘은 8월 30일이에요. 지금은 밤 10시예요. 매주 토요일에 나는 맥주를 마셔요. 맥주는 2유로예요.
2. Hoy es el diecisiete de diciembre. Ahora son las nueve de la noche. Los domingos bebo cerveza. La cerveza es un euro.
   오늘은 12월 17일이에요. 지금은 밤 9시예요. 매주 일요일에 나는 맥주를 마셔요. 맥주는 1유로예요.
3. Hoy es el ocho de marzo. Ahora son las once de la noche. Los martes bebo cerveza. La cerveza son tres euros.
   오늘은 3월 8일이에요. 지금은 밤 11시예요. 매주 화요일에 나는 맥주를 마셔요. 맥주는 3유로예요.

Día 31 Hay una cafetería aquí.
여기에 카페가 하나 있어요.

스페인어 진짜 써먹기 정답

❶ ①
❷ 1. un 2. cuatro 3. muchos 4. No 5. Aquí
❸ 1. está 2. estáis 3. hay 4. hay

해석

❶ 여기 파인애플이 하나 있어요.
❸ 1. 리사 여기 없어요.
  2. 너희들 어디에 있어?
  3. 저기 한국 식당이 하나 있어요!
  4. 오늘 많은 사람이 없어요.

오늘의 Misión 모범답안

1. Hay muchos bares.
   술집이 많이 있어요.
2. Hay dos parques.
   공원이 두 개 있어요.
3. Hay un banco en mi ciudad.
   나의 도시에는 은행이 하나 있어요.

Día 32 Hay que disfrutar la vida.
인생을 즐겨야 해요.

스페인어 진짜 써먹기 정답

❶ ③
❷ 1. b 2. d 3. c 4. a
❸ 1. reservar 2. esperar 3. trabajar 4. bailar 5. a tiempo

해석

❶ ① 공부하다

② 혼자 있다
③ 나는 먹는다
④ 쉬다

❸ 1. 예약해야 해요?
2. 기다릴 필요 없어요.
3. 일해야 해요.
4. 여기서 춤출 필요 없어요.
5. 제 시간에 도착해야 해요.

오늘의 Misión 모범답안

1. Hay que leer.
독서해야 해요.
2. Hay que limpiar la casa.
집을 청소해야 해요.
3. Hay que practicar el español.
스페인어를 연습해야 해요.

Día 33 Él tiene una cita.
그는 약속이 있어요.

스페인어 진짜 써먹기 정답

❶ 1. tengo 2. tenemos 3. tienen
❷ 1. María tiene dinero.
2. Tenemos cena el jueves.
3. ¿Tú tienes tiempo?
4. No tengo muchos amigos.
❸ 1. c 2. a 3. b

해석

❷ 1. 마리아는 돈이 있어요.
2. 우리는 목요일에 저녁 약속이 있어요.
3. 너 시간 있니?
4. 나는 친구가 많지 않아요.
❸ 1. 너의 남자 형제는 강아지 있니?
➡ 응, 있어.
2. 너희 자동차 있니?
➡ 아니, 없어.
3. 너는 남자친구 있니?
➡ 응, 있어.

오늘의 Misión 모범답안

1. No tengo muchos amigos. Tengo novio. Tengo una hermana.
나는 친구가 많지 많아요. 나는 남자친구가 있어요. 나는 여자형제가 한 명 있어요.
2. Tengo muchos amigos. No tengo novia. Tengo dos hermanas.
나는 친구가 많아요. 나는 여자친구가 없어요. 나는 여자형제가 두 명 있어요.
3. No tengo muchos amigos. No tengo novio. Tengo una hermana y un hermano.
나는 친구가 많지 않아요. 나는 남자친구가 없어요. 나는 여자형제 한 명 그리고 남자형제 한 명이 있어요.

Día 34 Tengo mucha prisa.
나는 많이 급해요.

스페인어 진짜 써먹기 정답

❶ 1. d 2. b 3. a 4. c
❷ 1. (ellos) no tienen resaca
2. (yo) tengo sueño
3. (él) no tiene prisa
4. (yo) tengo sed.
❸ 1. años 2. veintiún

해석

❶ a. 나는 배고파요.
b. 나는 추워요.
c. 나는 무서워요.
d. 나는 더워요.
❷ 1. 그들은 숙취가 있나요?
➡ 아니요, 그들은 숙취가 없어요.
2. 당신은 졸린가요?
➡ 네, 저는 졸려요.
3. 그는 급하지 않나요?
➡ 아니요, 그는 급하지 않아요.
4. 너는 목이 마르니?
➡ 응, 나는 목이 말라.
❸ 1. 너는 몇 살이니?
2. 나는 스물 한 살이야.

오늘의 Misión 모범답안

1. Tengo frío. Tengo hambre. No tengo sueño.
나는 추워요. 나는 배고파요. 나는 졸리지 않아요.
2. Tengo mucho calor. Tengo sed. No tengo hambre.
나는 많이 더워요. 나는 목말라요. 나는 배고프지 않아요.
3. No tengo prisa. Tengo mucha resaca. Tengo sueño.
나는 급하지 않아요. 나는 숙취가 많이 있어요. 나는 졸려요.

Día 35 Tienes que esperar un poco.
너는 조금 기다려야 해.

스페인어 진짜 써먹기 정답

❶ 1. un poco de 2. un poco 3. un poco
❷ 1. ① 2. ② 3. ① 4. ①
❸ 1. que 2. No 3. Hay

해석

①
1. 나는 조금 더워요.
2. 우리는 조금 기다려야 해요.
3. 우리는 조금 슬퍼요.

③
1. 우리는 이 책을 읽어야 해요?
2. 나는 오늘 공부 할 필요 없어요.
3. 제 시간에 도착해야 해요.

오늘의 Misión 모범답안

1. Tengo que hacer ejercicio.
   나는 운동해야 해요.
2. Tengo que descansar.
   나는 쉬어야 해요.
3. Tengo que aprender español.
   나는 스페인어를 배워야 해요.

⑥
A 너희는 몇 살이야?
B 나는 15살이고 나의 여자 형제는 21살이야.
A 너희는 고양이 있니?
B 아니. 우리는 강아지가 하나 있어.

⑦
1. 나는 배고파요.
   ➡ 너는 무언가를 먹어야 해.
2. 나는 피곤해요.
   ➡ 너는 쉬어야 해.
3. 우리는 목 말라요.
   ➡ 당신들은 무언가를 마셔야 해요.
4. 우리는 취했어.
   ➡ 너희는 더 마시면 안 돼.

⑧
① 너는 인생을 즐겨야 해.
② 인생을 즐겨야 해.
④ 우리는 인생을 즐겨야 해.

Día 36 Práctica ⑥ 연습문제

스페인어 진짜 써먹기 정답

① 1. b 2. d 3. a 4. c
② 1. estás 2. Estoy 3. hay 4. hay
③ 1. descansar 2. caminar 3. reservar 4. limpiar 5. llorar
④
1. Yo tengo sueño.
2. Ella tiene novio.
3. Ellos tienen un perro.
4. ¿Ustedes tienen tiempo?

⑤
1. (Yo) no tengo frío.
2. Él tiene resaca.
3. (Nosotros) tenemos un poco de calor.
4. Ellos tienen mucha hambre.

⑥ 1. Cuántos 2. tengo 3. tiene 4. Tenemos
⑦ 1. c 2. a 3. b 4. d
⑧ ③

해석

①
a. 은행
b. 공원
c. ATM
d. 술집

②
1. 너 어디에 있어?
2. 나 광장에 있어.
3. 거기에 은행 있니?
4. 응, 은행이 세 개 있어.

④
1. 나는 졸려요.
2. 그녀는 남자친구가 있어요.
3. 그들은 강아지 한 마리가 있어요.
4. 당신들은 시간이 있나요?

Diálogo

Turista ¡Hola! Tengo una pregunta. ¿Dónde está el parque Güell?
Guía En esta ciudad hay muchos parques pero el parque Güell no está aquí. ¡Está en Barcelona!
Turista ¿Y dónde estamos?
Guía ¡En Madrid! Tiene que ir a Barcelona.
Turista ¿Está lejos? ¿Hay que caminar mucho?
Guía Hay que ir en tren.
Turista ¡Dios mío! ¿Tengo que reservar? No tengo tiempo.
Guía No tiene que reservar. El próximo tren llega pronto.
Turista Menos mal. Por cierto, usted debe ser más amable.
Guía ¿Qué?

*ir 가다 lejos 멀리에 en tren 기차로 menos mal 다행이다

Diálogo 해석

Turista 안녕하세요! 질문이 하나 있어요. 구엘 공원 어디 있나요?
Guía 이 도시에는 공원이 많이 있지만 구엘 공원은 여기 없어요. 바르셀로나에 있죠!
Turista 그러면 우리는 어디에 있나요?
Guía 마드리드에요! 당신은 바르셀로나로 가야 해요.
Turista 멀리 있어요? 많이 걸어야 해요?
Guía 기차로 가야 해요.
Turista 세상에나! 나는 예약해야 해요? 나는 시간이 없어요.
Guía 당신은 예약하지 않아도 돼요. 다음 기차는 곧 와요.
Turista 다행이네요. 그건 그렇고, 당신은 더 친절하셔야 해요.
Guía 뭐라고요?

오늘의 Misión 모범답안

1. Sí, hay mucha gente en mi ciudad. Tengo que trabajar mañana. Tengo veintiún años.
   네, 나의 도시에는 사람들이 많아요. 나는 내일 일해야 해요. 나는 스물 한 살이에요.

2. No, no hay mucha gente en mi ciudad. Tengo que estudiar

mañana. Tengo cuarenta y siete años.
아니요, 나의 도시에는 사람이 많지 않아요. 나는 내일 공부해야 해요. 나는 마흔 일곱 살이에요.
3. No, no hay mucha gente. Tengo que limpiar la casa. Tengo treinta y cinco años.
아니요, 사람들이 많지 않아요. 나는 집을 청소해야 해요. 나는 서른 다섯 살이에요.

해석
① 1. 내일 모레 너는 수영할 거야.
2. 이번 주에 우리는 술 마실 거예요.
3. 지금 그는 청소할 거예요.
4. 내년에 그녀들은 스페인에서 살 거예요.

오늘의 Misión 모범답안
1. El año que viene voy a trabajar en Chile.
   내년에 나는 칠레에서 일할 거예요.
2. Voy a viajar a Cuba el año que viene.
   내년에 나는 쿠바로 여행 갈 거예요.
3. El próximo año voy a vivir en España.
   내년에 나는 스페인에서 살 거예요.

Día 37 Marcos va a México.
마르코스는 멕시코에 가요.

스페인어 진짜 써먹기 정답
① 1. a 2. c 3. b
② ③
③ 1. van 2. vamos 3. vas 4. voy
④ 1. en autobús 2. en taxi

해석
② ① 나는 출근해요.
   ② 나는 혼자 가요.
   ④ 나는 빨리 가요.
③ 1. 당신들은 세비야에 가나요?
   2. 아니요, 우리는 톨레도에 가요.
   3. 너는 혼자 가니?
   4. 당연하지. 나는 혼자 가. 나는 여자친구가 없어.

오늘의 Misión 모범답안
1. Hoy voy a la casa de mis padres.
   오늘 나는 나의 부모님 댁에 가요.
2. Esta semana voy a Seúl.
   이번주에 나는 서울에 가요.
3. Este año voy a España con mi marido.
   올해 나는 내 남편과 스페인에 가요.

Día 38 Vamos a caminar.
우리 걷자.

스페인어 진짜 써먹기 정답
① 1. Pasado mañana (tú) vas a nadar.
   2. Esta semana (nosotros/as) vamos a beber.
   3. Ahora él va a limpiar.
   4. El próximo año/el año que viene ellas van a vivir en España.
② 1. la próxima semana
   2. el mes que viene
   3. el próximo viernes
③ 1. de compras 2. de camping 3. de copas

Día 39 Yo hago ejercicio con un amigo.
나는 친구 한 명과 운동해요.

스페인어 진짜 써먹기 정답
① 1. hago 2. hacemos 3. hacéis
② 1. b 2. a 3. d 4. c
③ 1. Yo tomo agua con gas.
   2. Tengo que hablar contigo.
   3. Mi hija va a vivir con Isa.

해석
② a. 운동하다
   b. 줄 서다
   c. 화해하다
   d. 장보다
③ 1. 나는 탄산수를 마셔요.
   2. 나는 너와 이야기를 해야 해.
   3. 내 딸은 이사와 함께 살 거예요.

오늘의 Misión 모범답안
1. Veo Youtube. Leo libros. Descanso en casa.
   나는 유튜브 봐. 책 읽어. 집에서 쉬어.
2. Hago ejercicio. Paseo a mi perro. Salgo con mi hermana.
   나는 운동해. 내 강아지 산책 시켜. 여자형제랑 놀러 나가.
3. Voy a una cafetería. Tomo café. Escucho música.
   나는 카페 가. 커피 마셔. 노래를 들어.

Día 40 ¡Mañana hace buen tiempo!
내일은 날씨가 좋아요!

스페인어 진짜 써먹기 정답

① 1. b 2. c 3. a
② 1. Hace mucho calor.
   2. Hace mal tiempo.
   3. ¿Cómo está el tiempo hoy?
   4. Hace un poco de viento.
③ 1. Hoy hace muy buen tiempo.
   2. ¿Qué tiempo hace en otoño?
   3. En invierno no hace mucho sol.

해석

① a. 날씨가 추워요.
   b. 해가 쨍쨍해요.
   c. 바람이 불어요
② 1. 날씨가 많이 더워요.
   2. 날씨가 나빠요.
   3. 오늘 날씨가 어떤가요?
   4. 바람이 조금 불어요.
③ 1. 오늘은 날씨가 매우 좋아요.
   2. 가을에는 날씨가 어떤가요?
   3. 겨울에는 해가 많이 쨍쨍하지 않아요.

오늘의 Misión 모범답안

1. Hace mucho sol pero no hace calor. Hace fresco.
   해가 매우 쨍쨍하지만 덥지 않아요. 선선해요.
2. Hace muy mal tiempo. Llueve mucho y hace viento.
   날씨가 매우 나빠요. 비가 많이 오고 바람이 불어요.
3. Nieva y hace frío. Y no hace sol.
   눈이 오고 추워요. 그리고 해가 없어요.

Día 41 ¿Puedo hacer una reserva?
예약할 수 있나요?

스페인어 진짜 써먹기 정답

① 1. puedo 2. puedes 3. podéis
② 1. c 2. b 3. a
③ 1. puedo 2. pueden 3. podemos 4. puedo

해석

 1. 난 더 이상 못 해.
   2. 너는 스페인어 할 수 있니?
   3. 너희는 수영할 수 있니?
③ 1. 너는 춤출 수 있니?
      ➡ 응, 나는 춤출 수 있어.
   2. 너의 부모님은 영어를 하실 수 있니?
      ➡ 아니, 그들은 영어를 못 하셔.
   3. 너희는 집을 청소할 수 있니?
      ➡ 응, 우리는 청소할 수 있어.
   4. 당신은 오늘 쉴 수 있나요?
      ➡ 아니요, 저는 오늘 쉴 수 없어요.

오늘의 Misión 모범답안

1. Puedo bailar flamenco.
   나는 플라멩고를 출 수 있어요.
2. Puedo cocinar la comida japonesa.
   나는 일본 음식을 요리할 수 있어요.
3. Puedo hablar chino.
   나는 중국어를 할 수 있어요.

Día 42 Práctica ⑦
연습문제

연습문제 정답

① 1. voy 2. salgo 3. hago 4. pongo 5. puedo
② 1. van 2. vamos 3. vas 4. voy 5. van 6. van
③ 1. a 2. con 3. de
④ 1. pasado mañana
   2. esta semana
   3. el próximo mes/el mes que viene
⑤ ②
⑥ 1. mucho 2. muy 3. un poco de
⑦ 1. En Corea hace frío.
   2. Aquí no hace mucho calor.
   3. En verano hace mucho sol.
   4. En primavera hace buen tiempo.
⑧ 1. llegar 2. poner 3. fumar 4. pagar 5. pasear

연습문제 해석

② 1. 당신들은 기다릴 거예요?
   2. 네, 우리는 기다릴 거예요.
   3. 너는 서울에서 살 거야?
   4. 아니, 나는 뉴욕에서 살 거야.
   5. 그녀들은 오늘 밤 놀러 나갈 건가요?
   6. 아니요, 그녀들은 내일 놀러 나갈 거예요.
③ 1. 나는 내년에 칠레에 가요.
   2. 우리는 파블로와 함께 가요. / 파블로와 함께 가자!
   3. 너는 술 마시러 가니?
⑤ ① 나는 내 아내와 운동해요.
   ③ 너는 너의 딸과 장을 보니?
⑥ 1. 바람이 많이 불어요.
   2. 날씨가 매우 좋아요.
   3. 조금 추워요.
⑧ 1. 나는 급해. 너는 더 일찍 도착할 수 있니?

2. 나는 목이 말라요. 내게 맥주 하나 줄 수 있나요?
3. 저는 여기서 흡연해도 되나요?
4. 우리는 카드 결제할 수 있나요?
5. 너희 내일 내 강아지 산책 시킬 수 있니?

Diálogo

Andrés	¡Voy a ir a Cuba este verano!
Alma	¿De verdad? ¡Qué bien! ¿No hace frío en Cuba?
Andrés	No, no hace frío.
Alma	¿Qué tiempo hace en Cuba?
Andrés	¡Hace muchísimo calor!
Alma	Uy. Yo no puedo ir a Cuba. Es que soy una persona calurosa.
Andrés	Jajaja. ¿No vas a viajar este verano?
Alma	Sí. Voy a viajar a Bilbao con mi familia.
Andrés	¡A Bilbao! ¡Guay! ¿Vais en avión, verdad?
Alma	No. Vamos en tren. Está cerca. Y no hace mucho calor allí.
Andrés	Jajaja. Así puedes disfrutar más.

*es que ~거든 cerca 근처에 así 그러면

Diálogo 해석

Andrés	이번 여름에 나 쿠바 가!
Alma	정말? 좋겠다! 쿠바는 춥지 않아?
Andrés	아니, 춥지 않아.
Alma	쿠바는 날씨가 어때?
Andrés	완전 더워!
Alma	앗. 나는 쿠바에 갈 수 없어. 나는 더위를 타는 사람이거든.
Andrés	하하하. 너 이번 여름에 여행 안 갈 거야?
Alma	응! 내 가족이랑 빌바오로 여행 갈 거야.
Andrés	빌바오로! 대박! 비행기 타고 가?
Alma	아니. 기차로 가. 가까워. 그리고 거기는 많이 덥지 않아.
Andrés	하하하. 그러면 네가 더 즐길 수 있겠네.

오늘의 Misión 모범답안

1. Este sábado voy a ir a un parque con mi novio. Va a hacer buen tiempo. Podemos pasear.
   나는 이번주 토요일에 내 남자친구와 함께 어떤 공원에 갈 거예요. 날씨가 좋을 거예요. 우리는 산책할 수 있어요.
2. Esta semana no hace mucho calor. Este domingo mi hermano y yo vamos a viajar a Busan. Podemos ir en tren.
   이번주 많이 덥지 않아요. 이번주 일요일에 내 남자형제와 나는 부산으로 여행을 갈 거예요. 우리는 기차로 갈 수 있어요.
3. Este fin de semana voy a hacer la compra. No puedo ir solo. Voy a ir con mi mujer.
   이번 주말에 나는 장보러 갈 거예요. 나는 혼자 갈 수 없어요. 나는 내 아내와 함께 갈 거예요.

Día 43 Queremos una cerveza.
우리는 맥주를 원해요.

스페인어 진짜 써먹기 정답

❶ 1. quiers ➡ quieres
  2. quieremos ➡ queremos
  3. queren ➡ quieren
❷ 1. quieres 2. Quiero 3. quieren 4. Queremos
❸ 1. de 2. no 3. con

해석

❷ 1. 너는 무엇을 원해?
  2. 나는 아이스 커피 하나를 원해.
  3. 당신들은 무엇을 원하나요?
  4. 우리는 주스 두 개를 원해요.
❸ 1. 엘리사는 파인애플 주스 하나를 원해요.
  2. 너희는 커피를 원하지 않니?
  3. 당신은 카페 라떼를 원하나요?

오늘의 Misión 모범답안

1. Quiero tomar un cortado.
   나는 코르타도 하나를 마시고 싶어요.
2. Quiero tomar un tinto de verano.
   나는 틴토 데 베라노 하나를 마시고 싶어요.
3. Quiero tomar un café frío.
   나는 아이스커피 하나를 마시고 싶어요.

Día 44 Quiero comer pollo frito.
나는 치킨을 먹고 싶어요.

스페인어 진짜 써먹기 정답

❶ 1. Yo quiero aprender español.
  2. Tú no quieres llorar.
  3. Nosotros no queremos esperar.
  4. Ellos quieren hablar contigo.
❷ 1. d 2. c 3. b 4. a
❸ 1. Tengo muchas ganas de bailar.
  2. Él tiene muchas ganas de fumar.

해석

❶ 1. 나는 스페인어를 배우고 싶어요.
  2. 너는 울고 싶어 하지 않는다.
  3. 우리는 기다리고 싶지 않아요.
  4. 그들은 너와 말하고 싶어 해.
❷ a. 생선
  b. 문어
  c. 고기
  d. 새우

❸ 1. 나는 정말 춤 추고 싶어요.
   2. 그는 정말 흡연하고 싶어해요.

오늘의 Misión 모범답안

1. Quiero caminar un poco. Quiero comer algo. Quiero salir.
   나는 조금 걷고 싶어요. 나는 무언가 먹고 싶어요. 나는 나가고 싶어요.
2. Quiero descansar. Quiero ir a mi casa. Quiero ver Netflix.
   나는 쉬고 싶어요. 나는 내 집에 가고 싶어요. 나는 넷플릭스를 보고 싶어요.
3. Quiero aprender español. Quiero estudiar español. Quiero practicar el español.
   나는 스페인어를 배우고 싶어요. 나는 스페인어를 공부하고 싶어요. 나는 스페인어를 연습하고 싶어요.

Día 45 ¿Puedo pedir la paella?
빠에야를 주문해도 될까요?

스페인어 진짜 써먹기 정답

❶ 1. pido 2. digo 3. sigo
❷ 1. pides 2. Pido 3. pedimos 4. pedir
❸ 1. (Yo) quiero pedir.
   2. (Yo) voy a pedir.
   3. ¿(Yo) puedo pedir?

해석

❷ 1. 너는 무엇을 주문해?
   2. 나는 상그리아 하나를 주문해.
   3. 너희는 무엇을 주문해?
      ➡ 우리는 아무것도 주문하지 않아.
   4. 여러분은 무언가를 주문할 거예요?
      ➡ 네, 우리는 에스프레소 하나와 코르타도를 하나 주문할 거예요.

오늘의 Misión 모범답안

1. ¿Puedo pedir una hamburguesa?
   햄버거 하나 주문해도 돼요?
2. ¿Puedo pedir un café bombón?
   카페 봄본 하나 주문해도 돼요?
3. Quiero pedir un ceviche y una cerveza.
   저는 세비체 하나와 맥주 하나 주문하고 싶어요.

Día 46 Él sabe cocinar comida coreana.
그는 한국 음식을 요리할 줄 알아요.

스페인어 진짜 써먹기 정답

❶ 1. (Yo) sé cocinar.
   2. Usted no sabe limpiar.
   3. (Vosotros) sabéis nadar.
❷ 1. algo 2. mucho 3. nada
❸ 1. Puedo 2. Sé 3. puedes 4. sabes

해석

❶ 1. 나는 요리할 줄 알아요.
   2. 당신은 청소할 줄 몰라요.
   3. 너희는 수영할 줄 안다.

오늘의 Misión 모범답안

1. Sí, sé hablar español. Sí, sé nadar. Sí, sé cocinar.
   응, 나 스페인어 할 줄 알아. 응, 나 수영할 줄 알아. 응, 나 요리 할 줄 알아.
2. Sí, sé hablar un poco de español. No, no sé nadar. No, no sé cocinar.
   응, 나 스페인어 조금 할 줄 알아. 아니, 나 수영할 줄 몰라. 아니, 나 요리할 줄 몰라.
3. No, no sé hablar español. No, no sé nadar. Sí, sé cocinar. Pero no cocino muy bien.
   아니, 나 스페인어 할 줄 몰라. 아니, 나 수영할 줄 몰라. 응, 나 요리할 줄 알아. 그런데 매우 잘 하지는 못해.

Día 47 Ella conoce ese restaurante español.
그녀는 그 스페인 식당에 가 봤어요.

스페인어 진짜 써먹기 정답

❶ 1. conozco 2. conoces 3. conocéis
❷ 1. sabe 2. sé 3. conoces 4. conocen
   5. saben 6. conoces 7. sabéis

해석

❷ 1. 그녀는 역사에 대해 많이 알아요.
   2. 나는 아나에 대해 뭔가 알아요.
   3. 너는 아나를 알아?
   4. 그들은 한국에 안 가 봤어요.
   5. 그들은 한국이 어디 있는지 몰라요.
   6. 너는 그 술집에 가 봤어?
   7. 너희들은 스페인어를 말할 줄 모르니?

오늘의 Misión 모범답안

1. Conozco Estados Unidos. Conozco España. Conozco Italia.
나는 미국에 가 봤어요. 나는 스페인에 가 봤어요. 나는 이탈리아에 가 봤어요.
2. Conozco Japón. Conozco Tailandia. Conozco Busan.
나는 일본에 가 봤어요. 나는 태국에 가 봤어요. 나는 부산에 가 봤어요.
3. Conozco Bogotá. Conozco Londres. Conozco Nueva York.
나는 보고타에 가 봤어요. 나는 런던에 가 봤어요. 나는 뉴욕에 가 봤어요.

Día 48 Práctica ⑧
연습문제

연습문제 정답

① 1. b 2. d 3. a 4. c
② 1. quieres hacer
2. Queremos comer
3. quiero pedir
4. Queréis probar
5. quiere ir
③ 1. pides 2. pedís 3. digo 4. dicen
5. siguen 6. seguimos
④ 1. Tengo muchas ganas de bailar.
2. Puedo pedir una paella?
3. Vamos a pedir más.
4. No quiero trabajar.
⑤ 1. con 2. de 3. a
⑥ 1. sé 2. Sabes 3. conoce 4. saben
⑦ 1. sé cocinar
2. sabe nadar
3. sabemos tocar
4. saben hablar

연습문제 해석

① 1. 너는 무엇을 원해?
  ➡ 나는 코르타도 하나를 원해.
2. 그녀는 무엇을 원해요?
  ➡ 그녀는 주스 하나를 원해요.
3. 너희는 무엇을 원해?
  ➡ 우리는 카페 봄본 하나를 원해.
4. 그들은 무엇을 원해요?
  ➡ 그들은 틴토 데 베라노 하나를 원해요.
② 1. 너는 내일 무엇을 하고 싶어?
2. 우리는 닭고기를 먹고 싶어요.
3. 나는 생선을 주문하고 싶지 않아요.
4. 너희는 이 음식을 먹어 보고 싶니?
5. 이그나시오는 가고 싶어 하지 않아요.

③ 1. 너는 주문해요.
2. 너희는 주문해요.
3. 나는 말해요.
4. 그들은 말해요.
5. 당신들은 계속 해요.
6. 우리는 계속 해요.
⑤ 1. 나는 마리아를 계속 만나요.
2. 너는 한국에 대해서 아무것도 모르는구나!
3. 너희는 우리 엄마를 모르지?
⑥ 1. 나는 리아가 누구인지 몰라요.
2. 너는 아르헨티나에 대해서 알아요?
3. 여자 형제는 내 동료들을 알아요.
4. 스페인 사람들은 인생을 즐길 줄 알아요.
⑦ 1. 나는 요리할 줄 알아요.
2. 그녀는 수영할 줄 알아요.
3. 우리는 피아노를 칠 줄 알아요.
4. 그들은 영어를 할 줄 알아요.

Diálogo

Álvaro Oye, pero ¿qué pasa? ¿Estás bien?
Martina No. Es que no quiero trabajar. No puedo más.
Álvaro ¡Qué dices!
Martina ¿Sabes qué? Mi jefe es muy cabezón. No escucha y pide mucho. Además no sabe trabajar.
Álvaro Yo sé. Yo conozco a tu jefe.
Martina Quiero descansar. Tengo muchas ganas de ir de vacaciones.
Álvaro Bueno, ¿pedimos algo? Voy a pedir una caña.
Martina Yo también quiero tomar una caña. A ver... ¡Ahí está él!
Álvaro ¿Quién? ¡Ah, tu jefe! ¡Madre mía!
Jefe Ehh, ¡Martina!
Martina ¡Hola! Estapmos en el mismo bar. ¡Qué alegría! ¡Estás guapísimo!

*pasar 지나가다, 일이 일어나다 ¡Qué dices! 무슨 소리야! además 게다가
mismo 똑같은 ¡Qué alegría! 정말 기쁘다! estar guapo 잘 꾸민 상태이다

Diálogo 해석

Álvaro 얘, 그런데 무슨 일이야? 괜찮아?
Martina 아니. 나 일하고 싶지 않거든. 더는 못 하겠어.
Álvaro 무슨 소리야!
Martina 그거 알아? 내 상사 완전 고집불통이야. 듣지 않고 요구가 많아. 게다가 일할 줄 몰라.
Álvaro 알아. 나 너의 상사 알잖아.
Martina 나 쉬고 싶어. 정말 휴가 가고 싶다.
Álvaro 음, 뭐 시킬까? 나는 까냐 하나 시킬 거야.
Martina 나도 까냐 하나 마시고 싶어. 어디 보자... 그가 저기 있다!
Álvaro 누구? 아! 네 상사! 세상에나!
Jefe 어라, 마르티나!
Martina 안녕하세요! 우리 똑같은 술집에 있네요. 정말 기뻐요! 너무 멋있으세요!

오늘의 Misión 모범답안

1. Quiero estar en casa. Es que estoy muy cansado/a. Puedo descansar en casa.
   나는 집에 있고 싶어요. 매우 피곤하거든요. 집에서 쉴 수 있어요.
2. Quiero ir de copas. Tengo muchas ganas de salir. Conozco un buen bar.
   나는 술 마시러 가고 싶어요. 너무 나가고 싶어요. 나는 좋은 술집을 하나 알아요.
3. Quiero estudiar español. Tengo muchos amigos mexicanos pero no sé hablar español.
   나는 스페인어를 공부하고 싶어요. 나는 멕시코 친구들이 많지만 스페인어를 할 줄 몰라요.

Día 49 Los quiero mucho.
나는 그들을 많이 사랑해.

스페인어 진짜 써먹기 정답

① 1. me 2. lo 3. os
② 1. lo/la conozco
   2. los conozco
   3. lo conocemos
   4. te conocen
③ 1. me 2. te 3. la

해석

② 1. 당신은 저를 아시나요?
   ➡ 네, 저는 당신을 알아요.
   2. 너는 내 형제자매들을 아니?
   ➡ 응, 난 그들을 알아.
   3. 너희는 내 남자친구를 아니?
   ➡ 응, 우리는 그를 알아.
   4. 얘, 그들은 나를 알아?
   ➡ 응, 그들은 너를 알아.
③ 1. 너는 나를 기다릴 거야?
   2. 응, 나는 너를 기다릴 거야.
   3. 너는 마리아를 도와줄 수 있어?
   ➡ 응, 나는 그녀를 도와줄 수 있어.

오늘의 Misión 모범답안

1. ¿Me quieres?
   너는 나를 사랑하니?
2. ¿Me puedes escuchar?
   너는 나를 들을 수 있니? (내 말 들리니?, 내 말 좀 들어줄래?)
3. ¿Me va a ayudar Fernando?
   페르난도는 나를 도와줄 거예요?

Día 50 Él nos pregunta todo.
그는 우리에게 다 물어봐요.

스페인어 진짜 써먹기 정답

① 1. 그에게, 그녀에게, 당신에게, 그것에게
   2. 우리에게
   3. 그들에게, 그녀들에게, 당신들에게, 그것들에게
② 1. (Tú) me escribes.
   2. (Nosotros) te regalamos.
   3. Ustedes le dicen.
   4. (Vosotros) les pedís.
③ 1. le 2. me 3. les

해석

② 1. 너는 나에게 쓴다/문자한다.
   2. 우리는 너에게 선물한다.
   3. 당신들은 그녀에게 말한다.
   4. 너희들은 그들에게 주문/요구한다.
③ 1. 마리아에게 설탕을 넘겨줄 수 있어?
   ➡ 응, 나는 그녀에게 설탕을 넘겨줄 수 있어.
   2. 그들은 너에게 거짓말을 하니?
   ➡ 응, 그들은 내게 거짓말을 해.
   3. 너는 너의 부모님께 꽃들을 선물할 거니?
   ➡ 응, 나는 그들에게 꽃들을 선물할 거야.

오늘의 Misión 모범답안

1. Sí, le escribo mucho.
   응, 나는 그녀에게 문자 많이 해.
2. No, no le escribo mucho.
   아니, 나는 그녀에게 많이 문자하지 않아.
3. ¡Claro que sí! Le escribo muchísimo.
   당연히 그렇지! 난 그녀에게 매우 많이 문자해.

Día 51 Ella no me habla.
그녀는 나에게 말하지 않아요.

스페인어 진짜 써먹기 정답

① 1. la conozco
   2. te puedo ayudar
   3. os amo
   4. me quiere
   5. le escribimos
② 1. nadie 2. Nunca 3. nada
③ 1. debes pedir nada a
   2. te podemos comprar

해석

①
1. 너는 그녀를 아니?
   ➡ 아니, 나는 그녀를 몰라.
2. 날 도와줄 수 있니?
   ➡ 아니, 나는 너를 도와줄 수 없어.
3. 훌리아, 너는 우리를 사랑하니?
   ➡ 아니, 나는 너희를 사랑하지 않아.
4. 훌리아는 너를 사랑하니?
   ➡ 아니, 그녀는 나를 사랑하지 않아.
5. 너희는 훌리아에게 문자하니?
   ➡ 아니, 우리는 훌리아에게 문자하지 않아.

②
1. 나는 아무도 기다리지 않을 거야.
2. 나는 내 부모님에게 절대 거짓말 하지 않아.
3. 나에게 아무 일도 없어!

③
1. 너는 나디아에게 아무것도 요구하면 안 돼.
2. 우리는 너에게 커피를 사줄 수 없어.

오늘의 Misión 모범답안

1. ¿No vas a comer nada? Nadie te mira. Nunca tienes hambre.
   너는 아무것도 안 먹을 거야? 아무도 널 보지 않아. 너는 절대 배가 고프지 않구나.
2. Él no estudia nada. Él no ayuda a nadie. Él nunca me escucha.
   그는 공부를 전혀 하지 않아요. 그는 아무도 도와주지 않아요. 그는 내 말을 듣지 않아요.
3. No pasa nada. No hay nadie. Nunca te voy a decir mentiras.
   아무 일도 일어나지 않아.(괜찮아.) 아무도 없어. 나는 절대 너에게 거짓말하지 않을 거야.

Día 52 **Te lo doy.**
나는 그것을 너에게 줄게.

스페인어 진짜 써먹기 정답

① 1. doy 2. damos 3. dais
② 1. c 2. b 3. a
③
1. me la compra
2. te lo compramos
3. se lo compran
4. se las compro

해석

③
1. 그녀는 너에게 맥주 하나를 사 주니?
   ➡ 응, 그녀는 나에게 그것을 사 줘.
2. 너희는 나에게 아이스크림 하나를 사 주니?
   ➡ 응, 우리는 너에게 그것을 사 줘.
3. 그들은 마리오에게 이 탄산음료를 사 주니?
   ➡ 아니, 그들은 그에게 그것을 사 주지 않아.
4. 당신은 나에게 이 감자튀김들을 사 주나요?
   ➡ 아니요, 나는 당신에게 이것들을 사 주지 않아요.

오늘의 Misión 모범답안

1. Sí, te la compro.
   응, 나는 너에게 그것을 사 줄게.
2. No, no te la compro.
   아니, 나는 너에게 그것을 사 주지 않아.
3. ¡Claro que no! No te la puedo comprar.
   당연히 아니지! 나는 너에게 그것을 사 줄 수 없어.

Día 53 **Erica es mi primera amiga española.**
에리카는 나의 첫 번째 스페인 친구예요.

스페인어 진짜 써먹기 정답

① 1. tercero 2. quinto 3. séptimo 4. décimo
② 1. primero 2. cuarto 3. segundo
③ 1. primer 2. primeros 3. primera

해석

②
1. 전채로 저는 스프를 먹고 싶어요.
2. 저는 4층에 가요.
3. 메인 메뉴로 감바스 알 아히요를 주세요.

오늘의 Misión 모범답안

Primero, segundo, tercero, cuarto, quinto, sexto, séptimo, octavo, noveno, décimo
첫 번째, 두 번째, 세 번째, 네 번째, 다섯 번째, 여섯 번째, 일곱 번째, 여덟 번째, 아홉 번째, 열 번째

Día 54 **Práctica ⑨**
연습문제

연습문제 정답

① 1. me 2. nos 3. lo 4. les
② 1. la 2. las 3. lo 4. los
③
1. te conozco
2. no los conozco
3. os conocemos
④
1. lo quiero
2. la queremos
3. no lo/la quiero
4. no me quieren
⑤
1. Te quiero.
2. ¿Nos puedes esperar?
   또는 ¿Puedes esperarnos?
3. Me debéis escuchar.
   또는 Debéis escucharme.

    4. Os tengo que ayudar.
       또는 Tengo que ayudaros.
 ❻ 1. No te vamos a preguntar nada.
    2. No le vamos a comprar nada.
    3. No les vamos a pedir nada.
    4. No les va a regalar nada.
 ❼ 1. c 2. a 3. b 4. d
 ❽ 1. primer 2. segundo 3. quinto

연습문제 해석

❷ 1. 책상 ➡ 그것을
   2. 도시들 ➡ 그것들을
   3. 탄산음료 ➡ 그것을
   4. 강아지들 ➡ 그들을
❸ 1. 너 나 알아?
      ➡ 응, 나 너 알아.
   2. 너는 그들을 알아?
      ➡ 응, 나는 그들을 알아.
   3. 너희는 우리를 알아?
      ➡ 응, 우리는 너희를 알아.
❹ 1. 너는 이 책을 원하니?
      ➡ 응, 나는 그것을 원해.
   2. 너희는 이네스를 사랑하니?
      ➡ 응, 우리는 그녀를 사랑해.
   3. 당신은 나를 사랑하나요?
      ➡ 아니요, 나는 당신을 사랑하지 않아요.
   4. 그들은 너를 사랑하니?
      ➡ 아니, 그들은 나를 사랑하지 않아.
❺ 1. 나는 너를 사랑해.
   2. 너는 우리를 기다릴 수 있어?
   3. 너희는 나를 (내 말을) 들어야 해.
   4. 나는 너희를 도와줘야 해.
❻ 1. 너희는 나에게 무엇을 물어볼 거야?
      ➡ 우리는 너에게 아무것도 물어보지 않을 거야.
   2. 우리는 파울라에게 무엇을 사 줄 거야?
      ➡ 우리는 그녀에게 아무것도 사 주지 않을 거야.
   3. 당신들은 우리에게 무엇을 요구할 거예요?
      ➡ 우리는 당신들에게 아무것도 요구하지 않을 거예요.
   4. 파블로는 그의 부모님에게 무엇을 선물할 거예요?
      ➡ 그는 그들에게 아무것도 선물하지 않을 거예요.
❼ 1. 너는 나에게 책들을 줄 거야?
      ➡ 응, 나는 너에게 그것들을 줄게.
   2. 너희는 나에게 지도를 줄 거야?
      ➡ 응, 우리는 너에게 그것을 줄게.
   3. 너는 그에게 너의 강아지를 줄 거야?
      ➡ 아니, 나는 그에게 그녀를 주지 않을 거야.
   4. 너희는 그에게 너희의 피아노를 줄 거야?
      ➡ 아니, 우리는 그에게 그것을 주지 않을 거야.
❽ 0층에는 카페가 하나 있어요. 1층에는 후안이 살아요. 2층에는 후안의 부모님이 살아요. 5층에는 술집이 하나 있어요.

Diálogo

Jaime Quiero salir. Quiero dar una vuelta. No... ¡Tengo muchas ganas de ir de copas!
Olivia ¿Qué te pasa? Hoy salgo con unos amigos coreanos. ¿Quieres salir? Te invito.
Jaime Te quiero mucho, mi hermana. Jeje. Vale, vamos. Pero tengo que decírselo a mamá.
Olivia No tienes que decirle nada.
Jaime Pero no tengo dinero. ¿Le pedimos dinero?
Olivia ¡Vamos a escribirle! Claro que sí, nos va a dar dinero.
Jaime ¡Qué morro!
Olivia Hay que ser inteligente.
Jaime Ella nos compra muchas cosas y nosotros siempre le pedimos algo.
Olivia ¡Qué dices! A veces le regalamos algo y... ¡La queremos!
Jaime Claro...
Olivia Anda, vamos. Hoy vas a conocer a tus primeros amigos coreanos.

*invitar 초대하다 ¡Qué morro! 정말 뻔뻔하다! la cosa 일, 것 a veces 가끔 anda 어서

Diálogo 해석

Jaime 나 나가고 싶어. 산책하고 싶어. 아니다... 나 너무 술 마시러 가고 싶다!
Olivia 너 무슨 일이야? 나 오늘 한국인 친구들과 놀아. 나가고 싶어? 내가 살게.
Jaime 내가 많이 사랑해, 누나/여동생아~ ㅎㅎ 알겠어, 가자. 근데 엄마한테 이거 얘기해야 해.
Olivia 그녀에게 아무것도 말하지 않아도 돼.
Jaime 그런데 나 돈 없어. 우리 엄마에게 돈을 요구할까?
Olivia 그녀에게 문자하자! 당연하지, 우리에게 돈을 주실 거야.
Jaime 정말 뻔뻔하다!
Olivia 똑똑할 필요가 있어.
Jaime 그녀는 우리에게 많은 것들을 사 주시는데 우리는 항상 그녀에게 무언가 요구하네.
Olivia 무슨 소리야! 가끔 우린 그녀에게 무언가 선물하고... 우린 그녀를 사랑하잖아!
Jaime 그렇지...
Olivia 어서, 가자. 오늘 너는 너의 첫 번째 한국인 친구들을 만날 거야.

오늘의 Misión 모범답안

1. Sí, te la puedo dar. Sí, os la vamos a decir. Sí, se lo tengo que enseñar.
   응, 나는 너에게 그것을 줄 수 있어. 응, 우리는 너희에게 그것을 말해줄 거야. 응, 나는 그녀에게 그것을 가르쳐 줘야 해.
2. Sí, puedo dártela. No, no os la vamos a decir. Sí, tengo que enseñárselo.

응, 나는 너에게 그것을 줄 수 있어. 아니, 우리는 너희에게 그것을 말해 주지 않을 거야. 응, 나는 그녀에게 그것을 가르쳐 줘야 해.

3. No, no te la puedo dar. Sí, os la vamos a decir. No, no tengo que enseñárselo.
   아니, 나는 너에게 그것을 줄 수 없어. 응, 나는 우리는 너희에게 그것을 말해주지 않을 거야. 아니, 나는 그녀에게 그것을 가르쳐 줄 필요 없어.

Día 55 ¿Quiénes son ellos?
그들은 누구인가요?

스페인어 진짜 써먹기 정답

❶ 1. b 2. a 3. c 4. d
❷ 1. ¿A quién amas?
   2. ¿Con quién quieres caminar?
   3. ¿De quién es este café?
❸ 1. A quién 2. Quién 3. Con quién

해석

❷ 1. 너는 누구를 사랑하니?
   2. 너는 누구와 함께 걷고 싶니?
   3. 이 커피는 누구 거예요?
❸ 1. 나는 누구에게 물어볼 수 있나요?
   2. 너는 누구야?
   3. 너희는 누구와 함께 운동해?

오늘의 Misión 모범답안

1. Soy Inma y soy de Corea. Tengo veintidós años. Quiero vivir en España por eso estudio español. Tengo muchas ganas de conocer España.
   저는 인마이고 한국 출신이에요. 저는 스물 두 살이에요. 저는 스페인에 살고 싶어서 스페인어를 배워요. 스페인에 너무 가보고 싶어요.
2. Me llamo Dana. Vivo en Seúl con mi esposo mexicano. Tenemos un hijo y dos perros. Estamos felices.
   제 이름은 다나예요. 저는 멕시코 사람인 남편과 서울에 살아요. 우리는 아들 하나와 강아지 두 마리를 가지고 있어요. 우리는 행복해요.
3. Yo soy Samuel. Soy profesor y trabajo de lunes a viernes. El próximo año voy a abrir un restaurante español en Corea.
   저는 사무엘이에요. 저는 선생님이고 월요일부터 금요일까지 일해요. 내년에 한국에 스페인 식당을 열 거예요.

Día 56 ¿Cuándo comemos?
우리는 언제 밥을 먹나요?

스페인어 진짜 써먹기 정답

❶ 1. todos los días 2. todo el día 3. toda la noche
❷ 1. a 2. c 3. b
❸ 1. Cuándo
   2. me
   3. Te
   4. mañana por la mañana

해석

❸ 너는 언제 나에게 문자 할 거야?
  ➡ 나는 너에게 내일 오전에 문자 할 거야.

오늘의 Misión 모범답안

1. Estudio español todos los días por la noche.
   저는 매일 밤에 스페인어를 공부해요.
2. Estudio los lunes por la mañana.
   저는 매주 월요일 오전에 공부해요.
3. Estudio los fines de semana por la tarde.
   저는 매 주말 오후에 공부해요.

Día 57 ¿Dónde está Lucas?
루카스는 어디에 있나요?

스페인어 진짜 써먹기 정답

❶ 1. están 2. es 3. es 4. está
❷ 1. a 2. de 3. por
❸ 1. Dónde 2. A dónde 3. De dónde

해석

❶ 1. 그들은 어디에 있어요?
   2. Bad Bunny의 콘서트는 어디예요?
   3. 다니엘라의 파티는 어디예요?
   4. 백화점은 어디에 있나요?
❷ 1. 너는 어디 가고 싶어?
   2. 너의 어머니는 어디 출신이셔?
   3. 너희는 어디를 산책할 거야?
❸ 1. 이반은 어디에 있어요?
   ➡ 그는 그의 부모님 댁에 있어요.
   2. 이반은 매주 일요일 어디 가요?
   ➡ 그는 그의 부모님 댁에 가요.
   3. 이반은 어디에서 오는 거예요?
   ➡ 그는 그의 부모님 댁에서 와요.

오늘의 Misión 모범답안

1. Estudio español en casa y trabajo en Seúl.

나는 집에서 스페인어 공부를 하고 서울에서 일해.
2. Estudio español en una cafetería y trabajo cerca de mi casa.
나는 어떤 카페에서 스페인어 공부를 하고 집 근처에서 일해.
3. Estudio español en la universidad y trabajo en un restaurante.
나는 대학교에서 스페인어를 공부하고 어떤 식당에서 일해.

Día 58 ¿Qué es esto?
이것은 무엇인가요?

스페인어 진짜 써먹기 정답

① 1. c 2. a 3. b
② 1. Qué 2. Prefiero 3. Con qué 4. tomo
③ 1. ¿Qué miráis?
2. ¿Qué saben ellas?
3. ¿Qué tipo de música escuchas?

해석

② 1. 너는 망고와 파인애플, 무엇을 선호해?
2. 나는 망고를 선호해.
3. 너는 얼마나 자주 커피를 마셔?
4. 나는 매일 커피를 마셔.
③ 1. 너희는 무엇을 보니?
2. 그녀들은 무엇을 아니?
3. 너는 어떤 종류의 노래를 들어?

오늘의 Misión 모범답안

1. Llego a casa a las ocho y media.
나는 8시 반에 집에 도착해.
2. Llego a casa a las seis de la tarde.
나는 오후 6시에 집에 도착해.
3. Llego a casa sobre las siete.
나는 7시쯤 집에 도착해.

Día 59 ¿Cuál quiere usted?
어떤 것을 원하시나요?

스페인어 진짜 써먹기 정답

① 1. Cuál 2. Cuáles 3. Cuál 4. Cuál
② 1. ¿Cuál es tu película favorita?
2. ¿Cuál es tu comida favorita?
3. ¿Cuáles son tus ciudades favoritas?
4. ¿Cuál es tu día favorito?
③ 1. ¿Cuáles son tus pasatiempos?
2. Escuchar música y bailar.

해석

① 1. 어떤 것이 너의 커피야?

2. 어떤 것들이 너의 계획들이야?
3. 어떤 것이 너의 국적이야?
4. 어떤 것이 너의 남자 형제의 자동차야?
② 1. 네가 가장 좋아하는 영화는 무엇이야?
➡ 내가 가장 좋아하는 영화는 '귀향'이야.
2. 네가 가장 좋아하는 음식은 무엇이야?
➡ 내가 가장 좋아하는 음식은 김치찌개야.
3. 네가 가장 좋아하는 도시들은 무엇이야?
➡ 내가 가장 좋아하는 도시들은 보고타와 부에노스 아이레스야.
4. 네가 가장 좋아하는 요일은 무엇이야?
➡ 내가 가장 좋아하는 요일은 금요일이야.
③ 1. 어떤 것들이 너의 취미들이야?
2. 음악 듣기와 춤추기야.

오늘의 Misión 모범답안

1. Mi película favorita es Top Gun. Mi comida favorita es el gueranmari. Mis ciudades favoritas son Seúl y Jeonju. Mi día favorito es el sábado.
내 최애 영화는 탑건이에요. 내 최애 음식은 계란말이예요. 내 최애 도시들은 서울과 전주예요. 내 최애 요일은 토요일이에요.
2. Mi película favorita es Titanic. Mi comida favorita son las patatas fritas. Mis ciudades favoritas son La Habana y Cancún. Mi día favorito es el miércoles.
내 최애 영화는 타이타닉이에요. 내 최애 음식은 감자튀김이에요. 내 최애 도시들은 아바나와 칸쿤이에요. 내 최애 요일은 수요일이에요.
3. Mi película favorita es Harry Potter. Mi comida favorita es el pollo frito. Mis ciudades favoritas son La Paz y El Calafate. Mi día favorito es el martes.
내 최애 영화는 해리포터예요. 내 최애 음식은 치킨이에요. 내 최애 도시들은 라파즈와 엘칼라파테예요. 내 최애 요일은 화요일이에요.

Día 60 Práctica ⑩
연습문제

연습문제 정답

① 1. quién 2. quiénes 3. quiénes 4. quién 5. quiénes
② 1. d 2. c 3. a 4. b 5. e
③ 1. ¿A quién tienes que escribir?
2. ¿Con quién canta tu hermana?
3. ¿De quién es el edificio?
4. ¿Desde cuándo vives con ella?
5. ¿A dónde van ellos ahora?
6. ¿Dónde haces la compra?
7. ¿De dónde son tus padres?
8. ¿A qué hora abre el museo?
9. ¿Qué tipo de música escuchas?
10. ¿Cuáles son tus actores favoritos?
④ 1. Qué 2. qué 3. Dónde 4. dónde 5. Cuándo

6. quién   7. Quién   8. quién   9. dónde   10. qué

연습문제 해석

1
1. 내일 누가 와요?
2. 파티에 누구누구가 올 거예요?
3. 누구누구가 나갈 거예요?
4. 누가 노래하고 싶어요?
5. 이 잘생긴 청년들은 누구예요?

2
1. 너는 무엇을 먹을 거야?
   ➡ 중국 음식.
2. 너는 어디서 먹을 거야?
   ➡ 어떤 중국 식당에서.
3. 너는 누구와 함께 먹을 거야?
   ➡ 나의 동료들과 함께.
4. 너는 언제 먹을 거야?
   ➡ 오후에.
5. 너는 언제까지 먹을 거야?
   ➡ 내일까지.

3
1. 너는 누구에게 문자해야 해?
2. 너의 여자 형제는 누구와 함께 노래해?
3. 건물은 누구의 것이에요?
4. 너는 언제부터 그녀와 함께 살아?
5. 그들은 지금 어디 가요?
6. 너는 어디서 장을 보니?
7. 너의 부모님은 어디 출신이시니?
8. 박물관은 몇 시에 열어요?
9. 너는 어떤 종류의 음악을 들어?
10. 네가 가장 좋아하는 배우들은 누구야?

4
1. 너는 오늘 무엇을 해?
   ➡ 일해.
2. 너는 얼마나 자주 공부해?
   ➡ 매일 공부해.
3. 콘서트가 어디예요?
   ➡ 마드리드예요.
4. 너희는 어디에 도착하고 싶어?
   ➡ 우리는 말라가에 도착하고 싶어.
5. 너는 언제 쉴 수 있어?
   ➡ 나는 매주 일요일에 쉴 수 있어.
6. 후안은 누구를 사랑해?
   ➡ 후아나를 사랑해.
7. 내일 누가 요리할 거예요?
   ➡ 나의 아버지가 요리할 거예요.
8. 너는 누구와 함께 캠핑 가?
   ➡ 나의 여자친구와 함께 가.
9. 우리는 어디를 걸어요?
   ➡ 공원을 걸어요.
10. 에바와 헤수스는 몇 시에 여기 도착해요?
    ➡ 여섯 시쯤 도착해요.

Diálogo

Papá	Buenos días, mi hija.
Hija	Hola, papá. Buenos días.
Papá	¿Cuál es tu plan para hoy?
Hija	Voy a salir con unos amigos.
Papá	¿Quiénes son? ¿Los conozco?
Hija	No, no los conoces. Son mis compañeros de la universidad.
Papá	Ah, ya. ¿A dónde vais?
Hija	Vamos de copas a un bar nuevo.
Papá	¿Dónde está el bar? ¿Qué vais a hacer?
Hija	Está cerca del parque central. Vamos a tomar algo y ... bailar.
Papá	¿Cuándo vas a regresar a casa?
Hija	No sé, papá. ¿Cuál es tu problema?

*ya 이미, 이제, 알겠어   el parque central 중앙공원   regresar 돌아오다/돌아가다
el problema 문제

Diálogo 해석

Papá	좋은 아침이다, 내 딸아.
Hija	안녕, 아빠. 좋은 아침이야.
Papá	오늘 너의 계획들은 무엇이야?
Hija	몇몇 친구들과 놀러 나갈 거야.
Papá	누구야? 내가 그들을 알아?
Hija	아니, 아빠는 그들을 몰라. 내 대학교 친구들이야.
Papá	아, 알겠어. 어디로 가?
Hija	어떤 새로운 술집에 술 마시러 가.
Papá	술집이 어디에 있어? 뭐 할 거야?
Hija	중앙공원 근처에 있어. 뭔가 마실 거고... 춤출 거야.
Papá	집에 언제 돌아올 거야?
Hija	몰라, 아빠. 문제가 뭐야?!

오늘의 Misión 모범답안

1. ¿Con quién quieres viajar a España? ¿Qué quieres hacer en España? ¿Cuáles son tus planes?
   너는 누구와 스페인으로 여행가고 싶어? 스페인에서 무엇을 하고 싶어? 너의 계획들은 무엇이야?

2. ¿Cuándo puedo conocer a tu novio? ¿Con qué frecuencia lo ves? ¿Dónde vive él?
   나는 언제 너의 남자친구를 만나볼 수 있어? 너는 얼마나 자주 그를 만나? 그는 어디 살아?

3. ¿Cuándo me vas a invitar? ¿A dónde vamos a comer? ¿Qué prefieres, comida coreana o comida china?
   너는 언제 나를 초대할 거야? 우리는 어디로 먹으러 갈 거야? 너는 무엇을 선호해, 한국음식 아니면 중국음식?

Día 61 ¿Cómo andamos?
어떻게 지내?

스페인어 진짜 써먹기 정답

 1. a 2. d 3. b 4. c
② 1. baila 2. puedes 3. Voy
③ 1. ¿Cómo estás?
   2. ¿Cómo te va en el colegio?
   3. ¿Cómo andamos?

해석

① 1. 집은 어때요?
   ➡ 매우 작아요.
   2. 음식이 어때요?
   ➡ 매우 맛있어요.
   3. 너의 형제는 어때? (생김새, 성격)
   ➡ 키 크고 잘 생겼어.
   4. 너의 형제는 어때? (안부, 상태)
   ➡ 취했어.
② 1. 시몬은 어떻게 춤추나요?
   ➡ 그는 매우 잘 춰요.
   2. 나는 너를 어떻게 도울 수 있어?
   ➡ 너는 나를 도울 수 없어.
   3. 너는 어떻게 계산할 거야?
   ➡ 카드로 계산할 거야.
③ 1. 너는 어때? 너는 잘 지내?
   2. 너는 학교에서 어때?
   3. 어떻게 지내?

오늘의 Misión 모범답안

1. ¿Cómo estás?
   너는 어때? (너는 잘 지내?)
2. ¿Cómo te va en el colegio?
   너는 학교에서 어때?
3. ¿Cómo andamos?
   어떻게 지내?

Día 62 ¿Cuánto cuestan estas manzanas?
이 사과들은 얼마인가요?

스페인어 진짜 써먹기 정답

① 1. Cuántos 2. Cuánto 3. Cuánta 4. Cuántos
② 1. tardas 2. Tardo 3. tardáis 4. tardamos
③ 1. b 2. a

해석

① 1. 너는 커피 몇 개 마시니?
   2. 너는 돈을 얼마나 가지고 있어?
   3. 너는 물을 얼마나 마실 거야?
   4. 공원에 아이들이 몇 명 있나요?
② 1. 너는 도착하는데 얼마나 걸려?
   2. 나는 30분 걸려.
   3. 너희는 나오는 데 얼마나 걸려?
   4. 우리는 많이 안 걸려. 1시간?
③ 1. 영화가 얼마나 걸려요?
   ➡ 1시간 반 걸려요.
   2. 공연들은 얼마나 걸려요?
   ➡ 3시간 걸려요.

오늘의 Misión 모범답안

1. Este año cumplo diecinueve.
   나는 올해 19살이 돼.
2. Cumplo veintitrés años.
   나는 23살이 돼.
3. Cumplo cuarenta y un año.
   나는 41살이 돼.

Día 63 ¿Por qué estás ocupado?
너는 왜 바쁘니?

스페인어 진짜 써먹기 정답

① 1. a 2. c 3. b
② 1. Por qué 2. Porque 3. Por qué
③ 1. b 2. a 3. c 4. d

해석

① 1. 나는 슬퍼.
   ➡ 나랑 나가는 게 어때?
   2. 나는 가루가 되었어. (피곤해)
   ➡ 조금 쉬지 그래?
   3. 나는 급해.
   ➡ 택시로 가는 게 어때?
② 1. 왜 운전하고 싶지 않아?
   2. 왜냐하면 무서워서.
   3. 왜 나에게 그것을 물어봐?
③ 1. 나는 마시지 않아요.
   ➡ 왜냐하면 취하고 싶지 않아요.
   2. 그녀는 나와 춤추지 않아요.
   ➡ 왜냐하면 나에게 화가 났어요.
   3. 그들은 그것을 매일 봐요.
   ➡ 왜냐하면 그들이 가장 좋아하는 영화예요.
   4. 우리는 파티에 가고 싶지 않아요.
   ➡ 왜냐하면 우리는 아무도 몰라요.

오늘의 Misión 모범답안

1. Estudio español porque quiero viajar a Latinoamérica.

나는 라틴 아메리카로 여행가고 싶기 때문에 스페인어를 공부해.
2. Voy a vivir en Ecuador con mi familia por eso estudio español.
나는 내 가족과 함께 에콰도르에 살 거라서 스페인어를 배워.
3. Porque tengo muchos amigos españoles.
왜냐하면 나는 스페인 친구들이 많기 때문이야.

Día 64 | Voy a casa de Erica en autobús.
버스를 타고 에리카 집에 가요.

스페인어 진짜 써먹기 정답

 ④, ⑤
② 1. a 2. de 3. a 4. De
③ 1. con 2. en 3. sin 4. en 5. con

해석

① ① 나는 노래할 거예요.
② 나는 노래를 배워요.
③ 나는 노래를 시작해요.
② 1. 7월에 내 남편과 나는 한국으로 여행 갈 거예요.
2. 나는 한국인이지만 내 아버지는 페루 출신이에요.
3. 너는 절대로 선생님에게 문자 안 한다.
4. 이 가방은 누구의 것이에요?
③ 1. 너는 상사와 이야기 하고 싶어?
2. 상사는 기차로 출근해요.
3. 그는 나 없이 일할 수 없어요.
4. 우리는 항상 사무실에 있어요.
5. 내 남자친구는 젓가락으로 먹을 줄 알아요.

오늘의 Misión 모범답안

1. Hoy llego a casa temprano. Este coche es de mi mujer. Ella está en la oficina. Trabajo con ella. Sin ella no puedo vivir.
나는 오늘 집에 일찍 도착해요. 이 자동차는 내 아내의 것이에요. 그녀는 사무실에 있어요. 나는 그녀와 함께 일해요. 그녀 없이는 나는 살 수 없어요.
2. Voy a empezar a hacer ejercicio mañana con mi hija. Vamos a salir de casa a las seis. Tenemos que ir en coche. No podemos llegar al gimnasio sin coche.
나는 내일 내 딸과 운동을 시작할 거예요. 우리는 집에서 여섯 시에 나갈 거예요. 우리는 자동차로 가야 해요. 우리는 헬스장에 자동차 없이 도착할 수 없어요.
3. Yo soy de Cuba y no puedo tomar café sin azúcar. A las siete de la mañana tomo un café con azúcar en la oficina y empiezo a trabajar.
나는 쿠바 출신이고 설탕 없이 커피를 마실 수 없어요. 오전 일곱 시에 사무실에서 설탕이 든 커피를 하나 마시고 일을 시작해요.

Día 65 | Yo aprendo español para viajar.
나는 여행 가려고 스페인어를 배워요.

스페인어 진짜 써먹기 정답

① 1. para 2. por 3. para 4. para 5. para
② 1. por | estar aquí conmigo
2. para | mí
3. por | teléfono
4. para | Salamanca
5. para | pagar

해석

① 1. 오전에 나는 시내로 가요.
2. 거기 부근에는 많은 슈퍼마켓들이 있어요.
3. 나는 장보기 위해 가요.
4. 나는 내일까지/내일을 위해 많은 음식을 사야 해요.
5. 나에게는 좋은 동네예요.
② 1. 나와 여기 함께 있어줘서 고마워요.
2. 나에게는 매우 로맨틱해요.
3. 나의 아버지는 통화를 많이 하세요.
4. 너는 내일 살라망카로 떠나니?
5. 나는 계산하기 위해 무엇이 필요해요?

오늘의 Misión 모범답안

1. Trabajo para comer.
나는 먹기 위해 일해요.
2. Trabajo para vivir.
나는 살기 위해 일해요.
3. Trabajo para estar bien.
나는 잘 있기 위해 일해요.

Día 66 | Práctica
연습문제

연습문제 정답

① 1. Cómo 2. Cuánto 3. Cómo 4. Cuánto 5. Cómo
② 1. Cuántas 2. Cuántos 3. Cuánto 4. Cuántos
5. Cuántas 6. Cuántas 7. Cuánta
③ 1. Cuánto dura
2. Cuánto tarda
3. Cuánto tardas
4. Cuánto lleváis
5. Cuánto llevan
④ 1. Por qué 2. porque
3. así que 4. Por qué
5. porque

⑤ 1. para 2. en 3. sin 4. a
   5. entre 6. con 7. de 8. por

연습문제 해석

❶ 1. 어떻게 지내?
   2. 얼마예요?
   3. 카를라는 어떤 사람이에요?
   4. 카를라는 키가 몇이에요?
   5. 너는 어떻게 출근해?

❷ 1. 내일 몇 명이 와요?
   2. 이 도시에 은행이 몇 개 있어요?
   3. 나는 돈이 얼마 필요해요?
   4. 너는 며칠 기다려야 해?
   5. 우리는 숙제 몇 개 있어?
   6. 너희는 몇 개의 감자를 살 거야?
   7. 얼마만큼의 사람들이 여기를 들려요?

❸ 1. 공연은 얼마나 걸려요?
   ➡ 공연은 2시간 반 걸려요.
   2. 그녀는 나오는 데 얼마나 걸려요?
   ➡ 그녀는 나오는 데 30분 걸려요.
   3. 너는 도착하는 데 얼마나 걸려?
   ➡ 나는 도착하는 데 5분 걸려.
   4. 너희는 만난지 얼마나 됐어?
   ➡ 우리는 만난지 4년 됐어.
   5. 그들은 만난지 얼마나 됐어요?
   ➡ 그들은 만난지 7개월 됐어요.

❹ 1. 왜 너는 영어를 배우기 시작해?
   2. 배가 고프기 때문에 나는 다 먹을 거야.
   3. 날씨가 많이 추워서 우리는 나가지 않을 거예요.
   4. 너는 나에게 스페인어를 가르쳐 주는 게 어때?
   5. 너희는 똑똑하기 때문에 그것을 할 수 있어.

❺ 1. 세계 여행을 하기 위해서는 많은 돈을 가져야 해요.
   2. 나는 페루에서 세비체를 먹어 보고 싶어요.
   3. 너희는 나 없이 아무것도 할 수 없어.
   4. 너는 나의 여자 형제에게 전화해 줄 수 있어?
   5. 은행은 박물관과 술집 사이에 있어요.
   6. 나의 삼촌은 그의 여자친구와 함께 살아요.
   7. 너는 알마의 작품들을 만지면 안 돼.
   8. 그들은 더위 때문에 캠핑을 가지 않아요.

Diálogo

Enzo   ¡María! ¿Qué tal? ¿Cómo andamos? ¿A dónde vas?
María Muy bien. Voy al colegio para recoger a mis hijos.
Enzo   ¿Cuántos hijos tienes?
María Dos. No puedo vivir sin ellos. Por cierto, sigues con Olivia, ¿no?
Enzo   Pues, no. Ahora estoy soltero por el trabajo.
María ¿Por qué? ¿Tienes mucho trabajo?
Enzo   Sí. Muchísimo. No tengo tiempo para descansar.
María ¿Por qué no trabajas en mi cafetería? Vas a poder descansar.
Enzo   ¿En serio? ¿Puedo trabajar allí? ¿Cuánto me vas a pagar?
María 300 euros a la semana.
Enzo   No… Prefiero trabajar más y ganar más dinero.

*recoger 픽업하다, 줍다 soltero 솔로인 pagar 계산하다, 지불하다 a la semana 일주일에 ganar dinero 돈을 벌다

Diálogo 해석

Enzo   마리아! 잘 지내? 어떻게 지내? 어디 가?
María 매우 잘 지내. 내 자식들 픽업하러 학교에 가.
Enzo   너 자식이 몇 명이야?
María 둘. 난 그들 없이 살 수 없어. 그건 그렇고, 올리비아와 계속 만나지?
Enzo   음, 아니야. 일 때문에 지금은 혼자야.
María 왜? 일이 많아?
Enzo   응. 너무 많아. 쉴 시간이 없어.
María 내 카페에서 일하는 거 어때? 쉴 수 있을 거야.
Enzo   정말? 나 거기서 일해도 돼? 나에게 얼마 줄 거야?
María 일주일에 300유로.
Enzo   아니야… 나는 일 더 하고 돈 더 버는 걸 선호해.

오늘의 Misión 모범답안

1. Bien. Tengo mucho trabajo pero estoy bien. ¿Y, tú cómo estás?
   괜찮아. 일이 엄청 많지만 나는 괜찮아. 너는 어때?
2. Ahí vamos. Voy a la universidad todos los días. Tengo muchas ganas de ir de vacaciones.
   항상 똑같이 뭐. 매일 대학교에 가. 너무 휴가 가고 싶어.
3. Me va bien. Voy a ser papá pronto. Estoy muy feliz.
   나 잘돼 가. 나는 곧 아빠가 될 거야. 나는 매우 행복해.

Día 67 España está lejos de aquí.
스페인은 여기서 멀리 있어요.

스페인어 진짜 써먹기 정답

❶ 1. b 2. c 3. a
❷ 1. está detrás de la silla
   2. está debajo de la silla
   3. está encima de la silla
❸ 1. Voy a descansar en la oficina.
   2. Las maletas están fuera de aquí.
   3. Quiero estar cerca de ti.
   4. No puedes comer dentro del museo.

해석

❶ 1. ~의 위에 ➡ ~의 아래에
   2. ~의 앞에 ➡ ~의 뒤에

3. ~의 안에 ➡ ~의 밖에
② 1. 강아지는 의자 뒤에 있어요.
2. 강아지는 의자 아래에 있어요.
3. 강아지는 의자 위에 있어요.
③ 1. 나는 사무실에서 쉴 거예요.
2. 캐리어들은 여기 밖에 있어요.
3. 나는 네 근처에 있고 싶어.
4. 너는 박물관 안에서 먹을 수 없어요.

오늘의 Misión 모범답안

1. Vivo cerca de Seúl. Trabajo lejos de mi casa. Estudio en mi cuarto.
   나는 서울 근처에 살아요. 나는 내 집에서 멀리서 일해요. 나는 내 방에서 공부해요.
2. Vivo al lado de un parque. Trabajo en un centro comercial. Estudio en la universidad.
   나는 어떤 공원 옆에 살아요. 나는 어떤 쇼핑센터에서 일해요. 나는 대학교에서 공부해요.
3. Vivo entre la calle 5 y 8. No trabajo cerca de mi casa. Estudio en una cafetería.
   나는 5번가와 8번가 사이에 살아요. 나는 내 집 근처에서 일하지 않아요. 나는 어떤 카페에서 공부해요.

Día 68
México es más grande que Corea.
멕시코는 한국보다 더 커요.

스페인어 진짜 써먹기 정답

① 1. soy menos alto que
2. más calor que
3. es más caro que
4. más cansados que
② 1. El idioma español es mejor que el inglés.
2. Juana está más borracha que yo.
3. Esta maleta pesa más que esa.
4. El hostal es más viejo que mi casa.
③ 1. aquí no hace más calor que en Corea.
2. mi barrio es peor que aquí.

해석

① 1. 나는 너보다 키가 덜 커.
2. 너희는 나보다 더 더워.
3. 자동차는 핸드폰보다 더 비싸요.
4. 우리는 너보다 더 피곤해.
② 1. 스페인어는 영어보다 더 나아요.
2. 후아나는 나보다 더 취했어요.
3. 이 캐리어는 저것보다 더 무거워요.
4. 이 호스텔은 내 집보다 더 낡았어요.

③ 1. 여기는 한국보다 더 더운가요?
   ➡ 아니요, 여기는 한국보다 더 덥지 않아요.
2. 너의 동네는 여기보다 더 나빠?
   ➡ 응, 내 동네는 여기보다 더 나빠.

오늘의 Misión 모범답안

1. Mi hermano es más alto que yo. Yo soy menos inteligente que él. Pero yo soy más sociable que él.
   내 남자형제는 나보다 키가 더 커요. 나는 그보다 덜 똑똑해요. 하지만 나는 그보다 더 사회적이에요.
2. Mi mamá es más delgada que mi papá. Mi papá come más que mi mamá. Mi mamá es mayor que mi papá.
   우리 엄마는 우리 아빠보다 더 날씬해요. 우리 아빠는 우리 엄마보다 더 드세요. 우리 엄마는 우리 아빠보다 나이가 더 많아요.
3. Mi abuela es más baja que yo. Ella corre más rápido que yo. Ella es más divertida que yo.
   우리 할머니는 나보다 더 키가 작아요. 그녀는 나보다 더 빠르게 달려요. 그녀는 나보다 더 재미있는 사람이에요.

Día 69
Hoy hace tanto calor como ayer.
오늘은 어제만큼 더워요.

스페인어 진짜 써먹기 정답

① 1. tanto 2. tan 3. tan 4. tanto
② 1. tanto 2. tanta 3. tanto 4. tantos
③ 1. Está nublado.
2. Llueve mucho.

해석

① 1. 노아는 그녀의 강아지만큼 말이 많아요.
2. 나는 나의 엄마만큼 예뻐요.
3. 나의 사촌은 너만큼 일찍 출근해.
4. 너는 나만큼 돈이 많아.
② 1. 9월에는 7월만큼 덥지 않아요.
2. 9월에는 7월만큼 습하지 않아요.
3. 9월에는 7월만큼 비가 오지 않아요.
4. 7월에는 9월만큼 거리에 아이들이 많이 있지 않아요.

오늘의 Misión 모범답안

1. En Corea en primavera no llueve tanto como en verano.
   한국은 봄에 여름만큼이나 비가 많이 오지 않아요.
2. En verano el cielo no está tan despejado como en primavera.
   여름에는 봄만큼이나 하늘이 맑지 않아요.
3. En primavera no hay tanta humedad como en verano.
   봄에는 여름만큼 습하지 않아요.

Día 70 ¡Eres el mejor!
네가 최고야!

스페인어 진짜 써먹기 정답

❶ 1. (Tú) eres la más inteligente/lista.
   2. (Tú) eres la más fuerte.
   3. (Tú) eres la más bonita/linda/guapa.

❷ 1. altísimo   2. malísima
   3. cansadísimos 4. contentísimas

❸ 1. Esta obra es la obra más famosa de aquí.
   2. Sois los más tacaños entre nosotros.
   3. Ella es la más romántica entre mis hermanas.

해석

❷ 1. 정말 키가 큰
   2. 정말 나쁜
   3. 정말 피곤한
   4. 정말 기쁜/만족한

❸ 1. 이것이 여기서 가장 유명한 작품이에요.
   2. 너희가 우리 중 가장 인색해.
   3. 그녀가 내 여자 형제들 중 가장 로맨틱해요.

오늘의 Misión 모범답안

1. El más guapo de mi familia es mi padre.
   내 가족 중 가장 잘생긴 사람은 내 아버지예요.
2. La más guapa de mi familia es mi madre.
   내 가족 중 가장 예쁜 사람은 내 어머니예요.
3. Yo soy el/la más guapo/a de mi familia.
   나는 내 가족 중 가장 잘생긴/예쁜 사람이에요.

Día 71 Lo importante es la mente.
중요한 것은 마음이에요.

스페인어 진짜 써먹기 정답

❶ 1. ③ 2. ② 3. ② 4. ①
❷ 1. lo bueno 2. lo malo 3. lo mejor 4. lo peor
   5. lo más hermoso
❸ 1. Lo más importante de la vida es aprender español.

해석

❶ 1. 나의 아버지는 그것을 모르세요.
   2. 나는 아나의 일을 알 필요가 있어요.
   3. 너는 나에게 그것을 말해줄 수 있어?
   4. 우리는 그것을 절대 하지 않을 거예요.
❸ 1. 인생에서 가장 중요한 것은 스페인어를 배우는 것이에요.

오늘의 Misión 모범답안

1. Para mí, lo más importante es el amor.
   나에게 가장 중요한 것은 사랑이에요.
2. Para mí, lo más importante es vivir feliz.
   나에게 가장 중요한 것은 행복하게 사는 것이에요.
3. Para mí, lo más importante es mi familia.
   나에게 가장 중요한 것은 내 가족이에요.

Día 72 Práctica ⑫
연습문제

연습문제 정답

❶ 1. Yo estoy en casa.
   2. Él no trabaja cerca de aquí.
   3. Estamos lejos del hotel.
   4. Corea está entre China y Japón.
   5. La llave está encima de la silla.
   6. Tú estás al lado de mí.

❷ 1. a 2. b 3. d 4. c

❸ 1. más pequeña que la mesa
   2. más altos que yo
   3. más caras que los tacos
   4. más dulce que el aguacate

❹ 1. Mi hermano estudia más que yo.
   2. En Seúl hace más calor que en Madrid.
   3. Ellos son mayores que vosotros.
   4. Ella está peor que ayer.

❺ 1. tan 2. tan 3. tanto 4. tanta 5. tantas

❻ 1. el más pequeño de mi familia
   2. la más delgada de mi familia
   3. el más alto de mi familia
   4. la más fría de mi familia

❼ 1. Lo bueno es el barrio.
   좋은 점은 동네예요.
   2. Lo más importante es saber hablar español.
   가장 중요한 것은 스페인어를 말할 줄 아는 것이에요.
   3. No sé lo de hoy.
   나는 오늘 일을 몰라요.

연습문제 해석

❶ 1. 나는 집에 있어요.
   2. 그는 여기 근처에서 일하지 않아요.
   3. 우리는 호텔에서 멀리 있어요.
   4. 한국은 중국과 일본 사이에 있어요.
   5. 열쇠는 의자 위에 있어요.
   6. 너는 내 옆에 있어.

❷ 1. ~의 근처에 ➡ ~의 멀리
   2. ~의 안에 ➡ ~의 밖에
   3. ~의 앞에 ➡ ~의 뒤에
   4. ~의 위에 ➡ ~의 아래에

❸
1. 의자는 책상보다 작아요.
2. 그들은 나보다 키가 커요.
3. 크로켓들은 타코들보다 더 비싸요.
4. 파인애플은 아보카도보다 달아요.

❹
1. 내 남자형제는 나보다 공부를 더 해요.
2. 서울은 마드리드보다 더 더워요.
3. 그들은 너희보다 나이가 많아.
4. 그녀는 어제보다 상태가 나빠요.

❺
1. 너희는 내 남자친구만큼 웃겨.
2. 나는 그녀만큼 춤을 잘 출 수 없어요.
3. 빠에야는 감바스 알 아히요만큼 가격이 나가요.
4. 오늘은 사람들이 그렇게 많지 않아요.
5. 나는 어제만큼 숙제가 많아요.

❻
1. 나는 내 가족 중에서 가장 작아요.
2. 내 여자형제는 내 가족 중에서 가장 날씬해요.
3. 내 아빠는 내 가족 중에서 가장 키가 커요.
4. 내 엄마는 내 가족 중에서 가장 차가운 사람이에요.

오늘의 Misión 모범답안

1. Corea es más pequeño que China. En corea hay menos gente que en Japón. En Corea hace tanto calor que en España. Lo hermoso de Corea es la gente.
한국은 중국보다 작아요. 한국에는 일본보다 사람이 많지 않아요. 한국은 스페인만큼이나 더워요. 한국의 아름다운 점은 사람들이에요.

2. Los coreanos trabajan más que los franceses. Los coreanos descansan menos que los franceses. Los coreanos son tan amables como los franceses. Lo más importante para los coreanos es la familia.
한국 사람들은 프랑스 사람들보다 일을 더 많이 해요. 한국 사람들은 프랑스 사람들보다 덜 쉬어요. 한국인들은 프랑스 사람들만큼 친절해요. 한국인들에게 가장 중요한 것은 가족이에요.

3. En Corea hay más universidades que en España. En Corea hay menos mochileros que en España. En Corea hay tantas comidas ricas como en España. Para mí, lo mejor de Corea es la comida.
한국은 스페인보다 대학교가 더 많아요. 한국은 스페인보다 배낭여행객이 적어요. 한국에는 스페인만큼이나 많은 맛있는 음식들이 있어요. 나에게 한국의 가장 좋은 점은 음식이에요.

Diálogo

Daniel Guau. Hoy llueve tanto como ayer.
Julia Sí. También hay tanta humedad como ayer. En España llueve menos pero en verano hace más calor que aquí.
Daniel Jo. ¿Más que aquí? ¿Dónde está España?
Julia Está cerca de Francia. Entre Francia y Portugal.
Daniel ¡Está muy lejos de Corea! Pero tengo ganas de viajar a España. Para mí, es el mejor país de Europa.
Julia Sí, es un país maravilloso. ¡Puedes ir! Lo importante es querer. ¡Querer es poder!
Daniel Bueno, tienes razón. Lo malo es el precio de viaje. ¡Es carísimo!
Julia Ah, ¿sí? Yo no sé nada de eso.
Daniel Mejor no saberlo.

*maravilloso 훌륭한 querer es poder 원하면 할 수 있다 tener razón 옳다, 맞다 el precio 가격 el viaje 여행

Diálogo 해석

Daniel 와. 오늘 어제만큼 비 많이 온다.
Julia 응. 어제만큼 습하기도 해. 스페인은 비가 덜 오지만 여름에는 여기보다 더 더워.
Daniel 헐. 여기보다 더? 스페인이 어디에 있지?
Julia 프랑스 근처에 있어. 프랑스와 포르투갈 사이에.
Daniel 한국에서 매우 멀다! 하지만 스페인 여행하고 싶어. 나에게는 스페인이 유럽에서 최고의 나라야.
Julia 맞아, 멋진 나라야. 넌 갈 수 있어! 중요한 건 원한다는 것이야. 원하면 할 수 있어!
Daniel 뭐, 네 말이 맞아. 나쁜 것은 여행의 가격이야. 정말 비싸!
Julia 아, 그래? 난 그것에 대해 아무것도 몰라.
Daniel 그거 모르는 게 나아.

진짜학습지

진짜학습지

기초발음 01

모음

Dios mío.
세상에나.

오늘은 모음 다섯 가지와 강세규칙을 배워볼 거예요.

1. 모음 A, E, I, O, U
2. 스페인어 강세 규칙

STEP 1 스페인어 진짜 맛보기

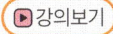 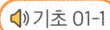 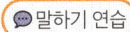

¡Ojo!

본격적인 학습에 앞서 27개의 스페인어 알파벳을 먼저 만나 보세요! 음원을 여러 번 듣고 따라 읽으면서 스페인어 알파벳에 익숙해져 보세요.

☑ 반복 학습 체크체크

| MP3 듣기 | ✓ | 2회 | 3회 |
| 따라 읽기 | 1회 | 2회 | 3회 |

A a [아]	B b [베]	C c [쎄]	D d [데]	E e [에]	F f [에페]
G g [헤]	H h [아체]	I i [이]	J j [호따]	K k [까]	L l [엘레]
M m [에메]	N n [에네]	Ñ ñ [에녜]	O o [오]	P p [뻬]	Q q [꾸]
R r [에레]	S s [에쎄]	T t [떼]	U u [우]	V v [우베]	W w [우베도블레]
X x [에끼스]	Y y [예]	Z z [쎄따]			

STEP 2 스페인어 진짜 알아가기

¡Ojo!

1. 모음 A, E, I, O, U

스페인어 모음은 다섯 가지예요. 철자 이름 그대로 소리가 납니다.

▶ 강의보기 🔊 기초 01-2

| **A** | 아 [아] | y**a** [야] 이미, 이제, 벌써
p**a**z [빠스] 평화
c**a**s**a** [까싸] 집
c**a**c**a** [까까] 똥 |

▶ 강의보기 🔊 기초 01-3

| **E** | 에 [에] | t**é** [떼] 차, 티
b**e**b**é** [베베] 아기
caf**é** [까페] 커피
f**e**liz [펠리스] 행복한 |

★ Eee…
스페인어권 사람들은 말하는 도중 생각하는 시간을 벌 때 'e-'라는 소리를 냅니다. 한국어의 '음…' '뭐…' 처럼요!

▶ 강의보기 🔊 기초 01-4

| **I** | 이 [이] | b**i**ci [비씨] 자전거
m**i** [미] 나의
p**i**cante [삐깐떼] 매운
isla [이슬라] 섬 |

▶ 강의보기 🔊 기초 01-5

| **O** | 오 [오] | **o**s**o** [오쏘] 곰
mí**o** [미오] 나의 것
D**i****o**s [디오스] 신
amig**o** [아미고] 친구 |

▶ 강의보기 🔊 기초 01-6

| **U** | 우 [우] | l**u**na [루나] 달
ag**u**a [아구아] 물
E**u**ropa [에우로빠] 유럽
A**u**relio [아우렐리오] 아우렐리오(남자 이름) |

2. 스페인어 강세 규칙

스페인어는 단어의 모음 한 군데를 올려 읽는 강세 규칙이 있어요. 크게 세 가지로 나눠집니다

❶ 단어가 모음, S, N로 끝날 때 ➡ 단어 뒤에서 두 번째 모음에 강세
　예 luna [루나] 달　　　isla [이슬라] 섬

❷ 단어가 S, N 이외의 자음으로 끝날 때 ➡ 단어 뒤에서 첫 번째 모음에 강세
　예 feliz [펠리스] 행복한　　Navidad [나비닫] 크리스마스

❸ 단어에 Tilde (´)가 있을 때 ➡ 무조건 Tilde가 있는 모음에 강세
　예 café [까페] 커피　　　bebé [베베] 아기

잠깐!

모음 다섯 가지는 강모음과 약모음으로 구분이 돼요.

A	E	I	O	U
강	강	약	강	약

스페인어에는 두 개의 모음이 연달아 나와 한 음절로 발음되는 '이중모음'이 있는데, [강모음+약모음] 또는 [약모음+강모음]의 형태로 이어진 경우 강모음에 강세가 붙어요.
예 Au-re-lio
➡ 모음 o로 끝났으니 뒤에서 두 번째 오는 모음 i에 강세가 있어야 하지만 약모음 i는 강모음 o에 붙어 이중모음, 즉 io 형태의 모음 하나로 간주돼요. 그래서 강세는 뒤에서 두 번째 오는 모음인 e에 있어요.

¡Ojo!
★ 왕초보 단계에서는 이중모음의 강세 위치가 헷갈릴 수 있지만, 스페인어를 공부하다 보면 자연스럽게 이해할 수 있을 거예요!

STEP 3 스페인어 진짜 즐기기

아래 단어를 읽으면서 오늘 배운 알파벳과 강세를 확인해 보세요.

paz　　té　　luna　　picante　　Dios

STEP 4 스페인어 진짜 써먹기

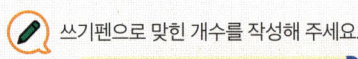

나의 점수   개 / 10개

1 아래 그림에 해당하는 단어를 고르세요.

1.
   ① bici
   ② luna
   ③ oso

2.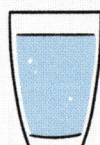
   ① isla
   ② agua
   ③ caca

2 다음 빈칸에 공통으로 들어갈 수 있는 모음을 고르세요.

| 보기 | amig◯ | Dios mí◯ |

① a   ② o   ③ u

3 제시된 단어의 한글 독음이 올바르게 쓰여진 보기를 고르세요.

1. café   ① 까페   ② 커피   ③ 까피
2. isla   ① 아이슬라   ② 이슬아   ③ 이슬라
3. Europa   ① 유로빠   ② 에우로빠   ③ 우로파

4 각 단어의 강세가 들어가는 모음이 올바로 표기되었으면 O, 아니면 X를 고르세요.

1. c[a]sa   O X
2. fel[i]z   O X
3. b[e]bé   O X
4. Aurel[i]o   O X

▶ 강의보기 틀리거나 헷갈리는 문제는 문제 해설 강의로 복습하세요.

기초발음 **02**

자음 1

Café dulce.
달달한 커피.

오늘은 자음 네 가지를 배워볼 거예요.

① 자음 B ② 자음 C ③ 자음 D ④ 자음 F

STEP 1 스페인어 진짜 맛보기

 강의보기   기초 02-1   말하기 연습

✏️ ¡Ojo!

오늘 배울 자음 네 가지를 먼저 확인해 보세요.

A a [아]	B b [베]	C c [쎄]	D d [데]	E e [에]	F f [에페]
G g [헤]	H h [아체]	I i [이]	J j [호따]	K k [까]	L l [엘레]
M m [에메]	N n [에네]	Ñ ñ [에녜]	O o [오]	P p [뻬]	Q q [꾸]
R r [에레]	S s [에쎄]	T t [떼]	U u [우]	V v [우베]	W w [우베도블레]
X x [에끼스]	Y y [예]	Z z [쎄따]			

✅ 반복 학습 체크체크

MP3 듣기 ✓ 2회 3회

따라 읽기 1회 2회 3회

STEP 2 스페인어 진짜 알아가기

오늘부터 스페인어의 자음들을 학습해 봐요. 음원을 들으면서 큰 소리로 따라해 보세요.

1. 자음 B

▶ 강의보기   🔊 기초 02-2

| B | 베 [ㅂ] | Ba [바]
Be [베]
Bi [비]
Bo [보]
Bu [부] | bebé [베베] 아기
bonito [보니또] 예쁜
bobo [보보] 바보
bailar [바일라르] 춤추다 |

2. 자음 C

▶ 강의보기   🔊 기초 02-3

뒤에 오는 모음에 따라 다른 소리가 납니다.

| C | 쎄 [ㄲ, ㅆ, θ] | Ca [까]
Ce [쎄, θ에]
Ci [씨, θ이]
Co [꼬]
Cu [꾸] | casa [까싸] 집
cereal [쎄레알] 시리얼
bici [비씨] 자전거
taco [따꼬] 타코
culo [꿀로] 엉덩이 |

잠깐! 알파벳으로 분류되지는 않지만 C 뒤에 H 가 오면 'ㅊ' 소리가 납니다.

| CH | [ㅊ] | Cha [차]
Che [체]
Chi [치]
Cho [초]
Chu [추] | macho [마초] 수컷
mucho [무초] 많은, 많이
chupar [츄빠르] 빨다
cucaracha [꾸까라차] 바퀴벌레 |

¡Ojo!

스페인 vs 중남미

🇪🇸 **스페인의 경우?**
'ㅆ' 발음을 치간음으로 냅니다. 혀를 윗니와 아랫니 사이에 넣었다 빼는 소리예요.

🇲🇽 **중남미의 경우?**
한국어의 'ㅆ'과 같이 치리음으로 내요. 혀끝이 윗니 또는 윗잇몸에 닿으며 나는 소리예요.

3. 자음 D

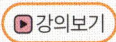 강의보기 기초 02-4 ¡Ojo!

| D | 데 [ㄷ] | Da [다]
De [데]
Di [디]
Do [도]
Du [두] | día [디아] 날, 하루
Dios [디오스] 신
dulce [둘쎄] 단, 단것
Madrid [마드릳] 마드리드(스페인 수도) |

4. 자음 F

 강의보기 기초 02-5

아랫입술에 치아가 닿았다가 나는 순치음입니다.

| F | 에페 [f] | Fa [파]
Fe [페]
Fi [피]
Fo [포]
Fu [푸] | café [까페] 커피
foto [포또] 사진
flor [플로르] 꽃
fideo [피데오] 면, 국수 |

STEP 3 스페인어 진짜 즐기기

강의보기 기초 02-6 말하기 연습

아래 단어를 읽으면서 오늘 배운 내용을 확인해 보세요.

bebé   casa   macho   día   café

STEP 4 스페인어 진짜 써먹기

쓰기펜으로 맞힌 개수를 작성해 주세요.

나의 점수   개 / 10개   정답 보기

1 제시된 우리말을 보고 빈칸에 알맞은 알파벳을 채워 보세요.

1. 예쁜 아기   bebé   b ☐☐☐☐☐
2. 달달한 커피 café   d ☐☐☐☐
3. 세상에나   Dios   m ☐☐

2 제시된 우리말에 해당하는 스페인어 단어를 아래 십자말에서 찾아 적어 보세요.

c	e	c	a	f
o	d	e	a	l
m	u	c	h	o
b	l	a	e	r

1. 꽃 : _____
2. 많은, 많이 : _____

3 제시된 단어의 스페인어 발음을 한글 독음으로 적어 보세요.

1. cereal ➡ _____
2. bici ➡ _____
3. taco ➡ _____

4 MP3에서 나오는 단어를 듣고 스페인어로 받아 적어 보세요.

🔊 기초 02-7

1. _____
2. _____

▶ 강의보기   틀리거나 헷갈리는 문제는 문제 해설 강의로 복습하세요.

학습 종료

기초발음 **03** 자음 2

Me llamo Erica.
제 이름은 에리카예요.

오늘은 자음 다섯 가지를 배워볼 거예요.

1 자음 G 2 자음 H 3 자음 J 4 자음 K 5 자음 L

 **STEP 1** 스페인어 진짜 맛보기       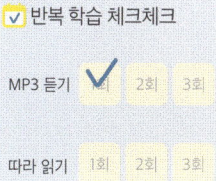 ¡Ojo!

오늘은 자음 다섯 가지를 배워볼 거예요.

A a [아]	B b [베]	C c [쎄]	D d [데]	E e [에]	F f [에페]
G g [헤]	**H h** [아체]	I i [이]	**J j** [호따]	**K k** [까]	**L l** [엘레]
M m [에메]	N n [에네]	Ñ ñ [에녜]	O o [오]	P p [뻬]	Q q [꾸]
R r [에레]	S s [에쎄]	T t [떼]	U u [우]	V v [우베]	W w [우베도블레]
X x [에끼스]	Y y [예]	Z z [쎄따]			

☑ 반복 학습 체크체크

MP3 듣기 1회 ✓ 2회 3회

따라 읽기 1회 2회 3회

STEP 2 스페인어 진짜 알아가기

오늘 배우는 스페인어 자음들을 음원을 들으면서 큰 소리로 따라해 보세요.

1. 자음 G

▶강의보기 🔊기초 03-2

뒤에 오는 모음에 따라 두 가지 소리가 납니다.

G	헤 [ㄱ, ㅎ]	Ga [가]	gato [가또] 고양이
		Ge [헤]	gente [헨떼] 사람들
		Gi [히]	girasol [히라쏠] 해바라기
		Go [고]	contigo [꼰띠고] 너와 함께
		Gu [구]	guapo [구아뽀] 잘생긴
		Gue [게]	Miguel [미겔] 미겔(남자 이름)
		Gui [기]	guía [기아] 가이드
		★Güe [구에]	vergüenza [베르구엔싸] 부끄러움
		★Güi [구이]	pingüino [뼁구이노] 펭귄

 **¡Ojo!**

 스페인 vs 중남미

🇪🇸 스페인의 경우?
'ㅎ' 발음을 목을 긁으며 거칠게 내요.

🇲🇽 중남미의 경우?
한국어의 'ㅎ' 발음과 유사해요.

★ **Diéresis**
이중모음을 따로 발음하기 위한 기호예요. U 철자 위에만 들어가는 점 두 개 모양(¨)으로, 이 기호가 사용되면 U의 본래 발음인 '우' 소리를 꼭 넣어줘요.

2. 자음 H

▶강의보기 🔊기초 03-3

묵음으로 소리가 나지 않아요.

H	아체	Ha [아]	helado [엘라도] 아이스크림
		He [에]	hoy [오이] 오늘
		Hi [이]	ahora [아오라] 지금
		Ho [오]	hora [오라] 시간
		Hu [우]	

3. 자음 J

▶강의보기 🔊기초 03-4

J	호따 [ㅎ]	Ja [하]	mojito [모히또] 모히또
		Je [헤]	joven [호벤] 젊은
		Ji [히]	jajaja [하하하] 하하하(ㅋㅋㅋ)
		Jo [호]	junto [훈또] 함께
		Ju [후]	

4. 자음 K

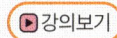 강의보기  기초 03-5   💬 ¡Ojo!

외래어를 표기할 때 사용해요.

| K | 까 [ㄲ] | Ka [까]
Ke [께]
Ki [끼]
Ko [꼬]
Ku [꾸] | kétchup [껫춥] 케첩
kínder [낀데르] 어린이집
bikini [비끼니] 비키니
kiwi [끼위] 키위 |

5. 자음 L

강의보기 기초 03-6

앞에 모음이 오면 그 모음에 'ㄹ' 소리를 더해 줘요.

| L | 엘레 [ㄹ] | La [라]
Le [레]
Li [리]
Lo [로]
Lu [루] | luna [루나] 달
limón [리몬] 레몬
hola [올라] 안녕하세요
él [엘] 그, 그 사람 |

잠깐! 알파벳으로 분류가 되지는 않지만 L가 두 번 반복되면 'ㄹ' 소리가 나지 않아요.

| LL | [이, 지, 시] | Lla [야]
Lle [예]
Lli [이]
Llo [요]
Llu [유] | pollo [뽀요] 닭고기
lluvia [유비아] 비
me llamo [메 야모] 제 이름은 ~입니다
llave [야베] 열쇠 |

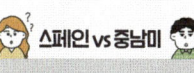

스페인 vs 중남미

LL 발음
지역마다 발음이 가장 다양한 철자로 '이', '지'로 발음하는 경우가 많고 아르헨티나, 우루과이에서는 '시'로 발음해요.

STEP 3 스페인어 진짜 즐기기

강의보기 기초 03-7 말하기 연습

아래 단어를 읽으면서 오늘 배운 내용을 확인해 보세요.

gato   hola   mojito   kétchup   limón

 **STEP 4 스페인어 진짜 써먹기**

쓰기펜으로 맞힌 개수를 작성해 주세요.

나의 점수 개 / 10개   정답 보기

① 제시된 그림에 해당하는 단어를 고르세요.

1.
   ① pingüino
   ② penguino
   ③ pinguino

2.
   ① Migüel
   ② Miguel
   ③ Migel

3.
   ① gía
   ② güía
   ③ guía

② MP3를 듣고 빈칸에 알맞은 알파벳을 채워 보세요. 기초 03-8

1. ☐ u n t o
2. p o ☐ ☐ o

③ 제시된 음절이 들어갔을 때 알맞은 보기와 짝지어 보세요.

1. ga •   • a. (잘생긴) _____apo
2. ge •   • b. (고양이) _____o
3. gi •   • c. (너와 함께) conti_____
4. go •   • d. (사람들) _____nte
5. gu •   • e. (해바라기) _____rasol

강의보기 틀리거나 헷갈리는 문제는 문제 해설 강의로 복습하세요.

기초발음 04

자음 3

Ahora o nunca.
지금 아니면 못 해.

오늘은 자음 여섯 가지를 배워볼 거예요.

 자음 M    자음 N    자음 Ñ    자음 P    자음 Q    자음 R

 **스페인어 진짜 맛보기**   강의보기   기초 04-1   말하기 연습

¡Ojo!

오늘은 자음 여섯 가지를 배워볼 거예요.

A a [아]	B b [베]	C c [쎄]	D d [데]	E e [에]	F f [에페]
G g [헤]	H h [아체]	I i [이]	J j [호따]	K k [까]	L l [엘레]
M m [에메]	**N n** [에네]	**Ñ ñ** [에녜]	O o [오]	**P p** [뻬]	**Q q** [꾸]
R r [에레]	S s [에쎄]	T t [떼]	U u [우]	V v [우베]	W w [우베도블레]
X x [에끼스]	Y y [예]	Z z [쎄따]			

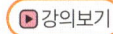 반복 학습 체크체크

MP3 듣기 1회 ✓ 2회 3회

따라 읽기 1회 2회 3회

STEP 2 스페인어 진짜 알아가기

오늘 배우는 스페인어 자음들을 음원을 들으면서 큰 소리로 따라해 보세요.

1. 자음 M

▶ 강의보기   🔊 기초 04-2

| M | 에메 [ㅁ] | Ma [마]
Me [메]
Mi [미]
Mo [모]
Mu [무] | mamá [마마] 엄마
mi [미] 나의
mono [모노] 예쁜, 귀여운
meme [메메] 밈, 짤 |

2. 자음 N

▶ 강의보기   🔊 기초 04-3

| N | 에네 [ㄴ] | Na [나]
Ne [네]
Ni [니]
No [노]
Nu [누] | nunca [눈까] 절대
noche [노체] 밤
pan [빤] 빵
Francia [프란씨아] 프랑스 |

3. 자음 Ñ

▶ 강의보기   🔊 기초 04-4

N에 '이' 소리가 더해진 다른 철자예요.

| Ñ | 에녜 [니] | Ña [냐]
Ñe [녜]
Ñi [니]
Ño [뇨]
Ñu [뉴] | español [에스빠뇰] 스페인어
muñeca [무녜까] 인형, 예쁜 여자
meñique [메니께] 새끼손가락
niño [니뇨] 어린 아이
pañuelo [빠뉴엘로] 손수건 |

4. 자음 P

▶ 강의보기 🔊 기초 04-5   ✏️ ¡Ojo!

P [뻬]	뻬 [ㅃ]	Pa [빠]	piña [삐냐] 파인애플
		Pe [뻬]	pulpo [뿔뽀] 문어
		Pi [삐]	pollo [뽀요] 닭고기
		Po [뽀]	perdón [뻬르돈] 미안해요
		Pu [뿌]	

5. 자음 Q

▶ 강의보기 🔊 기초 04-6

아래 두 가지 경우에만 사용돼요.

Q	꾸 [ㄲ]	Que [께]	queso [께쏘] 치즈
		Qui [끼]	quesadilla [께싸디야] 퀘사디야
			Don Quijote [돈 끼호떼] 돈키호테 ★

★ 스페인 유명 소설인 <돈 키호테> 들어 보셨나요? Quijote는 사람 이름이고, Don은 상대방을 높여 부르는 호칭이랍니다. 우리 나라 말로 '키호테 님', '키호테 씨' 정도가 되겠네요.

6. 자음 R

▶ 강의보기 🔊 기초 04-7

단어가 R로 시작하거나 R이 두 개 연속해 나오면 떠는 소리가 나요.

R	에레 [ㄹ]	Ra [라]	ahora [아오라] 지금
		Re [레]	por favor [뽀르 파보르] 부탁합니다
		Ri [리]	río [리오] 강
		Ro [로]	curry [꾸리] 카레
		Ru [루]	perro [뻬로] 강아지

STEP 3 스페인어 진짜 즐기기

▶ 강의보기 🔊 기초 04-8 💬 말하기 연습

아래 단어를 읽으면서 오늘 배운 내용을 확인해 보세요.

 pan    meñique    mamá    pollo    perro

 **스페인어 진짜 써먹기**

쓰기펜으로 맞힌 개수를 작성해 주세요.

나의 점수 　개 / 10개   정답 보기

1 제시된 단어 중 떨면서 읽어야 하는 R 발음이 들어간 단어를 두 개 고르고, 각 단어의 스페인어 발음을 한글 독음으로 적어 보세요.

| 보기 | perdón | río | ahora | perro | por favor |

1. 단어 _____   독음 _____
2. 단어 _____   독음 _____

2 MP3를 듣고 빈칸에 알맞은 알파벳을 채워 보세요. 🔊 기초 04-9

1. e s p a ☐ ☐ l
2. ☐ i ☐ ☐
3. ☐ ☐ ☐ e c a

3 제시된 우리말을 보고 아래 십자말퍼즐을 완성해 보세요.

가로 열쇠	세로 열쇠
1. 문어	2. 강아지
4. 스페인어	3. 치즈
	5. 파인애플

강의보기 틀리거나 헷갈리는 문제는 문제 해설 강의로 복습하세요.

 학습 종료

기초발음 05

자음 4

Sin sal, por favor.
소금 빼고 주세요.

오늘은 자음 일곱 가지를 배워볼 거예요.

| 1 자음 S | 2 자음 T | 3 자음 V | 4 자음 W | 5 자음 X | 6 자음 Y | 7 자음 Z |

STEP 1 스페인어 진짜 맛보기

▶ 강의보기   🔊 기초 05-1   💬 말하기 연습

¡Ojo!

오늘 배울 자음 일곱 가지를 먼저 확인해 보세요.

A a [아]	B b [베]	C c [쎄]	D d [데]	E e [에]	F f [에페]
G g [헤]	H h [아체]	I i [이]	J j [호따]	K k [까]	L l [엘레]
M m [에메]	N n [에네]	Ñ ñ [에녜]	O o [오]	P p [뻬]	Q q [꾸]
R r [에레]	**S s** [에쎄]	**T t** [떼]	U u [우]	**V v** [우베]	**W w** [우베도블레]
X x [에끼스]	**Y y** [예]	**Z z** [쎄따]			

✅ 반복 학습 체크체크

MP3 듣기 ✓ 2회 3회

따라 읽기 1회 2회 3회

1

STEP 2 스페인어 진짜 알아가기

오늘 배우는 스페인어 자음들을 음원을 들으면서 큰 소리로 따라해 보세요.

¡Ojo!

1. 자음 S

▶ 강의보기   🔊 기초 05-2

| S | 에쎄 [ㅆ] | Sa [싸]
Se [쎄]
Si [씨]
So [쏘]
Su [쑤] | sin [씬] ~없이
solo [쏠로] 혼자인, 오직
sal [쌀] 소금
mes [메스] 달, 월 |

2. 자음 T

▶ 강의보기   🔊 기초 05-3

| T | 떼 [ㄸ] | Ta [따]
Te [떼]
Ti [띠]
To [또]
Tu [뚜] | té [떼] 티, 차
despacito [데스빠씨또] 천천히
patata [빠따따] 감자
tú [뚜] 너 |

3. 자음 V

▶ 강의보기   🔊 기초 05-4

| V | 우베 [ㅂ] | Va [바]
Ve [베]
Vi [비]
Vo [보]
Vu [부] | vino [비노] 와인
vamos [바모스] 가자!
vale [발레] 알겠어
vegetal [베헤딸] 채소 |

스페인 vs 중남미

B와 V의 발음
스페인의 발렌시아(Valencia)나 아르헨티나 등 소수 지역에서는 영어의 'V'처럼 순치음으로 발음하기도 해요.

4. 자음 W

▶ 강의보기   🔊 기초 05-5

외래어를 표기할 때 사용해요.

| W | 우베도블레 | Wa [와]
We [웨]
Wi [위]
Wo [워]
Wu [우] | wifi [위피] 와이파이
whisky [위스끼] 위스키 |

5. 자음 X

앞에 모음이 있을 때는 그 모음에 'ㄱ' 받침을 넣어 줍니다.

X	에끼스 [ㅆ]	Xa [싸] Xe [쎄] Xi [씨] Xo [쏘] Xu [쑤]	taxi [딱씨] 택시 texto [떽스또] 글 éxito [엑씨또] 성공 excelente [엑쎌렌떼] 훌륭한

6. 자음 Y

'LL'와 유사한 소리가 나요.

Y	예 [이, 지, 시]	Ya [야] Ye [예] Yi [이] Yo [요] Yu [유]	ya [야] 이미, 이제, 벌써 hoy [오이] 오늘 yo [요] 나 y [이] 그리고

7. 자음 Z

받침으로 쓰일 경우 'ㅅ' 소리를 더해 줍니다.

Z	쎄따 [ㅆ, θ]	Za [싸] Ze [쎄] Zi [씨] Zo [쏘] Zu [쑤]	zoo [쏘] 동물원 zumo [쑤모] 주스 feliz [펠리스] 행복한 paz [빠스] 평화

STEP 3 스페인어 진짜 즐기기

아래 단어를 읽으면서 오늘 배운 내용을 확인해 보세요.

vino   texto   patata   sal   zumo

STEP 4 스페인어 진짜 써먹기

  쓰기펜으로 맞은 개수를 작성해 주세요.

나의 점수   개 / 10개   정답 보기

1 제시된 철자들을 짝지어 오늘 배운 단어를 완성하세요.

1. vi •   • a. xi
2. ta •   • b. l
3. sa •   • c. no
4. val •   • d. e

2 다음 빈칸에 공통으로 들어갈 수 있는 자음을 고르세요.

보기   □é | despaci□o | pa□a□a

❶ s   ❷ t   ❸ z

3 제시된 단어 중 한글 독음이 올바르지 않은 것을 두 개 고르고, 올바른 독음을 적어 보세요.

보기   zoo | wifi | tú | ya
        쑤   위피   뚜   예

1. 단어 _____   독음 _____
2. 단어 _____   독음 _____

4 MP3를 듣고 빈칸에 알맞은 알파벳을 채워 보세요.   🔊 기초 05-10

1. p □□
2. m □□
3. fel □□

▶ 강의보기   틀리거나 헷갈리는 문제는 문제 해설 강의로 복습하세요.

4

기초발음 **06**

기초발음 01~05 복습하기

Práctica ①
연습문제

1 각 단어의 강세가 들어가는 곳에 밑줄을 그어 보세요.

1. v a m o s
2. b a i l a r
3. q u e s a d i l l a
4. r í o
5. F r a n c i a

2 다음 중 'ㅆ' 발음이 나지 않는 단어를 하나 고르세요.

❶ casa

❷ taxi

❸ cereal

❹ culo

❺ zumo

❻ bici

❸ 제시된 단어의 스페인어 발음을 한글 독음으로 적어 보세요.

1. gente 독음 : _____

2. mojito 독음 : _____

3. gato 독음 : _____

4. ahora 독음 : _____

❹ 다음 빈칸에 l 혹은 ll 를 넣어 단어를 완성하세요.

1.  (열쇠)

   _____ a v e

2.  (닭고기)

   p o _____ o

3.  (비)

   _____ u v i a

4.  (달)

   _____ u n a

5.  (레몬)

   _____ i m ó n

5 제시된 단어의 한글 독음이 올바르게 쓰여진 보기를 고르세요.

1. queso   ① 끼쏘   ② 꾸에쏘   ③ 께쏘
2. pingüino   ① 삥구이노   ② 삔기노   ③ 삔구노
3. guía   ① 구이아   ② 가이아   ③ 기아
4. vergüenza   ① 베르겐싸   ② 베르구엔싸   ③ 베르헨싸
5. Don Quijote   ① 똔 기호떼   ② 돈 끼호떼   ③ 돈 키오떼

6 제시된 우리말 표현을 스페인어로 작문한 뒤, 스페인어 발음을 한글 독음으로 적어 보세요.

보기	너 그리고 나

1. 스페인어   ➡ _____
2. 한글 독음 ➡ _____

7 MP3를 듣고 제시된 단어에 맞는 발음을 고르세요. 🔊 기초 06-1

1. despacito   ①   ②   ③
2. excelente   ①   ②   ③
3. muñeca   ①   ②   ③
4. dulce   ①   ②   ③

8 다음은 스페인어를 사용하는 나라를 표시한 지도예요. 각 나라 이름의 스페인어 발음을 한글 독음으로 적어 보세요.

1. Venezuela ➡ _____

2. Ecuador   ➡ _____

3. Uruguay   ➡ _____

4. Argentina ➡ _____

기초발음 **07**

인사, 첫 만남 때 하는 표현

¡Hola!
안녕하세요!

오늘은 누군가를 처음 만났을 때 사용하는 인사 표현들을 살펴볼 거예요. 본격적인 학습에 앞서 오늘 배울 내용을 확인해 보세요!

1. 인사하기
2. 이름 말하기
3. 반가움 표현하기

STEP 1 스페인어 진짜 맛보기

 강의보기   기초 07-1   말하기 연습

¡Ojo!

오늘 배울 내용을 예문으로 먼저 만나 보세요! 음원을 여러 번 듣고 따라 읽으면서 실력을 쌓아 볼까요?

¡Hola!
[올라]

안녕하세요!

¡Buenos días!★
[부에노스 디아스]

좋은 아침입니다!

Me llamo Lucas.
[메 야모 루까스]

제 이름은 루카스예요.

Mucho gusto.
[무초 구스또]

반갑습니다.

☑ 반복 학습 체크체크

| MP3 듣기 | 1회 ✓ | 2회 | 3회 |
| 따라 읽기 | 1회 | 2회 | 3회 |

☑ 단어

bueno 좋은
el día 날, 하루
mucho 많은, 많이
el gusto 기쁨

★ 느낌표와 물음표는 문장이 시작할 때도 '¡, ¿'와 같이 거꾸로 붙여줘요.
가까운 친구들과 채팅할 때는 생략해도 좋아요.

🧳 스페인/중남미 진짜 여행 떠나기!

스페인어권 사람들은 만나는 모든 사람들과 인사한답니다. 여러분도 슈퍼, 카페, 식당 등에 들어갈 때 자신 있게 인사해 보세요!

1

STEP 2 스페인어 진짜 알아가기

1. 인사하기

만났을 때 할 수 있는 인사 표현들을 살펴볼게요.

▶ 강의보기 🔊 기초 07-2

¡Hola!	안녕! 안녕하세요!
[올라]	
¡Buenos días!	좋은 아침이에요.
[부에노스 디아스]	
¡Buenas tardes!	좋은 오후예요.
[부에나스 따르데스]	
¡Buenas noches!★	좋은 밤이에요.
[부에나스 노체스]	

잠깐!
'좋은'이라는 뜻의 형용사 'bueno'는 뒤에 오는 명사의 성과 수에 맞게 형태가 바뀌어요. '아침'인 'día'는 남성명사여서 그대로 bueno라고 넣지만 '오후, 저녁'인 'tarde, noche'는 여성명사여서 buena가 들어갑니다. 그리고 뒤에 오는 명사가 복수일 때는 bueno/buena 뒤에 s를 덧붙여 줘요.

2. 이름 말하기

처음 만난 상대방에게 이름을 묻고 답하는 방법도 배워 봐요.

▶ 강의보기 🔊 기초 07-3

¿Cómo te llamas?★	너는 이름이 뭐야?
[꼬모 떼 야마스]	
Soy Erica.	나는 에리카야.
[쏘이 에리까]	
Me llamo Erica.	내 이름은 에리카야.
[메 야모 에리까]	

✏ ¡Ojo!

✓ 단어

la tarde 오후
la noche 밤

★ ¡Buenas noches!는 '잘 자요.', '안녕히 주무세요.'라는 의미로도 사용할 수 있어요.

★ 스페인어에서 인사 표현을 단수가 아닌 복수로 하는 것에 대한 다양한 가설들이 있어요. 그중 하나는 인사를 하는 그 당일뿐만 아니라 앞으로의 좋은 날들을 빌어 주는 것이라는 이야기가 있답니다.

✓ 단어

cómo 어떻게

★ 이름을 물어볼 때 Cómo(어떻게)라는 의문사를 사용해서, '넌 이름이 어떻게 불리니?'라고 물어봐요.

★ '나, 너' 등의 인칭대명사는 생략 가능해서 옆 문장에 넣지 않았어요. 인칭대명사는 본편 Día 01에서 자세히 살펴볼게요.

3. 반가움 표현하기

 ¡Ojo!

처음 만나는 사람에게 반가움을 표현해 볼까요?

단어

Mucho gusto. 반가워요.
[무초 구스또]

el placer 기쁨

= Encantado.
[엔깐따도]

= Un placer.
[운 쁠라쎄르]

> **잠깐!**
> 'Encantado.'는 말하는 사람 성에 맞게 바꿔 사용해요. 말하는 사람이 남자면 'Encantado.', 여자면 'Encantada.'라고 씁니다.

 **STEP 3 스페인어 진짜 즐기기**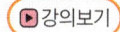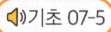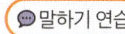

아래 대화를 들으면서 오늘 배운 내용을 확인해 보세요.

Marcos

¡Hola! Buenas tardes. [올라 부에나스 따르데스]
안녕! 좋은 오후야.

¡Hola! ¿Cómo te llamas? [올라 꼬모 떼 야마스]
안녕! 넌 이름이 뭐야?

Sara

Marcos

Me llamo Marcos. ¿Y, tú? [메 야모 마르꼬스 이 뚜]
내 이름은 마르코스야. 너는?

Me llamo Sara. Mucho gusto. [메 야모 싸라 무초 구스또]
내 이름은 사라야. 반가워.

Sara

3

STEP 4 스페인어 진짜 써먹기

쓰기펜으로 맞힌 개수를 작성해 주세요.

나의 점수   개 / 10개   정답 보기

1 빈칸에 알맞은 알파벳을 채워 아침, 점심, 저녁 인사를 완성해 보세요.

1. 아침 인사   B u e n ☐ s ☐☐☐☐.
2. 점심 인사   B u e n ☐ s ☐☐☐☐☐☐.
3. 저녁 인사   B u e n ☐ s ☐☐☐☐☐☐.

2 자기 이름을 말하는 방법으로 옳지 않은 것을 고르세요.

❶ Soy Erica.   ❷ Me llamo Erica.   ❸ Te llamas Erica.

3 빈칸에 알맞은 단어를 보기에서 골라 적어 보세요.

보기   mucho | placer | cómo

1. _____ gusto.
2. Un _____ .
3. ¿_____ te llamas?

4 MP3를 듣고 다음 빈칸을 채워 대화를 완성해 보세요   🔊 기초 07-6

Marcos   1. ¡_____! ¿Cómo te llamas?

Erica   2. ¡Buenos _____ ! Me llamo Erica. 3. _____ .

▶ 강의보기   틀리거나 헷갈리는 문제는 문제 해설 강의로 복습하세요.

기초발음 08

안부 인사 표현

¿Cómo estás?

어떻게 지내?

사람들과 만나면 '안녕하세요!' 말고도 상대방의 안부를 물어보는 질문을 하곤 해요. 안부를 묻는 방법을 확인해 보세요!

1 안부 묻기　　2 안부 답하기

STEP 1 스페인어 진짜 맛보기

 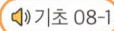 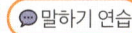

¡Ojo!

오늘 배울 내용을 예문으로 먼저 만나 보세요! 음원을 여러 번 듣고 따라 읽으면서 실력을 쌓아 볼까요?

☑ 반복 학습 체크체크

	1회	2회	3회
MP3 듣기	✓		
따라 읽기	1회	2회	3회

¿Cómo estás?
[꼬모 에스따스]

어떻게 지내?

Estoy muy bien.
[에스또이 무이 비엔]

저는 매우 잘 지내요.

¿Qué tal?
[께 딸]

어떻게 지내?

¿Todo bien?
[또도 비엔]

다 괜찮아요?

단어
muy 매우
bien 잘
qué 무엇
todo 모든, 모든 것

스페인/중남미 진짜 여행 떠나기!

식당에서 식사를 하다 보면 중간에 종업원이 와서 ¿Todo bien? 하고 물어볼 때가 있어요. 손님이 어디 부족한 것, 불편한 것이 없는지 확인하는 건데요. 그럼 여러분도 똑같이 ¡Todo bien! 이라고 말해 주세요. ☺

매우 맛있어요!

STEP 2 스페인어 진짜 알아가기

1. 안부 묻기

▶ 강의보기   🔊 기초 08-2

안부를 묻는 표현은 굉장히 많아요. 그중 가장 많이 쓰이는 표현들을 살펴볼게요.

¿Cómo estás?
[꼬모 에스따스]
어떻게 지내?

¿Cómo está?
[꼬모 에스따]
어떻게 지내세요? 존대 표현

¿Qué tal?
[께 딸]
어떻게 지내? 가벼운 표현

¿Todo bien?
[또도 비엔]
다 괜찮아요?

잠깐!

상대방이 나보다 나이가 아주 많거나, 격식을 갖춰야 하는 상황이라면 존대 표현인 ¿Cómo está?를 사용하기도 해요. 반면 ¿Cómo estás?는 그렇지 않을 때, 즉 상대방이 나와 나이가 비슷하거나 격식을 갖추지 않아도 될 때 사용해요. 그리고 ¿Qué tal? 은 가벼운 표현으로 안면이 있거나 친한 사이에서 사용해요.

2. 안부 답하기

▶ 강의보기   🔊 기초 08-3

본인의 상태에 따라 다양한 대답을 할 수 있어요.

(Estoy) muy bien.
[(에스또이) 무이 비엔]
나는 매우 잘 지내요.

(Estoy) bien.
[(에스또이) 비엔]
나는 잘 지내요.

No estoy bien.
[노 에스또이 비엔]
나는 잘 지내지 못해요.

(Estoy) mal.
[(에스또이) 말]
나는 안 좋아요.

(Estoy) fatal.
[(에스또이) 파딸]
나는 최악의 상태예요.

¡Ojo!

단어

mal 나쁘게
fatal 최악의

★ 친한 사람이 아니라 한번 보고 마는, 지나가는 사람들과의 인사라면 긍정적인 대답을 해 주세요.

굉장히 자주 사용되는 표현이라 긍정문인 경우 동사 estoy를 생략하고 사용할 수 있어요.

 **¡Ojo!**

Muy bien.   매우 잘 지내요.
[무이 비엔]

Bien.   잘 지내요.
[비엔]

단어

aquí 여기
ahí 저기

형식적인 대답 말고 실생활 회화에서 아주 많이 사용되는 표현들도 있어요.

Aquí tirando.   항상 똑같지 뭐.
[아끼 띠란도]   그냥 저냥.
= Ahí vamos.   버티는 중이야.
[아이 바모스]

STEP 3 스페인어 진짜 즐기기

아래 대화를 들으면서 오늘 배운 내용을 확인해 보세요.

 Marcos

¡Hola! Buenos días. [올라 부에노스 디아스]
안녕! 좋은 아침이야.

 Sara

¡Hola! ¿Cómo estás? [올라 꼬모 에스따스]
안녕! 넌 어떻게 지내?

 Marcos

Muy bien. ¿Y, tú? ¿Qué tal? [무이 비엔 이 뚜 께 딸]
매우 잘 지내. 너는? 어때?

 Sara

Aquí tirando. [아끼 따란도]
그냥 저냥이지, 뭐.

STEP 4 스페인어 진짜 써먹기

쓰기펜으로 맞힌 개수를 작성해 주세요.

나의 점수   개 / 10개

정답 보기

1 제시된 우리말에 해당하는 단어를 스페인어로 적어 보세요.

1. 여기 ➡ _____
2. 저기 ➡ _____

2 빈칸에 알맞은 단어를 채워 안부를 묻는 질문을 완성해 보세요.

1. ¿_____ estás?   ① Qué   ② Cómo   ③ Hola
2. ¿_____ tal?   ① Estás ② Todo   ③ Qué
3. ¿_____ bien?   ① Estoy ② Mucho ③ Todo

3 MP3를 듣고 다음 빈칸을 채워 대화를 완성해 보세요.

기초 08-5

Marcos: ¡Hola! ¡Buenas tardes!

Sara: ¡Hola! ¿Cómo te **1.** _____?

Marcos: Me llamo Marcos. ¿Y, **2.** _____?

Sara: Soy Sara. Mucho **3.** _____ ¿Cómo estás?

Marcos: **4.** _____. Ahí **5.** _____.

강의보기 | 틀리거나 헷갈리는 문제는 문제 해설 강의로 복습하세요.

학습 종료

기초발음 09

헤어질 때 하는 표현

¡Hasta luego!
다음에 봐!

만나는 인사만큼이나 헤어지는 인사도 중요하겠죠? 상황에 맞는 다양한 인사를 살펴볼게요.

1 헤어지는 인사하기   2 상황에 맞는 인사하기

 **STEP 1** 스페인어 진짜 맛보기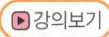

오늘 배울 내용을 예문으로 먼저 만나 보세요! 음원을 여러 번 듣고 따라 읽으면서 실력을 쌓아 볼까요?

¡Adiós! [아디오스]	잘 가!
¡Hasta luego! [아스따 루에고]	다음에 봐!
¡Cuídate! [꾸이다떼]	잘 지내!
¡Buen viaje! [부엔 비아헤]	즐거운 여행!

¡Ojo!

☑ 반복 학습 체크체크

MP3 듣기 ✓1회 2회 3회

따라 읽기 1회 2회 3회

단어
hasta ~까지
luego 다음, 나중에
el viaje 여행

 스페인/중남미 진짜 여행 떠나기!

'Adiós.'를 보면 신, 'Dios'가 떠오르지 않나요? 실제로 '신의 가호가 있기를…'이라는 말에서 유래했다는 재미있는 설이 있어요.

STEP 2 스페인어 진짜 알아가기

1. 헤어지는 인사하기

가장 정석처럼 사용되는 인사들을 먼저 살펴볼게요.

¡Chao!
[차오]
잘 가! 안녕!

¡Adiós!
[아디오스]
잘 가! 안녕!

¡Hasta luego!
[아스따 루에고]
다음에 봐!

¡Hasta mañana!
[아스따 마냐나]
내일 봐!

¡Hasta pronto!
[아스따 쁘론또]
곧 봐!

¡Hasta ahora!
[아스따 아오라]
이따 봐!

2. 상황에 맞는 인사하기

상황에 따른 더 다양한 인사들을 살펴봐요.

¡Cuídate!
[꾸이다떼]
잘 지내!

¡Te escribo!
[떼 에스끄리보]
내가 문자할게!

¡Buena suerte!
[부에나 쑤에르떼]
행운을 빌어!

¡Buen viaje!
[부엔 비아헤]
즐거운 여행!

¡Ojo!

단어
- mañana 내일
- pronto 곧
- ahora 지금

스페인 vs 중남미

🇪🇸 **스페인의 경우?**
모든 인사 표현을 사용하지만 Chao는 조금 더 캐주얼한 인사로, 가족이나 친구들 사이에 더 많이 사용해요.

🇲🇽 **중남미의 경우?**
Adiós 보다 Chao를 더 많이 사용해요. 어떤 지역에서는 영영 헤어질 때 Adiós를 사용하기도 해요.

단어
- la suerte 운
- el camino 길

★ 스페인의 'Camino de Santiago (산티아고 순례길)'에 걷기 여정을 가시는 분들이 많은데요, 그곳에서는 ¡Buen camino! 라고 인사하기도 합니다. ☺

 **¡Ojo!**

> **잠깐!**
>
> '좋은'이라는 뜻의 형용사 bueno가 성별에 따라 bueno/buena로 바뀐다는 것을 기초발음 07과에서 살짝 배웠었죠? 이번 과에서는 뒤에 오는 명사가 단수일 때의 형태 변화를 배울 건데요. bueno는 남성 단수명사가 뒤에 오면 o가 탈락되고, 여성 단수명사가 오면 o가 a로 바뀌어요.

bue**n** niño　　bue**na** niña
[부엔 니뇨]　　[부에나 니냐]
착한 남자 아이　착한 여자 아이

 **STEP 3 스페인어 진짜 즐기기**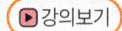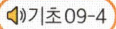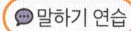

아래 대화를 들으면서 오늘 배운 내용을 확인해 보세요.

단어

Gracias. 감사합니다.

 Marcos
¡Adiós, Erica! [아디오스 에리까]
잘 가, 에리카!

 Erica
¡Hasta luego! ¡Cuídate! [아스따 루에고 꾸이다떼]
다음에 봐! 잘 지내!

 Marcos
¡Buen viaje! [부엔 비아헤]
즐거운 여행 해!

 Erica
Gracias. ¡Buena suerte! [그라씨아스 부에나 쑤에르떼]
고마워. 행운을 빌어!

 **STEP 4 스페인어 진짜 써먹기**

 쓰기펜으로 맞힌 개수를 작성해 주세요.

나의 점수   개 / 10개   정답 보기

① 다음 빈칸에 공통으로 들어갈 수 있는 알파벳을 고르세요.

| 보기 | Ch☐o. | ☐díos. |

1. ❶ a   ❷ o   ❸ e

| 보기 | Buen ca☐ino. | ☐e lla☐o Erica. |

2. ❶ n   ❷ ñ   ❸ m

② 다음 빈칸에 들어갈 수 있는 단어를 3개 써 보세요.

| 보기 | ¡Hasta _____! |

1. _____   2. _____   3. _____

③ 빈칸에 알맞은 단어를 채워 여행에서 만난 친구에게 행운을 빌어 주는 표현을 완성해 보세요.

1. ¡_____ suerte!

2. ¡_____ viaje!

④ 제시된 상황에 맞는 스페인어 인사말을 짝지어 보세요.

1. 잘 지내!   •   • a. ¡Hasta mañana!
2. 내가 문자할게! •   • b. ¡Te escribo!
3. 내일 봐!   •   • c. ¡Cuídate!

▶ 강의보기   틀리거나 헷갈리는 문제는 문제 해설 강의로 복습하세요.   학습 종료

기초발음 **10**

감사, 축하, 사과, 부탁할 때 하는 표현

¡Muchas gracias!
정말 감사합니다!

오늘은 감사, 축하, 사과 그리고 부탁할 때 사용하는 표현을 배워 볼게요. 상황에 맞는 적절한 표현은 필수예요.

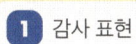 감사 표현  사과 표현  축하 표현  부탁 표현

STEP 1 스페인어 진짜 맛보기

오늘 배울 내용을 예문으로 먼저 만나 보세요! 음원을 여러 번 듣고 따라 읽으면서 실력을 쌓아 볼까요?

¡Muchas gracias! 정말 감사합니다!
[무차스 그라씨아스]

Perdón. 미안해요.
[뻬르돈]

¡Felicidades! 축하해요!
[펠리씨다데스]

La cuenta, por favor. 계산서 주세요.
[라 꾸엔따 뽀르 파보르]

¡Ojo!

☑ 반복 학습 체크체크

MP3 듣기 ✓ 2회 3회

따라 읽기 1회 2회 3회

◉ 단어

la cuenta 계산서

 스페인/중남미 진짜 여행 떠나기!

스페인어권에서는 식당이나 카페에서 종업원을 부를 때 손을 높이 들고 소리치지 않아요. 종업원과 눈이 마주칠 때 원하는 걸 얘기하거나 영 나랑 눈을 안 맞춘다면 손을 어깨 높이 정도로만 들고 종업원이 근처에 있을 때 부른답니다.

STEP 2 스페인어 진짜 알아가기

1. 감사 표현

▶ 강의보기 🔊 기초 10-2

¡Gracias! [그라씨아스]	감사합니다!
¡Muchas gracias! [무차스 그라씨아스]	정말 감사합니다!
¡Muchísimas gracias! [무치씨마스 그라씨아스]	정말 정말 감사합니다!
De nada. [데 나다]	천만에요.

> **잠깐!**
> 형용사가 o나 a로 끝나는 경우 그 자리를 'ísimo/ísima'라고 바꿔 주면 최상급이 되어, '너무, 정말, 가장'이라는 뜻이 추가돼요.

2. 사과 표현

▶ 강의보기 🔊 기초 10-3

Perdón.★ [뻬르돈]	미안해요.
Lo siento.★ [로 씨엔또]	죄송합니다. 유감이에요.
Está bien. [에스따 비엔]	괜찮아요.
No pasa nada. [노 빠싸 나다]	아무 일 아니에요.

단어
nada 아무것도

★ perdón은 가벼운 사과 인 사인 반면 lo siento는 큰 잘못을 했을 때 사용해요.

3. 축하 표현

▶ 강의보기 🔊 기초 10-4

¡Enhorabuena!★ [엔오라부에나]	축하해요!
¡Felicidades!★ [펠리씨다데스]	축하해요!
¡Feliz cumpleaños! [펠리스 꿈쁠레아뇨스]	생일 축하해요!

단어
feliz 행복한
el cumpleaños 생일

★ '¡Felicidades!'는 본래 '축하'라는 의미로 축하할 수 있는 모든 상황에 쓸 수 있어요. 반면 '¡Enhorabuena!'는 '좋은 시간, 때'라는 의미로 보통 무언가 노력해서 얻어 낸 것을 축하해 줄 때 사용해요.

¡Ojo!

4. 부탁 표현

내가 원하는 명사 뒤에 'Por favor.'를 붙이기만 하면 돼요.

Perdón. / Perdona. [뻬르돈 / 뻬르도나]	실례합니다.
La cuenta, por favor. [라 꾸엔따 뽀르 파보르]	계산서 주세요.
Un café, por favor. [운 까페 뽀르 파보르]	커피 한 잔 주세요.
Una cerveza, por favor. [우나 쎄르베싸 뽀르 파보르]	맥주 한 잔 주세요.

¡Ojo!

단어

Por favor 부탁합니다
la cuenta 계산서
el café 커피
la cerveza 맥주
un/una 하나

★ 'por favor'는 친한 사이에서는 'porfa.'라고 줄여서 말하기도 해요.

STEP 3 스페인어 진짜 즐기기

아래 대화를 들으면서 오늘 배운 내용을 확인해 보세요.

 Lucas: Perdona. La cuenta, por favor. [뻬르도나 라 꾸엔따 뽀르 파보르]
저기요. 계산서 주세요.

Camarera: Sí. Aquí tiene. [씨 아끼 띠에네]
네, 여기 있습니다.

 Lucas: Gracias. [그라씨아스]
감사합니다.

Camarera: De nada. [데 나다]
천만에요.

단어

la camarera 여종업원
Aquí tiene. 여기 있습니다.

STEP 4 스페인어 진짜 써먹기

쓰기펜으로 맞힌 개수를 작성해 주세요.

나의 점수   개 / 10개   정답 보기

1 제시된 상황에 맞는 스페인어 표현을 짝지어 보세요.

1. ¡Gracias!   •   • a. No pasa nada.
2. ¿Qué tal?   •   • b. De nada.
3. Lo siento.   •   • c. Muy bien.
4. ¡Felicidades! •   • d. Gracias.

2 빈칸에 알맞은 단어를 보기에서 골라 적어 보세요.

| 보기 | mucho | muchas | muy |

1. Estoy _____ bien.
2. _____ gusto.
3. _____ gracias.

3 제시된 문장을 스페인어로 바꿔 써 보세요.

1. 계산서 주세요. ➡ _____.
2. 커피 한 잔 주세요. ➡ _____.
3. 맥주 한 잔 주세요. ➡ _____.

▶ 강의보기   틀리거나 헷갈리는 문제는 문제 해설 강의로 복습하세요.   학습 종료

기초발음 **11**

감탄하는 표현

¡Muy bien!
매우 좋아요!

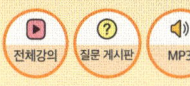
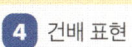

어떤 경우에는 주어와 동사를 사용해 문장을 만들지 않고 감탄문 만으로 대화를 이어 가거나 답을 할 수 있어요.

1 Sí 대신 사용하는 표현　**2** 'Qué'로 감탄하는 표현　**3** 놀라운 상황에 사용하는 표현　**4** 건배 표현

STEP 1 스페인어 진짜 맛보기
▶ 강의보기　🔊 기초 11-1　💬 말하기 연습

📝 **¡Ojo!**

✅ 반복 학습 체크체크

| MP3 듣기 | ✓ | 2회 | 3회 |
| 따라 읽기 | 1회 | 2회 | 3회 |

🔽 **단어**

rico 맛있는
Dios 신
mío 나의 것

오늘 배울 내용을 예문으로 먼저 만나 보세요! 음원을 여러 번 듣고 따라 읽으면서 실력을 쌓아 볼까요?

¡Muy bien!　　　　　　　　매우 좋아요!
[무이 비엔]

¡Qué rico!　　　　　　　　너무 맛있어요!
[께 리꼬]

¡Guay!　　　　　　　　　　좋아요! 멋져요!
[과이]

¡Madre mía!　　　　　　　세상에나!
[마드레 미아]

 스페인/중남미 진짜 여행 떠나기!

'맘마미아!'라는 표현을 들어보지 않았나요? 노래와 영화를 통해 알려진 이탈리아로 '세상에나!' 'Oh, my God!' 이라는 뜻을 가지고 있어요. 스페인어권에서도 많이 사용하는 표현으로, 스페인어로는 '¡Madre mía!' 라고 한답니다. 어처구니가 없거나 놀라운 상황에서 외쳐 보세요. ¡Madre mía!

STEP 2 스페인어 진짜 알아가기

1. Sí 대신 사용하는 표현

▶ 강의보기   🔊 기초 11-2

스페인어로 '알겠어.'는 'Sí.'라고 하지요. 그런데 이때 'Sí' 대신에 아래 세 가지 표현으로도 대답할 수 있어요.

¡Muy bien! [무이 비엔]	매우 좋아요!
¡Genial! [헤니알]	훌륭해요!
¡Perfecto! [뻬르펙또]	완벽해요!

¡Ojo!

✅ 단어

genial 훌륭한, 천재적인

2. 'Qué'로 감탄하는 표현

▶ 강의보기   🔊 기초 11-3

'무엇'이라는 단어인 'Qué' 뒤에 형용사, 부사, 명사를 넣어 간단한 감탄문을 만들 수 있어요. 가장 많이 쓰이는 것들을 배워 보아요.

¡Qué rico! [께 리꼬]	너무 맛있어요!
¡Qué bien! [께 비엔]	너무 좋아요! / 다행이에요!
¡Qué bonito! [께 보니또]	너무 예뻐요!
¡Qué guay! [께 구아이]	너무 멋져요!

✅ 단어

bonito 예쁜

🇪🇸 스페인 vs 중남미 🌎

🇪🇸 **스페인의 경우?**
guay는 스페인에서만 사용되는 단어로 '대박' '훌륭한' 'Cool' 등의 의미를 가지고 있어요.

🇲🇽 **중남미의 경우?**
나라마다 guay의 뜻을 가진 단어가 있어요.
· 멕시코
  ¡Qué padre!, ¡Qué chido!
· 콜롬비아, 에콰도르, 볼리비아 등
  ¡Qué chévere!, ¡Qué bacán!
· 쿠바
  ¡Qué tocao!

3. 놀라운 상황에 사용하는 표현

▶ 강의보기   🔊 기초 11-4

¡Dios mío! [디오스 미오]	세상에나! 어머나!
= ¡Madre mía! [마드레 미아]	

4. 건배 표현

 강의보기　 기초 11-5

¡Salud! *
[쌀룯]

= ¡Chinchín!
[친친]

건배! 짠!

¡Ojo!

단어

la salud 건강

★ 'iSalud!'은 누군가가 재채기를 했을 때도 사용해요. 옆 사람이 재채기하면 'iSalud!'이라고 말해 주세요. ☺

 **STEP 3** 스페인어 진짜 즐기기　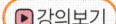 강의보기　 기초 11-6　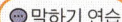 말하기 연습

아래 대화를 들으면서 오늘 배운 내용을 확인해 보세요.

 Sara

> Perdona. Un café, por favor. [뻬르도나 운 까페 뽀르 파보르]
> 저기요. 커피 한 잔 주세요.

 Camarero

> Muy bien. Aquí tiene. [무이 비엔 아끼 띠에네]
> 알겠습니다. 여기 있습니다.

 Sara

> ¡Dios mío! ¡Qué rico! [디오스 미오 께 리꼬]
> 세상에나! 너무 맛있어요!

 Camarero

> ¡Qué bien! Gracias. [께 비엔 그라씨아스]
> 다행이에요! 감사합니다.

단어

el camarero 남종업원

STEP 4 스페인어 진짜 써먹기

  쓰기펜으로 맞힌 개수를 작성해 주세요.

나의 점수   개 / 10개   정답 보기

1 제시된 우리말을 보고 빈칸에 알맞은 단어를 채워 보세요.

1. 너무 맛있어요!   ¡Qué _____!
2. 너무 좋아요! 다행이에요!   ¡Qué _____!
3. 너무 예뻐요!   ¡Qué _____!
4. 너무 멋져요!   ¡Qué _____!

2 제시된 철자들을 이용해 '세상에나!'라는 감탄 표현을 완성하세요.

보기   o í s o m i

1. ¡D☐☐☐ ☐☐☐!

보기   í e d a r m a

2. ¡M☐☐☐☐ ☐☐☐!

3 제시된 상황에 맞는 스페인어 표현을 짝지어 보세요.

1. 건배!   •   • a. Perdona.
2. 훌륭해요!   •   • b. ¡Salud!
3. 여기 있습니다.   •   • c. ¡Qué guay!
4. 저기요.   •   • d. Aquí tiene.

강의보기 틀리거나 헷갈리는 문제는 문제 해설 강의로 복습하세요.

학습 종료

기초발음 07~11 복습하기

Práctica ②

연습문제

나의 점수 개 / 30개

① 제시된 우리말을 보고 빈칸에 알맞은 알파벳을 채워 보세요.

1. 날, 하루   d ☐ a
2. 오후   t ☐☐☐ e
3. 밤   n ☐☐☐ e
4. 좋은   b ☐☐☐ o

② 제시된 문장에서 틀린 부분을 찾아 올바른 문장으로 다시 써 보세요.

1. Muchos gustos.   ➡ _____.
2. Encantade.   ➡ _____.
3. Una placer.   ➡ _____.

③ 다음 중 헤어질 때 하는 인사가 아닌 것을 하나 고르세요.

❶ ¡Chao!   ❷ ¡Salud!   ❸ ¡Hasta luego!   ❹ ¡Adiós!

4 제시된 단어를 순서대로 배열하여 안부에 답하는 문장을 만들어 보세요.

1. bien Estoy muy

   ➡ _____.

2. estoy No bien

   ➡ _____.

3. mal Estoy

   ➡ _____.

5 제시된 표현 중 상대방의 안부를 물을 수 있는 질문을 세 개 고르고, 우리말 뜻을 적어 보세요.

보기	¿Cómo te llamas?	¿Todo bien?	¿Te escribo?
	¿Qué tal?	¿Cómo estás?

1. 문장 ➡ _____.

   뜻 ➡ _____.

2. 문장 ➡ _____.

   뜻 ➡ _____.

3. 문장 ➡ _____.

   뜻 ➡ _____.

6 빈칸에 알맞은 단어를 채워 다음 대화문을 완성해 보세요.

> **Erica** ¡Hola! **1.** _____ llamo Erica. ¿Y, tú?
>
> 보기 **Lucas** Soy Lucas. Mucho **2.** _____.
>
> **Erica** ¿**3.** _____ estás?
>
> **Lucas** Muy **4.** _____.

1. ① Me   ② Te   ③ Cómo
2. ① encantado   ② gracias   ③ gusto
3. ① Qué   ② Cómo   ③ Tú
4. ① bien   ② estoy   ③ gracias

7 보기와 같이, 각 그림 속 음식을 주문하는 문장을 완성해 보세요.

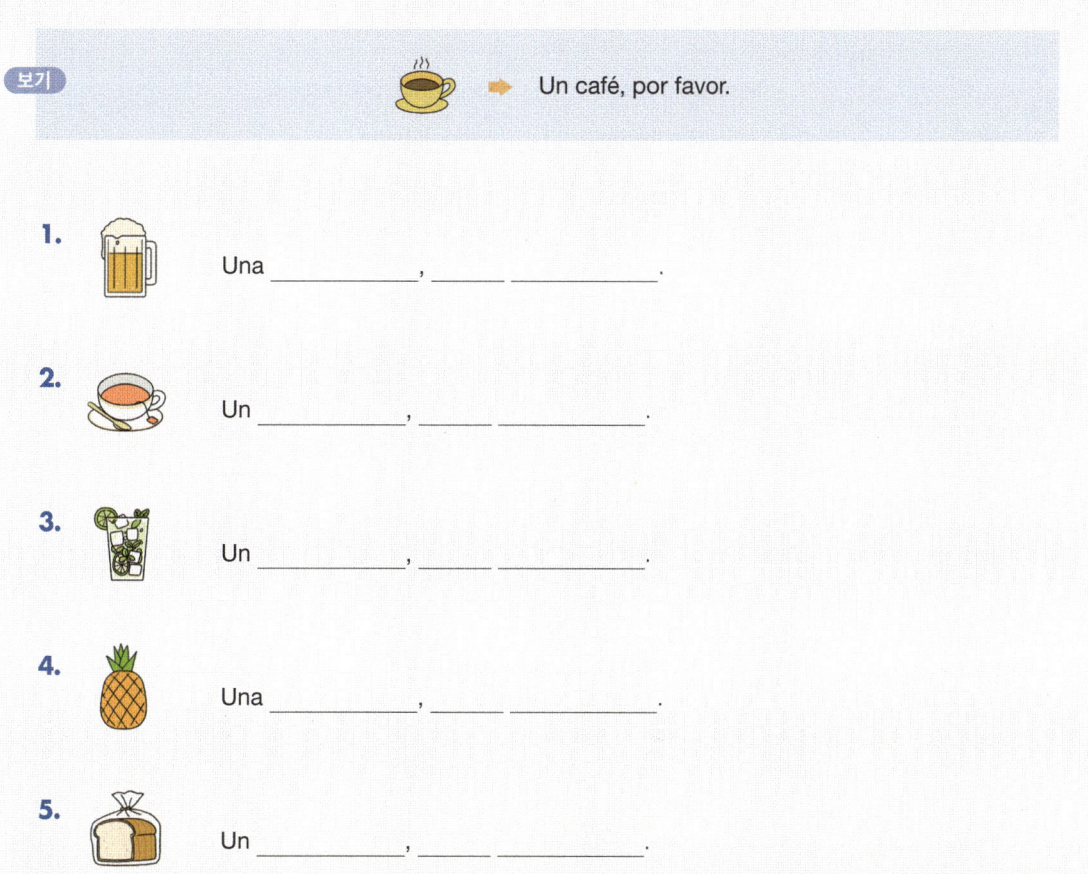

보기: Un café, por favor.

1. Una _____, _____ _____.
2. Un _____, _____ _____.
3. Un _____, _____ _____.
4. Una _____, _____ _____.
5. Un _____, _____ _____.

8 제시된 상황에 맞는 스페인어 표현을 짝지어 보세요.

1.  •   • **a.** Lo siento.

2.  •   • **b.** Gracias.

3.  •   • **c.** ¡Felicidades!

9 각 대답에 어울리는 표현을 보기에서 골라 써 보세요.

보기	Muchas gracias.	La cuenta, por favor.
	Lo siento.	Enhorabuena.

1. 표현 : _____.
   대답 : De nada.

2. 표현 : _____.
   대답 : No pasa nada.

3. 표현 : _____.
   대답 : Gracias.

4. 표현 : _____.
   대답 : Aquí tiene.

강의보기 틀리거나 헷갈리는 문제는 문제 해설 강의로 복습하세요.

Día 01

이름 말하기

Yo soy Sara.

나는 사라예요.

오늘은 인칭대명사와 ser 동사를 활용해서 이름을 말하는 방법을 배워볼 거예요. 본격적인 학습에 앞서 오늘 배울 내용을 확인해 보세요!

1. 인칭대명사 단수 형태
2. Ser 동사의 단수 형태
3. Ser 동사의 활용 : 이름 말하기

STEP 1 스페인어 진짜 맛보기

 강의보기 🔊 01-1 💬 말하기 연습

📝 ¡Ojo!

오늘 배울 내용을 예문으로 먼저 만나 보세요! 음원을 여러 번 듣고 따라 읽으면서 실력을 쌓아 볼까요?

☑ 반복 학습 체크체크

MP3 듣기 ✓ 2회 3회

따라 읽기 1회 2회 3회

Yo soy Sara.
[요 쏘이 싸라]

나는 사라예요.

Soy Lucas.
[쏘이 루까스]

(나는) 루카스예요.

Ella es Erica.
[에야 에스 에리까]

그녀는 에리카예요.

Él es Marcos.
[엘 에스 마르꼬스]

그는 마르코스예요.

✓ 단어

yo 나
ser ~이다
ella 그녀
él 그

 스페인/중남미 진짜 여행 떠나기!

현지 공항에 도착했을 때, 공항 직원이 이름을 물어볼 경우! 오늘 배울 표현으로 자신 있게 이름을 말해 보세요!

STEP 2 스페인어 진짜 알아가기

1. 인칭대명사 단수 형태

▶강의보기 🔊 01-2

스페인어에서 문장의 주어로 사용할 수 있는 인칭대명사를 배워 볼게요. 스페인어의 인칭대명사는 크게 단수형과 복수형으로 구분돼요. 오늘은 단수형만 살펴보아요.

1인칭 단수	나	Yo [요]
2인칭 단수	너	Tú [뚜]
3인칭 단수	그	Él [엘]
	그녀	Ella [에야]
	당신	Usted = Ud. [우스뗀]

잠깐!
상대방을 부를 때 나보다 나이가 아주 많거나, 회사·학교·은행 등 예의를 갖춰야 하는 상황에서 tú 대신 usted을 사용해요.

¡Ojo!

 스페인 vs 중남미

🔴 **스페인의 경우?**
상대방을 부를 때 usted을 거의 사용하지 않고 대부분 tú를 사용해요.

🟢 **중남미의 경우?**
첫 만남에 usted을 사용하는 사람들이 스페인보다 많고, 콜롬비아 등에서는 아주 친한 사이에도 usted을 사용하기도 해요.

2. Ser 동사의 단수 형태

▶강의보기 🔊 01-3

Ser 동사는 '~이다'를 의미하는 동사로, 신분·직업·국적·성격을 나타낼 때 사용해요. 오늘은 ser 동사의 현재 시제 단수에 해당하는 동사 변형을 먼저 익혀 봐요!

문법적 구분	인칭대명사	동사 변형
1인칭 단수	Yo	soy [쏘이]
2인칭 단수	Tú	eres [에레스]
3인칭 단수	Él/Ella/Usted	es [에스]

3. Ser 동사의 활용 : 이름 말하기

▶강의보기 🔊 01-4

Ser 동사로 '(주어)는 (이름)입니다.'라는 표현을 말할 때는 아래와 같은 문장 구조를 사용해요.

[인칭대명사] + [Ser 동사] + [이름]

Yo soy Lucas.　　　　　　나는 루카스예요.
[요 쏘이 루까스]

Tú eres Erica.　　　　　　너는 에리카예요.
[뚜 에레스 에리까]

Ella es Sara.
[에야 에스 싸라]

Él es Marcos.
[엘 에스 마르꼬스]

그녀는 사라예요.

그는 마르코스예요.

 ¡Ojo!

잠깐!

스페인어는 각 인칭별 동사 변화형이 다르기 때문에 주어를 생략할 수 있어요. 그래서 1, 2인칭 주어는 주로 생략해서 사용하지만, 3인칭 주어는 경우의 수가 많기 때문에 처음 그 주어를 언급할 때는 생략하지 않고 써 줘요.

Soy Sara.   나는 사라예요.
[쏘이 싸라]

Eres Sara.   너는 사라예요.
[에레스 싸라]

Ella es Sara.   그녀는 사라예요.
[에야 에스 싸라]

 **STEP 3** 스페인어 진짜 즐기기 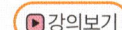 강의보기   01-5 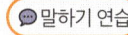 말하기 연습

아래 대화를 들으면서 오늘 배운 내용을 확인해 보세요.

 Sara
> ¡Hola! Soy Sara. [올라 쏘이 싸라]
> 안녕! 나는 사라야.

> Sí, ¡tú eres Sara! [씨 뚜 에레스 싸라]
> 그래, 너는 사라구나! Marcos

 Sara
> ¡Encantada! [엔깐따다]★
> 반가워!

> ¡Mucho gusto! [무초 구스또]
> 반가워! Marcos

★ 기초 발음편 07과에서 'Encantado/a(만나서 반가워요)'라는 표현을 배웠었죠? 이 표현은 본인의 성에 따라 남성형과 여성형을 구분해서 사용하니까, 여러 번 따라 읽으면서 자연스럽게 익혀 보세요.

 **STEP 4 스페인어 진짜 써먹기**

 쓰기펜으로 맞힌 개수를 작성해 주세요.

나의 점수   개 / 10개   정답 보기

1 스페인어 인칭대명사와 우리말 뜻을 짝지어 보세요.

1. Yo   •   • a. 그녀
2. Usted   •   • b. 나
3. Ella   •   • c. 당신

2 Ser 동사의 현재 시제 단수 변화형을 인칭에 맞게 쓰세요.

Yo	1.
Tú	2.
Él/Ella/Usted	3.

3 제시된 우리말을 보고 빈칸에 알맞은 단어를 채워 보세요.

1. 나는 마르코스야.   ➡ _____ Marcos.
2. 너는 카르멘이야.   ➡ _____ Carmen.
3. 그녀는 에리카예요.   ➡ _____ _____ Erica.
4. 그는 다니엘이에요.   ➡ _____ _____ Daniel.

▶ 강의보기 틀리거나 헷갈리는 문제는 문제 해설 강의로 복습하세요.

◎ 오늘의 Misión 인칭대명사와 ser 동사를 사용해서 자기 이름과 친구, 가족의 이름을 말해 보세요.

국적 말하기

Día 02

Nosotros somos coreanos.

우리는 한국인이에요.

 20 . .  학습 시작

오늘은 국적을 스페인어로 얘기해 봐요. 또한 복수 인칭대명사와 ser 동사의 복수 형태도 함께 살펴볼 거예요.

 전체강의   질문 게시판   MP3

1 인칭대명사 복수 형태   **2** Ser 동사의 복수 형태   **3** Ser 동사의 활용 : 국적 말하기

STEP 1 스페인어 진짜 맛보기

▶ 강의보기   🔊 02-1   💬 말하기 연습

¡Ojo!

오늘 배울 내용을 예문으로 먼저 만나 보세요! 음원을 여러 번 듣고 따라 읽으면서 실력을 쌓아 볼까요?

☑ 반복 학습 체크체크

MP3 듣기 ✓1회 2회 3회

따라 읽기 1회 2회 3회

Nosotros somos coreanos.
[노쏘뜨로스 쏘모스 꼬레아노스]

우리는 한국인이에요.

Vosotros sois de España.
[보쏘뜨로스 쏘이스 데 에스빠냐]

너희는 스페인 출신이야.

Ellos son estadounidenses.
[에요스 쏜 에스따도우니덴쎄스]

그들은 미국인이에요.

Ustedes son chinos.
[우스떼데스 쏜 치노스]

당신들은 중국인들이에요.

✓ 단어

coreano 한국인
estadounidense 미국인
chino 중국인

 스페인/중남미 진짜 여행 떠나기!

스페인어권 나라들, 특히 중남미에 가면 우리를 chino, china라고 부르는 사람들이 많은데요, 어떤 사람들은 이 단어를 중국인이 아닌 '아시아인'이라는 단어로 사용하기도 해요. 이런 경우 너무 기분 나빠 하지 말고 한국인이라고 말해 주세요! 😊

1

STEP 2 스페인어 진짜 알아가기

1. 인칭대명사 복수 형태

▶강의보기　🔊 02-2

스페인어에서 문장의 주어로 사용할 수 있는 인칭대명사의 복수형을 살펴보아요.

1인칭 복수	우리	Nosotros [노쏘뜨로스]
	우리 여자들	Nosotras [노쏘뜨라스] (모두 여성일 경우)
2인칭 복수	너희	Vosotros [보쏘뜨로스]★
	너희 여자들	Vosotras [보쏘뜨라스] (모두 여성일 경우)
3인칭 복수	그들	Ellos [에요스]
	그녀들	Ellas [에야스]
	당신들	Ustedes [우스떼데스]★

잠깐!
'우리' 또는 '너희'에 해당하는 사람들이 모두 여성일 때, 여성 복수 형태인 'nosotras(1인칭)'와 'vosotras(2인칭)'를 사용해요. 남자가 한 명이라도 있다면 남성 복수 형태를 사용해야 해요.

¡Ojo!

✅ **Mini Check**

인칭대명사 단수 형태

나	Yo
너	Tú
그	Él
그녀	Ella
당신	Usted

★ tú의 복수 형태인 vosotros는 친구들 여러 명을 칭할 때 사용해요. 반면 usted의 복수 형태인 ustedes는 상대방이 여러 명인데 예의를 갖춰야 하는 상황에 사용하면 돼요.

2. Ser 동사의 복수 형태

▶강의보기　🔊 02-3

오늘은 Ser 동사의 현재 시제 복수에 해당하는 동사 변형을 익혀 봐요.

문법적 구분	인칭대명사	동사 변형
1인칭 복수	Nosotros/as	somos [쏘모스]
2인칭 복수	Vosotros/as	sois [쏘이스]
3인칭 복수	Ellos/Ellas/Ustedes	son [쏜]

✅ **Mini Check**

ser 동사 단수 형태

Yo	soy
Tú	eres
Él / Ella / Usted	es

3. Ser 동사의 활용 : 국적 말하기

▶강의보기　🔊 02-4

국적도 이름 말할 때와 똑같은 구조로 문장을 만들어요. 국적 형용사를 넣을 수도 있고 국가명을 쓸 수도 있어요. 국가명을 쓸 때는 '~의/출신의'에 해당하는 'de'라는 전치사 사용이 필수예요!

인칭대명사 + Ser 동사 + 국적형용사
인칭대명사 + Ser 동사 + de + 국가명

Yo **soy** coreano. 　　나는 한국인이에요.
[요 쏘이 꼬레아노]

= Yo **soy de** Corea.★ 　나는 한국 출신이에요.
[요 쏘이 데 꼬레아]

★ 국가명의 첫 철자는 항상 대문자로 써요.

잠깐!

❶ 남성 국적 형용사가 o로 끝나면 여성 국적 형용사는 그 자리를 'a'로 바꿔 주고, 자음으로 끝나면 'a'를 더해 주면 돼요.

국가명		국적 형용사	
		남성	여성
한국	Corea [꼬레아]	coreano [꼬레아노]	coreana [꼬레아나]
스페인	España [에스빠냐]	español [에스빠뇰]	española [에스빠뇰라]
중국	China [치나]	chino [치노]	china [치나]
일본	Japón [하뽄]	japonés [하뽀네스]	japonesa [하뽀네싸]
멕시코*	México [메히꼬]	mexicano [메히까노]	mexicana [메히까나]
미국*	Estados Unidos [에스따도스 우니도스]	estadounidense [에스따도우니덴세] (성별 구분 없음)	

Tú eres **español**. 너는 스페인 사람이에요.
[뚜 에레스 에스빠뇰]

= Tú eres de España. 너는 스페인 출신이에요.
[뚜 에레스 데 에스빠냐]

❷ 주어가 복수일 때는 국적 형용사도 뒤에 's'를 더해 복수로 바꿔 줘요. 자음으로 끝나는 단어는 'es'를 더하고요.

Nosotros somos **japoneses**. 우리는 일본인이에요.
[노쏘뜨로스 쏘모스 하뽀네쎄스]

¡Ojo!

★ 스페인어의 'X'는 'ㅆ' 발음이지만, 멕시코와 멕시코인이라는 단어에서는 'ㅎ' 발음이 나요.

★ 미국인은 americano/a라고 말하기도 해요.

★ 복수 형태를 만드는 구체적인 방법은 Día 03에서 자세히 살펴 볼게요.

아래 대화를 들으면서 오늘 배운 내용을 확인해 보세요.

 Erica
Son Ana y Jesús. [쏜 아나 이 헤쑤스]
아나랑 헤수스야.

 Marcos
Ellos son españoles. [에요스 쏜 에스빠뇰레스]
그들은 스페인 사람들이야.

 Erica
No. Ellos son estadounidenses. [노 에요스 쏜 에스따도우니덴쎄스]
아니야. 그들은 미국인이야.

 Marcos
¿Sí? ¡Son de Estados Unidos! [씨 쏜 데 에스따도스 우니도스]
그래? 미국 출신이구나!

 **STEP 4 스페인어 진짜 써먹기**

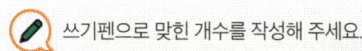 쓰기펜으로 맞힌 개수를 작성해 주세요.

나의 점수 개 / 10개   정답 보기

1 Ser 동사의 현재 시제 복수 변화형을 인칭에 맞게 쓰세요.

Nosotros	1.
Vosotros	2.
Ellos	3.

2 보기와 같이, 그림에 맞게 인칭대명사, 동사, 국적 형용사를 넣어 문장을 완성해 보세요.

보기: Ella **es** **española**.

1. Yo _____ _____ .

2. _____ somos _____ .

3. Ellos _____ _____ .

3 전치사 de를 사용하여 제시된 문장을 스페인어로 바꿔 써 보세요.

1. 너희들은 멕시코인이다. ➡ _____ .
2. 그녀들은 미국인이다. ➡ _____ .
3. 우리는 스페인 사람이다. ➡ _____ .
4. 당신들은 중국인이다. ➡ _____ .

▶ 강의보기 틀리거나 헷갈리는 문제는 문제 해설 강의로 복습하세요.

◎ 오늘의 Misión 여러분이 알고 있는 외국인 친구나 배우, 가수의 국적을 스페인어로 말해 보세요.

 학습 종료

Día 03

직업 말하기

Él es estudiante.
그는 학생이에요.

오늘은 Ser 동사로 다양한 직업을 말하는 방법을 배워 볼게요. 또한 그동안 궁금했던 명사의 성과 수에 대한 이야기도 해 봐요.

1 명사의 성 2 명사의 수 3 Ser 동사의 활용 : 직업 말하기

STEP 1 스페인어 진짜 맛보기

 강의보기   03-1   말하기 연습

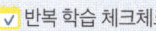 ¡Ojo!

오늘 배울 내용을 예문으로 먼저 만나 보세요! 음원을 여러 번 듣고 따라 읽으면서 실력을 쌓아 볼까요?

✅ 반복 학습 체크체크

MP3 듣기 ✓1회 2회 3회

따라 읽기 1회 2회 3회

Yo soy guía.
[요 쏘이 기아]

난 가이드예요.

Él es estudiante.
[엘 에스 에스뚜디안떼]

그는 학생이에요.

Nosotros somos cocineros.
[노쏘뜨로스 쏘모스 꼬씨네로스]

우리는 요리사예요.

Ellas son profesoras.
[에야스 쏜 쁘로페쏘라스]

그녀들은 선생님이에요.

 단어

cocinero 요리사
profesor 선생님

 스페인/중남미 진짜 여행 떠나기!

명사의 성을 알맞게 쓰는 것은 생각보다 중요해요. 직업 명사의 성을 헷갈려 여자에게 '너 남자 선생님이야?' 혹은 남자에게 '너 여자 선생님이야?'라고 물어보면 상대방의 성 정체성을 의심하는 실례가 될 수 있으니 이번 시간에 명사의 성을 제대로 학습해 봐요!

STEP 2 스페인어 진짜 알아가기

1. 명사의 성
▶강의보기 🔊 03-2

스페인어의 명사는 남성명사와 여성명사로 구분되는 성을 가지고 있어요. 어떻게 구분하는지 알아볼까요?

1) 남성명사 : 단어가 o 혹은 자음으로 끝나면 보통 남성명사예요.

-o	el poll**o** [뽀요] 닭고기	el ques**o** [께쏘] 치즈
-자음	el españo**l** [에스빠뇰] 스페인어	el limó**n** [리몬] 레몬
예외	la flor [플로르] 꽃	la sal [쌀] 소금

2) 여성명사 : 단어가 a 혹은 ción, sión, dad으로 끝나면 보통 여성명사예요.

-a	la cas**a** [까싸] 집	la isl**a** [이슬라] 섬
-sión/ción	la televi**sión** [뗄레비씨온] TV	la habita**ción** [아비따씨온] 방
-dad	la ver**dad** [베르닫] 사실	la ciu**dad** [씨우닫] 도시
예외	el día [디아] 날/하루	el mapa [마빠] 지도

★ 명사는 나중에 성을 헷갈리지 않기 위해 정관사와 같이 필기하고 외우면 좋아요. 정관사는 말하는 사람과 듣는 사람이 모두 알고 있는 특정 대상일 때 명사 앞에 붙이는데요, 남성 단수 정관사는 el, 여성 단수 정관사는 la예요. 더 자세한 관사 이야기는 Día 21~22에서 살펴볼게요. ☺

3) -e : e로 끝나는 단어는 성을 알 수 없어 그 단어의 성까지 같이 외워야 해요.

남성	el café [까페] 커피	el viaje [비아헤] 여행
여성	la llave [야베] 열쇠	la noche [노체] 밤

2. 명사의 수
▶강의보기 🔊 03-3

명사를 복수로 만드는 방법은 세 가지로 나눠져요.

단어의 끝 철자	복수형 만드는 법	예시
모음으로 끝나는 단어	+S	calle [까예] 거리 ➡ call**es** [까예스]
자음으로 끝나는 단어	+ES	pan [빤] 빵 ➡ pan**es** [빠네스]
-Z로 끝나는 단어	(Z 빼고) +CES	luz [루스] 불빛/전구 ➡ lu**ces** [루쎄스]

★ 띨데(tilde)가 들어가 있는 단어들은 복수 형태에서 띨데가 사라지기도 해요. 복수가 되면 강세 규칙에 따라 띨데가 붙어 있던 부분을 세게 읽게 되어 굳이 띨데를 넣어 줄 필요가 없기 때문이죠!
japon**és** ➡ japon**es**es
lim**ón** ➡ lim**on**es

3. Ser 동사의 활용 : 직업 말하기
▶강의보기 🔊 03-4

직업 역시 이름, 국적 말하기와 같은 문장 구조를 사용해요.

[인칭대명사] + [Ser 동사] + [직업]

Yo **soy estudiante**.   나는 **학생**이에요.
[요 쏘이 에스뚜디안떼]

Tú **eres guía**.   너는 **가이드**예요.
[뚜 에레스 기아]

¡Ojo!

❶ o, r로 끝나는 직업 명사는 주어가 여자면 여성형으로 바꿔 줘요. o는 'a'로 바꾸고, r는 뒤에 'a'를 더해 줘요. 하지만 e로 끝나는 직업 명사는 형태를 바꾸지 않아요.

-o	el médico [메디꼬] 남자 의사	la médica [메디까] 여자 의사
예외	el guía [기아] 남자 가이드	la guía [기아] 여자 가이드
-r	el profesor [쁘로페쏘르] 남자 선생님	la profesora [쁘로페쏘라] 여자 선생님
예외	el actor [악또르] 남자 배우	la actriz [악뜨리스] 여자 배우
-e	el cantante [깐딴떼] 남자 가수	la cantante [깐딴떼] 여자 가수
예외	el jefe [헤페] 남자 사장/상사	la jefa [헤파] 여자 사장/상사

Él es **médico**.   그는 의사예요.
[엘 에스 메디꼬]

Ella es **médica**.   그녀는 의사예요.
[에야 에스 메디까]

❷ 주어가 복수일 때는 직업 명사도 복수로 사용해요.

Nosotros somos **cantantes**.   우리는 가수예요.
[노쏘뜨로스 쏘모스 깐딴떼스]

Ellos son **profesores**.   그들은 선생님이에요.
[에요스 쏜 쁘로페쏘레스]

STEP 3 스페인어 진짜 즐기기

아래 대화를 들으면서 오늘 배운 내용을 확인해 보세요.

Marcos: ¡Hola! Soy Marcos. [올라 쏘이 마르꼬스]
안녕! 난 마르코스야.

Sara: ¡Hola! Lucas y yo somos estudiantes. ¿Y, tú?
[올라 루까스 이 요 쏘모스 에스뚜디안떼스 이 뚜]
안녕! 루카스랑 나는 학생이야. 너는?

Marcos: Soy cocinero. [쏘이 꼬씨네로]
나는 요리사야.

Sara: ¡Eres cocinero! ¡Qué guay! [에레스 꼬씨네로 께 구아이]
너는 요리사구나! 멋지다!

 **STEP 4 스페인어 진짜 써먹기**

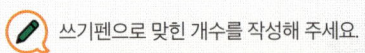 쓰기펜으로 맞힌 개수를 작성해 주세요.

나의 점수   개 / 10개   정답 보기

1 제시된 단어들의 성을 구분하여 빈칸 안에 적어 보세요.

| 보기 | limón | noche | sal | mapa | verdad | café |

| 남성명사 | | 여성명사 | |

2 제시된 단어의 복수 형태를 써 보세요.

1. llave ➡ _____
2. habitación ➡ _____
3. luz ➡ _____

3 제시된 우리말에 해당하는 스페인어 단어를 남성형, 여성형으로 적어 보세요.

	남성형	여성형
1. 의사		
2. 선생님		
3. 배우		

4 제시된 문장을 스페인어로 바꿔 써 보세요.

1. 그녀는 요리사예요. ➡ _____.
2. 우리는 학생이에요. ➡ _____.
3. 그들은 가이드예요. ➡ _____.

▶ 강의보기   틀리거나 헷갈리는 문제는 문제 해설 강의로 복습하세요.

◎ 오늘의 Misión   본인과 가족, 친구들의 직업을 스페인어로 얘기해 보세요.   학습 종료

Día 04 ¿Eres Erica?

이름·국적·직업 묻기

너는 에리카니?

오늘은 우리가 Ser 동사와 함께 공부한 이름, 국적, 직업 말하기를 반대로 물어보는 법을 살펴 볼게요.

1. 이름 묻기 2. 국적 묻기 3. 직업 묻기

STEP 1 스페인어 진짜 맛보기

오늘 배울 내용을 예문으로 먼저 만나 보세요! 음원을 여러 번 듣고 따라 읽으면서 실력을 쌓아 볼까요?

¿Eres Erica? — 너는 에리카니?
[에레스 에리까]

¿De dónde eres? — 너는 어디 출신이야?
[데 돈데 에레스]

¿Él es coreano? — 그는 한국인이에요?
[엘 에스 꼬레아노]

¿Sois profesoras? — 너희(여자들)는 선생님이니?
[쏘이스 쁘로페쏘라스]

¡Ojo!

☑ 반복 학습 체크체크

MP3 듣기 1회 ✓ 2회 3회
따라 읽기 1회 2회 3회

단어
de ~의/출신의
dónde 어디

 스페인/중남미 진짜 여행 떠나기!

스페인어권 나라가 아니어도 해외 여행 중에 스페인어권 현지인을 만날 일이 꽤 있어요. 스페인어를 모국어로 사용하는 인구가 워낙 많으니까요! 영어가 모국어인 인구보다도 많답니다. :) 혹시 여행 중 스페인어가 옆에서 들린다면 자신 있게 물어보세요. '¿De dónde eres?'

STEP 2 스페인어 진짜 알아가기

1. 이름 묻기

▶ 강의보기   🔊 04-2

평서문 앞뒤에 물음표만 붙이면 바로 의문문이 돼요. 소리 내어 읽을 때는 문장 끝 부분을 올려 읽거나 마지막 단어의 강세를 평서문 보다 높여 읽어요. 또는 영어처럼 주어와 동사의 위치를 바꾸기도 해요. 따라서 Ser 동사로 '(주어)는 (이름)입니까?'라는 표현을 말할 때는 아래와 같은 문장 구조를 사용해요.

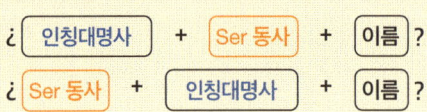

¿(Tú) eres Erica?   너 에리카니?
[(뚜) 에레스 에리까]

= ¿Eres (tú) Erica?
[에레스 (뚜) 에리까]

잠깐!
1, 2인칭 문장은 주어를 생략하고 얘기하는 경우가 많다는 걸 우리 알고 있죠? 의문문도 마찬가지예요!
¿Eres Erica? [에레스 에리까]   너 에리카니?

주어가 복수일 때도 같아요. 평서문을 올려 읽거나 주어와 동사의 위치를 바꿔 줘요.

¿Sois Lucas y Marcos?   너희 루카스와 마르코스니?
[쏘이스 루까스 이 마르꼬스]

¿Ellas son Erica y Sara?   그녀들은 에리카와 사라예요?
[에야스 쏜 에리까 이 싸라]

2. 국적 묻기

▶ 강의보기   🔊 04-3

이름 묻기와 같은 구조로 질문해요.

¿(Tú) eres coreano/a?★   너 한국인이니?
[(뚜) 에레스 꼬레아노/나]

= ¿Eres (tú) coreano/a?
[에레스 (뚜) 꼬레아노/나]

¿Eres de Corea?   너 한국 출신이니?
[에레스 데 꼬레아]

📝 **¡Ojo!**

 Mini Check

상대방의 이름은 ¿Cómo te llamas? 라고 물어본다는 것을 배웠지요!

★ 국적 형용사를 사용할 때는 상대방의 성에 맞게 바꿔 써 줘요.

혹은 'dónde(어디)'라는 의문사를 사용해서 '넌 어디 출신이야?'라고 물어볼 수도 있어요.
이 경우는 의문사 앞에 전치사 'de(~의/출신의)'를 꼭 함께 써 줘요.

 ¡Ojo!

¿De dónde eres (tú)?　　　　너 어디 출신이니?
[데 돈데 에레스 (뚜)]

3. 직업 묻기

▶강의보기　🔊 04-4

이번에는 직업 명사를 넣어 질문해 봐요.

¿(Tú) eres estudiante?　　　　너 학생이니?
[(뚜) 에레스 에스뚜디안떼]

= ¿Eres (tú) estudiante?
[에레스 (뚜) 에스뚜디안떼]

잠깐!

회화에서는 평서문 뒤에 '¿no? ¿verdad?'을 넣어, '~이지?/~맞지?' 형태의 질문을 하기도 해요.

Eres coreano, ¿no? [에레스 꼬레아노 노]　　　　너 한국인이지?
Erica es estudiante, ¿verdad? [에리까 에스 에스뚜디안떼 베르닫]　　에리카 학생 맞지?

 **STEP 3 스페인어 진짜 즐기기**　　▶강의보기　🔊 04-5　💬말하기 연습

아래 대화를 들으면서 오늘 배운 내용을 확인해 보세요.

 Sara
　　Hola, buenas tardes. ¿Eres Marcos?
　　[올라 부에나스 따르데스 에레스 마르꼬스]
　　안녕, 좋은 오후야. 너 마르코스니?

 Marcos
　　Sí, soy Marcos. ¿Eres Sara? [씨 쏘이 마르꼬스 에레스 싸라]
　　응, 나 마르코스야. 너 사라니?

 Sara
　　Sí. ¿Eres coreano? [씨 에레스 꼬레아노]
　　응. 너 한국인이니?

 Marcos
　　No. Soy de México. ¿Y, tú? Eres de Corea, ¿no?
　　[노 쏘이 데 메히꼬 이 뚜 에레스 데 꼬레아 노]
　　아니. 나 멕시코 출신이야. 너는? 너는 한국 출신이지?

 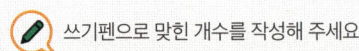

1 제시된 우리말을 보고 빈칸에 알맞은 단어를 채워 보세요.

1. 너 한국인이니? ➡ ¿_____ coreano?
2. 너 한국 출신이니? ➡ ¿_____ ____ Corea?
3. 그녀는 중국인이에요? ➡ ¿Ella ____ _____?

2 제시된 질문에 어울리는 답변을 짝지어 보세요.

1. ¿Eres de Corea?   •   • a. Sí, somos coreanos.
2. ¿De dónde eres?   •   • b. Sí, soy coreano.
3. ¿Sois coreanos?   •   • c. Soy de Corea.
4. ¿Ellos son de Corea?   •   • d. Sí, son coreanos.

3 다음 질문에 대한 답변을 긍정문으로 써 보세요.

1. ¿Eres Ana?
➡ Sí,_____.

2. ¿Alberto es médico?
➡ Sí,_____.

3. ¿Ustedes son españoles?
➡ Sí,_____.

▶ 강의보기 틀리거나 헷갈리는 문제는 문제 해설 강의로 복습하세요.

◎ 오늘의 Misión 스페인어권 사람과 만난다면 오늘 배운 질문들을 하게 될 거예요. 상대방의 이름, 국적, 직업을 물어보는 표현을 미리 연습해 보세요!

Día 05

이름·국적·직업 답하기

Lucas no es actor.
루카스는 배우가 아니에요.

이름, 국적 그리고 직업을 물어보는 것까지 학습했어요. 오늘은 지난 시간 살펴본 질문들에 부정문으로 대답하는 방법을 배워 볼게요.

1 부정문으로 대답하기 **2** 부정 의문문에 대답하기 **3** Claro que ~ 표현으로 대답하기

STEP 1 스페인어 진짜 맛보기

오늘 배울 내용을 예문으로 먼저 만나 보세요! 음원을 여러 번 듣고 따라 읽으면서 실력을 쌓아 볼까요?

No soy Sara.
[노 쏘이 싸라]

난 사라가 아니에요.

No somos españolas.
[노 쏘모스 에스빠뇰라스]

우리(여자들)는 스페인 사람이 아니에요.

¿Lucas no es actor?
[루까스 노 에스 악또르]

루카스는 배우가 아니에요?

¡Claro que no!
[끌라로 께 노]

당연히 아니지!

¡Ojo!

☑ 반복 학습 체크체크

MP3 듣기 ✓ 2회 3회

따라 읽기 1회 2회 3회

단어
claro 당연히

 스페인/중남미 진짜 여행 떠나기!

한류의 영향이 스페인과 중남미에서도 대단하답니다. 한국인이라고 말하면 같이 사진을 찍자고 하기도 하는데요, 여러분의 출중한 외모를 보고 배우나 가수냐고 물어볼 수도 있어요! 그땐 아니라고 해 주세요~!

STEP 2 스페인어 진짜 알아가기

1. 부정문으로 대답하기
▶ 강의보기 🔊 05-2

부정문은 평서문 동사 앞에 'no'만 넣어 주면 돼요. 얼마나 쉬운지 볼까요!

[인칭대명사] + no + [Ser 동사] + [이름·직업·국적]

(Yo) no soy Sara.
[(요) 노 쏘이 싸라]
나는 사라가 아니에요.

(Yo) no soy estudiante.
[(요) 노 쏘이 에스뚜디안떼]
나는 학생이 아니에요.

(Yo) no soy coreano.
[(요) 노 쏘이 꼬레아노]
나는 한국인이 아니에요.

대답의 '아니야.' 역시 'No'라는 단어를 사용해요. 그럼 지금까지 배운 질문에 부정문으로 대답하는 대화를 살펴 볼게요.

¿Eres Lucas?
[에레스 루까스]
너는 루카스니?

➡ Sí, soy Lucas.
[씨 쏘이 루까스]
➡ 응, 나는 루카스야.

➡ No, no soy Lucas.
[노 노 쏘이 루까스]
➡ 아니, 나는 루카스가 아니야.

¿Sois japoneses?
[쏘이스 하뽀네쎄스]
너희 일본인이니?

➡ Sí, somos japoneses.
[씨 쏘모스 하뽀네쎄스]
➡ 응, 우리 일본인이야.

➡ No, no somos japoneses.
[노 노 쏘모스 하뽀네쎄스]
➡ 아니, 우리 일본인 아니야.

2. 부정 의문문에 대답하기
▶ 강의보기 🔊 05-3

'너 한국인 아니니?'처럼 질문에 'no'가 들어가 있으면 어떻게 대답해야 할까요? 질문에 'no'가 있는지 없는지에 관계없이 본인이 한국인이면 Sí, 아니면 No라고 대답해요. 즉, '너 한국인이니?'라는 질문과 똑같이 대답하면 돼요!

¿No eres coreano?
[노 에레스 꼬레아노]
너 한국인 아니니?

➡ Sí, soy coreano.
[씨 쏘이 꼬레아노]
➡ 응, 나 한국인이야.

➡ No, no soy coreano.
[노 노 쏘이 꼬레아노]
➡ 아니, 나 한국인 아니야.

¿Ustedes no son cocineros? 당신들 요리사 아니에요?
[우스떼데스 노 쏜 꼬씨네로스]

➡ **Sí**, somos cocineros. ➡ 네, 우리 요리사예요.
[씨 쏘모스 꼬씨네로스]

➡ **No**, no somos cocineros. ➡ 아니요, 우리 요리사 아니에요.
[노 노 쏘모스 꼬씨네로스]

 ¡Ojo!

3. Claro que ~ 표현으로 대답하기

🎬 강의보기 🔊 05-4

Sí, no 말고도 '당연히 그렇지!' 혹은 '당연히 아니지!'라고 대답할 수도 있어요. 누군가가 당연한 걸 물어보면 이렇게 대답하세요.

¡Claro que sí! 당연히 그렇지!
[끌라로 께 씨]

¡Claro que no! 당연히 아니지!
[끌라로 께 노]

 **STEP 3 스페인어 진짜 즐기기**

🎬 강의보기 🔊 05-5 💬 말하기 연습

아래 대화를 들으면서 오늘 배운 내용을 확인해 보세요.

 Erica

Mucho gusto. Eres chino, ¿no? [무초 구스또 에레스 치노 노]
반가워. 너 중국인이지?

 Lucas

No, no soy chino. Soy de Corea. [노 노 쏘이 치노 쏘이 데 꼬레아]
아니, 나 중국인 아니야. 나 한국 출신이야.

 Erica

Perdón. ¿No eres José? [뻬르돈 노 에레스 호쎄]
미안해. 너 호세 아니야?

 Lucas

No, no soy José. Yo soy Lucas. [노 노 쏘이 호쎄 요 쏘이 루까스]
아니, 나 호세 아니야. 나 루카스야.

 **STEP 4 스페인어 진짜 써먹기**

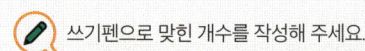 쓰기펜으로 맞힌 개수를 작성해 주세요.

나의 점수　　개 / 10개　 정답 보기

1 다음 질문에 대한 답변을 부정문으로 써 보세요.

1. ¿Eres guía?　　➡ No, _____.
2. ¿Sois mexicanos?　➡ No, _____.
3. ¿Ellas son cantantes?　➡ No, _____.
4. ¿Usted es actor?　➡ No, _____.

2 빈칸에 들어갈 어휘가 순서대로 나열되어 있는 것을 고르세요.

| 보기 | Sara y _____ _____ _____ estudiantes. |

① yo, no, somos　　② yo, somos, no　　③ no, yo, somos

3 제시된 빈칸에 알맞은 단어를 채워, 질문에 대한 답변을 완성하세요.

1. ¿No eres de España?　　➡ _____, soy español.
2. ¿Erica no es camarera?　➡ _____, es camarera.
3. ¿Ustedes no son Juan y Eva?　➡ _____. Somos Sara y Marcos.

4 MP3를 듣고 질문을 받아 적은 후, 국적 형용사를 활용해 부정문으로 대답하세요.　🔊 05-6

1. 질문　¿ _____ ?
2. 대답　_____.

▶ 강의보기　틀리거나 헷갈리는 문제는 문제 해설 강의로 복습하세요.

◎ 오늘의 Misión　부정 의문문에 대답하는 법이 헷갈리시죠? 하지만 잘못 대답하면 반대의 정보를 전달하게 되니 연습이 필요해요! 연습문제 3번의 대화들을 세 번만 더 읽어 보세요.

 학습 종료

Día 06

Día 01~05 복습하기

Práctica ①
연습문제

  연습문제로 실력을 체크해 봐요!

나의 점수   개 / 30개

1 다음 그림을 보고 알맞은 인칭대명사를 고르세요.

1.    ① yo   ② ellos   ③ nosotros

2.    ① ustedes   ② tú   ③ ella

3.    ① ellos   ② yo   ③ él

4.    ① ellas   ② ellos   ③ ustedes

5.    ① nosotras   ② nosotros   ③ ellos

1

❷ 각 인칭 대명사에 맞는 ser 동사 변형을 적으세요.

Yo	1.
Tú	2.
Él/Ella/Usted	3.
Nosotros/as	4.
Vosotros/as	5.
Ellos/Ellas/Ustedes	6.

❸ 제시된 단어 중, 남성명사 다섯 개를 골라 적어 보세요.

보기: pollo | calle | día | ciudad | viaje | sal | pan | televisión | café | gente

1. _____
2. _____
3. _____
4. _____
5. _____

❹ 제시된 단어의 복수 형태를 써 보세요.

1. noche ➡ _____
2. pan ➡ _____
3. japonés ➡ _____
4. luz ➡ _____

5 제시된 질문에 어울리는 답변을 짝지어 보세요.

1. ¿Eres María?   •   • a. No, es española.

2. ¿María es americana?   •   • b. Sí, es española.

3. ¿Ella es de España?   •   • c. No, es estudiante.

4. ¿Ella no es profesora?   •   • d. Sí, soy María.

6 제시된 문장을 스페인어로 바꿔 써 보세요.

1. 너 한국인이야? ➡ ¿_____?

2. 당신은 한국인이에요? ➡ ¿_____?

3. 당신들은 한국인이에요? ➡ ¿_____?

4. 너희 한국인이야? ➡ ¿_____?

7 다음 빈칸에 들어갈 수 있는 단어를 고르세요.

1. Ellas son mexicanas, ¿_____?

   ① tú   ② yo   ③ no

2. ¿_____ dónde eres tú?

   ① Yo   ② De   ③ Cómo

Diálogo 음원을 듣고 대화를 완성한 다음, 소리 내어 연습해 보세요.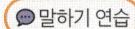

Diana: ¡Hola, Xavi! ¿_____ tu familia?

Xavi: Sí, es mi familia. _____ mi mamá, mi papá y yo.

Diana: ¡_____ muy guapos!

Xavi: Gracias. Yo _____ pero mis papás _____ _____.

Diana: ¿Verdad? ¿_____ _____ _____?

Xavi: Mi mamá _____ México y mi papá _____.

Diana: ¡Guau! ¡Y tú, de España!

Xavi: Sí. Y _____.

Diana: ¡Madre mía! Mis padres _____.

Xavi: ¡Guau! ¡_____ artistas!

▶강의보기 틀리거나 헷갈리는 문제는 문제 해설 강의로 복습하세요.

◎오늘의 Misión Día 01~05에서 배운 내용을 활용해서 여러분에 대한 자기 소개를 해 보세요. (3문장 이상)

Día 07

외모 표현하기

Él es alto.
그는 키가 커요.

20 . . 학습 시작

오늘은 외모를 묘사하는 형용사의 성과 수를 구분하는 방법을 배워볼 거예요. 본격적인 학습에 앞서 오늘 배울 내용을 확인해 보세요!

 전체강의   질문 게시판   MP3

1. Ser 동사의 활용 : 외모 말하기
2. 외모를 나타내는 형용사

STEP 1 스페인어 진짜 맛보기

 강의보기 07-1 말하기 연습

오늘 배울 내용을 예문으로 먼저 만나 보세요! 음원을 여러 번 듣고 따라 읽으면서 실력을 쌓아 볼까요?

Soy linda.
[쏘이 린다]
나는 예뻐요.

Marcos es guapo.
[마르꼬스 에스 구아뽀]
마르코스는 잘생겼어요.

Sois morenas.★
[쏘이스 모레나스]
너희 여자들은 까무잡잡해.

Erica y Sara son bajas.
[에리까 이 싸라 쏜 바하스]
에리카와 사라는 키가 작아요.

¡Ojo!

☑ 반복 학습 체크체크

MP3 듣기 ✓ 2회 3회
따라 읽기 1회 2회 3회

단어

lindo 예쁜, 귀여운
guapo 잘생긴
bajo 키가 작은
moreno 피부가 까무잡잡한 (혹은 머리카락이 짙은 색인)

★ 스페인어권 나라들은 인종 구성이 다양해요. 백인, 흑인, 원주민은 물론 혈통이 섞인 사람들도 많죠. 그중 흑인도 아니고 백인도 아닌, 까무잡잡한 피부를 가진 사람을 moreno/a라고 부른답니다.

 스페인/중남미 진짜 여행 떠나기!

우리보다 외모 칭찬에 후한 스페인어권 나라 현지인들은 처음 본 외국인들에게도 '¡Bonita!, ¡Guapo!'라고 칭찬해 주기도 해요. 이런 이야기를 들으면 당황하지 말고 ¡Gracias!라고 답해 주세요. :)

STEP 2 스페인어 진짜 알아가기

1. Ser 동사의 활용 : 외모 말하기

▶강의보기 🔊 07-2

외모 역시 국적, 직업을 말할 때와 똑같이 이야기해요. 즉, 아래와 같은 어순으로 '(주어)는 (형용사)입니다.'라고 말하면 돼요.

| 인칭대명사 | + | Ser 동사 | + | 형용사 |

Yo **soy** lindo.   나는 잘생겼어요.
[요 쏘이 린도]

Tú **eres** bajo.   너는 키가 작아요.
[뚜 에레스 바호]

Erica **es** guapa.   에리카는 예뻐요.
[에리까 에스 구아빠]

잠깐!

형용사는 꾸며 주는 대상의 성과 수에 맞게 형태를 바꿔 줘요. -o로 끝나는 형용사의 경우 대상이 여성형이면 끝을 'a'로, 복수면 's'를 더해 줍니다.

의미	남성단수	여성단수	남성복수	여성복수
예쁜, 귀여운	lindo [린도]	linda [린다]	lindos [린도스]	lindas [린다스]
키가 작은	bajo [바호]	baja [바하]	bajos [바호스]	bajas [바하스]
예쁜, 잘생긴	guapo [구아뽀]	guapa [구아빠]	guapos [구아뽀스]	guapas [구아빠스]

형용사마다 네 가지 변형 형태를 매번 다 적을 수는 없으니, 앞으로는 남성 단수 형태로 학습하고 필요에 따라 성수를 바꿔 사용할게요!

2. 외모를 나타내는 형용사

▶강의보기 🔊 07-3

외모를 나타낼 수 있는 다양한 형용사를 살펴볼까요?

키가 큰	alto [알또]	키가 작은	bajo [바호]
예쁜, 귀여운, 잘생긴	lindo [린도]	못생긴	feo [페오]
	bonito [보니또]		
	guapo [구아뽀]		
뚱뚱한	gordo [고르도]	날씬한	delgado [델가도]
			flaco [플라꼬]
금발의	rubio [루비오]	까무잡잡한	moreno [모레노]

¡Ojo!

★ lindo, bonito, guapo 모두 예쁘고 잘생겼다는 뜻을 지니고 있지만, lindo와 bonito는 '귀여운'의 의미로도 사용되고 사람뿐만 아니라 사물에도 쓸 수 있어요. 또한 성인 남자에게는 bonito보다는 guapo, lindo를 더 많이 쓴답니다.

Soy alto.
[쏘이 알또]

Somos bajos.
[쏘모스 바호스]

Sois delgados.
[쏘이스 델가도스]

Ustedes **son** rubias.
[우스떼데스 쏜 루비아스]

나는 키가 커요.

우리는 키가 작아요.

너희들은 날씬해요.

당신 여자들은 금발이에요.

 **¡Ojo!**

 **STEP 3** 스페인어 진짜 즐기기  강의보기 07-4  말하기 연습

아래 대화를 들으면서 오늘 배운 내용을 확인해 보세요.

 단어

pero 그러나, 하지만
tranquilo 진정해, 걱정 마

 Lucas

Marcos y yo somos guapos. [마르꼬스 이 요 쏘모스 구아뽀스]
마르코스와 나는 잘 생겼어.

No. Marcos es guapo pero tú no eres guapo.
[노 마르꼬스 에스 구아뽀 뻬로 뚜 노 에레스 구아뽀]
아니야. 마르코스는 잘생겼지만 너는 잘생기지 않았어.

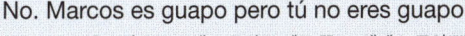 Sara

 Lucas

¿Yo no soy guapo? [요 노 쏘이 구아뽀]
나 잘생기지 않았어?

No. Pero, tranquilo. No eres feo. [노 뻬로 뜨랑낄로 노 에레스 페오]
아니야. 하지만 걱정 마. 너 못생기진 않았어.

 Sara

 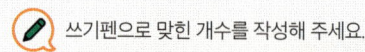

STEP 4 스페인어 진짜 써먹기

1 제시된 우리말에 해당하는 스페인어 단어를 남성단수형, 여성단수형으로 적어 보세요.

	남성단수형	여성단수형
1. 까무잡잡한		
2. 못생긴		
3. 키 작은		
4. 날씬한		

2 보기와 같이, 제시된 단어와 Ser 동사를 이용하여 주어에 맞는 문장을 완성하세요.

보기   Yo ___soy___ ___bonito___. (bonito)

1. Ella _____. (alto)
2. Nosotras _____. (flaco)
3. Ellos _____. (lindo)

3 다음 질문에 대한 답변을 스페인어로 써 보세요.

1. ¿Eres alto? ➡ Sí, _____.
2. ¿Marcos es lindo? ➡ No, _____.
3. ¿Sois gordas? ➡ Sí, _____.

▶ 강의보기   틀리거나 헷갈리는 문제는 문제 해설 강의로 복습하세요.

◎ 오늘의 Misión   오늘 배운 형용사로 여러분의 외모를 이야기해 보세요!

성격 표현하기

Día 08

Erica es amable.

에리카는 친절해요.

20 . .

Ser 동사로 사람의 외모뿐만 아니라 성격도 얘기할 수 있어요. 오늘은 성격 관련 형용사들을 배워 봐요!

1 Ser 동사의 활용 : 성격 말하기   2 성격을 나타내는 형용사

STEP 1 스페인어 진짜 맛보기

 강의보기   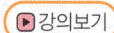 08-1   말하기 연습

¡Ojo!

☑ 반복 학습 체크체크

MP3 듣기 1회 ✓ 2회 3회

따라 읽기 1회 2회 3회

오늘 배울 내용을 예문으로 먼저 만나 보세요! 음원을 여러 번 듣고 따라 읽으면서 실력을 쌓아 볼까요?

Soy amable.
[쏘이 아마블레]

나는 친절해요.

¿Eres inteligente?
[에레스 인뗄리헨떼]

너는 똑똑하니?

¡Sois malos!
[쏘이스 말로스]

너희들은 나빠!

Ustedes son divertidos.
[우스떼데스 쏜 디베르띠도스]

당신들은 재미있어요.

단어

amable 친절한
inteligente 똑똑한
malo 나쁜
divertido 재밌는

 스페인/중남미 진짜 여행 떠나기!

¡Gracias, muy amable! 누군가 날 위해 문을 잡아 주거나, 무언가 주워 주는 등 가벼운 친절을 베풀 때 하는 인사 표현이에요. '감사해요! 친절하셔라!' 같은 말이죠. 여러분도 통째로 읽고 외워 보세요!

STEP 2 스페인어 진짜 알아가기

1. Ser 동사의 활용 : 성격 말하기

▶강의보기　🔊 08-2

인칭대명사 + Ser 동사 + 형용사

Yo **soy** amable.　　　　　　나는 친절해요.
[요 쏘이 아마블레]

Tú **eres** inteligente.　　　　너는 똑똑해요.
[뚜 에레스 인뗄리헨떼]

Lucas **es** malo.　　　　　　루카스는 나빠요.
[루까스 에스 말로]

2. 성격을 나타내는 형용사

▶강의보기　🔊 08-3

성격을 나타낼 수 있는 다양한 형용사를 살펴볼까요?

착한	bueno [부에노]	나쁜	malo [말로]
호감형인	simpático [씸빠띠꼬]★	인색한	tacaño [따까뇨]
똑똑한	inteligente [인뗄리헨떼]	바보 같은	tonto [똔또]
재미있는, 유쾌한	divertido [디베르띠도]	차분한	tranquilo [뜨랑낄로]★
사교적인	sociable [쏘씨아블레]	내성적인	tímido [띠미도]
고집 쎈	cabezón [까베쏜]	차가운	frío [프리오]

Somos divertidos.　　　　우리는 유쾌해요.
[쏘모스 디베르띠도스]

Sois tacañas.　　　　　　너희 여자들은 인색해.
[쏘이스 따까냐스]

Ellos **son** sociables.　　　그들은 사교적이에요.
[에요스 쏜 쏘씨아블레스]

> **잠깐!**
>
> ❶ Día 07에서 꾸며 주는 대상의 성과 수에 맞게 -o로 끝나는 형용사의 형태를 바꿔 줬던 것 기억하나요? 하지만 -e로 끝나는 형용사는 명사의 성별을 구분하지 않는 중성 형용사이기 때문에 여성명사를 꾸며줄 때도 형태가 달라지지 않아요. 대신 복수형이 되면 -e 뒤에 's'를 붙여 준답니다.
>
> Erica es amable. [에리까 에스 아마블레]　　에리카는 친절해요.
> ➡ Erica es amabla. (X)
>
> Ellas son inteligentes. [에야스 쏜 인뗄리헨떼스]　그녀들은 똑똑해요.
> ➡ Ellas son inteligentas. (X)

¡Ojo!

★ 스페인에서는 성격 좋고 호감형인 사람에게 'simpático' 대신에 'majo'라는 단어도 사용해요.
- ¡Eres majo!
  너 좋은 사람이다!

★ Día 07에서 'tranquilo'를 '진정해!, 걱정 마'라는 의미로 살펴봤었죠. 사람을 꾸며 주는 형용사로 사용할 때는 '차분한'이라는 뜻이 된답니다.

❷ 자음 -n으로 끝나는 형용사는 꾸며 주는 대상이 여성형일 때 뒤에 'a'를 더해 줘요. 그리고 복수형이 되면 'es/as'를 더해 준답니다. 그리고 만약 띨데(tilde)가 있는 단어라면 복수 형태가 되었을 때 띨데가 사라져요!

Ella es cabezona. 그녀는 고집이 쎄요.
[에야 에스 까베쏘나]

 ¡Ojo!

지금까지 배운 형용사의 성수 변화 기본 형태를 다시 한번 정리해 볼게요.

		남성단수		여성단수		남성복수		여성복수
-o	-o	lindo [린도]	-a	linda [린다]	-os	lindos [린도스]	-as	lindas [린다스]
-e	-e	amable [아마블레]	-e	amable [아마블레]	-es	amables [아마블레스]	-es	amables [아마블레스]
-n	-n	cabezón [까베쏜]	-na	cabezona [까베쏘나]	-es	cabezones [까베쏘네스]	-as	cabezonas [까베쏘나스]

★ 성격을 이야기할 때 MBTI로 많이 말하죠? MBTI의 각 성격 지표들을 스페인어로는 어떻게 말하는지 재미로 알아볼까요?

E	extroversión 외향형
I	introversión 내향형
S	sensación 감각형
N	intuición 직관형
T	pensamiento 사고형
F	sentimiento 감정형
J	juicio 판단형
P	percepción 인식형

아래 대화를 들으면서 오늘 배운 내용을 확인해 보세요.

📘 단어

muy 매우
de verdad 진짜로
un poco 약간
claro 당연하지!
tu 너의

 Erica

Sara es muy inteligente. [싸라 에스 무이 인뗄리헨떼]
사라는 매우 똑똑해.

¿De verdad? Pero es un poco fría.
[데 베르닫? 뻬로 에스 운 뽀꼬 프리아]
진짜로? 하지만 약간 차가워. Marcos

 Erica
No. Es sociable y maja. [노 에스 쏘씨아블레 이 마하]
아니야. 사교적이고 좋은 사람이야.

¡Claro! Ella es tu amiga. [끌라로 에야 에스 뚜 아미가]
당연하지! 그녀는 네 친구니까. Marcos

STEP 4 스페인어 진짜 써먹기

쓰기펜으로 맞힌 개수를 작성해 주세요.

나의 점수   개 / 10개   정답 보기

1 다음 빈칸에 공통으로 들어갈 수 있는 알파벳을 고르세요.

보기   sociabl ☐ | amabl ☐ | inteligent ☐

① a   ② o   ③ e

2 제시된 형용사의 남성 복수 형태를 써 보세요.

1. bueno ➡ _____

2. tacaño ➡ _____

3. cabezón ➡ _____

3 MP3에서 나오는 단어를 듣고 스페인어로 받아 적어 보세요. 🔊 08-5

1. _____
2. _____
3. _____

4 제시된 문장을 스페인어로 바꿔 써 보세요.

1. 나는 차분해요. ➡ _____.

2. 우리는 내성적이에요. ➡ _____.

3. 그녀들은 유쾌해요. ➡ _____.

▶ 강의보기   틀리거나 헷갈리는 문제는 문제 해설 강의로 복습하세요.

◎ 오늘의 Misión   여러분은 어떤 사람인가요? 스페인어로 여러분의 성격을 얘기해 보세요.

Día 09

현재 기분 표현하기

Estoy alegre.
나는 기뻐요.

오늘은 '~이다.', '~있다.'를 뜻하는 estar 동사의 단수 변형을 살펴보고, 기분을 나타내는 형용사까지 학습해 볼 거예요. 본격적인 학습에 앞서 오늘 배울 내용을 확인해 보세요!

1 Estar 동사의 단수 형태　**2** Estar 동사의 활용 : 기분 말하기　**3** 기분을 나타내는 형용사

STEP 1 스페인어 진짜 맛보기

오늘 배울 내용을 예문으로 먼저 만나 보세요! 음원을 여러 번 듣고 따라 읽으면서 실력을 쌓아 볼까요?

¿Cómo estás?★
[꼬모 에스따스]
너는 기분이 어때?

Jesús está alegre.
[헤쑤스 에스따 알레그레]
헤수스는 기뻐요.

Estoy enamorado de ti.★
[에스또이 에나모라도 데 띠]
나는 너에게 사랑에 빠졌어.

¿Estáis contentos?
[에스따이스 꼰뗀또스]
너희들은 만족하니?

¡Ojo!

☑ 반복 학습 체크체크

| MP3 듣기 | ✓ | 2회 | 3회 |
| 따라 읽기 | 1회 | 2회 | 3회 |

단어
alegre 기쁜
enamorado de ~에게 사랑에 빠진
ti 너
contento 만족한

★ '¿Cómo estás?'는 안부뿐만 아니라 기분이나 상태를 물어볼 때도 사용해요. '너 기분/상태가 어때?'라는 뜻으로요!

★ 인칭대명사 tú(너)가 'de' 같은 전치사 뒤에 오면, 'ti'라고 바꿔 써 줘요.

스페인/중남미 진짜 여행 떠나기!

¡Feliz Navidad! 어디선가 들어 본 것 같지 않나요? '행복한 크리스마스'라는 뜻으로 성탄절 인사이기도 하고 노래 가사이기도 하죠! 크리스마스 시즌에 스페인어권 나라에 여행을 간다면 만나는 사람들에게 인사해 주세요. ¡Feliz Navidad!

STEP 2 스페인어 진짜 알아가기

1. Estar 동사의 단수 형태   ▶강의보기 🔊 09-2

Estar 동사는 '~이다'를 의미하는 동사로, 기분·상태·위치와 같이 변하는 것을 나타낼 때 사용해요. 오늘은 Estar 동사의 현재 시제 단수에 해당하는 동사 변형을 먼저 익혀 봐요!

문법적 구분	인칭대명사	동사 변형
1인칭 단수	Yo	estoy [에스또이]
2인칭 단수	Tú	estás [에스따스]
3인칭 단수	Él/Ella/Usted	está [에스따]

2. Estar 동사의 활용 : 기분 말하기   ▶강의보기 🔊 09-3

Estar 동사 역시 ser 동사와 같은 어순으로 사용해요. '(주어)는 (기분형용사)입니다.'와 같이 기분을 나타내는 문장을 만들고 싶을 때는 아래처럼 써 주면 됩니다.

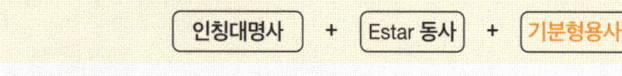

Yo **estoy** alegre. 나는 기뻐요.
[요 에스또이 알레그레]

Tú **estás** triste. 너는 슬퍼.
[뚜 에스따스 뜨리스떼]

Él **está** enamorado de ti. 그는 너에게 사랑에 빠졌어.
[엘 에스따 에나모라도 데 띠]

잠깐!
'~출신의'라는 의미로 국적을 나타낼 때 사용했던 전치사 'de'가 또 나왔네요! '~에게 사랑에 빠진'이라는 표현에서도 'de'를 사용한답니다. 이 표현에서 'de'는 '~에게'를 의미해요. 누구에게 혹은 무엇에게 사랑에 빠졌는지를 'de' 뒤에 넣어 주면 돼요.

Yo estoy enamorado **de** España.   나는 스페인에 사랑에 빠졌어요.
[요 에스또이 에나모라도 데 에스빠냐]

3. 기분을 나타내는 형용사   ▶강의보기 🔊 09-4

기분을 나타낼 수 있는 다양한 형용사를 살펴볼까요?

¡Ojo!

✅ 단어

triste 슬픈

★ -z로 끝나는 feliz도 중성 형용사여서, 여성명사를 꾸며 줄 때 변형 없이 그대로 사용해요.
- Erica está feliz.
  에리카는 행복해요.

	화난	enfadado [엔파다도]
	슬픈	triste [뜨리스떼]
	기대하는, 신나는	emocionado [에모씨오나도]
	지루한, 심심한	aburrido [아부리도]

¡Ojo!

¿**Estás** emocionado?
[에스따스 에모씨오나도]

너 신나니?

Sí, **estoy** emocionado.
[씨 에스또이 에모씨오나도]

응, 나는 신나.

¿Sara **está** contenta?
[싸라 에스따 꼰뗀따]

사라는 기쁜가요?

No, **está** enfadada.
[노 에스따 엔파다다]

아니요, 화났어요.

 **STEP 3** 스페인어 진짜 즐기기   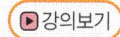 강의보기   09-5    말하기 연습

아래 대화를 들으면서 오늘 배운 내용을 확인해 보세요.

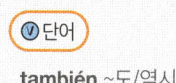
también ~도/역시

 Sara
¡Hola, Marcos! ¡Feliz cumpleaños!
[올라 마르꼬스 펠리스 꿈쁠레아뇨스]
안녕, 마르코스! 생일 축하해!

Gracias. Estoy feliz. [그라씨아스 에스또이 펠리스] Marcos
고마워. 나는 행복해.

 Sara
¡Qué bien! Yo también estoy contenta.
[께 비엔 요 땀비엔 에스또이 꼰뗀따]
잘됐다. 나도 기뻐.

¡Genial! ¡Salud! [헤니알 쌀룬] Marcos
좋다! 건배!

3

# STEP 4 스페인어 진짜 써먹기

 쓰기펜으로 맞힌 개수를 작성해 주세요.

나의 점수   개 / 10개   정답 보기

1 Estar 동사의 현재 시제 단수 변화형을 인칭에 맞게 쓰세요.

Yo	1.
Tú	2.
Él/Ella/Usted	3.

2 제시된 이미지에 어울리는 단어를 짝지어 보세요.

1.    2.    3.    4.

a. triste   b. emocionado   c. enamorado   d. enfadado

3 제시된 문장을 스페인어로 바꿔 써 보세요.

1. 나는 행복해요. ➡ _____.

2. 그는 기뻐요. ➡ _____.

3. 당신은 지루해요? ➡ ¿_____?

▶ 강의보기 틀리거나 헷갈리는 문제는 문제 해설 강의로 복습하세요.

◎ 오늘의 Misión 여러분의 오늘 기분은 어떤가요? 스페인어로 얘기해 보세요!

Día 10

현재 상태 표현하기

Estamos muy cansados.
우리는 매우 피곤해요.

오늘은 estar 동사의 복수 형태를 살펴보고, 상태를 나타내는 형용사를 배워 볼 거예요. 본격적인 학습에 앞서 오늘 배울 내용을 확인해 보세요!

1. Estar 동사의 복수 형태
2. Estar 동사의 활용 : 상태 말하기
3. 상태를 나타내는 형용사와 부사

STEP 1 스페인어 진짜 맛보기

🎬 강의보기   🔊 10-1   💬 말하기 연습

¡Ojo!

☑ 반복 학습 체크체크

MP3 듣기 ✓ 1회 2회 3회
따라 읽기 1회 2회 3회

오늘 배울 내용을 예문으로 먼저 만나 보세요! 음원을 여러 번 듣고 따라 읽으면서 실력을 쌓아 볼까요?

No estoy muy cansado.
[노 에스또이 무이 깐싸도]

저는 매우 피곤하지 않아요.

Estamos bien.
[에스따모스 비엔]

우리는 괜찮아요.

Estáis mal.
[에스따이스 말]

너희들은 상태가 좋지 않아.

Ellos están listos.
[에요스 에스딴 리스또스]

그들은 준비되었어요.

🔤 단어

muy 매우
mal 나쁘게
listo 준비된

 스페인/중남미 진짜 여행 떠나기!

가이드와 함께 여행한다면 '¡Vamos!' (가자!) 만큼이나 자주 듣는 말이 '¿Listo/a?'예요. 한국어로 '준비됐어?'라는 질문으로, 자주 쓰다 보니 동사마저 생략하고 쓰기도 한답니다. 여러분이 준비된 상태라면 똑같이 대답하면 돼요. '¡Listo!' 혹은 '¡Lista!'.

STEP 2 스페인어 진짜 알아가기

¡Ojo!

1. Estar 동사의 복수 형태

▶강의보기 🔊 10-2

Estar 동사의 현재 시제 복수에 해당하는 동사 변형을 익혀 봐요.

문법적 구분	인칭대명사	동사 변형
1인칭 단수	Nosotros/as	estamos [에스따모스]
2인칭 단수	Vosotros/as	estáis [에스따이스]
3인칭 단수	Ellos/Ellas/Ustedes	están [에스딴]

2. Estar 동사의 활용 : 상태 말하기

▶강의보기 🔊 10-3

Estar 동사로 감정뿐만 아니라 상태, 컨디션도 묻고 답할 수 있어요. 기초발음 08에서 안부를 물어보는 방법을 살펴봤었죠. 다시 기억해 볼까요?

¿Cómo estás? 너는 어떤 상태야?
[꼬모 에스따스]

Yo estoy bien. 나는 괜찮아.
[요 에스또이 비엔]

Tú estás mal. 너는 안 좋아.
[뚜 에스따스 말]

3. 상태를 나타내는 형용사와 부사

▶강의보기 🔊 10-4

Bien, mal 말고 다양한 형용사와 부사로 상태를 나타낼 수 있어요.

형용사		부사	
피곤한	cansado [깐싸도]	좋게, 잘	bien [비엔]
스트레스 받은	estresado [에스뜨레싸도]	나쁘게	mal [말]
아픈	enfermo [엔페르모]	아주 나쁘게	fatal [파딸]

1) 형용사

Estamos enfermos. 우리는 아파요.
[에스따모스 엔페르모스]

Ellas **están** estresadas. 그녀들은 스트레스 받았어요.
[에야스 에스딴 에스뜨레싸다스]

Estáis muy cansados. 너희는 매우 피곤해요.
[에스따이스 무이 깐싸도스]

> **잠깐!**
> '매우'라는 뜻의 부사 'muy'는 형용사를 꾸며 줄 때 항상 형용사 앞에 적어 줘요.
> ➡ Estáis **cansados muy**. (X)

2) 부사

Bien, mal, fatal 이 세 단어는 형용사가 아닌 부사예요. 부사는 성·수가 없기 때문에 형용사처럼 형태를 바꾸지 않아요.

➡ Estamos bien**es**. (X) / Estáis mal**es**. (X) / Están fatal**es**. (X)

 ¡Ojo!

> **잠깐!**
> '나쁘게'라는 의미의 부사 mal은 동사나 형용사를 꾸며 주는 반면, '나쁜'이라는 의미의 형용사 malo/a는 명사를 꾸며 주거나 보어 자리에 들어가 주어를 꾸며 주는 역할을 해요.
>
> A는 B(보어)이다 ➡ Yo soy **malo**. [요 쏘이 말로] 나는 나쁘다.

스페인어로 피곤하다고 말하는 방법이 아주 많은데요, 현지인들이 잘 사용하는 회화 표현을 챙겨 봐요! 형용사는 성수일치에 주의해서 사용하는 거 잊지 마세요!

✓ 단어
hecho 만들어진
el polvo 가루
muerto 죽은

Estoy hecho polvo.　　　　　　　　나 가루가 되었어.
[에스또이 에초 뽈보]

Inés y María están hechas polvo.　이네스와 마리아는 가루가 되었어.
[이네스 이 마리아 에스딴 에차스 뽈보]

Estoy muerto.　　　　　　　　　　 나 죽었어.
[에스또이 무에르또]

 **STEP 3 스페인어 진짜 즐기기** 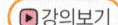 강의보기 10-5 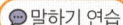 말하기 연습

아래 대화를 들으면서 오늘 배운 내용을 확인해 보세요.

 Erica
¿Qué tal, Lucas? ¿Todo bien? [께 딸 루까스 또도 비엔]
루카스, 어떻게 지내? 다 괜찮아?

Estoy estresado y cansado. [에스또이 에스뜨레싸도 이 깐싸도] Lucas
나 스트레스 받았고 피곤해.

 Erica
Madre mía. Yo también. [마드레 미아 요 땀비엔]
세상에나. 나도야.

¡Estamos fatal! [에스따모스 파딸] Lucas
우리 최악이구나!

STEP 4 스페인어 진짜 써먹기

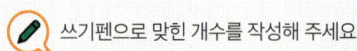

1 Estar 동사의 현재 시제 복수 변화형을 인칭에 맞게 쓰세요.

Nosotros/as	1.
Vosotros/as	2.
Ellos/Ellas/Ustedes	3.

2 다음 중 '피곤한'이라는 뜻이 아닌 표현을 고르세요.

① muerto   ② hecho polvo   ③ genial   ④ cansado

3 제시된 질문에 어울리는 답변을 짝지어 보세요.

1. ¿Estáis enfermos?   •   • a. Sí, están estresadas.
2. ¿Estamos bien?   •   • b. No, estamos enfermos.
3. ¿Ellas están estresadas? •   • c. Sí, estamos estresadas.
4. ¿No estáis estresadas? •   • d. Sí, estamos enfermos.

4 MP3를 듣고 질문을 받아 적은 후, 해당 질문에 대한 대답을 긍정문으로 적어 보세요.   🔊 10-6

1. 질문   ¿_____?
2. 대답   _____.

▶ 강의보기   틀리거나 헷갈리는 문제는 문제 해설 강의로 복습하세요.

◎ 오늘의 Misión   여러분의 오늘 컨디션은 어떤가요? 오늘 배운 표현 중 세 가지를 골라 긍정문과 부정문으로 말해 보세요.

Día 11

현재 위치 표현하기

Lucas está en casa.
루카스는 집에 있어요.

오늘은 Estar 동사로 위치를 말하는 방법을 살펴볼게요. 본격적인 학습에 앞서 오늘 배울 내용을 확인해 보세요!

1. Estar 동사의 활용 : 위치 말하기
2. 위치 묻고 대답하기

STEP 1 스페인어 진짜 맛보기

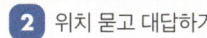

오늘 배울 내용을 예문으로 먼저 만나 보세요! 음원을 여러 번 듣고 따라 읽으면서 실력을 쌓아 볼까요?

¿Dónde estás?
[돈데 에스따스]

너 어디에 있어?

Estoy en casa.
[에스또이 엔 까싸]

나는 집에 있어요.

Estamos en Cuba.
[에스따모스 엔 꾸바]

우리는 쿠바에 있어요.

Corea está en Asia.
[꼬레아 에스따 엔 아씨아]

한국은 아시아에 있어요.

¡Ojo!

☑ 반복 학습 체크체크

MP3 듣기 1회 2회 3회
따라 읽기 1회 2회 3회

단어
Asia 아시아

Mini Check

의문사 dónde, 기억나나요?
Día 04에서 국적을 물어볼 때 배웠죠. '너 어디 출신이야?' 라고 이렇게 물어봤어요.
➡ ¿De dónde eres tú?

 스페인/중남미 진짜 여행 떠나기!

여행 중 길을 잃었을 때 당황하지 말고 현지인에게 '우리 어디 있나요?'라고 물어보세요.
¿Dónde estamos?

STEP 2 스페인어 진짜 알아가기

1. Estar 동사의 활용 : 위치 말하기

▶ 강의보기　🔊 11-2

가장 간단하게 위치를 말할 수 있는 방법은 전치사 'en'을 사용하는 거예요. En은 '~(장소)에'의 의미를 가지고 있어요. 어순을 살펴볼까요?

| 인칭대명사 + Estar 동사 + en + 위치/장소 |

Estoy en México.★
[에스또이 엔 메히꼬]
나는 멕시코에 있어요.

Estoy en casa.★
[에스또이 엔 까싸]
나는 집에 있어요.

Estoy en la calle.
[에스또이 엔 라 까예]
나는 밖에 있어요.

Estoy en la oficina.
[에스또이 엔 라 오피씨나]
나는 사무실에 있어요.

¡Ojo!

단어
la calle 길, 바깥
la oficina 사무실

★ 보통 국가명이나 사람 이름 등 고유명사에는 관사를 붙이지 않아요.

★ 위치 얘기할 때, 전치사 en 뒤에 나오는 장소 명사에 보통 관사를 붙여 사용하지만 집(casa)에 있다고 할 때는 정관사(la)를 생략하고 얘기하기도 해요.

2. 위치 묻고 대답하기

▶ 강의보기　🔊 11-3

Estar 동사로 사람의 위치뿐만 아니라 물건과 장소의 위치도 묻고 대답할 수 있어요.

¿Dónde **estamos**?
[돈데 에스따모스]
우리는 어디에 있나요?

Estamos en la cafetería.
[에스따모스 엔 라 까페떼리아]
우리는 카페에 있어요.

단어
la cafetería 카페
el cajero ATM
la planta baja 1층
el pasaporte 여권
la mesa 책상

¿Dónde **está** Corea?
[돈데 에스따 꼬레아]
한국은 어디에 있나요?

(Corea) **está** en Asia.
[(꼬레아) 에스따 엔 아씨아]
(한국은) 아시아에 있어요.

 **¡Ojo!**

¿Dónde **está** el cajero?
[돈데 에스따 엘 까헤로]

(El cajero) **está en** la planta baja.
[(엘 까헤로) 에스따 엔 라 쁠란따 바하]

ATM은 어디에 있나요?

(ATM은) 1층에 있어요.

¿Dónde **está** tu pasaporte?
[돈데 에스따 뚜 빠싸뽀르떼]

(Mi pasaporte) **está en** la mesa.
[(미 빠싸뽀르떼) 에스따 엔 라 메싸]

너의 여권은 어디에 있어?

(나의 여권은) 책상에 있어.

 **STEP 3** 스페인어 진짜 즐기기 ▶강의보기 🔊11-4 💬말하기 연습

아래 대화를 들으면서 오늘 배운 내용을 확인해 보세요.

 단어
el hotel 호텔

 Marcos
¿Dónde estás, Erica? [돈데 에스따스 에리까]
너 어디에 있어, 에리카?

 Erica
Estoy en España. [에스또이 엔 에스빠냐]
나 스페인에 있어.

 Marcos
¡Qué guay! ¿Estás en el hotel? [께 구아이 에스따스 엔 엘 오뗄]
대박! 너 호텔에 있어?

 Erica
No, estoy en la calle. ¡Estoy muy feliz!
[노 에스또이 엔 라 까예 에스또이 무이 펠리스]
아니, 나 밖에 있어. 나 매우 행복해!

STEP 4 스페인어 진짜 써먹기

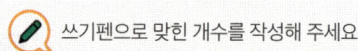

나의 점수   개 / 10개

 정답 보기

1 제시된 문장의 빈칸에 들어갈 수 없는 어휘를 고르세요.

보기   Lucía está en _____.

① cansado   ② Corea   ③ el hotel   ④ casa

2 제시된 단어를 순서대로 배열하여 문장을 완성하세요.

1. estáis Corea No en ➡ _____.
2. pasaporte está Mi casa en ➡ _____.
3. planta están en la baja Ustedes ➡ _____.

3 제시된 우리말에 해당하는 단어를 스페인어로 적어 보세요.

1. 카페 ➡ _____   2. 길 ➡ _____
3. 사무실 ➡ _____   4. ATM ➡ _____

4 다음 질문에 대한 답변을 스페인어로 써 보세요.

질문 ¿Corea está en Asia?
대답 1. _____.

질문 ¿Tu casa está en Seúl?
대답 2. _____.

▶ 강의보기 틀리거나 헷갈리는 문제는 문제 해설 강의로 복습하세요.

◎ 오늘의 Misión 주변에 있는 물건들의 위치를 스페인어로 얘기해 보세요!

Día 07~11 복습하기

Práctica ②
연습문제

20 . .

 연습문제로 실력을 체크해 봐요!

나의 점수　　개 / 30개　

❶ 다음 형용사의 남성단수형과 여성단수형을 스페인어로 적어 보세요.

	남성단수형	여성단수형
1. 키 큰		
2. 예쁜		
3. 뚱뚱한		
4. 금발의		
5. 까무잡잡한		

❷ 각 인칭대명사에 맞는 estar 동사 현재시제 형태를 짝지어 보세요.

1. Yo　　　　　•　　　　•　a. estás

2. Tú　　　　　•　　　　•　b. estáis

3. Él/Ella/Usted　•　　　　•　c. estoy

4. Nosotros/as　•　　　　•　d. está

5. Vosotros/as　•　　　　•　e. están

6. Ellos/Ellas/Ustedes　•　　•　f. estamos

❸ 다음 문장 중 틀린 곳을 찾아 올바른 문장으로 다시 써 보세요.

1. Yo estoy tristes.

   ➡ _____.

2. Nosotros estamos aburrido.

   ➡ _____.

3. Ustedes son contentos.

   ➡ _____.

4. Sofía y Valeria están emocionados.

   ➡ _____.

❹ Ser 동사와 제시된 형용사들을 주어에 맞게 성수일치하여 문장을 완성하세요.

1. Elena _____ _____ . (alto)

2. Lucas _____ _____ .(bajo)

3. Elena _____ _____ . (frío)

4. Lucas _____ _____ .(sociable)

5. Ellos _____ _____ . (inteligente)

5 질문에 대한 답변을 완성하세요.

1. ¿Cómo estás?

   ➡ _____ bien.

2. ¿Diego está enfermo?

   ➡ No, no _____ enfermo.

3. ¿Usted está cansada?

   ➡ Sí, _____ cansada.

4. ¿Estáis listos?

   ➡ Sí, _____ listos.

5. ¿Cómo está tu padre?

   ➡ Mi padre _____ muy bien.

6 제시된 문장을 스페인어로 바꿔 써 보세요.

1. 너는 어디에 있니?

   ➡ ¿_____?

2. 나는 사무실에 있어요.

   ➡ _____.

3. 당신들은 스페인에 있나요?

   ➡ ¿_____?

4. 아니요, 우리는 한국에 있어요.

   ➡ _____.

5. 그녀들은 호텔에 있어요.

   ➡ _____.

Diálogo 음원을 듣고 대화를 완성한 다음, 소리 내어 연습해 보세요.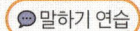

Jesús: Oye, Elena. ¿_____? ¿_____ con Carlos?

Elena: Sí, _____ con él. _____ la cafetería.

Jesús: ¡Qué bien! ¿Es _____?

Elena: Sí, es muy _____. Es un poco _____ y _____.

Jesús: ¡Dios mío! ¿Es _____ también?

Elena: No, no es muy _____. Y es _____.

Jesús: ¿No es _____? Está bien. Eres _____. ¿Es _____?

Está bien. Eres rica. Y, ¿_____ él?

Elena: Él está _____ y contento.

Jesús: Ahh! ¡Felicidades, amiga! ¡Él está feliz, contento y _____ ti!

Elena: Pero yo no _____. ¡Estoy muy _____ y _____ aquí!

강의보기 틀리거나 헷갈리는 문제는 문제 해설 강의로 복습하세요.

오늘의 Misión 다음 세 가지 질문에 스페인어로 대답해 보세요. ¿Eres bajo/a? ¿Estás aburrido/a? ¿Dónde estás?

Día 13

언어 실력 말하기

Yo hablo español.
나는 스페인어를 말해요.

 학습 시작

오늘부터 현재 시제 일반 동사 변형을 살펴볼 거예요. 오늘은 그중 원형이 -ar로 끝나는 규칙 동사를 학습해요.

 전체강의   질문 게시판   MP3

1 ar 동사 현재 시제 규칙 변형 **2** Hablar 동사 변형 **3** Hablar 동사로 언어 실력 말하기

STEP 1 스페인어 진짜 맛보기

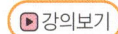 강의보기   13-1  말하기 연습    ¡Ojo!

오늘 배울 내용을 예문으로 먼저 만나 보세요! 음원을 여러 번 듣고 따라 읽으면서 실력을 쌓아 볼까요?

☑ 반복 학습 체크체크

MP3 듣기 1회 ✓ 2회 3회

따라 읽기 1회 2회 3회

Yo hablo español. 　　나는 스페인어를 말해요.

Erica habla muy bien inglés. 　　에리카는 영어를 매우 잘 말해요.

¿Hablas español? 　　너는 스페인어를 말하니?

¡Hablamos!★ 　　우리 또 얘기하자!

★ **¡Hablamos!**
직역하면 '우리 얘기하자!' 이지만, '우리 또 얘기하자!' 라는 뜻으로 헤어질 때도 쓸 수 있어요.

잠깐!
이제 스페인어가 더 이상 낯설지 않으시죠? 오늘부터는 한글 독음 없이 스페인어만 보면서 학습할 거예요. 아직 발음과 강세가 익숙하지 않아도 괜찮아요! 자신감을 가지고 큰 소리로 연습해 봐요.

🧳 **스페인/중남미 진짜 여행 떠나기!**

상대방의 국적을 묻는 질문인 '¿De dónde eres?'만큼 자주 듣는 질문이 '¿Hablas español?'이에요. 여러분은 스페인어를 배우고 있으니 누가 묻는다면 자신 있게 대답하세요. '¡Sí, hablo español!'

STEP 2 스페인어 진짜 알아가기

1. ar 동사 현재 시제 규칙 변형

▶ 강의보기   🔊 13-2

스페인어 동사원형은 모두 '-ar, -er, -ir' 이 셋 중에 하나로 끝나요. 한국어로 이 부분을 '말의 끝 부분'이라는 의미의 '어미'라고 부릅니다. 오늘은 '-ar'로 끝나는 ar 동사의 현재 시제 규칙 변형 형태를 학습해 봐요. 주어에 따라 어미만 바꿔 주면 돼요.

인칭대명사	-ar
Yo	-o
Tú	-as
Él/Ella/Usted	-a
Nosotros/as	-amos
Vosotros/as	-áis
Ellos/Ellas/Ustedes	-an

2. Hablar 동사 변형

▶ 강의보기   🔊 13-3

Hablar 동사는 '말하다, 이야기하다'를 의미하는 규칙 변화 동사예요. 어미인 ar를 위에서 학습한 표 대로 바꿔 주면 '~가 말한다.' 라는 문장이 됩니다.

Hablar
말하다, 이야기하다

인칭대명사	동사 변형
Yo	hablo
Tú	hablas
Él/Ella/Usted	habla
Nosotros/as	hablamos
Vosotros/as	habláis
Ellos/Ellas/Ustedes	hablan

Hablo mucho. — 나는 말을 많이 해요.
¡Hablas por los codos!★ — 너는 팔꿈치로 말한다! (너는 말을 많이 한다)
Ella **habla** bajo.★ — 그녀는 말을 작게 해요.
¡Hablamos! — 우리 또 얘기하자!

 잠깐!
1인칭 복수형(nosotros/as)일 때의 현재 시제 동사 변형은 '~하자', '~할까?'의 청유의 의미도 담고 있어요.

¡Ojo!

🅥 단어

el codo 팔꿈치
bajo 작게, 낮은

★ **Hablar por los codos.**
'팔꿈치를 통해서까지 말한다'는 뜻으로, 말이 많은 사람을 가리킬 때 쓰는 재미있는 표현이에요.

★ 'bajo'는 Día 07에서 '키가 작은'이라는 형용사로 학습했죠? 그런데 '낮은, 작게'라는 뜻으로도 사용해요.

3. Hablar 동사로 언어 실력 말하기

▶ 강의보기 🔊 13-4

Día 02에서 살펴본 국적 형용사가 기억나요? 그중 남성 국적 형용사는 정관사 el과 함께 사용하면 그 나라의 언어를 뜻하는 명사가 된답니다.

el coreano	한국어	el francés	프랑스어
el español	스페인어	el chino	중국어
el inglés★	영어	el japonés	일본어

Hablar 동사의 목적어로 위와 같은 언어 명사를 넣으면 그 언어를 구사한다고 이야기할 수 있어요. 이때는 보통 정관사인 'el'을 생략하고 말해요. 정관사 el은 Día 22에서 다시 이야기할게요.

인칭대명사 + Hablar 동사 + (el +) 남성 국적 형용사

¿**Hablas** español? 너는 스페인어를 말하니?
Sí, **hablo** español. 응, 나는 스페인어를 말해.
Sí, **hablo** bien español. 응, 나는 스페인어를 잘 말해.
Sí, **hablo** un poco de español.★ 응, 나는 스페인어를 조금 해.
No, no **hablo** español. 아니, 나는 스페인어를 말하지 못해.

¡Ojo!

★ 미국인은 'americano/a, estadounidense'라고 하지만 영어는 영국어이기 때문에 '영국 사람'에 해당하는 'el inglés'라는 단어를 사용해요.

단어

bien 잘
un poco de~ ~를 조금/약간

★ 가장 간단하게 '응, 쬐금.' 이라고 대답할 수도 있어요. - Sí, un poquito.

STEP 3 스페인어 진짜 즐기기

▶ 강의보기 🔊 13-5 💬 말하기 연습

아래 대화를 들으면서 오늘 배운 내용을 확인해 보세요.

 Sara
¿Hablas español?
너는 스페인어를 말하니?

Marcos
Sí, hablo español. ¿Y, tú?
응, 나는 스페인어를 말해. 너는?

 Sara
Yo hablo un poco de español.
나는 스페인어를 조금 해.

Marcos
¡Qué padre! Me voy. ¡Hablamos!
대박! 나 간다. 또 얘기하자!

단어

Qué padre 멋지다! 대박! (멕시코)
Me voy 나 간다.

 스페인 vs 중남미

스페인에서는 '멋지다!, 대박!'이라는 의미로 '¡Qué guay!'를 사용했었지요!

 **STEP 4 스페인어 진짜 써먹기**

 쓰기펜으로 맞힌 개수를 작성해 주세요.

나의 점수　　개 / 10개

❶ 동사 어미 ar의 현재 시제 변형 표를 인칭에 맞게 쓰세요.

Yo	1.
Tú	2.
Él/Ella/Usted	3.
Nosotros/as	4.
Vosotros/as	5.
Ellos/Ellas/Ustedes	6.

❷ 제시된 질문에 어울리는 답변을 짝지어 보세요.

1. ¿Usted habla español?　　•　　　• a. No, hablan japonés.

2. ¿Habláis japonés?　　•　　　• b. Sí, hablamos japonés.

3. ¿Adrián y Cecilia hablan chino?　　•　　　• c. Sí, hablo español.

❸ 제시된 질문에 대한 답변으로 어울리지 않는 문장을 고르세요.

보기　　　　¿Hablas coreano?

❶ No, no hablo coreano.

❷ Sí, hablo coreano.

❸ Sí, hablo bajo.

❹ Sí, un poquito.

▶ 강의보기　틀리거나 헷갈리는 문제는 문제 해설 강의로 복습하세요.

◎ 오늘의 Misión　누군가가 ¿Hablas español?이라고 물어보면 어떻게 대답할 건가요?
예상 답변을 소리 내어 3번 말해 보세요.

음악/춤 관련 취미 말하기

Día 14

Lucas canta bien.

루카스는 노래를 잘해요.

오늘은 Hablar 이외의 또 다른 ar 규칙 동사를 살펴볼 거예요. 본격적인 학습에 앞서 오늘 배울 내용을 확인해 보세요!

1 Cantar 동사 변형   **2** Bailar 동사 변형   **3** 또 다른 취미 동사

STEP 1 스페인어 진짜 맛보기

 강의보기   14-1   말하기 연습

오늘 배울 내용을 예문으로 먼저 만나 보세요! 음원을 여러 번 듣고 따라 읽으면서 실력을 쌓아 볼까요?

Yo **canto** bien.	나는 노래를 잘해요.
¡**Bailamos** juntos!	우리 함께 춤추자!
Ellas **bailan** fatal.	그녀들은 최악으로 춤을 춰요.
Sergio **escucha** la música española.	세르히오는 스페인 음악을 들어요.

✏️ ¡Ojo!

☑ 반복 학습 체크체크

MP3 듣기 ✓ 1회 2회 3회

따라 읽기 1회 2회 3회

✓ 단어

junto 함께
fatal 굉장히 나쁘게
la música 음악

 스페인/중남미 진짜 여행 떠나기!

'Para bailar la bamba~'라는 노래를 들어 본 적 있나요? Ritchie Valens의 'La bamba'라는 1950년대 노래예요. 한국어로는 '라밤바를 춤추려면~'이라는 가사지요. 춤과 노래를 사랑하는 스페인어권 사람들에게는 필수 어휘인 오늘 배울 어휘들! 잘 살펴 두었다가 활용해 보세요!

1. Cantar 동사 변형

Cantar 동사는 '노래하다'를 의미하는 규칙 변화 동사예요. 어미인 ar만 인칭대명사에 맞게 바꿔 볼까요?

인칭대명사	동사 변형
Yo	canto
Tú	cantas
Él/Ella/Usted	canta
Nosotros/as	cantamos
Vosotros/as	cantáis
Ellos/Ellas/Ustedes	cantan

Cantar 노래하다

Canto bien. — 나는 **노래를** 잘**해요**.
Él no **canta** bien. — 그는 **노래를** 잘하지 않**아요**.
Cantamos fatal. — 우리는 노래를 최악으로 **해요**.
Ellas no **cantan** mal. — 그녀들은 노래를 못하지 않**아요**.

¡Ojo!

★ 가수라는 단어, cantante가 cantar와 비슷하게 생겼네요!

✅ Mini Check

부사인 bien, mal, fatal은 성수가 없으니 주어가 복수여도 그대로 사용하는 단어들이라고 배웠어요.

2. Bailar 동사 변형

Bailar 동사는 '춤추다'를 의미하는 규칙 변화 동사예요.

인칭대명사	동사 변형
Yo	bailo
Tú	bailas
Él/Ella/Usted	baila
Nosotros/as	bailamos
Vosotros/as	bailáis
Ellos/Ellas/Ustedes	bailan

Bailar 춤추다

¿**Bailas** flamenco? — 너는 플라멩코를 추니?
¡**Bailamos** salsa! — 우리 살사 추자!
Bella y tú **bailáis** juntos. — 베야와 너는 함께 **춤을 춰**.

> **잠깐!**
> 여러 인칭대명사를 열거할 때는 3인칭 - 2인칭 - 1인칭 순서대로 써 줘요.
> • Tú y yo : 너와 나
> • Mi mamá y yo : 내 엄마와 나
> • Eva y tú : 에바와 너

3. 또 다른 취미 동사

'노래하다, 춤추다' 이외의 다른 취미 동사도 몇 가지 살펴보아요.

Tocar	**Escuch**ar	**Cocin**ar	**Viaj**ar
연주하다	듣다	요리하다	여행하다

Toco el piano. 나는 피아노를 **연주해요**.
Mi perro **escucha** la música coreana. 나의 강아지는 한국 음악을 **들어요**.
Tu padre **cocina** muy bien. 너의 아버지는 **요리를** 매우 잘하세요.
Ellos **viajan** a Colombia. 그들은 콜롬비아로 **여행가요**.

¡Ojo!

단어
el piano 피아노
el padre 아버지
a ~로

STEP 3 스페인어 진짜 즐기기

아래 대화를 들으면서 오늘 배운 내용을 확인해 보세요.

Erica: Oye, Lucas. ¿Cantas bien?
얘, 루카스야. 너 노래 잘하니?

Lucas: Claro que sí. Canto muy bien.
당연히 그렇지! 나 노래 매우 잘해.

Erica: Jajaja. Eres gracioso. Yo también canto bien.
하하하. 너 웃기다. 나도 노래 잘해.

Lucas: ¡Genial! ¡Somos cantantes!
훌륭해! 우리 가수네!

단어
oye 얘, 야
claro que sí 당연히 그렇지
gracioso 웃긴
genial 훌륭한

STEP 4 스페인어 진짜 써먹기

나의 점수 개 / 10개 정답 보기

1 제시된 빈칸에 cantar 동사의 알맞은 형태를 채워 보세요.

Noa: Elena **1.** _____ bien.

Hugo: Sí, ella **2.** _____ bien.

Noa: ¿Tú también **3.** _____ bien?

Hugo: No, no **4.** _____ bien.

2 제시된 단어를 순서대로 배열하여 문장을 완성하세요.

1. canto   muy   Yo   bien   ➡ _____.

2. no   Mi   baila   mamá   bien   ➡ _____.

3. juntos   y   cantamos   yo   Juan   ➡ _____.

4. Nosotras   salsa   bailamos   no   ➡ _____.

3 MP3에서 나오는 문장을 듣고, 스페인어로 받아 적어 보세요.   🔊 14-6

1. _____.

2. _____.

▶ 강의보기 틀리거나 헷갈리는 문제는 문제 해설 강의로 복습하세요.

◎ 오늘의 Misión 춤, 노래, 요리, 연주 중 여러분이 잘 하는 것이 있나요? 스페인어로 얘기해 보세요!

Día 15

배우는 것 말하기

Yo aprendo pilates.
나는 필라테스를 배워요.

오늘은 원형이 -er로 끝나는 er 동사의 현재 시제 규칙 변형을 살펴볼 거예요.

1. er 동사 현재 시제 규칙 변형
2. Aprender 동사 변형
3. Aprender + 전치사 a + 동사원형

STEP 1 스페인어 진짜 맛보기

 15-1

¡Ojo!

오늘 배울 내용을 예문으로 먼저 만나 보세요! 음원을 여러 번 듣고 따라 읽으면서 실력을 쌓아 볼까요?

☑ 반복 학습 체크체크

MP3 듣기 1회 ✓ 2회 3회

따라 읽기 1회 2회 3회

Yo aprendo español.   나는 스페인어를 배워요.

¿Qué aprendes tú?   너는 무엇을 배워?

🔵 단어

por Internet 인터넷으로

Aprendemos por Internet.   우리는 인터넷으로 배워요.

Ella aprende a tocar el piano.   그녀는 피아노를 연주하는 것을 배워요.

 스페인/중남미 진짜 여행 떠나기!

¡Aprendemos! 스페인어권 나라로 여행을 가면 그 나라의 다양한 문화도 배워 봐요. 스페인에서는 요리를, 아르헨티나에서는 탱고를, 쿠바에서는 살사를! 여행이 더 풍성해질 거예요. :)

STEP 2 스페인어 진짜 알아가기

¡Ojo!

1. er 동사 현재 시제 규칙 변형

강의보기 15-2

오늘은 '-er'로 끝나는 er 동사의 현재 시제 규칙 변형 형태를 학습해 봐요. 주어에 따라 어미만 바꿔 주면 돼요.

인칭대명사	-er
Yo	-o
Tú	-es
Él/Ella/Usted	-e
Nosotros/as	-emos
Vosotros/as	-éis
Ellos/Ellas/Ustedes	-en

2. Aprender 동사 변형

강의보기 15-3

Aprender 동사는 '배우다'를 의미하는 규칙 변화 동사예요. 어미인 er를 위에서 학습한 표대로 바꿔 주면 '~를 배운다.'라는 문장이 됩니다.

Aprender 배우다

인칭대명사	동사 변형
Yo	aprendo
Tú	aprendes
Él/Ella/Usted	aprende
Nosotros/as	aprendemos
Vosotros/as	aprendéis
Ellos/Ellas/Ustedes	aprenden

Aprendo español. 나는 스페인어를 배워요.
Él **aprende** español por Internet. 그는 인터넷으로 스페인어를 배워요.
Aprendemos pilates en Seúl. 우리는 서울에서 필라테스를 배워요.
¿Dónde **aprendes** yoga? 너는 어디에서 요가를 배우니?

단어
el pilates 필라테스
Seúl 서울
el yoga 요가

3. Aprender + 전치사 a + 동사원형(inf.)

강의보기 15-4

Aprender 동사 뒤에 'a + 동사원형'을 나열하면 '~(동사원형)하는 것을 배우다.' 라는 뜻이 돼요.

[인칭대명사] + [Aprender 동사] + [a] + [동사원형]

Aprendo a bailar tango.
¿Usted **aprende a** tocar el piano?
Ellos **aprenden a** cantar.
Juana y Sara **aprenden a** cocinar.

나는 탱고를 추는 것을 배워요.
당신은 피아노를 치는 것을 배워요?
그들은 노래하는 것을 배워요.
후아나와 사라는 요리하는 것을 배워요.

¡Ojo!

단어
el tango 탱고
el piano 피아노

> **잠깐!**
> 어떤 동사들은 변형한 뒤에 바로 동사원형을 쓰기도 하고, 어떤 동사들은 전치사나 접속사를 필요로 하기도 해요. 'aprender' 동사의 경우는 바로 뒤에 원형을 사용하지 못하고 꼭 전치사 'a'를 같이 써 줍니다.

STEP 3 스페인어 진짜 즐기기

🎥 강의보기   🔊 15-5   💬 말하기 연습

아래 대화를 들으면서 오늘 배운 내용을 확인해 보세요.

단어
de verdad 진짜로

 Marcos
¡Hablas muy bien español!
너 스페인어 매우 잘한다!

 Sara
Gracias. Aprendo español.
고마워. 나는 스페인어를 배워.

 Marcos
Yo aprendo a cocinar.
나는 요리하는 것을 배워.

 Sara
¿De verdad? ¡Qué guay! Yo no cocino bien.
진짜로? 멋지다! 난 요리를 잘 못해.

STEP 4 스페인어 진짜 써먹기

쓰기펜으로 맞힌 개수를 작성해 주세요.

나의 점수   개 / 10개   정답 보기

1 각 인칭대명사에 맞는 aprender 동사 변형 형태를 짝지어 보세요.

1. Yo   •   • a. aprendemos
2. Tú   •   • b. aprendes
3. Él/Ella/Usted •   • c. aprendo
4. Nosotros/as   •   • d. aprendéis
5. Vosotros/as   •   • e. aprenden
6. Ellos/Ellas/Ustedes • • f. aprende

2 제시된 문장의 빈칸에 들어갈 수 없는 어휘를 고르세요.

보기   Aprendo _____.

❶ cantar   ❷ por Internet   ❸ español   ❹ en Corea

3 빈칸에 알맞은 aprender 동사 변형 형태를 채워 보세요.

1. Mi papá _____ yoga en casa.
2. ¿Ustedes _____ coreano?
3. Nosotras _____ a bailar tango.

▶ 강의보기   틀리거나 헷갈리는 문제는 문제 해설 강의로 복습하세요.

◎ 오늘의 Misión   여러분은 요즘 무엇을 배우고 있나요? 스페인어로 얘기해 보세요!

4

Día 16

식습관 말하기

Nosotros comemos pasta y pizza.

우리는 파스타와 피자를 먹어요.

'먹다'와 '마시다'라는 동사는 중요한 er 규칙 동사예요. 오늘은 이 두 동사의 현제 시제 규칙 변형을 배워 봐요.

1. Comer 동사 변형
2. Beber 동사 변형
3. 음식/음료 관련 어휘

STEP 1 스페인어 진짜 맛보기

오늘 배울 내용을 예문으로 먼저 만나 보세요! 음원을 여러 번 듣고 따라 읽으면서 실력을 쌓아 볼까요?

No bebo vino. 나는 와인을 마시지 않아요.

¡Tú comes muchísimo! 너는 정말 많이 먹는다!

Comemos pizza y pasta. 우리는 피자와 파스타를 먹어요.

Ellos beben por la tarde. 그들은 낮에 (술을) 마셔요.

¡Ojo!

☑ 반복 학습 체크체크

MP3 듣기 ✓ 2회 3회

따라 읽기 1회 2회 3회

🔊 단어

el vino 와인
la pizza 피자
la pasta 파스타
por la tarde 오후에

 스페인/중남미 진짜 여행 떠나기!

스페인어권 현지에서 토끼, 기니피그, 고수 등 우리나라에서 보기 어려운 식재료를 마주할 때가 있어요. 혹시 먹고 싶지 않다면 'No como.'라고 스페인어로 얘기해 주세요.

STEP 2 스페인어 진짜 알아가기

1. Comer 동사 변형

▶ 강의보기 🔊 16-2

Comer 동사는 '먹다'를 의미하는 규칙 변화 동사예요. 어미인 er만 인칭대명사에 맞게 바꿔 볼까요?

인칭대명사	동사 변형
Yo	com**o**
Tú	com**es**
Él/Ella/Usted	com**e**
Nosotros/as	com**emos**
Vosotros/as	com**éis**
Ellos/Ellas/Ustedes	com**en**

Comer 먹다

¿**Comes** carne? — 너는 고기를 **먹니**?
Comemos pizza, pasta y patatas fritas. — 우리는 피자, 파스타 그리고 감자튀김을 **먹어요**.
¡Tú **comes** muchísimo! — 너는 정말 많이 **먹는다**!
Ellos no **comen** por la noche.★ — 그들은 밤에 **먹지** 않아요.

> **잠깐!**
> pizza, pasta y patatas fritas처럼 세 개 이상의 단어를 나열할 때는 마지막 대상 앞에만 y를 붙여 줘요.

2. Beber 동사 변형

▶ 강의보기 🔊 16-3

Beber 동사는 '마시다'를 의미하는 규칙 변화 동사예요.

인칭대명사	동사 변형
Yo	beb**o**
Tú	beb**es**
Él/Ella/Usted	beb**e**
Nosotros/as	beb**emos**
Vosotros/as	beb**éis**
Ellos/Ellas/Ustedes	beb**en**

Beber 마시다

¿**Bebes** cerveza? — 너는 맥주를 **마시니**?
Yo no **bebo**.★ — 나는 (술을) **마시지** 않아.
Mi hijo **bebe** zumo de naranja. — 나의 아들은 오렌지 주스를 **마셔요**.
¿**Bebéis** vino blanco? — 너희는 화이트 와인을 **마시니**?

¡Ojo!

단어
la carne 고기
las patatas fritas 감자튀김
por la noche 밤에

Mini Check
-o/a라고 끝나는 형용사를 -ísimo/ísima라고 바꾸면 절대최상급이 되어, '너무, 정말, 가장'이라는 뜻이 추가되어요!
- mucho ➡ muchísimo
- guapa ➡ guapísima
- cansado ➡ cansadísimo

★ 시간대를 나타낼 때는 '오전, 오후, 밤'이라는 단어 앞에 전치사 'por'를 붙여 주면 돼요.
- 오전에 por la mañana
- 오후에 por la tarde
- 밤에 por la noche

단어
la cerveza 맥주
el zumo de naranja 오렌지 주스
el vino blanco 화이트 와인

★ beber 동사 뒤 아무런 목적어(명사)도 쓰이지 않으면 보통 '술을 마시다'라는 뜻을 갖게 돼요.

3. 음식/음료 관련 어휘

▶ 강의보기 🔊 16-4

스페인과 중남미의 다양한 음식과 음료 어휘를 살펴봐요!

	la paella 빠에야 (샤프란이 들어간 쌀 요리)		la tortilla de patatas 또르띠야 데 빠따따스 (감자가 들어간 계란 오믈렛)
	el jamón 하몬 (숙성 돼지다리)		las gambas al ajillo 감바스 알 아히요 (올리브오일 새우 요리)
	el pan con tomate 빤 꼰 또마떼(올리브오일과 토마토즙을 바른 빵)		el asado 아사도 (바비큐)
	la sangría 상그리아 (탄산수, 과일, 와인이 들어간 칵테일)		el ceviche ★ 세비체 (페루식 회 샐러드)

¡Ojo!

★ 페루 음식인 'ceviche'는 표기 방법이 다양해 아래 표기로도 적을 수 있어요.
- ceviche, cebiche, seviche, sebiche.

STEP 3 스페인어 진짜 즐기기

▶ 강의보기 🔊 16-5 💬 말하기 연습

아래 대화를 들으면서 오늘 배운 내용을 확인해 보세요.

 Lucas
¿Es conejo? Perdón, pero no como conejo.
토끼야? 미안하지만 나 토끼 먹지 않아.

 Erica
Está bien. Bebes vino, ¿no?
괜찮아. 너는 와인을 마시지?

 Lucas
Sí, bebo vino. Bebo muchísimo.
응, 나는 와인을 마셔. 정말 많이 마셔.

 Erica
Perfecto. ¡Chinchín!
완벽해. 건배!

단어
perdón 미안해요
perfecto 완벽한
chinchín 건배

Mini Check
'건배!'라는 의미로 '¡Salud!'와 '¡Chinchín!' 두 가지를 배웠었죠! '¡Chinchín!'은 건배라는 의미로만 쓰이지만 '¡Salud!'은 건강이라는 의미도 있고 재채기 하는 사람에게도 해줄 수 있는 인사였네요!

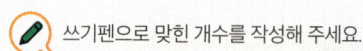

1 제시된 동사의 변형 형태를 각 인칭대명사에 맞게 써 보세요.

인칭대명사	동사원형	변형 형태
1. Yo	beber	➡
2. Tú	comer	➡
3. Usted	comer	➡
4. Ellos	beber	➡

2 제시된 질문에 어울리는 답변을 짝지어 보세요.

단어   el cilantro 고수

1. ¿Tú comes cilantro? •   • a. Sí, come.
2. ¿Él come cilantro?   •   • b. No, no como.
3. ¿Coméis cilantro?   •   • c. Sí, comemos.

3 제시된 문장을 스페인어로 바꿔 써 보세요.

1. 나는 오전에 많이 먹어.   ➡ _____.
2. 우리는 오후에 맥주 마시지 않아. ➡ _____.
3. 당신들은 밤에 먹지 않아요.   ➡ _____.

▶강의보기 틀리거나 헷갈리는 문제는 문제 해설 강의로 복습하세요.

◎오늘의 Misión 여러분이 안 먹는 음식, 안 마시는 음료 등을 사전에 찾아 스페인어로 말해 보세요. '나는 ~를 먹지/마시지 않아요.'

Día 17

현재 거주지 말하기

Ellos viven en Madrid.
그들은 마드리드에 살아요.

오늘은 드디어 마지막 어미인 ir 동사의 현재 시제 규칙 변형을 살펴볼 거예요. 본격적인 학습에 앞서 오늘 배울 내용을 확인해 보세요!

1. ir 동사 현재 시제 규칙 변형
2. Vivir 동사 변형
3. 도시 이름 알아보기

STEP 1 스페인어 진짜 맛보기

오늘 배울 내용을 예문으로 먼저 만나 보세요! 음원을 여러 번 듣고 따라 읽으면서 실력을 쌓아 볼까요?

Yo **vivo** solo en Seúl.★	나는 서울에 혼자 살아요.
Ángela y yo **vivimos** juntas.	안젤라와 나는 함께 살아요.
Sara no **vive** con Lucas.	사라는 루카스와 함께 살지 않아요.
¿Dónde **vives**?	너는 어디 사니?

¡Ojo!

☑ 반복 학습 체크체크

MP3 듣기 ✓ 2회 3회

따라 읽기 1회 2회 3회

단어
- solo 혼자인
- Seúl 서울
- con ~와 함께

★ solo는 형용사로, 주어에 맞게 성수일치해요.

스페인/중남미 진짜 여행 떠나기!

스페인어를 모국어로 하는 사람들의 인구는 얼마나 될까요? 자그마치 5억명이 넘는다고 해요. 전세계 인구의 약 6%를 조금 넘는 숫자이죠! 그중 가장 많은 비중을 차지하는 세 나라는 멕시코(1억3천만), 콜롬비아(5천 2백만), 스페인(4천8백만)이에요. 이번 과 STEP2에서 이 세 나라들의 수도명을 살펴보세요!

STEP 2 스페인어 진짜 알아가기

1. ir 동사 현재 시제 규칙 변형

▶ 강의보기   🔊 17-2

오늘은 '-ir'로 끝나는 ir 동사의 현재 시제 규칙 변형 형태를 학습해 봐요. 주어에 따라 어미만 바꿔 주면 돼요. '우리'와 '너희'에서를 제외하면 er 동사의 현재 시제 어미 변형과 같아요!

인칭대명사	-ir
Yo	-o
Tú	-es
Él/Ella/Usted	-e
Nosotros/as	-imos
Vosotros/as	-ís
Ellos/Ellas/Ustedes	-en

2. Vivir 동사 변형

▶ 강의보기   🔊 17-3

Vivir 동사는 '살다'를 의미하는 규칙 변화 동사예요. 어미인 ir를 위에서 학습한 표 대로 바꿔 주면 '~가 산다.'라는 문장이 됩니다.

인칭대명사	동사 변형
Yo	vivo
Tú	vives
Él/Ella/Usted	vive
Nosotros/as	vivimos
Vosotros/as	vivís
Ellos/Ellas/Ustedes	viven

Vivir 살다

Vivo en Corea. — 나는 한국에 **살아요**.
¿**Vives** con tu familia? — 너는 너의 가족과 함께 **사니**?
Ángela y yo **vivimos** en Colombia. — 안젤라와 나는 콜롬비아에 **살아요**.
¿Ustedes **viven** aquí? — 당신들은 여기 **사나요**?
Ellas no **viven** juntas.★ — 그녀들은 함께 **살지** 않아요.
¿Dónde **vives**? — 너는 어디에 **살아**?

잠깐!
'la familia'는 가족구성원들의 집합을 나타내는 3인칭 단수 단어예요. 동사 역시 복수가 아닌 단수로 사용해요.
Mi familia vive en Corea. 우리 가족은 한국에 살아요.

¡Ojo!

◉ Mini Check

ar/er 동사 현재 시제 규칙 변형 복습

-ar	-er
-o	-o
-as	-es
-a	-e
-amos	-emos
-áis	-éis
-an	-en

◉ 단어

la familia 가족
aquí 여기

★ 'junto'는 형용사이기 때문에 주어에 맞게 성수일치를 해요.

3. 도시 이름 알아보기

Nueva York 뉴욕 (미국 도시)
Bogotá 보고타 (콜롬비아 수도)
Londres 런던 (영국 수도)
Seúl 서울 (대한민국 수도)
Los Ángeles 로스앤젤레스 (미국 도시)
Ciudad de México 멕시코시티 (멕시코 수도)
Tokio 도쿄 (일본 수도)
Buenos Aires 부에노스 아이레스 (아르헨티나 수도)
Madrid 마드리드 (스페인 수도)
París 파리 (프랑스 수도)

¡Ojo!
★ 멕시코의 수도인 'Ciudad de México'는 CDMX라고 줄여 말하기도 해요.

 **STEP 3** 스페인어 진짜 즐기기

아래 대화를 들으면서 오늘 배운 내용을 확인해 보세요.

 Erica:
Oye, Marcos. ¿Dónde vives?
얘, 마르코스야. 넌 어디 사니?

 Marcos:
Yo vivo en México. ¿Y, tú?
나는 멕시코 살아. 너는?

 Erica:
Yo vivo en Corea. Estoy enamorada de Seúl.
나는 한국에 살아. 나는 한국에 반해 있어.

  Marcos:
¡Qué bien! ¡Estás feliz en Corea!
잘됐다! 너는 한국에서 행복하구나!

단어
oye 얘, 야
enamorado de~ ~에 반한/사랑에 빠진

STEP 4 스페인어 진짜 써먹기

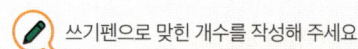 쓰기펜으로 맞힌 개수를 작성해 주세요.

나의 점수   개 / 10개   정답 보기

① 각 인칭대명사에 맞는 vivir 동사 변형 형태가 아닌 것을 고르세요.

인칭대명사	동사 변형	인칭대명사	동사 변형
Yo	❶ vivo	Nosotros/as	❹ vivemos
Tú	❷ vives	Vosotros/as	❺ vivís
Él/Ella/Usted	❸ vive	Ellos/Ellas/Ustedes	❻ viven

② 다음 나라들의 수도를 스페인어로 적어 보세요.

Corea	1.
España	2.
México	3.
Colombia	4.

③ 제시된 문장을 스페인어로 바꿔 써 보세요.

1. 나는 아르헨티나에 살아요.   ➡ _____.
2. 나는 나의 가족과 함께 살지 않아요.   ➡ _____.
3. 나의 엄마는 한국에 사세요.   ➡ _____.
4. 우리 엄마와 우리 아빠는 함께 사세요.   ➡ _____.
5. 너는 어디에 살아?   ➡ ¿_____?

▶ 강의보기 틀리거나 헷갈리는 문제는 문제 해설 강의로 복습하세요.

◎ 오늘의 Misión ¿Dónde vives tú? 이 질문에 대해 스페인어로 소리 내어 대답해 보세요.

Día 13~17 복습하기

Día 18 Práctica ③
연습문제

20 . .

 연습문제로 실력을 체크해 봐요!

나의 점수   개 / 30개

① 각 인칭대명사에 맞는 ar 동사 현재 시제 어미 변형 형태를 적어 보세요.

Yo	o	Nosotros/as	2.
Tú	1.	Vosotros/as	áis
Él/Ella/Usted	a	Ellos/Ellas/Ustedes	3.

② 제시된 우리말에 해당하는 단어를 스페인어로 적어 보세요.

1.  스페인어   ➡ el _____

2.  영어   ➡ el _____

3.  한국어   ➡ el _____

4.  중국어   ➡ el _____

5. 프랑스어   ➡ el _____

3 제시된 문장의 빈칸에 들어갈 수 **없는** 어휘를 고르세요.

1. Yo hablo _____ español.
   ① un poco de   ② bien   ③ no

2. ¿Hablas _____?
   ① coreano   ② muy   ③ mucho

3. _____ hablan por los codos.
   ① Ella   ② Ellos   ③ Ustedes

4 제시된 인칭대명사에 맞는 beber(마시다) 동사의 현재 시제 변형 형태를 적어 보세요.

1. Yo   ➡ _____
2. Usted   ➡ _____
3. Vosotros   ➡ _____

5 제시된 문장을 스페인어로 바꿔 써 보세요.

1. 너는 고수를 먹니?   ➡ ¿_____?
2. 당신들은 고기를 먹나요?   ➡ ¿_____?
3. 그녀는 맥주 마시지 않아요? ➡ ¿_____?
4. 그들은 밤에 먹지 않아요? ➡ ¿_____?

6 제시된 문장에서 틀린 부분을 찾아 올바른 문장으로 다시 써 보세요.

1. Elena vivo solo.   ➡ _____.
2. ¿Juana y tú viven juntos? ➡ ¿_____?
3. Mi familia vivimos aquí. ➡ _____.

7 빈칸에 알맞은 전치사를 보기에서 골라 적어 보세요.

> 보기   por | en | de

1. Aprendo español _____ Internet.
2. Vivimos _____ Nueva York.
3. Bebes zumo _____ naranja.

8 다음은 Rita의 가족 소개 글입니다. 제시된 동사를 주어에 맞게 현재 시제 변형하여 적어 보세요.

Hola. Me llamo Rita.

Yo **1.** _____ (vivir) en Perú con mi familia.

Mi mamá **2.** _____ (cantar) muy bien.

Mi papá **3.** _____ (cocinar) fatal.

Nosotros **4.** _____ (comer) mucho.

Mi papá y mi mamá no **5.** _____ (beber).

Mi mamá **6.** _____ (aprender) a tocar la guitarra.

Diálogo 음원을 듣고 대화를 완성한 다음, 소리 내어 연습해 보세요.   18-1   말하기 연습

Yui: ¡Hola! _____. Me llamo Yui.

Leo: Soy Leo. Un placer.

Yui: ¡ _____ bien el español!

Leo: Sí, _____ muy bien. Soy español. ¿Y, tú?

Yui: Yo soy de Japón. Pero _____ en España.

Leo: ¿_____ en España? ¡Qué guay!

Yui: Tú también _____ aquí, ¿no?

Leo: Sí. Bueno, ¿_____ bien?

Yui: No. Por eso estoy aquí. ¡_____ _____ _____!

Leo: Claro. Yo _____ muy mal. Pero _____ muy bien.

Yui: Jajaja. Yo también _____ mucho.

▶ 강의보기 틀리거나 헷갈리는 문제는 문제 해설 강의로 복습하세요.

🎯 오늘의 Misión 앞서 배운 ar, er, ir, 동사 다섯 개를 활용해서 여러분에 대한 정보들을 스페인어로 말해 보세요.

4

Día 19

제3자 소개하기

Este hombre es Marcos.
이 남자는 마르코스예요.

20 . .

 학습 시작

오늘은 '이, 그, 저, 이것, 그것, 저것'에 해당하는 어휘들을 살펴볼 거예요. 본격적인 학습에 앞서 오늘 배울 내용을 확인해 보세요!

 전체강의   질문 게시판   MP3

1 지시형용사   2 지시대명사의 활용   3 중성 지시대명사

STEP 1 스페인어 진짜 맛보기

 강의보기   19-1  말하기 연습

 **¡Ojo!**

오늘 배울 내용을 예문으로 먼저 만나 보세요! 음원을 여러 번 듣고 따라 읽으면서 실력을 쌓아 볼까요?

☑ 반복 학습 체크체크

MP3 듣기 ✓ 2회 3회

따라 읽기 1회 2회 3회

¿Quién es **este**?	이 남자는 누구예요?
Este hombre es Marcos.	이 남자는 마르코스예요.
Estas son Emma y Olivia.	이 여자들은 엠마와 올리비아예요.
¿Qué es **esto**?	이것은 뭐예요?

▼ 단어

este/esto 이, 이것
estas 이들, 이것들, 이 여자들
el hombre 남자, 사람

 스페인/중남미 진짜 여행 떠나기!

여행 가면 신기한 물건, 음식들이 즐비하죠? 그때 이름을 알고 싶다면 이렇게 물어보세요.
¿Qué es esto? 이것은 뭐예요?

STEP 2 스페인어 진짜 알아가기

1. 지시형용사

지시형용사는 명사 앞에 위치하는 형용사로 명사에 '이, 저, 그'라는 뜻을 더해 줘요. 형용사이기 때문에 꾸며 주는 명사에 맞춰 성수일치를 꼭 해야 해요.

¡Ojo!

1) 먼저 '이'라는 뜻을 가진 지시형용사를 살펴봐요.

이	남성단수	este	남성복수	estos	+ 명사
	여성단수	esta	여성복수	estas	

¿Quién es este chico?   이 청년은 누구예요?
Este chico es Lucas.   이 청년은 루카스예요.
Esta niña es delgada.   이 여자아이는 날씬해요.
Estos estudiantes hablan español.   이 학생들은 스페인어를 해요.

단어
quién 누구
el chico 청년
la niña 여자아이
delgado 날씬한

잠깐!
의문사 quién은 주어가 복수일 때, '-es'를 덧붙인 복수형으로 바꿔 사용해요.
¿**Quiénes** son estos niños? 이 아이들은 누구예요?

스페인 vs 중남미
스페인에서는 chico 대신에 chaval이라는 단어를 사용하기도 해요.

2) '그, 저'라는 뜻을 가진 지시형용사도 있어요. 화자와 지시 대상의 거리에 따라 다른 표현을 사용해요. '그'는 화자와 조금 멀리 떨어져 있을 때, '저'는 아주 멀리 떨어져 있을 때 사용해요.

그	남성단수	ese	남성복수	esos	+ 명사
	여성단수	esa	여성복수	esas	

저	남성단수	aquel	남성복수	aquellos	+ 명사
	여성단수	aquella	여성복수	aquellas	

Esa mujer es de Chile.   그/저 여자는 칠레 출신이에요.
Esos chavales son muy inteligentes.   그/저 청년들은 매우 똑똑해요.
Aquel restaurante es buenísimo.   저 식당은 매우 좋아요.

잠깐!
실제 회화에서는 '그'에 해당하는 지시형용사를 한국어의 '저'처럼도 사용해요.

2. 지시대명사의 활용

앞서 언급된 형용사는 뒤에 꾸밈 받는 명사 없이 혼자서 명사로도 활용 가능해요.

Este es Manuel. 　　　　이 남자는 마누엘이에요.
Estas hablan por los codos. 　　이 여자들은 말이 많아요.

3. 중성 지시대명사

사물이나 어떤 사실을 가리키면서 그 사물의 성을 모를 때는 중성 지시대명사를 사용해요.

이것	그/저것	저것
esto	eso	aquello

¿Qué es esto? 　　　　이것은 무엇이에요?
Esto es una paella. 　　이것은 빠에야예요.
¿Qué es eso? 　　　　그/저것은 무엇이에요?
Eso es un vino blanco. 　그/저것은 화이트 와인이에요.

¡Ojo!

단어
blanco 하얀

★ 'un, una'는 스페인어의 부정관사로, Día 21에서 더 자세히 살펴볼게요.

STEP 3 스페인어 진짜 즐기기

아래 대화를 들으면서 오늘 배운 내용을 확인해 보세요.

단어
mi 나의

Sara: Oye, Marcos. ¿Quién es ese?
얘, 마르코스야. 저 남자 누구야?

Marcos: Ese es Daniel. Es mi amigo.
저 남자는 다니엘이야. 내 친구야.

Sara: ¡Guau! Es muy guapo. ¿Y, esa?
와! 정말 잘 생겼다. 그럼, 저 여자는?

Marcos: Esa es Carla. Pero son muy fríos.
저 여자는 카를라야. 그런데 그들은 매우 차가워.

 **STEP 4 스페인어 진짜 써먹기**

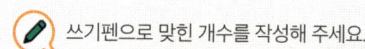 쓰기펜으로 맞힌 개수를 작성해 주세요.

나의 점수 개 / 10개   정답 보기

1 제시된 빈칸에 우리말의 '이'에 해당하는 지시형용사를 채워 보세요.

1. _____ calle
2. _____ panes
3. _____ actor
4. _____ cervezas

2 그림 속 상황에 맞춰 빈칸에 알맞은 단어를 보기에서 골라 적어 보세요.

보기 esos | esa | esta | ese

A

1. _____ es María.

B
¿Quiénes son 2. _____?
3. c. _____ es María y 4. _____ es José.

3 MP3에서 나오는 문장을 듣고, 스페인어로 받아 적어 보세요.   🔊 19-6

1. ¿_____?
2. ¿_____?

▶강의보기 틀리거나 헷갈리는 문제는 문제 해설 강의로 복습하세요.

오늘의 Misión 지시형용사와 지시대명사를 이용해 주변의 사물이나 사람을 소개하는 문장을 말해 보세요.   학습 종료

Día 20

인물 간의 관계 말하기

Lucas es mi familia.

루카스는 내 가족이에요.

오늘은 누군가가 가진 물건이나 인간 관계를 말하기 위해 꼭 필요한 소유형용사와 소유대명사를 배울 거예요. 본격적인 학습에 앞서 오늘 배울 내용을 확인해 보세요!

1 인간 관계 어휘 2 소유형용사 3 소유대명사

STEP 1 스페인어 진짜 맛보기

오늘 배울 내용을 예문으로 먼저 만나 보세요! 음원을 여러 번 듣고 따라 읽으면서 실력을 쌓아 볼까요?

Somos amigos.	우리는 친구예요.
Lucas es mi familia.	루카스는 내 가족이에요.
¿Él es tu novio?	그는 너의 남자친구니?
Es mío.	제 것이에요.

¡Ojo!

✅ 반복 학습 체크체크

MP3 듣기 ✓ 2회 3회
따라 읽기 1회 2회 3회

단어
la familia 가족
el novio 남자친구
mío 나의 것

 스페인/중남미 진짜 여행 떠나기!

Mi casa es tu casa. 스페인이나 중남미의 가정집에 방문하면 들을 수 있는 말이에요. '우리 집이 너의 집이다.'라는 문장으로 '네 집처럼 편하게 생각해'라는 뜻을 가지고 있지요. 혹은 반대로 여러분이 스페인어권 친구를 초대할 일이 있다면 얘기해 주세요!

STEP 2 스페인어 진짜 알아가기

1. 인간 관계 어휘

▶ 강의보기 🔊 20-2

el hermano	형제	el novio	남자친구
la hermana	자매	la novia	여자친구
el hijo	아들	el amigo	친구
la hija	딸	la amiga	
el esposo/marido	남편	el compañero	동료
la esposa/mujer ★	아내	la compañera	

2. 소유형용사

▶ 강의보기 🔊 20-3

'~의'라는 뜻을 가진 소유형용사는 소유주를 나타낼 때 사용하는 형용사로, 명사 앞에서 수식하는 전치형 소유형용사와 뒤에서 수식하는 후치형 소유형용사가 있어요. 소유형용사는 수식하는 명사의 성과 수에 일치시켜야 해요.

의미	전치형		후치형	
	단수	복수	단수	복수
나의	mi	mis	mío/a	míos/as
너의	tu	tus	tuyo/a	tuyos/as
그/그녀/당신의	su	sus	suyo/a	suyos/as
우리의	nuestro/a	nuestros/as	nuestro/a	nuestros/as
너희의	vuestro/a	vuestros/as	vuestro/a	vuestros/as
그들/그녀들/당신들의	su	sus	suyo/a	suyos/as

1) 전치형 소유형용사

형용사는 보통 명사 뒤에 위치하지만, 전치형 소유형용사는 명사 앞에 위치해요.

Lucas es mi familia.	루카스는 나의 가족이에요.
¿Mateo es tu hermano?	마테오는 너의 형제니?
Él es nuestro hijo.	그는 우리의 아들이에요.

아래 예문을 통해 전치형 소유형용사 단/복수 형태의 쓰임을 익혀 보세요.

Tú eres mi amigo.	넌 내 친구야.
Vosotros sois mis amigos.	너희는 내 친구들이야.
Elisa es nuestra compañera.	엘리사는 우리의 동료예요.
Ellas son nuestras compañeras.	그녀들은 우리의 동료들이에요.

¡Ojo!

★ 'la mujer'는 여성이라는 뜻도 있지만 아내라는 의미로도 쓰여요.

★ 아빠, 아버지라는 단어를 복수로 쓰면 부모님이 돼요.
- los papás
- los padres

★ '우리는 ~(관계)이다'라고 말할 때는 관계 명사를 복수로 사용해요.
- Somos amigos.
  우리는 친구예요.
- Ellos son hermanos.
  그들은 형제예요.

> **잠깐!**
> 소유주가 3인칭일 때는 정확한 주인을 나타내기 위해 전치사 'de'를 사용할 수도 있어요. 이 경우 '소유물/사람'을 나타내는 표현 앞에 관사를 넣어 줍니다. 관사에 대해서는 Día 21~22에서 자세히 살펴볼게요!
> Daniel es el esposo **de** María.　　다니엘은 마리아의 남편이에요.

2) 후치형 소유형용사

명사를 뒤에서 꾸며 주는 소유형용사예요. 후치형 소유형용사는 꾸며 주는 명사 앞에 un/una, el/la와 같은 관사를 써 줘야 해요.

　　Unos **compañeros** míos están en Madrid.　　몇몇 **내 동료들**은 마드리드에 있어요.
　　Una **amiga** mía cocina muy bien.　　제 **친구** 한 명은 요리를 매우 잘해요.

3. 소유형용사의 명사적 용법: 소유대명사 ▶강의보기 🔊 20-4

후치형 소유대명사는 명사 없이 혼자서 '~의 것'이라는 소유의 의미를 나타내기도 해요.

　　¿Es tuyo?　　너의 것이니?　➡　Sí, es mío.　　응, 내 것이야.
　　¿Es vuestra?　　너희 것이니?　➡　Sí, es nuestra.　　응, 우리 것이야.

STEP 3 스페인어 진짜 즐기기 ▶강의보기 🔊 20-5 💬 말하기 연습

아래 대화를 들으면서 오늘 배운 내용을 확인해 보세요.

✅ 단어
Bienvenido 어서 와

Lucas: ¡Bienvenida, Erica! Mi casa es tu casa.
어서 와, 에리카! 네 집처럼 편하게 생각해.

✅ Mini Check
우리가 배운 '세상에나!'라는 표현도 후치형 소유형용사가 들어가는 경우였네요! 다만 감탄 표현이라 관사는 넣지 않아요.
- ¡Dios **mío**!
- ¡Madre **mía**!

Erica: Madre mía. ¡Tu casa es muy bonita!
세상에나. 너의 집 정말 예쁘다!

Lucas: Gracias. No es mía. Es de mis padres y vivo con Sara.
고마워. 나의 집은 아니야. 나의 부모님 거고 나는 사라와 함께 살아.

Erica: ¡Verdad! ¡Sara es tu hermana!
맞네! 사라가 너의 여자 형제지!

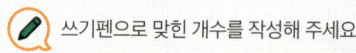

1 전치형 소유형용사를 활용하여 제시된 표현을 스페인어로 바꿔 써 보세요.

1. 나의 남편 ➡ _____
2. 너의 여자친구 ➡ _____
3. 우리의 여자 동료 ➡ _____

2 전치형 소유형용사를 활용하여 제시된 문장을 스페인어로 바꿔 써 보세요.

1. 그녀들은 너희 동료들이에요. ➡ _____.
2. 그들은 그의 부모님이에요. ➡ _____.
3. 너는 내 가족이야. ➡ _____.

3 제시된 빈칸에 알맞은 소유대명사를 채워, 질문에 대한 답변을 완성하세요.

1. ¿Es tuyo? ➡ Sí, es _____.
2. ¿Es mío? ➡ No, no es _____.
3. ¿Es vuestra? ➡ Sí, es _____.
4. ¿Las cervezas son de Erica? ➡ No, no son _____.

▶ 강의보기 틀리거나 헷갈리는 문제는 문제 해설 강의로 복습하세요.

오늘의 Misión '(사람 이름)은 (인간관계)이다'라는 문장 구조를 활용하여 여러분의 가족과 연인, 친구들을 스페인어로 얘기해 보세요.

현재 직장 말하기

Día 21
Marcos trabaja en un restaurante.
마르코스는 한 식당에서 일해요.

20 . .
 학습 시작

오늘은 명사 앞에 붙이는 관사 중 부정관사를 학습해 봐요. 본격적인 학습에 앞서 오늘 배울 내용을 확인해 보세요!

 전체강의   질문 게시판   MP3

① 부정관사의 형태   ② 부정관사의 활용   ③ 현재 직장 말하기

STEP 1 스페인어 진짜 맛보기

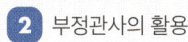 강의보기   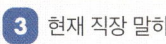 21-1   💬 말하기 연습

¡Ojo!

오늘 배울 내용을 예문으로 먼저 만나 보세요! 음원을 여러 번 듣고 따라 읽으면서 실력을 쌓아 볼까요?

☑ 반복 학습 체크체크

MP3 듣기 ✓1회 2회 3회
따라 읽기 1회 2회 3회

Trabajo en una compañía.	나는 어떤 회사에서 일해요.
Soy una persona tranquila.	나는 차분한 사람이에요.
Vivimos en una casa bonita.	우리는 어떤 예쁜 집에서 살아요.
Una pizza, por favor.	피자 하나 주세요.

🔤 단어
trabajar 일하다
la compañía 회사, 기업
tranquilo 차분한

 스페인/중남미 진짜 여행 떠나기!

부정관사면서 숫자 1, 하나의 뜻을 가진 'un, una'로 음식이나 음료를 주문할 수 있다는 것을 알고 있죠? 꼭 주문하는 음식의 성에 맞게 관사를 넣어 주문해 보세요! ¡Un café, por favor! ¡Una cerveza, por favor!

1

STEP 2 스페인어 진짜 알아가기

1. 부정관사의 형태

▶강의보기 🔊 21-2

'어떤, 한, 몇몇의'라는 의미를 명사에 더해 주는 단어예요. 명사의 성수에 맞게 네 가지 형태로 바꿔 사용해요.

| 남성단수 | un | 남성복수 | unos | + 명사 |
| 여성단수 | una | 여성복수 | unas | |

2. 부정관사의 활용

▶강의보기 🔊 21-3

처음 언급하는 명사뿐만 아니라 아래의 경우에도 부정관사를 사용해요.

1) 명사를 처음 언급할 때

Una **compañera** está enferma. 어떤/한 동료가 아픈 상태예요.

Escucho una **canción** de Julio Iglesias. 저는 훌리오 이글레시아스의 어떤/한 노래를 들어요.

2) 명사를 꾸며 주는 형용사가 있을 때

Él es un **chico** moreno. 그는 까무잡잡한 청년이에요.

Soy una **persona** tranquila. 나는 차분한 사람이에요.

Son unos **españoles** majos. 그들은 좋은 스페인 사람들이에요.

Aprendo español con un **amigo** tuyo. 나는 네 친구와 스페인어를 공부해.

> 잠깐!
> 형용사는 보통 명사를 뒤에서 꾸며 줘요.

3) 집단의 한 사람이나 사물을 골라 언급할 때

Un **amigo** mío está en España ahora. 내 친구(들 중) 한 명은 지금 스페인에 있어요.

Una **hermana** de Tania habla español. 타니아의 형제(들 중) 한 명은 스페인어를 말해요.

4) '하나'라는 수량을 말할 때

Una **paella**, por favor. 빠에야 하나 주세요.

¡Ojo!

단어

enfermo 아픈
la canción 노래
moreno 까무잡잡한
majo 착한/좋은
ahora 지금

Mini Check

ar, er, ir 동사의 현재 시제 어미 변형

-ar	-er	-ir
o	o	o
as	es	es
a	e	e
amos	emos	imos
áis	éis	ís
an	en	en

3. 현재 직장 말하기

▶강의보기 🔊 21-4   💬 ¡Ojo!

'~(장소)에서 일한다'고 말할 때는 'trabajar(일하다)'라는 -ar 규칙 동사를 사용해요.

인칭대명사	동사 변형
Yo	trabajo
Tú	trabajas
Él/Ella/Usted	trabaja
Nosotros/as	trabajamos
Vosotros/as	trabajáis
Ellos/Ellas/Ustedes	trabajan

Trabajar 일하다

Trabajar 동사를 사용해서 상대방에게 처음으로 직장을 언급할 때, 장소를 나타내는 표현 앞에 부정관사를 써 줘요.

[인칭대명사/이름] + [trabajar 동사] + en + [부정관사] + [장소(직장)]

Aurelio **trabaja** en una cafetería. 아우렐리오는 어떤 카페에서 일해요.
Ellos **trabajan** en un hotel. 그들은 어떤 호텔에서 일해요.
¿**Trabajáis** en un banco? 너희는 은행에서 일하니?

🔤 단어
el banco 은행

STEP 3 스페인어 진짜 즐기기

▶강의보기 🔊 21-5 💬 말하기 연습

아래 대화를 들으면서 오늘 배운 내용을 확인해 보세요.

🔤 단어
dónde 어디
solo 혼자
cabezón 고집 쎈
sociable 사회적인

Erica: Marcos, ¿dónde trabajas?
마르코스, 어디서 일해?

Marcos: Trabajo en un restaurante en México.
나는 멕시코에서 어떤 식당에서 일해.

Erica: ¿Trabajas solo?
혼자 일해?

Marcos: No, trabajo con un compañero cabezón. No es un chico sociable.
아니, 고집 쎈 동료 한 명과 함께 일해. 사회적인 청년이 아니야.

 **STEP 4 스페인어 진짜 써먹기**

쓰기펜으로 맞힌 개수를 작성해 주세요.

나의 점수   개 / 10개   정답 보기

1 제시된 명사의 성수에 맞춰 빈칸에 알맞은 부정관사를 적어 보세요.

1. _____ amigo
2. _____ patatas fritas
3. _____ perros
4. _____ llave

2 제시된 그림을 보고 빈칸에 알맞은 부정관사와 단어를 채워 보세요.

1. Él trabaja en _____ _____.

2. Ellos trabajan en _____ _____.

3. Ella trabaja en _____ _____.

3 제시된 단어를 순서대로 배열하여 문장을 완성해 보세요.

1. un frío Soy profesor   ➡ _____.
2. Juana amiga una es amable ➡ _____.
3. coreanos unos divertidos Somos ➡ _____.

▶ 강의보기 틀리거나 헷갈리는 문제는 문제 해설 강의로 복습하세요.

◎ 오늘의 Misión 여러분은 어디서 일하나요? 부정관사와 trabajar 동사를 이용해 스페인어로 말해 보세요!

Día 22

사람의 장점 말하기

El amigo de Erica cocina bien.
에리카의 그 친구는 요리를 잘해요.

20 . .

오늘은 명사 앞에 붙이는 관사 중 정관사를 학습해 봐요. 본격적인 학습에 앞서 오늘 배울 내용을 확인해 보세요!

1. 정관사의 형태   2. 정관사의 활용   3. 사람의 장점 말하기

STEP 1 스페인어 진짜 맛보기

강의보기 | 22-1 | 말하기 연습

¡Ojo!

☑ 반복 학습 체크체크

MP3 듣기 ✓ 2회 3회

따라 읽기 1회 2회 3회

오늘 배울 내용을 예문으로 먼저 만나 보세요! 음원을 여러 번 듣고 따라 읽으면서 실력을 쌓아 볼까요?

¿Dónde está **el** hotel? 호텔이 어디에 있나요?

Los coreanos comen mucho. 한국인들은 많이 먹어요.

Seúl es **la** capital de Corea. 서울은 한국의 수도예요.

La novia de Marcos canta genial. 마르코스의 여자친구는 훌륭하게 노래해요.

단어
el hotel 호텔
la capital 수도
la novia 여자친구
genial 훌륭한, 멋진

스페인/중남미 진짜 여행 떠나기!

¿Escuchas la música española? ¿Escuchas la música latinoamericana? 언어를 배울 때는 그 언어로 된 노래를 들으며 듣기 연습하는 것이 큰 도움이 돼요. 인기 있는 노래를 찾아 꼭 들어 보세요!

STEP 2. 스페인어 진짜 알아가기

1. 정관사의 형태

▶ 강의보기 🔊 22-2

'그'라는 의미를 명사에 더해 주는 단어예요. 명사의 성수에 맞게 네 가지 형태로 바꿔 사용해요.

| 남성단수 | el | 남성복수 | los | + 명사 |
| 여성단수 | la | 여성복수 | las | |

2. 정관사의 활용

▶ 강의보기 🔊 22-3

정관사는 서로가 아는 대상이나 하나뿐인 특정 대상, 혹은 명사를 일반화하여 말할 때 사용해요.

1) 서로가 아는 대상, 앞에서 언급한 대상

¿Dónde está la llave? 　 열쇠가 어디에 있나요?
La llave está en la mesa. 　 열쇠는 책상에 있어요.

2) 특정한 대상, 유일한 것

Madrid es la capital de España. 　 마드리드는 스페인의 수도예요.
El padre de Eva trabaja en un banco. 　 에바의 아버지는 어떤 은행에서 일해요.

3) 명사의 일반화

Los coreanos comen mucho. 　 한국인들은 많이 먹어요.
Escucho la música española. 　 저는 스페인 음악을 들어요.

✏️ ¡Ojo!

단어

la llave 열쇠
la mesa 책상
la música 음악

Mini Check

Día 20에서 전치사 'de'를 사용해서 소유주를 나타낼 경우, '소유물/사람'을 나타내는 표현 앞에 관사를 넣어 준다는 것을 배웠죠?

3. 사람의 장점 말하기

정관사를 이용해 특정 인물의 장점을 이야기해 봐요!

 22-4

¡Ojo!

단어
- el jefe 보스, 상사
- nadar 수영하다
- el novio 남자친구
- leer 읽다
- el libro 책

El **jefe** baila bien.
상사는 춤을 잘 춰요.

El **amigo de Erica** cocina bien.
에리카의 친구는 요리를 잘해요.

La **esposa de Miguel** nada bien. ★
미겔의 아내는 수영을 잘해요.

La **novia de Marcos** canta genial.
마르코스의 여자친구는 노래를 훌륭하게 해요.

Los **padres de mi novio** leen muchos libros. ★
내 남자친구의 부모님은 책을 많이 읽으세요.

Los **compañeros de mi hijo** tocan muy bien el piano.
내 아들의 동료들은 피아노를 매우 잘 연주해요.

Mini Check

우리가 배운 일반동사

bailar	춤추다
cantar	노래하다
cocinar	요리하다
escuchar	듣다
tocar	연주하다
viajar	여행하다
trabajar	일하다

★ **nadar, leer 현재 시제 동사 변형**

nadar	leer
nado	leo
nadas	lees
nada	lee
nadamos	leemos
nadáis	leéis
nadan	leen

단어
- en general 보통, 일반적으로
- por cierto 그건 그렇고

STEP 3 스페인어 진짜 즐기기  22-5 말하기 연습

아래 대화를 들으면서 오늘 배운 내용을 확인해 보세요.

 Marcos
Oye, Erica. Los coreanos trabajan mucho, ¿no?
얘, 에리카야. 한국인들은 일 많이 하지?

Erica
En general, sí. El hermano de Sara también trabaja muchísimo.
보통은 그래. 사라의 남자 형제도 일 정말 많이 해.

Marcos
Los mexicanos también.
Por cierto, el hermano de Sara baila bien, ¿verdad?
멕시코 사람들도. 그건 그렇고, 사라의 남자 형제 춤 잘 추지?

 Erica
Sí. Y él escucha la música española y mexicana.
응. 그리고 그는 스페인과 멕시코 음악을 들어.

 **STEP 4 스페인어 진짜 써먹기**

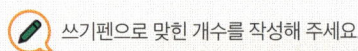 쓰기펜으로 맞힌 개수를 작성해 주세요.

나의 점수　　개 / 10개 정답 보기

1 제시된 빈칸에 알맞은 정관사 형태를 적어 보세요.

　　남성단수　**1.** ＿＿＿＿＿＿　　　남성복수　**3.** ＿＿＿＿＿＿

　　여성단수　**2.** ＿＿＿＿＿＿　　　여성복수　**4.** ＿＿＿＿＿＿

2 빈칸에 알맞은 정관사를 채워 제시된 문장을 완성하세요.

1. ¿Dónde está ＿＿＿＿＿＿ hotel?

2. Yo estoy en ＿＿＿＿＿＿ casa de Ana.

3. ＿＿＿＿＿＿ compañeros de mi hermano son italianos.

3 빈칸에 알맞은 정관사를 채워 마르코스의 가족을 소개하는 글을 완성하세요.

Marcos es mi amigo.

Felipe es **1.** ＿＿＿＿＿＿ padre de Marcos.

María es **2.** ＿＿＿＿＿＿ madre de Marcos.

Lola y Ignacio son **3.** ＿＿＿＿＿＿ hermanos de Marcos.

▶강의보기　틀리거나 헷갈리는 문제는 문제 해설 강의로 복습하세요.

◎오늘의 Misión　한국인들은 어떤 사람들인가요? 지금까지 배운 현재 시제 일반 동사를 사용해 한국인들의 특징을 말해 보세요!

 학습 종료

Día 23

사람의 여러가지 정보 말하기

La hermana de Marcos es una actriz famosa.

마르코스의 여자 형제는 유명한 배우예요.

오늘은 앞서 배운 부정관사와 정관사를 비교하는 시간을 가져 볼게요. 본격적인 학습에 앞서 오늘 배울 내용을 확인해 보세요!

1 부정관사 vs 정관사   2 무관사

STEP 1 스페인어 진짜 맛보기

▶ 강의보기   🔊 23-1   💬 말하기 연습

오늘 배울 내용을 예문으로 먼저 만나 보세요! 음원을 여러 번 듣고 따라 읽으면서 실력을 쌓아 볼까요?

Gaudí es un arquitecto español.
가우디는 스페인 건축가예요.

Es una película de América.
미국 영화예요.

Las películas coreanas son buenas.
한국 영화들은 재미있어요.

Trabajo en el restaurante de mi papá.
저는 저의 아빠의 식당에서 일해요.

📝 **¡Ojo!**

☑ 반복 학습 체크체크

MP3 듣기 1회 ✓ 2회 3회

따라 읽기 1회 2회 3회

ⓥ 단어

el arquitecto 건축가
la película 영화

 스페인/중남미 진짜 여행 떠나기!

'사그라다 파밀리아(La Sagrada Familia)'라는 성당에 대해 들어 봤나요? 스페인 바르셀로나에 있는 성당으로, 스페인 건축가인 안토니 가우디(Antoni Gaudí)의 작품으로 알려져 있으며 약 150년의 건축 기간을 거쳐 2026년 완공을 앞두고 있답니다. 오래 걸리는 만큼 아름다운 성당이니 꼭 가 보세요!

STEP 2 스페인어 진짜 알아가기

1. 부정관사 vs 정관사

▶강의보기 🔊 23-2

부정관사는 상대방이 알지 못하는 대상이나 불특정한 대상을 언급할 때 사용하고, 정관사는 서로 아는 대상이나 특정한 대상, 혹은 일반화하여 이야기할 때 사용했어요. 두 관사의 차이를 조금 더 자세히 비교해 봐요!

1) 불특정한 대상 vs 특정한 대상

Trabajo en un restaurante.	저는 어떤 식당에서 일해요.
Trabajo en el restaurante de mi papá.	저는 제 아버지 식당에서 일해요.

2) 불특정한 대상 vs 명사의 일반화

Esta es una película americana.	이것은 한 미국 영화예요.
Las películas americanas son buenas.	미국 영화는 재미있어요.

3) 집단의 한 사람이나 사물을 골라 언급할 때 vs 유일한 대상

Cádiz es una ciudad española.	카디스는 스페인 도시예요.
Madrid es la capital de España.	마드리드는 스페인의 수도예요.

4) 집단의 한 사람이나 사물을 골라 언급할 때 vs 특정한 대상

Un hermano de Pedro habla inglés.	페드로의 형제(들 중) 한 명은 영어를 말해요.
Jaime es el hermano de Pedro.	하이메는 페드로의 남자 형제예요.

5) 명사를 처음 언급할 때 vs 앞에서 언급된 대상

Vivo en una casa bonita.	저는 어떤 예쁜 집에 살아요.
¿Dónde está la casa bonita?	그 예쁜 집은 어디에 있나요?

6) 기타 용법(하나의 수량을 나타내는 경우)

Una sangría, por favor.	상그리아 하나 주세요.

📝 ¡Ojo!

2. 무관사

 ¡Ojo!

명사 앞에 부정관사나 정관사를 쓰지 않았던 경우들을 다시 한번 정리해 봐요!

1) 고유명사(국가명, 이름 등)

Estoy en Cuba.   나는 쿠바에 있어요.

2) Ser 동사 + 직업/국적/신분

Soy estudiante.   저는 학생이에요.
Ella es japonesa.   그녀는 일본인이에요.

3) 'casa' 앞 (특히 자기 집을 언급할 경우)

Mis padres están en casa.   내 부모님은 집에 계세요.

4) hablar 동사 + 언어명

Hablamos inglés.   우리는 영어를 해요.

STEP 3 스페인어 진짜 즐기기

 말하기 연습

아래 대화를 들으면서 오늘 배운 내용을 확인해 보세요.

 Lucas: ¿Quién es Gaudí?
가우디가 누구야?

 Sara: Gaudí es un arquitecto español.
가우디는 스페인 건축가야.

 Lucas: ¿Dónde están las obras de él?
그의 작품들은 어디에 있어?

 Sara: Están en España. Los españoles aman sus obras.
La Sagrada Familia es una obra suya.
스페인에 있어. 스페인 사람들은 그의 작품들을 사랑해.
사그라다 파밀리아는 그의 작품(들 중) 하나야.

단어

quién 누구
la obra 작품
amar 사랑하다

Mini Check

amar 현재 시제 동사 변형

amar	
amo	amamos
amas	amáis
ama	aman

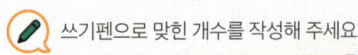

① 다음은 Lola와 그의 남자친구에 대한 설명이에요. 각 문장에 알맞은 관사를 고르세요.

Lola es **1.** (una/la) estudiante inteligente.

2. (Un/El) novio de ella trabaja en **3.** (una/la) cafetería.

4. (Una/La) cafetería está en **5.** (una/la) ciudad de Corea.

Ellos viven con **6.** (un/el) perro.

② 제시된 우리말을 보고 빈칸에 알맞은 단어를 채워 보세요.

1. 맥주 한 잔 주세요. ➡ _____ cerveza, por favor.
2. 스페인 사람들은 성격이 좋아요. ➡ _____ _____ son majos.
3. 이것은 셀리아의 여권이에요. ➡ Este es _____ pasaporte de Celia.
4. 나는 어떤 웃긴 친구들이랑 있어요. ➡ Estoy con _____ _____ graciosos.

▶ 강의보기 틀리거나 헷갈리는 문제는 문제 해설 강의로 복습하세요.

◎ 오늘의 Misión 오늘 배운 예문을 활용해 부정관사와 정관사가 들어가는 문장을 하나씩 만들어 보세요.

Día 19~23 복습하기

Día 24

Práctica ④
연습문제

  연습문제로 실력을 체크해 봐요!

나의 점수   개 / 30개

1 다음은 소유형용사가 알맞지 않게 사용된 문장들이에요. 제시된 문장에 사용된 소유형용사를 알맞은 형태로 다시 써 보세요.

1. Mi padres son rubios. ➡ _____.

2. Ángela es nuestro hermana. ➡ _____.

3. ¿Él es tus novio? ➡ _____.

4. Vuestros perro está aquí. ➡ _____.

2 제시된 소유형용사들을 응용하여 다음 문장들을 완성해 보세요.

| 보기 | mío | tuyo |

1. ¡Dios _____!

2. La pizza es tuya. ¡No es _____!

3. Este libro no es mío. ¡Es _____!

4. Esta cerveza es mía. ¡No es _____!

❸ 제시된 지시형용사에 어울리는 명사를 짝지어 보세요.

1. Esta • • a. patatas fritas
2. Estas • • b. carne
3. Este • • c. actores
4. Estos • • d. mapa

❹ 빈칸에 알맞은 지시대명사를 채워 다음 대화문을 완성해 보세요.

a.
A ¿Qué es 1. _____?
B Es una iglesia.

b.
A ¿Quiénes son 2. _____?
B 3. _____ es mi padre y 4. _____ es mi hija.

❺ 제시된 빈칸에 알맞은 단어를 채워, 질문에 대한 답변을 완성하세요.

| 보기 | ¿Qué es esto? |

1. Es _____ aguacate.
2. Es _____ quesadilla.
3. Es _____ llave.
4. Es _____ pan.

6 제시된 문장을 스페인어로 바꿔 써 보세요.

1. Manuel의 상사는 노래를 잘해요.

   ➡ _____ .

2. 한국인들은 일을 많이 해요.

   ➡ _____ .

3. 내 남자친구의 부모님은 콜롬비아에 살아요.

   ➡ _____ .

4. 내 부모님의 강아지는 예뻐요.

   ➡ _____ .

7 빈칸에 알맞은 부정관사나 정관사를 채워 다음 글을 완성해 보세요.

1. _____ amiga de mi hermano vive en 2. _____ capital de Argentina.

Buenos Aires es 3. _____ ciudad bonita.

Ella es 4. _____ cantante famosa y habla bien 5. _____ coreano.

Trabaja en 6. _____ restaurante también.

Diálogo 음원을 듣고 대화를 완성한 다음, 소리 내어 연습해 보세요. 24-1 말하기 연습

Eduardo: ¿Quién es _____?

Nina: Es Rosalía. Es ____ cantante muy _____.

Eduardo: ¿Sí? Y, ¿____ _____ es ella?

Nina: Es española. Vive en ____ ciudad de España.

Eduardo: ____ españoles cantan bien, ¿no?

Nina: No todos. Pero ____ amigo ____ de España canta muy bien.

Eduardo: Es José, ¿verdad? Sí, ____ amigo es cantante.

Nina: Es ____ hermano de ____ novio.

Eduardo: ¿De verdad? Guau. Bueno, me voy, Nina. Trabajo en _____ cafetería.

Nina: _____. ¡Hasta luego!

▶ 강의보기 틀리거나 헷갈리는 문제는 문제 해설 강의로 복습하세요.

◎ 오늘의 Misión 지시형용사(혹은 지시 대명사), 소유형용사, 부정관사, 정관사를 모두 넣어 누군가를 소개하는 문장들을 만들어 보세요.

Día 25

인원 묻고 답하기

Somos cuatro personas.
우리들은 4명이에요.

 20 . . 학습 시작

오늘부터 숫자를 살펴볼 거예요. 오늘은 첫날이니 0부터 19까지의 숫자와 이를 활용한 표현들부터 학습해 봐요.

 전체강의   질문 게시판   MP3

1 기수 0~19   2 정확한 수량 주문하기   3 인원 묻고 답하기   4 숫자가 들어간 재미있는 표현들

STEP 1 스페인어 진짜 맛보기

 강의보기 🔊 25-1 💬 말하기 연습

¡Ojo!

✅ 반복 학습 체크체크

MP3 듣기 1회 ✓ 2회 3회
따라 읽기 1회 2회 3회

오늘 배울 내용을 예문으로 먼저 만나 보세요! 음원을 여러 번 듣고 따라 읽으면서 실력을 쌓아 볼까요?

¿**Cuántas** personas son?★	(여러분은) 몇 분이세요?
Somos cuatro personas.	우리는 네 명이에요.
Tres patatas fritas, por favor.	감자튀김 세 개 주세요.
¡Choca esos **cinco**!	하이파이브!

단어
cuánto 얼마나
la persona 사람

★ Cuánto는 뒤에 오는 명사에 맞게 4가지로 성수일치를 해 주는 의문사예요. Día 62에서 더 자세히 살펴볼게요.

남성단수	Cuánto
여성단수	Cuánta
남성복수	Cuántos
여성복수	Cuántas

 스페인/중남미 진짜 여행 떠나기!

¿Cuántas personas son? 식당에 들어가면 인사만큼 자주 듣는 말이에요. 두 단어만으로 대답할 수 있으니 잘 외워 두세요! Somos dos. (우리는 두 명이에요.), Somos cuatro. (우리는 네 명이에요.)

2명이요~

1

STEP 2 스페인어 진짜 알아가기

1. 기수 0~19

0	cero	5	cinco	10	diez	15	quince
1	uno	6	seis	11	once	16	dieciséis
2	dos	7	siete	12	doce	17	diecisiete
3	tres	8	ocho	13	trece	18	dieciocho
4	cuatro	9	nueve	14	catorce	19	diecinueve

잠깐!

❶ 숫자 1은 뒤에 명사를 넣어줄 때 명사의 성에 맞춰 un, una로 바뀌어요. 즉, 부정관사의 형태와 같아집니다.
un café 커피 하나
una pasta 파스타 하나

❷ 숫자 '6'에는 tilde가 없지만 '16'에는 tilde가 있죠? 이는 일의 자리에 해당하는 '6' 부분을 세게 읽기 위해서예요. Seis의 ei는 [강모음+약모음] 형태로 이어진 이중모음이기 때문에 하나의 모음으로 간주해요. 만약 dieciséis에 tilde가 없다면 뒤에서 두 번째 오는 모음인 ci의 i에 강세가 들어가게 되니까, 일부러 seis의 강세 자리인 'e'에 tilde를 표기한답니다.

¡Ojo!

★ 16~19의 'dieci~'는 'diez(10)'과 'y(그리고)'가 합쳐진 단어랍니다. 두 단어를 빨리 읽으면 'dieci'가 되죠!

Mini Check

강모음	A, E, O
약모음	I, U

[강모음+약모음] 또는 [약모음+강모음]의 형태의 이중모음일 경우, 강세는 강모음에!

2. 정확한 수량 주문하기

음식이나 음료를 하나씩 주문하는 법을 배웠었죠? 오늘은 숫자를 배웠으니 수량을 늘려 주문해 봐요!

Tres cervezas, por favor. — 맥주 세 개 주세요.
Dos copas de vino tinto, por favor. — 레드 와인 두 잔 주세요.
Una paella, dos gambas al ajillo y cuatro sangrías, por favor. — 빠에야 하나, 감바스 알 아히요 두 개, 상그리아 네 개 주세요.

단어
la copa 컵, 잔
el vino tinto 레드 와인

3. 인원 묻고 답하기

식당이나 카페에 들어가면 받는 질문인, '몇 분이세요?'라는 질문에 대답해 봐요.

¿Cuántas personas son? — 몇 분이세요?
= ¿Cuántos son?
Somos tres personas. — 우리는 세 명이에요.

만약 혼자라면 이렇게 대답하세요!

Solo yo. — 저 혼자예요.
Una sola persona. — 한 명이요.

4. 숫자가 들어간 재미있는 표현들  25-5

¡Choca esos cinco!
Soy un cero a la izquierda. ★

하이파이브! (그 다섯 개를 쳐!)
나는 중요하지 않는 사람이야. (나는 왼쪽의 0이야.)

¡Ojo!

단어
chocar 치다
la izquierda 왼쪽

★ '이 표현은 '5 = 05'처럼 숫자의 왼쪽에 0을 넣으면 아무 의미가 없다는 것에서 나온 표현이에요.

 **STEP 3 스페인어 진짜 즐기기**   25-6 💬 말하기 연습

아래 대화를 들으면서 오늘 배운 내용을 확인해 보세요.

 camarero
¡Hola! ¿Cuántos son?
안녕하세요! 몇 분이세요?

 Sara
¡Hola! Somos tres personas.
안녕하세요! 우리는 세 명이에요.

 Lucas
Primero, dos cervezas, tres mojitos y una copa de vino, por favor.
먼저, 맥주 두 개, 모히또 세 개 그리고 와인 한 잔 주세요.

 camarero
¡Guau! ¡Beben mucho!
와! 많이 드시네요!

단어
primero 먼저
guau 와우

★ 우리나라에서는 음료와 음식을 함께 주문하지만, 스페인권 나라에서는 두 가지를 함께 주문하거나 음료를 먼저 주문해요.

 스페인어 진짜 써먹기

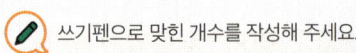 쓰기펜으로 맞힌 개수를 작성해 주세요.

나의 점수   개 / 10개   정답 보기

1 제시된 숫자를 스페인어로 적어 보세요.

1. 6 ➡ _____   2. 9 ➡ _____
3. 14 ➡ _____   4. 15 ➡ _____
5. 17 ➡ _____

2 제시된 그림을 보고 빈칸에 알맞은 숫자를 스페인어로 채워, 질문에 대한 답변을 완성하세요.

질문   ¿Cuántas personas son ustedes?

1. Somos _____.

2. Somos _____.

3. Somos _____.

3 MP3를 듣고 다음 빈칸을 채워 대화를 완성해 보세요.   🔊 25-7

 Eduardo   ¡Buenas tardes!

 Nina   ¡Hola! **1.**_____ zumos y **2.**_____ copas de vino blanco, por favor.

▶강의보기   틀리거나 헷갈리는 문제는 문제 해설 강의로 복습하세요.

◎오늘의 Misión   지금 스페인의 한 식당에 있다고 생각하고, 주문하고 싶은 음식과 음료를 스페인어로 시켜 보세요!

현재 시간 묻고 답하기

Día 26
Ahora es la una.
지금 1시예요.

오늘은 지난 시간에 이어 20부터 100까지의 숫자를 학습하고 현재 시간을 말하는 방법도 배워 볼게요.

1 기수 20~100   2 현재 시간 묻고 답하기

STEP 1 스페인어 진짜 맛보기

강의보기 26-1 말하기 연습

¡Ojo!

오늘 배울 내용을 예문으로 먼저 만나 보세요! 음원을 여러 번 듣고 따라 읽으면서 실력을 쌓아 볼까요?

☑ 반복 학습 체크체크

MP3 듣기   1회 2회 3회
따라 읽기   1회 2회 3회

단어
la hora 시간
en punto 정각
cuarto 1/4, 15분

¿**Qué hora** es?	몇 시예요?
Es **la una en punto**.	1시 정각이에요.
Son **las tres y treinta de la tarde**.	오후 3시 30분이에요.
Son **las doce menos cuarto**.	12시 15분 전이에요.

스페인/중남미 진짜 여행 떠나기!

스페인어권 사람들은 길거리에서 모르는 사람들에게 대뜸 시간을 물어보기도 해요. 당황하지 말고 오늘 배우는 표현으로 자신 있게 시간을 얘기해 주세요!

STEP 2 스페인어 진짜 알아가기

1. 기수 20~100

▶ 강의보기　🔊 26-2

20	veinte	25	veinticinco	30	treinta	60	sesenta
21	veintiuno	26	veintiséis	31	treinta y uno	70	setenta
22	veintidós	27	veintisiete	40	cuarenta	80	ochenta
23	veintitrés	28	veintiocho	43	cuarenta y tres	90	noventa
24	veinticuatro	29	veintinueve	50	cincuenta	100	cien

¡Ojo!

★ 21~29의 'veinti~'는 'veinte(20)'과 'y(그리고)'가 합쳐진 단어랍니다. 두 단어를 빠르게 읽으면 'veinti'가 되죠!

잠깐!

❶ 16(dieciséis)와 마찬가지로 22(veintidós), 23(veintitrés), 26(veintiséis)에도 tilde가 들어가요. 일의 자리를 세게 읽기 위해 일부러 dos, tres와 seis의 강세자리인 o와 e에 tilde를 표기한답니다.

❷ 30부터 99까지는 '십의 자리 + y + 일의 자리'의 조합으로 수를 말해요.

	십의 자리		일의 자리	
31	treinta(30)	y	uno(1)	= treinta y uno
43	cuarenta(40)		tres(3)	= cuarenta y tres

2. 현재 시간 묻고 답하기

▶ 강의보기　🔊 26-3

시간을 말할 때는 'ser' 동사와 여성 정관사인 'la, las'를 이용해요. 이는 '시간(la hora)'이라는 단어가 여성 단어여서 그렇답니다.

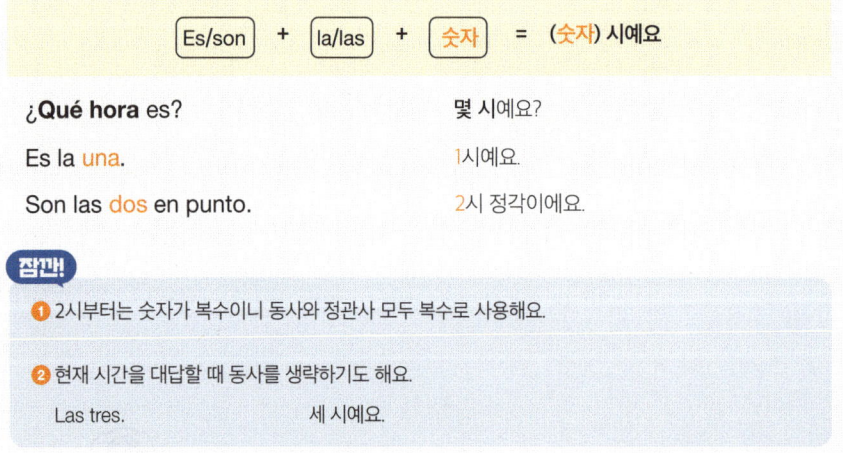

¿**Qué hora** es?	몇 시예요?
Es la una.	1시예요.
Son las dos en punto.	2시 정각이에요.

잠깐!

❶ 2시부터는 숫자가 복수이니 동사와 정관사 모두 복수로 사용해요.

❷ 현재 시간을 대답할 때 동사를 생략하기도 해요.
　Las tres.　　　　　세 시예요.

현재 시간에 분을 더할 때는 'y'와 분에 해당하는 숫자를, '~분 전'을 나타낼 때는 'menos'와 해당하는 숫자를 더해요.

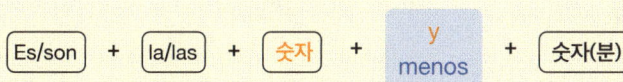 ¡Ojo!

Es/son + la/las + 숫자 + y/menos + 숫자(분)

Es la **una** y cinco.   1시 5분이에요.

Son las **ocho** menos **quince**.   8시 15분 전이에요.
= Son las **ocho** menos **cuarto**. ★
= Son las **siete** y **cuarenta y cinco**.   7시 45분이에요.

Son las **cinco** y **treinta**.   5시 30분이에요.
= Son las **cinco** y **media**. ★   5시 반이에요.

★ 15분은 'cuarto', 30분은 'media'라고 얘기하기도 해요.

잠깐!
오전, 오후, 밤의 시간대를 더할 수도 있어요.
Son las seis de la **mañana**.   오전 여섯 시예요.
Son las doce de la **tarde**.   오후 열두 시예요. (정오)
Son las diez de la **noche**.   밤 열 시예요.

★ 정오는 'mediodía', 자정은 'medianoche'라고 말하기도 해요.
• Es medianoche. 자정이에요.

 STEP 3 스페인어 진짜 즐기기   ▶강의보기   🔊 26-4   💬 말하기 연습

아래 대화를 들으면서 오늘 배운 내용을 확인해 보세요.

Marcos: ¿Qué hora es ahora en Corea?
지금 한국은 몇 시야?

Erica: Son las nueve y media de la mañana. ¿Y, en México?
오전 아홉 시 반이야. 멕시코는?

Marcos: Las seis y media de la tarde y estoy hecho polvo.
저녁 여섯 시 반이고 난 가루가 되었어.

Erica: Yo también estoy cansadísima.
나도 정말 피곤해.

STEP 4 스페인어 진짜 써먹기

쓰기펜으로 맞힌 개수를 작성해 주세요.

나의 점수   개 / 10개   정답 보기

🔊 26-5

1 MP3에서 나오는 숫자를 듣고 스페인어로 받아 적어 보세요.

1. _____
2. _____
3. _____
4. _____
5. _____

2 제시된 문장의 빈칸에 들어갈 수 있는 어휘를 고르세요.

보기   ¿_____ hora es?

1. ❶ Qué   ❷ Cómo   ❸ Cuánto

보기   _____ las cinco y media.

2. ❶ Es   ❷ Y   ❸ Son

3 제시된 단어를 순서대로 배열하여 문장을 완성해 보세요.

1. la la Es una de tarde ➡ _____.
2. ocho en las punto Son ➡ _____.
3. menos Son quince once las ➡ _____.

▶강의보기 틀리거나 헷갈리는 문제는 문제 해설 강의로 복습하세요.

◎오늘의 Misión 여러분이 공부하고 있는 지금은 몇 시인가요? 스페인어로 말해 보세요!

학습 종료

4

Día 27

금액 묻고 답하기

Son doscientos euros.
200유로예요.

오늘은 101 이상부터는 스페인어로 어떻게 말하는지 배우고, 물건의 가격을 물어보는 표현까지 살펴볼게요.

1 기수 101~   2 금액 묻고 답하기   3 계산 표현

STEP 1 스페인어 진짜 맛보기

▶ 강의보기   🔊 27-1   💬 말하기 연습

오늘 배울 내용을 예문으로 먼저 만나 보세요! 음원을 여러 번 듣고 따라 읽으면서 실력을 쌓아 볼까요?

¿**Cuánto cuesta**?	얼마예요?
Son **doscientos** euros.	200유로예요.
Son **cuatro mil** pesos.	4,000페소예요.
¡Está **caro**!	비싸요!

¡Ojo!

☑ 반복 학습 체크체크

MP3 듣기 ✓1회 2회 3회

따라 읽기 1회 2회 3회

단어
costar 값이 ~이다
el euro 유로
el peso 페소(중남미 나라의 화폐 단위)
caro 비싼

 스페인/중남미 진짜 여행 떠나기!

스페인은 유로(€)를 사용하고 멕시코, 쿠바, 콜롬비아, 칠레, 아르헨티나 등의 많은 중남미 나라들은 페소(peso)라는 단위를 사용해요. 페소 표기는 달러($)와 같으니 여행할 때 주의하세요! 사실 멕시코가 미국보다 먼저 이 기호를 페소 표기로 사용하기 시작했답니다.

STEP 2 스페인어 진짜 알아가기

1. 기수 101~

 강의보기   27-2

101	ciento uno	1.000	mil
200	doscientos	2.000	dos mil
300	trescientos	10.000	diez mil
400	cuatrocientos	50.000	cincuenta mil
500	quinientos	100.000	cien mil
600	seiscientos	125.000	ciento veinticinco mil
700	setecientos	500.000	quinientos mil
800	ochocientos	1.000.000	un millón
900	novecientos	2.000.000	dos millones

> **¡Ojo!**
>
> ★ 지난 과에서 100은 'cien'이라고 배웠죠? 하지만 101~199까지의 숫자를 얘기할 때는 ciento라고 해요.
>
> **스페인 vs 중남미**
> 스페인과 남미 몇몇 나라들은 천 단위를 구분할 때 콤마가 아닌 마침표를 사용하고 멕시코 등 중미 국가들은 우리처럼 콤마를 사용해요. 하지만 연도를 표기할 때는 콤마도 마침표도 안 들어가요.

잠깐!

❶ 백의 자리는 '일의 자리 + cientos'의 순서로 쓰지만 500, 700, 900은 불규칙으로 철자가 조금씩 달라지니 주의하세요!

❷ 천 단위는 복수가 되어도 'miles'라고 단어를 복수로 만들지 않아요.
dos miles (X) ➡ dos **mil** (O)

지금까지 배운 내용을 활용해서 아래 숫자들을 스페인어로 읽어 볼까요?

1.995	mil novecientos noventa y cinco
2.024	dos mil veinticuatro
18.763	dieciocho mil setecientos sesenta y tres
1.103.514	un millón ciento tres mil quinientos catorce

잠깐!

수를 셀 때 y는 'millón, mil'과 같은 각 단위의 십의 자리와 일의 자리 사이에만 들어가요.

41 - cuarenta **y** uno
41.000 – cuarenta **y** un mil
41.000.000 – cuarenta **y** un millones
41.041.041 – cuarenta **y** un millones cuarenta **y** un mil cuarenta **y** uno

2. 금액 묻고 답하기

 강의보기   27-3

	원	el won		달러	el dólar
	유로	el euro		페소	el peso

★ 페소는 달러와 같은 기호($)를 쓰기도 해요.

¿**Cuánto** cuesta?   얼마예요?
= ¿**Cuánto** vale?
= ¿**Cuánto** es?
Son doce euros.   12유로예요.
Son cuatro mil novecientos pesos.   4,900페소예요.

> **잠깐!**
> 가격을 말할 때, 가격이 복수이면 동사를 복수로 사용해요.
> **Es** un dólar. 1달러예요. ➡ **Son** dos dólares. 2달러예요.

3. 계산 표현

가격을 묻는 법을 배웠으니 계산하면서 사용할 수 있는 유용한 표현들도 살펴봐요!

La cuenta, por favor.   계산서 주세요.
¿Puedo pagar con tarjeta?★   카드로 계산할 수 있나요?
¿Puedo pagar en efectivo?   현금으로 계산할 수 있나요?
¡Está caro!   비싸요!
¿Puedes darme un descuento?   할인해 줄 수 있나요?

✏️ ¡Ojo!

단어
la cuenta 계산서
poder 할 수 있다
la tarjeta 카드
el efectivo 현금
el descuento 할인

★ 'poder' 동사는 Día 41에서 자세히 살펴볼게요.

STEP 3 스페인어 진짜 즐기기

아래 대화를 들으면서 오늘 배운 내용을 확인해 보세요.

Lucas: ¿Cuánto cuesta un aguacate?
아보카도 하나에 얼마야?

Erica: En España es un euro.
스페인에서는 1유로야.

Marcos: ¡Guau! ¡Está caro! En México son quince pesos.
와! 비싸다! 멕시코에서는 15페소야.

Lucas: Bueno, en Corea son tres mil wones. ¡Carísimo!
음, 한국에서는 3천원이야. 정말 비싸!

단어
el aguacate 아보카도

★ **유로와 페소의 환율**
• 1€ ➡ 약 1,500 ₩
• 15 pesos mexicanos ➡ 약 1,200 ₩

STEP 4 스페인어 진짜 써먹기

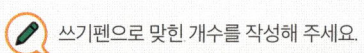

쓰기펜으로 맞힌 개수를 작성해 주세요.

나의 점수 　개 / 10개 　정답 보기

1 보기와 같이, 제시된 숫자를 스페인어로 적어 보세요.

| 보기 | 54.343 ➡ cincuenta y cuatro mil trescientos cuarenta y tres |

1. 2.020 ➡ _____
2. 1.988 ➡ _____
3. 15.550 ➡ _____
4. 1.760.076 ➡ _____

2 제시된 문장의 빈칸에 들어갈 수 없는 어휘를 고르세요.

보기: ¿Cuánto _____ ?　❶ cuesta　❷ vale　❸ es　❹ está

3 보기와 같이, 제시된 그림 속 음식과 물건의 가격을 스페인어로 적어 보세요.

보기: 4,000₩ ➡ Son cuatro mil wones.

1.  3$ ➡ _____
2.  27€ ➡ _____
3.  8.950 pesos ➡ _____

4 MP3에서 나오는 숫자를 듣고, 스페인어로 받아 적어 보세요.　🔊 27-6

1. _____　2. _____

▶ 강의보기　틀리거나 헷갈리는 문제는 문제 해설 강의로 복습하세요.

◎ 오늘의 Misión　주변에 있는 물건의 가격을 스페인어로 얘기해 보세요!

Día 28

요일 묻고 답하기

Hoy es lunes.
오늘은 월요일이에요.

오늘은 요일과 현재 시제 동사 변형을 활용해서 무슨 요일에 무슨 일을 하는지 얘기해볼 거예요.

1. 요일
2. 요일을 말할 때 자주 사용하는 표현
3. 요일 말하기
4. 요일 활용하기

STEP 1 스페인어 진짜 맛보기

▶ 강의보기 🔊 28-1 💬 말하기 연습

오늘 배울 내용을 예문으로 먼저 만나 보세요! 음원을 여러 번 듣고 따라 읽으면서 실력을 쌓아 볼까요?

¿Qué día es hoy?	오늘은 무슨 요일이에요?
Hoy es lunes.	오늘은 월요일이에요.
¡Hasta el jueves!	목요일에 만나요!
Viajamos los fines de semana.	우리는 주말마다 여행해요.

¡Ojo!

☑ 반복 학습 체크체크

MP3 듣기 1회 ✓ 2회 3회

따라 읽기 1회 2회 3회

단어
- hoy 오늘
- el lunes 월요일
- el jueves 목요일
- el fin de semana 주말

 스페인/중남미 진짜 여행 떠나기!

'젠장!'이라는 뜻의 스페인어 단어(mierda)와 수요일(miércoles)이 발음이 비슷해서 좋지 않은 일이 일어났을 때 '¡Miércoles!'(수요일)라고 외치기도 해요.

STEP 2 스페인어 진짜 알아가기

1. 요일 (Día) ▶강의보기 🔊 28-2

스페인어로 요일을 나타내는 표현은 전부 남성명사로, 정관사 el과 함께 사용해요. 요일은 소문자로 써요.

el lunes	월요일	el viernes	금요일
el martes	화요일	el sábado	토요일
el miércoles	수요일	el domingo	일요일
el jueves	목요일	el fin de semana	주말

2. 요일을 말할 때 자주 사용하는 표현 ▶강의보기 🔊 28-3

hoy	오늘	mañana	내일
pasado mañana	내일 모레		

3. 요일 말하기 ▶강의보기 🔊 28-4

스페인어로 요일은 ser 동사를 사용해서 아래와 같이 말하면 돼요. 참고로 '오늘, 내일' 등의 요일을 말할 때에는 정관사를 붙이지 않아요.

> Hoy / Mañana / Pasado mañana **+** Ser 동사 **+** 요일

¿**Qué día** es hoy? — 오늘 무슨 요일이에요?
Hoy es lunes. — 오늘은 월요일이에요.
Mañana es martes. — 내일은 화요일이에요.
Pasado mañana es miércoles. — 내일 모레는 수요일이에요.

4. 요일 활용하기 ▶강의보기 🔊 28-5

지금까지 배운 여러가지 동사를 사용해서 각 요일마다 어떤 활동을 하는지 말해 볼까요? 참고로 'ser' 동사가 아닌 일반동사를 사용해서 그 요일에 하는 일을 말할 때는 정관사와 함께 사용해요.

¡Hasta el martes! — 화요일에 만나요!
¿Cocinamos este domingo? — 우리 이번주 일요일에 요리할까?
Trabajo de lunes a viernes. — 나는 월요일부터 금요일까지 일해요.

¡Ojo!

★ 'el día'를 '날, 하루'라는 단어로 배웠는데 '요일'이라는 뜻도 있어요.

★ 스페인어로 '어제'는 ayer 라고 해요. 이 표현은 과거 시제와 함께 사용하기 때문에 다음 레벨인 버전업 학습지에서 배울게요.

단어

de ~ a ~ ~부터 ~까지(요일, 시간 등)

✓ Mini Check

¡Hasta mañana! 내일 봐!
¡Hasta luego! 다음에 봐!

'los + 요일명'이라는 복수 형태로 사용하면 '매주 ~요일마다'라는 의미를 나타낼 수 있어요. 이때 's'로 끝나는 월요일부터 금요일까지는 정관사만 los로 바꿔 주고, 요일 표현은 그대로 사용해요.

Mi hermano aprende español los jueves.   내 형제는 매주 목요일에 스페인어를 배워요.
Ellos viajan los fines de semana.   그들은 주말마다 여행해요.
Amo los viernes.   나는 금요일을 사랑해요.

잠깐!

❶ 'los + 요일명' 형태를 만들 때, 's'로 끝나는 요일명에 유의하세요.

Los luneses (X) ➡ Los **lunes** (O)   월요일마다
Los sábado (X) ➡ Los **sábados** (O)   토요일마다

❷ 요일 앞에는 전치사를 넣지 않아요.

Nado **en** los lunes. (X) ➡ Nado **los lunes**. (O)   나는 월요일마다 수영해요.

STEP 3 스페인어 진짜 즐기기

아래 대화를 들으면서 오늘 배운 내용을 확인해 보세요.

단어
otra vez 또, 한번 더

Sara

Oye, ¿qué día es hoy?
얘, 오늘 무슨 요일이야?

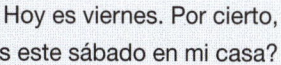
Erica

Hoy es viernes. Por cierto, ¿comemos juntas este sábado en mi casa?
오늘 금요일이야. 그건 그렇고, 이번주 토요일에 우리 집에서 함께 밥 먹을까?

Sara

Vale. Pero, ¿otra vez en tu casa?
좋아. 그런데, 또 너의 집에서?

Erica

Sí. Mi casa es tu casa.
응. 내 집이 너의 집이야.

STEP 4 스페인어 진짜 써먹기

쓰기펜으로 맞힌 개수를 작성해 주세요.

나의 점수   개 / 10개

 정답 보기

1 제시된 우리말에 해당하는 요일을 관사까지 포함해서 스페인어로 적어 보세요.

1. 화요일 ➡ _____
2. 수요일 ➡ _____
3. 일요일 ➡ _____

2 보기와 같이, 각 요일별로 내가 하는 일을 현재 시제 문장으로 만들어 보세요.

월	목	금	토
aprender a bailar	leer un libro	beber con unos amigos	viajar con mi novia

보기   월요일 ➡ El lunes aprendo a bailar.

1. 목요일 ➡ _____.
2. 금요일 ➡ _____.
3. 토요일 ➡ _____.

3 제시된 우리말을 보고 빈칸에 알맞은 단어를 보기에서 골라 적어 보세요.

보기   este | los | de | a

이번주 월요일   ➡ 1. _____ lunes
매주 월요일   ➡ 2. _____ lunes
월요일부터 토요일까지 ➡ 3. _____ lunes 4. _____ sábado

▶ 강의보기 틀리거나 헷갈리는 문제는 문제 해설 강의로 복습하세요.

◎ 오늘의 Misión 특정한 요일에 하는 일이 있나요? 스페인어로 요일을 복수로 사용해 말해 보세요.

 학습 종료

Día 29

날짜 묻고 답하기

Este mes es diciembre.
이번 달은 12월이에요.

오늘은 '달'과 '년'에 관련된 어휘를 학습하고 정확한 날짜를 얘기해보는 시간을 가져볼 거예요.

1. 열두 달
2. 날짜를 말할 때 자주 사용하는 표현
3. 정확한 날짜 말하기
4. 스페인의 기념일

STEP 1 스페인어 진짜 맛보기

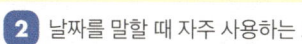

¡Ojo!

오늘 배울 내용을 예문으로 먼저 만나 보세요! 음원을 여러 번 듣고 따라 읽으면서 실력을 쌓아 볼까요?

☑ 반복 학습 체크체크

MP3 듣기 ✓ 2회 3회
따라 읽기 1회 2회 3회

Este mes es abril. 이번 달은 4월이에요.

Mi cumpleaños es el 20 de mayo. 내 생일은 5월 20일이에요.

¿Qué fecha es hoy? 오늘은 며칠이에요?

Hoy es el 3 de noviembre de 2025. 오늘은 2025년 11월 3일이에요.

단어

mes 달
diciembre 12월
abril 4월
el cumpleaños 생일
mayo 5월
la fecha 날짜
noviembre 11월

 스페인/중남미 진짜 여행 떠나기!

2월 14일(el Día de San Valentín)은 밸런타인데이로 잘 알려져 있죠! 그런데 스페인어권 나라에서는 '사랑과 우정의 날(el Día del Amor y la Amistad)'이라고도 부르면서 연인뿐만 아니라 친구들에게도 축하 인사를 전해요. ¡Feliz Día de San Valentín! ¡Feliz Día del Amor y la Amistad!

STEP 2 스페인어 진짜 알아가기

1. 열두 달(Mes)

스페인어로 각 달을 말할 때는 소문자로 쓰며 관사는 사용하지 않아요.

1월	enero	5월	mayo	9월	septiembre
2월	febrero	6월	junio	10월	octubre
3월	marzo	7월	julio	11월	noviembre
4월	abril	8월	agosto	12월	diciembre

2. 날짜를 말할 때 자주 사용하는 표현

mes 달	este mes	이번 달
	el próximo mes	다음 달
semana 주	esta semana	이번 주
	la próxima semana	다음 주
año 년	este año	올해
	el próximo año	내년

Este mes es diciembre.   **이번 달**은 12월이에요.
El próximo mes es enero.   **다음 달**은 1월이에요.

> **잠깐!**
> 이(este)와 다음의(próximo)라는 어휘는 형용사이기 때문에 꾸며 주는 명사에 맞게 성수일치를 하는 것 잊지 마세요!

¡Ojo!

단어
próximo 다음의

★ '저번 달, 지난 주, 작년'은 모두 과거시제와 사용하는 표현이에요. 이 표현들도 버전업 학습지에서 배울게요.

3. 정확한 날짜 말하기

스페인어로 연도, 월, 일을 말하는 순서는 한국어와 정반대예요. '일'을 가장 먼저 이야기하고 그 다음 '월', '연도' 순서대로 써 줍니다. '일'은 반드시 숫자 앞에 남성 단수 정관사를 적어요.

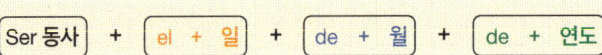

¿**Qué fecha** es hoy?   오늘 **며칠**이에요?
Hoy es el 25 de agosto.   오늘은 8월 25일이에요.
Mañana es el 5 de junio de 2024.   내일은 2024년 6월 5일이에요.

¿**Cuándo** es tu cumpleaños?★　　　너의 생일은 **언제**야?

Mi cumpleaños es el 17 de septiembre.　　내 생일은 9월 17일이야.

✏️ ¡Ojo!

☑ 단어

cuándo 언제

★ '생일은 'cumple'라고 줄여서 말하기도 해요.

4. 스페인의 기념일

발렌타인데이 이외의 기념일들을 몇 개 살펴봐요.

기념일		날짜
El Año Nuevo	신정	el 1(primero) de enero
El Día del Padre	아버지의 날	el 19 de marzo
El Día de la Madre	어머니의 날	5월 첫번째 일요일
La Nochebuena	크리스마스 이브	el 24 de diciembre
La Navidad	크리스마스	el 25 de diciembre
La Nochevieja	한 해의 마지막 날	el 31 de diciembre

   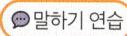

아래 대화를 들으면서 오늘 배운 내용을 확인해 보세요.

☑ 단어

¿**Por qué?** 왜?
jo 어머, 어이구!
vamos 가자

Sara

¿Qué fecha es hoy?
오늘 며칠이야?

Hoy es el 7 de febrero. ¿Por qué?
오늘 2월 7일이야. 왜?

Lucas

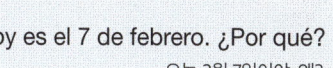

¡Dios mío! ¡Hoy es el cumpleaños de mamá!
세상에! 오늘 엄마 생일이잖아!

¡Jo! ¡Vamos a su casa ahora!
어이구! 지금 그녀의 집으로 가자!

Lucas

STEP 4 스페인어 진짜 써먹기

쓰기펜으로 맞힌 개수를 작성해 주세요.

나의 점수 개 / 10개

 정답 보기

1 제시된 우리말에 해당하는 달(mes)이 잘못 표기된 것을 3개 골라 올바르게 써 보세요.

보기	1월 enero	3월 marzo	7월 junio
	10월 octobre	11월 novembre	12월 diciembre

틀린 표현	올바른 표현
1. _____ ➡	_____
2. _____ ➡	_____
3. _____ ➡	_____

2 보기와 같이, 제시된 날짜를 스페인어로 적어 보세요.

보기 1990.01.15 ➡ el quince de enero de mil novecientos noventa

1. 1492.10.12 ➡ _____
2. 1821.9.28 ➡ _____
3. 2030.2.4 ➡ _____

3 제시된 문장을 스페인어로 바꿔 써 보세요.

1. 오늘은 4월 9일이에요. ➡ _____.
2. 내일은 5월 30일이에요. ➡ _____.
3. 마리아의 생일은 8월 14일이에요. ➡ _____.
4. 아버지의 날은 3월 19일이에요. ➡ _____.

▶ 강의보기 틀리거나 헷갈리는 문제는 문제 해설 강의로 복습하세요.

◎ 오늘의 Misión 여러분이 공부하고 있는 오늘은 며칠인가요? 스페인어로 일, 월, 연도까지 얘기해 보세요!

 학습 종료

Día 30

Día 25~29 복습하기

Práctica ⑤
연습문제

20 . .

연습문제로 실력을 체크해 봐요!

나의 점수   개 / 30개

❶ 제시된 그림을 보고 빈칸에 알맞은 단어를 적어, 질문에 대한 답변을 완성하세요.

| 보기 | ¿Cuántas personas son? |

1.  Somos _____.

2.  Somos _____.

3.  Somos _____.

❷ 제시된 숫자를 스페인어로 써 보세요.

1. 11 ➡ _____
2. 514 ➡ _____
3. 627 ➡ _____
4. 958 ➡ _____

3 제시된 그림에 맞는 시간 표현을 짝지어 보세요.

1.  • • a. Son las diez y cuarto.

2.  • • b. Son las diez y media.

3.  • • c. Son las diez menos cinco.

4.  • • d. Son las diez en punto.

4 우리말로 제시된 각 물건의 가격을 화폐 단위까지 포함해서 스페인어로 적어 보세요.

1. 비행기표 1.200€ ➡ _____
2. 와인 189,000₩ ➡ _____
3. 자동차 74,000$ ➡ _____
4. 집 1.500.000€ ➡ _____

5 제시된 우리말에 해당하는 스페인어 단어를 관사까지 포함해서 적어 보세요.

월요일	el lunes	금요일	3.
화요일	1.	토요일	4.
수요일	2.	일요일	el domingo
목요일	el jueves		

6 제시된 질문에 해당하는 우리말 뜻을 짝지어 보세요.

1. ¿Qué día es hoy? • • a. 얼마예요?
2. ¿Qué fecha es hoy? • • b. 너의 생일은 언제야?
3. ¿Cuándo es tu cumpleaños? • • c. 오늘은 며칠이에요?
4. ¿Cuánto es? • • d. 오늘은 무슨 요일이에요?

7 제시된 달력을 보고, 아래 질문에 대한 답변을 완전한 스페인어 문장으로 적어 보세요.

2월 12 월요일

1. 오늘은 무슨 요일인가요? ➡ _____.
2. 내일은 몇 월 며칠인가요? ➡ _____.
3. 다음 달은 몇 월인가요? ➡ _____.

8 **7**번 문제에 제시된 달력에 관한 설명 중 틀린 부분을 찾아 올바른 문장으로 다시 써 보세요.

1. Hoy es el doce de diciembre.

   ➡ _____.

2. El próxima mes es enero.

   ➡ _____.

3. Pasado mañana es en el miércoles.

   ➡ _____.

4. Este viernes es el dieciseis.

   ➡ _____.

Diálogo 음원을 듣고 대화를 완성한 다음, 소리 내어 연습해 보세요.   🔊 30-1   💬 말하기 연습

Camarero: ¡Hola! ¿_____ son?

Carla: _____ dos. ¿Cuánto _____ una copa de vino?

Camarero: Son ____ euros.

Carla: _____ copas de vino y ____ cerveza, por favor.

Camarero: ¿Seguro? Son las _____ de la mañana.

Carla: Muy seguro.

Camarero: A ver. ¿Qué ____ es hoy?

Carla: Es _____. Los _____ bebo por la _____.

Camarero: Hoy es _____. ¿Qué _____ es hoy?

Carla: Hoy es el _____ de _____ de _____.

Es mi cumple.

Camarero: No. El _____ mes es septiembre. ¡Estás borracha!

▶ 강의보기 틀리거나 헷갈리는 문제는 문제 해설 강의로 복습하세요.

◎ 오늘의 Misión   다음 한국어 문장 네 개를 스페인어로 바꿔 보세요. 빈칸은 여러분이 채워 보세요.
오늘은 __월 __일이에요. 지금은 밤 ___시예요. 매주 ___요일에 나는 맥주를 마셔요. 맥주는 ___유로예요.

Día 31

만남 및 약속 ① - 거리 묘사하기

Hay una cafetería aquí.
여기에 카페가 하나 있어요.

20 . .   학습 시작

오늘은 '~가 있다'라는 뜻을 가진 hay 동사를 배울 거예요. 본격적인 학습에 앞서 오늘 배울 내용을 확인해 보세요!

전체강의 | 질문 게시판 | MP3

1. Hay 동사 2. 장소 관련 명사 3. Hay vs Estar

STEP 1 스페인어 진짜 맛보기

▶ 강의보기   🔊 31-1   💬 말하기 연습

✏ ¡Ojo!

☑ 반복 학습 체크체크

| MP3 듣기 | ✓1회 | 2회 | 3회 |
| 따라 읽기 | 1회 | 2회 | 3회 |

오늘 배울 내용을 예문으로 먼저 만나 보세요! 음원을 여러 번 듣고 따라 읽으면서 실력을 쌓아 볼까요?

Hay mucha gente en la calle.   밖에 많은 사람들이 있어요.

¿**Hay** un centro comercial por aquí?   여기 부근에 쇼핑센터가 있나요?

Hay diez personas en la clase.   교실에 사람이 열 명 있어요.

No hay problema.   문제없어요.

📖 단어

la gente 사람들
el centro comercial 쇼핑센터
por aquí 여기 부근/이쪽
la clase 교실
el problema 문제

 스페인/중남미 진짜 여행 떠나기!

누군가 'Perdón.'(미안해요.), 'Lo siento.'(죄송합니다, 유감이에요.)라고 인사하면 'Está bien.'(괜찮아요.), 'No pasa nada.'(아무 일 아니에요.)라고 대답하는 걸 배웠었죠! 그런데 이렇게 말할 수도 있어요. 'No hay problema.'(문제없어요.) 점점 회화 실력이 늘어가네요!

STEP 2 스페인어 진짜 알아가기

1. Hay 동사

Hay 동사는 무엇이 얼마나 있는지 혹은 없는지 등 존재를 나타내는 동사예요. 주어가 없는 무인칭 동사로, 원형은 'haber'이지만 현재 시제에서는 hay라고만 변형해요. 아래와 같이 존재 대상을 동사 뒤에 적어 주면 '~가 있다.'라는 문장을 만들 수 있어요.

| Hay | + | 명사 |

Hay una plaza ahí. — 저기 광장이 하나 **있어요**.
Hay tres bares en esta ciudad. — 이 도시에 술집이 세 개 **있어요**.
Hay muchos museos en España.★ — 스페인에는 많은 박물관들이 **있어요**.
¿**Hay** un banco por aquí? — 여기 부근에 은행이 하나 **있나요**?
No **hay** cajeros. — ATM 기계가 **없**어요.

¡Ojo!

★ 명사를 꾸며 주는 형용사 'mucho'는 명사의 성에 맞게 성수일치를 해 줘요! 더 자세한 'mucho'의 사용법은 Día 34에서 학습할 거예요.

Mini Check

지시형용사

이	este
그	ese
저	aquel

★ allí는 보다 먼 곳이나 눈 앞에 안 보이는 곳을 가리켜요.

잠깐!
'여기, 거기, 저기'에 해당하는 단어들을 정리해 봐요!

aquí	ahí	★ allí
여기	거기, 저기	거기, 저기

2. 장소 관련 명사

Hay 동사와 자주 사용하는 장소 관련 명사들을 살펴봅시다.

el hotel	호텔	el centro comercial	쇼핑센터
el restaurante	식당	el bar	술집
el banco	은행	el parque	공원
el cajero	ATM 기계	el museo	박물관
la oficina	사무실	la plaza	광장
la cafetería	카페	la calle	길, 거리

3. Hay vs Estar

▶ 강의보기   🔊 31-4   📝 ¡Ojo!

두 동사 모두 한국어로 '있다'라는 뜻을 가지고 있지만 쓰임새가 달라요. Hay 동사의 목적어와 estar 동사의 주어가 어떤 형태로 사용되는지 정확히 구분해 봐요.

| Hay 동사 + 목적어 |

① 부정관사	**Hay** unas flores.	몇몇의 꽃들이 **있어요**.
② 수량형용사	**Hay** cinco aguacates.	아보카도 다섯 개가 **있어요**.
	Hay mucha gente.	많은 사람들이 **있어요**.
③ 무관사	**Hay** gatos.	고양이들이 **있어요**.
	No **hay** problema.	문제없**어요**.

| 주어 + Estar 동사 |

① 한정사★	El aguacate **está** en la mesa.	그 아보카도는 책상에 **있어요**.
	Mi gato no **está** aquí.	내 고양이는 여기 없**어요**.
	Esos niños **están** en el parque.	그 아이들은 공원에 **있어요**.
② 대명사	¿Dónde **estás** tú?	너는 어디에 **있니**?
③ 고유명사	¿**Está** Carla?	카를라 **있나요**?

★ 한정사는 명사 앞에 들어 가는 단어로 관사, 소유형용사 그리고 지시형용사가 있어요.

🅥 단어
la mesa 책상

 STEP 3 스페인어 진짜 즐기기   ▶ 강의보기   🔊 31-5   💬 말하기 연습

아래 대화를 들으면서 오늘 배운 내용을 확인해 보세요.

 Erica
¿Dónde está Sara?
사라 어디에 있어?

 Lucas
Ella está en la calle. ¿Por qué?
그녀는 밖에 있어. 왜?

 Erica
Aquí hay unos chocolates. ¿Son de ella?
여기 초콜릿이 몇 개 있어. 그녀 거야?

 Lucas
Sí. ¡Guau! ¡Hay muchos! ¡Comemos rápido!
응. 와! 많이 있네! 빨리 먹자!

🅥 단어
por qué 왜
el chocolate 초콜릿
rápido 빨리

 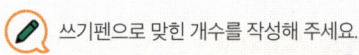

STEP 4 스페인어 진짜 써먹기

1 제시된 빈칸에 알맞은 단어를 고르세요.

> 보기   Hay _____ piña aquí.

① una   ② la   ③ esta   ④ mi

2 제시된 우리말을 보고 빈칸에 알맞은 단어를 채워 보세요.

1. 고양이 한 마리가 있어요. ➡ Hay _____ gato.
2. 고양이 네 마리가 있어요. ➡ Hay _____ gatos.
3. 고양이가 많이 있어요. ➡ Hay _____ gatos.
4. 고양이가 없어요. ➡ _____ hay gatos.
5. 고양이 한 마리가 여기 있어요? ➡ ¿_____ hay un gato?

3 제시된 빈칸에 estar 동사 혹은 hay 동사를 알맞게 채워 보세요.

1. Lisa no _____ aquí.
2. ¿Dónde _____ vosotros?
3. ¡Ahí _____ un restaurante coreano!
4. No _____ mucha gente hoy.

▶ 강의보기 틀리거나 헷갈리는 문제는 문제 해설 강의로 복습하세요.

◎ 오늘의 Misión 여러분의 도시에 있는 다양한 장소들을 Hay 동사를 이용해 말해 보세요.

Día 32

만남 및 약속 ② - 제안 및 권유하기 ①

Hay que disfrutar la vida.
인생을 즐겨야 해요.

20 . .

오늘은 지난 시간에 배운 hay 동사를 활용해 의무를 이야기하는 방법을 학습할 거예요. 본격적인 학습에 앞서 오늘 배울 내용을 확인해 보세요!

1. Hay que 동사원형
2. No hay que 동사원형
3. 동작 동사

STEP 1 스페인어 진짜 맛보기

강의보기 32-1 말하기 연습

¡Ojo!

☑ 반복 학습 체크체크

MP3 듣기 1회 2회 3회
따라 읽기 1회 2회 3회

오늘 배울 내용을 예문으로 먼저 만나 보세요! 음원을 여러 번 듣고 따라 읽으면서 실력을 쌓아 볼까요?

¿**Hay que** esperar?	기다려야 하나요?
Hay que practicar.	연습해야 해요.
Hay que disfrutar la vida.	인생을 즐겨야 해요.
No hay que llorar.	울 필요 없어요.

단어
esperar 기다리다
practicar 연습하다
disfrutar 즐기다
la vida 인생
llorar 울다

스페인/중남미 진짜 여행 떠나기!

스페인어권 나라를 여행하면 인생을 즐기며 천천히 사는 사람들을 자주 만날 수 있어요. 우리도 그들의 마인드가 잘 담긴 문구를 한번 외쳐 볼까요? ¡Hay que disfrutar la vida!

STEP 2 스페인어 진짜 알아가기

 ¡Ojo!

1. Hay que 동사원형

'~해야 한다'라고 의무를 나타내고 싶을 때 hay 동사를 이용할 수 있어요. 주어가 없는 표현으로, 우리 모두가 일반적으로 해야 하는 일을 얘기할 때 사용해요.

Hay + que + 동사원형

Hay que estudiar duro.	열심히 공부해야 해요.
Hay que comer bien.	잘 먹어야 해요.
Hay que caminar mucho.	많이 걸어야 해요.
Hay que descansar en casa.	집에서 쉬어야 해요.
Hay que llegar a tiempo.	제 시간에 도착해야 해요.

단어
duro 열심히, 단단한
caminar 걷다
descansar 쉬다
llegar 도착하다
a tiempo 제 시간에

2. No hay que 동사원형

반대로 hay 동사 앞에 no를 넣어 부정문을 만들면, '~할 필요 없다'라는 의미를 가져요.

No hay + que + 동사원형

No hay que reservar.	예약할 필요 없어요.
No hay que limpiar la casa.	집을 청소할 필요 없어요.
No hay que discutir.	다툴 필요 없어요.

단어
reservar 예약하다
limpiar 청소하다
discutir 다투다

3. 동작 동사

지금까지 배운 동사들을 정리해 봐요! 그리고 아래 동사원형들을 hay 동사와 함께 사용해서 말해 보세요.

hablar	말하다	cantar	노래하다
bailar	춤추다	tocar	연주하다

escuchar	듣다	cocinar	요리하다
viajar	여행하다	nadar	수영하다
amar	사랑하다	esperar	기다리다
practicar	연습하다	disfrutar	즐기다
caminar	걷다	descansar	쉬다
llegar	도착하다	reservar	예약하다
limpiar	청소하다	discutir	다투다
llorar	울다	beber	마시다
aprender	배우다	leer	읽다
comer	먹다	vivir	살다

¡Ojo!

Hay que leer libros. 책을 읽어야 해요.
No hay que hablar bajo. 작게 말할 필요 없어요.

STEP 3 스페인어 진짜 즐기기  32-5 말하기 연습

아래 대화를 들으면서 오늘 배운 내용을 확인해 보세요.

단어

estresado 스트레스 받은

 Marcos
Estoy muy estresado.
나 매우 스트레스 받았어.

¿Sí? Amigo, hay que descansar. ¡Trabajas mucho!
그래? 친구야, 쉬어야 해. 너는 일을 많이 해! Sara

 Marcos
Es verdad. No hay que trabajar duro.
맞아. 너무 열심히 일할 필요 없는데.

¡Claro que no! Hay que disfrutar la vida.
당연히 아니지! 인생을 즐겨야 해. Sara

 **STEP 4 스페인어 진짜 써먹기**

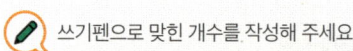 쓰기펜으로 맞힌 개수를 작성해 주세요.

나의 점수   개 / 10개   정답 보기

① 제시된 문장의 빈칸에 들어갈 수 없는 어휘를 고르세요.

보기   Hay que _____.

① estudiar   ② estar solo   ③ como   ④ descansar

② 제시된 우리말에 해당하는 스페인어 표현을 짝지어 보세요.

1. 쉬어야 해요.　　　•　　　• a. Hay que comer bien.
2. 집을 청소할 필요 없어요.　•　　　• b. Hay que descansar.
3. 걸을 필요 없어요.　　•　　　• c. No hay que caminar.
4. 잘 먹어야 해요.　　　•　　　• d. No hay que limpiar la casa.

③ MP3를 듣고 다음 빈칸을 채워 문장을 완성해 보세요.　🔊 32-6

1. ¿Hay que _____?
2. No hay que _____.
3. Hay que _____.
4. No hay que _____ aquí.
5. Hay que llegar _____.

▶ 강의보기　틀리거나 헷갈리는 문제는 문제 해설 강의로 복습하세요.

◎ 오늘의 Misión　'Hay que 동사원형'을 이용해 자신에게 스페인어로 조언해 보세요!

Día 33

만남 및 약속 ③ - 일정/계획 말하기

Él tiene una cita.
그는 약속이 있어요.

오늘은 현재 시제 불규칙 동사인 tener 동사를 살펴볼 거예요. 본격적인 학습에 앞서 오늘 배울 내용을 확인해 보세요!

1 Tener 동사 변형 **2** Tener 동사 활용

STEP 1 스페인어 진짜 맛보기

▶ 강의보기   🔊 33-1   💬 말하기 연습

¡Ojo!

☑ 반복 학습 체크체크

MP3 듣기 1회 2회 3회

따라 읽기 1회 2회 3회

오늘 배울 내용을 예문으로 먼저 만나 보세요! 음원을 여러 번 듣고 따라 읽으면서 실력을 쌓아 볼까요?

Tengo unos amigos mexicanos.	나는 멕시코 친구들이 있어요.
¿**Tienes** hermanos?	너는 형제자매 있니?
¿**Tenéis** libre el martes?	너희는 화요일에 시간 있니?
No tengo dinero.	나는 돈이 없어요.

Ⓥ 단어
libre 자유의
el dinero 돈

 스페인/중남미 진짜 여행 떠나기!

호텔, 식당, 공연장 등 상대방에게 무엇이든 질문하고 싶을 때, 'Perdón.' 혹은 'Perdona.'(실례합니다.)라고 말한다는 것을 배웠죠? 오늘 배우는 tener 동사로 'Tengo una pregunta.'(저는 질문 하나를 가지고 있어요.) 라고 말해도 된답니다. 혹은 동사를 생략하고, 'Una pregunta.'라고 해도 됩니다. :)

STEP 2 스페인어 진짜 알아가기

1. Tener 동사 변형

▶ 강의보기 🔊 33-2

'가지다'라는 뜻을 가진 tener 동사는 대표적인 ie 불규칙 동사예요. Ie 불규칙 동사는 현재 시제에서 어간의 모음 하나가 ie로 변형하는 동사들입니다. 하지만 1인칭 복수(Nosotros/as)와 2인칭 복수(Vosotros/as) 변형은 항상 규칙변형을 해요. Tener 동사 변형을 표로 살펴봐요.

Tener
가지다

인칭대명사	동사 변형
Yo	tengo
Tú	tienes
Él/Ella/Usted	tiene
Nosotros/as	tenemos
Vosotros/as	tenéis
Ellos/Ellas/Ustedes	tienen

✏️ ¡Ojo!

✅ Mini Check

er 동사 현재 시제 규칙 변형 복습

-er	
-o	-emos
-es	-éis
-e	-en

잠깐!
Tener는 1인칭 단수(yo)에서 'go'라는 변형이 들어가는 go 불규칙 동사이기도 해요. 그래서 'Yo tieno.'가 아니라 'Yo tengo.'가 되죠. 더 많은 go 불규칙 동사는 차근차근 살펴보도록 할게요.

2. Tener 동사 활용

▶ 강의보기 🔊 33-3

Tener + 사물

Yo **tengo** un coche.   나는 차 한 대를 가지고 **있어요**.
No tengo dinero.   나는 돈이 **없어요**.
Elena **tiene** mucho trabajo. 엘레나는 일을 많이 가지고 **있어요**.
Tenemos una casa en la Isla Jeju. 우리는 제주도에 집을 하나 가지고 **있어요**.

잠깐!
dinero는 셀 수 없는 명사이기 때문에 앞에 부정관사를 넣을 수 없어요. 또한 복수로도 사용하지 않아요.
Tengo un dinero. (X) ➡ Tengo **dinero**. (O)
Tengo muchos dineros. (X) ➡ Tengo **mucho dinero**. (O) ⭐

📖 단어
el trabajo 일
la isla 섬

⭐ Tener는 '가지고 있다'라는 의미의 동사지만 한국어로 '있다'라고 자연스럽게 해석할 수도 있어요.

⭐ 형용사 mucho는 뒤에 오는 명사에 맞게 성수일치 하지만, dinero(돈)처럼 셀 수 없는 명사일 경우 항상 단수로 사용해요. 이는 Día 34에서 자세히 살펴볼게요.

Tener +	인간 관계

¿**Tienes** novio? — 너는 남자친구 있니?
Tengo dos hermanos. — 나는 형제자매 둘 있어요.
Tenemos un compañero español. — 우리는 스페인 동료 한 명 있어요.
Mis padres **tienen** muchos amigos. — 내 부모님은 친구를 많이 가지고 있어요.
¿**Tenéis** perro? — 너희는 강아지 있니?

잠깐!
남자친구(novio), 여자친구(novia)가 있다고 얘기할 때는 단어 앞에 부정관사를 넣지 않아요. 당연히 한 명만 가지고 있기 때문이죠!

¡Ojo!
★ 강아지, 고양이 등은 사람이 아니지만 누구와 사는지 등 가족 관계를 이야기할 때 잘 언급하는 대상이라 '인간 관계' 분류에 넣어 두었어요. :)

Tener +	일정

Tengo una cita. — 나는 약속이 있어요.
¿**Tienes** libre el jueves? — 너는 목요일에 시간 있니?
Mi esposa **no tiene** tiempo. — 내 아내는 시간이 없어요.
Tenemos cena con Hugo. — 우리는 우고와 저녁 약속이 있어요.

단어
la cita 약속, 예약
el tiempo 시간
la cena 저녁 식사

Mini Check
요일 앞에 전치사를 사용하지 않았던 것 기억하나요? 정관사만 넣어 주면 됩니다!
• En el jueves. (X)

 STEP 3 스페인어 진짜 즐기기 (▶강의보기) (🔊 33-4) (💬말하기 연습)

아래 대화를 들으면서 오늘 배운 내용을 확인해 보세요.

Erica: Oye, ¿tienes libre el sábado?
얘, 너 토요일에 시간 있니?

Lucas: No, tengo cena con mi novia.
아니, 내 여자친구랑 저녁 약속 있어.

Erica: ¿Qué? ¿Tienes novia? ¿De verdad?
뭐? 너 여자친구 있어? 정말로?

Lucas: Sí. Así que no tengo tiempo. Perdón.
응. 그래서 나 시간 없어. 미안해.

단어
así que 그래서, 그 결과로

 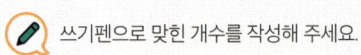

STEP 4 스페인어 진짜 써먹기

1 빈칸에 알맞은 tener 동사 변형 형태를 채워 보세요.

Yo	1.	Nosotros/as	2.
Tú	tienes	Vosotros/as	tenéis
Él/Ella/Usted	tiene	Ellos/Ellas/Ustedes	3.

2 제시된 문장에서 틀린 부분을 찾아 올바른 문장으로 다시 써 보세요.

1. María tiene un dinero.
   ➡ _____ .

2. Tenemos cena en el jueves.
   ➡ _____ .

3. ¿Tú tiene tiempo?
   ➡ ¿ _____ ?

4. No tengo mucho amigos.
   ➡ _____ .

3 제시된 질문에 어울리는 답변을 짝지어 보세요.

1. ¿Tu hermano tiene perro? •   • a. No, no tenemos.
2. ¿Tenéis coche?   •   • b. Sí, tengo.
3. ¿Tienes novio?   •   • c. Sí, tiene.

▶ 강의보기 틀리거나 헷갈리는 문제는 문제 해설 강의로 복습하세요.

◎ 오늘의 Misión 여러분은 친구가 많은가요? 연인이 있나요? 형제가 있나요? 여러분의 인간 관계를 tener 동사로 얘기해 보세요!

Día 34

만남 및 약속 ④ - 현재 상태 말하기

Tengo mucha prisa.
나는 많이 급해요.

20 . .

오늘은 지난 시간에 배운 tener 동사의 새로운 사용법을 학습할 거예요. 본격적인 학습에 앞서 오늘 배울 내용을 확인해 보세요!

1 Tener 동사 활용 - 상태   2 Tener 동사 활용 - 나이   3 Mucho의 사용

STEP 1 스페인어 진짜 맛보기   강의보기   34-1   말하기 연습

¡Ojo!

오늘 배울 내용을 예문으로 먼저 만나 보세요! 음원을 여러 번 듣고 따라 읽으면서 실력을 쌓아 볼까요?

☑ 반복 학습 체크체크

MP3 듣기 ✓ 2회 3회

따라 읽기 1회 2회 3회

¡Tú tienes mucho sueño!	너 많이 졸리구나!
Tengo mucha sed.	나는 많이 목 말라요.
No tenemos suerte.	우리는 운이 없어요.
¿Cuántos años tienes?	너는 몇 살이니?

단어
el sueño 잠
la sed 갈증
la suerte 운

스페인/중남미 진짜 여행 떠나기!

멕시코, 쿠바 등 여러 중남미 나라 여자들은 15살 생일 파티를 거대하게 해요. 이 파티를 quinceañera라고 부르는데요, 생일 주인공은 드레스를 입고 기념 사진 앨범까지 만들기도 한답니다. 가끔 여자가 있는 집에 가면 그녀의 모델 같은 15살 기념 사진이 벽에 걸려 있는 걸 볼 수 있어요.

STEP 2 스페인어 진짜 알아가기

1. Tener 동사 활용 – 상태

▶ 강의보기   🔊 34-2

Tener 동사 뒤에 상태 관련 명사를 넣어 '~한 상태이다.'와 같이 사람의 컨디션을 얘기하기도 해요. 이때 명사는 관사 없이 사용해요.

[Tener 동사] + [상태 관련 명사]

la sed	갈증	el calor	더위
el hambre	배고픔	el frío	추위
el sueño	잠, 꿈	la prisa	서두름, 급함
el miedo	겁, 두려움	la resaca	숙취

Tengo calor. 나는 더워요.
¿**No tienes** sueño? 너는 졸리지 않니?
Mi hijo **tiene** mucha hambre.★ 내 아들은 많이 배가 고파요.
Ellos **tienen** resaca. 그들은 숙취가 있어요.

> **잠깐!**
> '많이 ~한 상태'일 때는 명사 앞에 형용사 mucho(많은)을 넣어줘요. 상태 관련 명사는 모두 셀 수 없기 때문에 단수로 사용하지만, 뒤에 오는 명사에 따라 남성형과 여성형은 반드시 구분해서 써 줘야 해요.

¡Ojo!

✅ **Mini Check**

tener 동사 현재 시제 불규칙 변형 복습

tener	
tengo	tenemos
tienes	tenéis
tiene	tienen

★ 여성명사라도 첫 음절이 a, 혹은 ha로 시작하는 단어는 남성 정관사를 사용해요. hambre(배고픔) 역시 여성 명사지만 첫 음절이 ha이기 때문에 남성 정관사를 써요.
• la hambre. (X)

2. Tener 동사 활용 – 나이

▶ 강의보기   🔊 34-3

'~살이다.'라는 나이 역시 tener 동사로 말해요. 나이에 해당하는 숫자와 '년, 해'에 해당하는 명사 año(s)를 동사 뒤에 적어 주면 돼요. 이때 'año(s)'는 생략할 수 있어요.

[Tener 동사] + [숫자(나이)] + año(s).

La hija de Ana **tiene** un año. 아나의 딸은 한 살이에요.
Mi perro **tiene** dos años. 내 강아지는 두 살이에요.

> **잠깐!**
> 숫자 1, uno는 뒤에 명사가 오면 o를 생략하고 un이라고 적어요. 더불어 21살의 경우는 일의 자리를 세게 읽기 위해 un의 u에 tilde도 찍어 줘요. 하지만 años를 생략하고 숫자로 나이만 말할 때는 다시 원래 형태인 uno로 적어야 해요.
>
> Tengo veintiún años. 나는 스물 한 살이에요.
> = Tengo veintiuno.
> ¿Ustedes tienen treinta y un años? 당신들은 서른 하나예요?
> =¿Ustedes tienen treinta y uno?

반대로 '~는 몇 살이에요?'라고 나이를 물을 때는, 'cuánto'라는 의문사를 이용해 얼마만큼의 해를 가졌냐고 물어봐요.

¿Cuántos + años + Tener 동사 + 주어 ?

¿Cuántos años tienes? 너는 몇 살이니?

¡Ojo!

✅ **Mini Check**

Cuánto는 '얼마나'라는 뜻을 가진 의문사로, 가격을 물어볼 때 배웠어요.
- ¿Cuánto cuesta?
- ¿Cuánto vale?
- ¿Cuánto es?

✅ **단어**

el joven 젊은 사람

3. Mucho의 사용

1) 동사 뒤에 사용하는 경우 : '많이'
동사를 꾸며 주는 부사로 사용되었기 때문에 주어와 성수일치는 하지 않아요.

Los jóvenes beben mucho. 젊은이들은 많이 마셔요.
Mi familia y yo comemos mucho. 내 가족과 나는 많이 먹어요.

2) 명사 앞에 사용하는 경우 : '많은'
명사를 꾸며 주는 형용사로 사용되었기 때문에 꼭 명사와 성수일치를 해 줘요. 다만 셀 수 없는 명사일 때는 단수로 사용해요.

Hay mucha gente en la calle. 거리에 많은 사람이 있어요.
Muchos jóvenes estudian duro. 많은 젊은이들은 열심히 공부해요.

STEP 3 스페인어 진짜 줄기기

아래 대화를 들으면서 오늘 배운 내용을 확인해 보세요.

✅ **단어**

la fiesta 파티

 Erica: ¿Tienes hermanos, Marcos? 너 형제자매 있니, 마르코스?

 Marcos: Sí, tengo una hermana. 응, 여자 형제 한 명 있어.

 Erica: ¿Cuántos años tiene? 몇 살이야?

 Marcos: Tiene quince años. Tenemos una fiesta mañana. ¿Tienes tiempo mañana?
열 다섯 살이야. 내일 우리 파티 하나 있어. 내일 시간 있니?

쓰기펜으로 맞힌 개수를 작성해 주세요.

나의 점수   개 / 10개   정답 보기

1 제시된 그림의 상황에 어울리는 스페인어 표현을 짝지어 보세요.

1. 　2. 　3. 　4.

a. Tengo hambre.　b. Tengo frío.　c. Tengo miedo.　d. Tengo calor.

2 보기와 같이, tener 동사를 활용하여 질문에 대한 답변을 완성하세요.

보기   ¿Tienes frío? ➡ Sí, tengo frío.

1. ¿Ellos tienen resaca? ➡ No, _____.
2. ¿Usted tiene sueño?　 ➡ Sí, _____.
3. ¿Él no tiene prisa?　　➡ No, _____.
4. ¿Tienes sed?　　　　 ➡ Sí, _____.

3 제시된 그림을 보고 빈칸에 알맞은 단어를 채워 보세요.

A ¿Cuántos 1. _____ tienes?

B Yo tengo 2. _____ años.

▶ 강의보기　틀리거나 헷갈리는 문제는 문제 해설 강의로 복습하세요.

◎ 오늘의 Misión　여러분의 지금 상태를 tener 동사로 세 문장 얘기해 보세요.

Día 35

만남 및 약속 ⑤ - 제안 및 권유하기 ②

20 . .

Tienes que esperar un poco.
너는 조금 기다려야 해.

오늘은 tener 동사로 상대방에게 제안하는 표현을 살펴볼 거예요. 본격적인 학습에 앞서 오늘 배울 내용을 확인해 보세요!

전체강의 질문 게시판 MP3

1 Tener que 동사원형   2 Deber 동사원형

STEP 1 스페인어 진짜 맛보기

▶강의보기   🔊 35-1   💬 말하기 연습

¡Ojo!

오늘 배울 내용을 예문으로 먼저 만나 보세요! 음원을 여러 번 듣고 따라 읽으면서 실력을 쌓아 볼까요?

☑ 반복 학습 체크체크

MP3 듣기 1회 ✓ 2회 3회

따라 읽기 1회 2회 3회

Tengo que bailar.	나는 춤춰**야 해요**.
¿**Tienes que** trabajar mañana?	너는 내일 일**해야 하니**?
No tenemos que esperar.	우리는 기다릴 **필요 없어요**.
Ustedes **no deben** pasar.	당신들은 지나가**면 안 돼요**.

단어
mañana 내일
esperar 기다리다
pasar 지나가다

 스페인/중남미 진짜 여행 떠나기!

여행 중 가끔 장사꾼이 다가와 호객하는 경우가 있죠. 선물로 주는 듯하다가 나중에는 돈을 달라고 할 때가 있는데요, 그때 돈 내야 하는지 궁금하다면 이렇게 물어보세요. ¿Tengo que pagar? (저 돈 내야 하나요?)

 **STEP 2 스페인어 진짜 알아가기**

 **¡Ojo!**

1. Tener que 동사원형

▶ 강의보기 🔊 35-2

Tener 동사 뒤 que와 동사원형을 넣으면 '~해야 한다'라는 의무 표현이 돼요.

| Tener 동사 | + | que | + | 동사원형 |

Tengo que comer algo. 나는 무언가를 먹어야 해요.
Tenemos que llegar a tiempo. 우리는 제 시간에 도착해야 해요.
Tenéis que esperar un poco. 너희들은 조금 기다려야 해.
¿**Tengo que** pagar? 저는 돈을 내야 하나요?

✓ 단어
algo 무언가
llegar 도착하다
a tiempo 제 시간에
un poco 조금
pagar 지불하다

잠깐!

un poco와 un poco de는 둘 다 '조금, 약간'이라는 뜻을 가진 어휘로 어떤 단어를 수식해 주는지에 따라 사용하면 돼요. 동사나 형용사를 꾸며 준다면 un poco, 명사를 꾸며 준다면 un poco de를 씁니다.

Estoy **un poco** cansado. (형용사) 나는 조금 피곤해요.
Hay que esperar **un poco**. (동사) 조금 기다려야 해요.
Tengo **un poco de** hambre. (명사) 나는 조금 배고파요.

반대로 부정문이 되면 '~할 필요 없다', '~하지 않아도 된다'라는 뜻이 돼요.

| No | + | Tener 동사 | + | que | + | 동사원형 |

No tienes que limpiar la casa. 너는 집을 청소할 필요 없어.
No tengo que trabajar mañana. 나는 내일 일할 필요 없어요.

잠깐!

'Hay que 동사원형' 역시 '~해야 한다'라고 배웠죠? 하지만 주어가 없이 누구나 다 해야 하는 일반적인 의무를 이야기를 할 때 사용하는 표현이었어요. 반면 'tener que 동사원형'은 주어가 들어가 '(특정 주어)가 ~해야 한다'라는 뜻을 가져요.

Hay que hablar bajo en la biblioteca. (누구나) 도서관에서는 작게 말해야 해요.
Tienes que hablar bajo en la biblioteca. 너는 도서관에서 작게 말해야 해.

2. Deber 동사원형

스페인어에는 '~해야 한다'라는 의미를 가진 deber 동사도 있어요. Deber 동사 뒤에도 동사원형을 넣어서 의무를 나타낼 수 있답니다. 그런데 'tener que 동사원형'이 보통 상황이나 필요에 따라 자의적/타의적으로 피할 수 없는 의무를 이야기할 때 사용되는 반면, 'deber 동사원형'은 본인이 스스로 선택할 수 있는 의무나 도덕적이고 바람직한 이야기를 할 때 쓰여요.

[Deber 동사] + [동사원형]

Debes estudiar más.   너는 공부를 더 해야 해.
Debo ser más amable.   나는 더 친절해야 해.

반대로 부정문이 되면 '~하면 안 된다'라는 금지 표현이 돼요!

No + [Deber 동사] + [동사원형]

No **debemos** fumar aquí.   우리는 여기서 흡연하면 안 돼요.
No **debéis** beber hoy.   너희는 오늘 술 마시면 안 돼.

¡Ojo!

★ deber 현재 시제 변형
(-er 규칙 변형)

deber	
debo	debemos
debes	debéis
debe	deben

단어
más 더
fumar 흡연하다

STEP 3 스페인어 진짜 즐기기

아래 대화를 들으면서 오늘 배운 내용을 확인해 보세요.

Sara: Tengo mucha hambre. ¡Tengo que comer algo!
나 엄청 배고파. 나는 무언가를 먹어야 해!

Lucas: Son las doce de la noche. Debes comer temprano.
밤 열두 시야. 넌 일찍 먹어야 해.

Sara: Es verdad. No debo comer por la noche.
맞아. 난 밤에 먹으면 안 돼.

Lucas: Además, no tenemos comida en casa.
게다가 우리는 집에 음식이 없어.

단어
temprano 일찍
además 게다가
la comida 음식

STEP 4 스페인어 진짜 써먹기

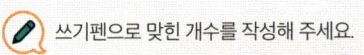

나의 점수   개 / 10개

❶ 빈칸에 알맞은 단어를 보기에서 골라 적어 보세요.

보기: un poco | un poco de

1. Tengo _____ calor.
2. Tenemos que esperar _____.
3. Estamos _____ tristes.

❷ 제시된 우리말에 맞는 스페인어 표현을 골라 보세요.

1. 너는 일해야 해.　　　　　❶ Tienes que trabajar.　　❷ Hay que trabajar.
2. 너는 마시면 안돼.　　　　❶ No tienes que beber.　　❷ No debes beber.
3. 우리는 돈 낼 필요 없어요.　❶ No tenemos que pagar.　❷ No debemos pagar.
4. 그들은 친절해야 해요.　　❶ Deben ser amables.　　❷ Hay que ser amables.

❸ 빈칸에 알맞은 단어를 제시어에서 골라 적어 보세요.

보기: que | hay | no

1. ¿Tenemos _____ leer este libro?
2. _____ tengo que estudiar hoy.
3. _____ que llegar a tiempo.

▶ 강의보기 틀리거나 헷갈리는 문제는 문제 해설 강의로 복습하세요.

◎ 오늘의 Misión 오늘 배운 'tener que 동사원형' 구문을 사용해 여러분이 오늘 해야 하는 일을 스페인어로 얘기해 보세요.

Día 31~35 복습하기

Práctica ⑥
연습문제

연습문제로 실력을 체크해 봐요!

나의 점수   개 / 30개

1 제시된 그림과 어울리는 스페인어 표현을 짝지어 보세요.

1. · · a. el banco

2. · · b. el parque

3. · · c. el cajero

4. · · d. el bar

❷ 제시된 빈칸에 estar 동사 혹은 hay 동사를 알맞게 채워, 다음 대화문을 완성해 보세요.

¿Dónde 1. _____ tú?

2. _____ en la plaza.

¿Allí 3. _____ un banco?

Sí, 4. _____ tres bancos.

❸ 제시된 동작 동사들을 스페인어로 적어 보세요.

1. 쉬다
➡ _____

2. 걷다
➡ _____

3. 예약하다
➡ _____

4. 청소하다
➡ _____

5. 울다
➡ _____

❹ 제시된 문장의 tener 동사 변형을 올바르게 고쳐 다시 써 보세요.

1. Yo tienes sueño. ➡ _____.

2. Ella tienen novio. ➡ _____.

3. Ellos tenéis un perro. ➡ _____.

4. ¿Ustedes tenéis tiempo? ➡ ¿_____?

5 Tener 동사를 활용하여 제시된 문장을 스페인어로 바꿔 써 보세요.

1. 나는 춥지 않아요. ➡ _____.

2. 그는 숙취가 있어요. ➡ _____.

3. 우리는 조금 더워요. ➡ _____.

4. 그들은 많이 배고파요. ➡ _____.

6 제시된 빈칸에 알맞은 단어를 넣어 대화를 완성하세요.

| 보기 | cuántos | tengo | tiene | tenemos |

¿**1.** _____ años tenéis?

Yo **2.** _____ 15 años y mi hermana **3.** _____ 21 años.

¿Tenéis gato?

No. **4.** _____ un perro.

7 왼쪽 문장과 같은 상황에 놓인 사람들에게 해 줄 수 있는 알맞은 조언을 짝지어 보세요.

1. Tengo hambre.　·　　　　· a. Tienes que descansar.

2. Estoy cansado.　·　　　　· b. Deben tomar algo.

3. Tenemos sed.　·　　　　· c. Debes comer algo.

4. Estamos borrachos.　·　　　　· d. No debéis beber más.

8 제시된 문장의 빈칸에 들어갈 수 없는 어휘를 1개 고르세요.

| 보기 | _____ que disfrutar la vida. |

❶ Tienes　　❷ Hay　　❸ Debes　　❹ Tenemos

Diálogo 음원을 듣고 대화를 완성한 다음, 소리 내어 연습해 보세요. 🔊 36-1 💬 말하기 연습

Turista: ¡Hola! _____ una _____. ¿Dónde _____ el parque Güell?

Guía: En esta ciudad hay _____ parques pero el parque Güell no está aquí.

¡Está en Barcelona!

Turista: ¿Y dónde _____?

Guía: ¡En Madrid! _____ ir a Barcelona.

Turista: ¿Está lejos? ¿ _____ mucho?

Guía: _____ ir en tren.

Turista: ¡Dios mío! ¿ _____ reservar? No tengo _____.

Guía: No _____ reservar. El próximo tren _____ pronto.

Turista: Menos mal. Por cierto, usted _____ más amable.

Guía: ¿Qué?

▶ 강의보기 틀리거나 헷갈리는 문제는 문제 해설 강의로 복습하세요.

🎯 오늘의 Misión 다음 세 가지 질문에 대한 답변을 스페인어로 말해 보세요.
¿Hay mucha gente en tu ciudad? ¿Qué tienes que hacer mañana? ¿Cuántos años tienes?

Día 37

일정 및 계획 ① - 방문 장소 말하기

Marcos va a México.
마르코스는 멕시코에 가요.

오늘은 '가다'라는 뜻을 가진 ir 동사를 배우고, 교통수단 명사를 더해 '~타고 가다', '~로 가다'라는 문장을 만들어 볼 거예요. 본격적인 학습에 앞서 오늘 배울 내용을 확인해 보세요!

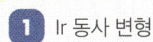  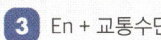

STEP 1 스페인어 진짜 맛보기

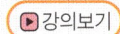  

오늘 배울 내용을 예문으로 먼저 만나 보세요! 음원을 여러 번 듣고 따라 읽으면서 실력을 쌓아 볼까요?

Voy al trabajo.	나는 출근해요.
¡**Vamos**, chicos!	얘들아, 힘내자!
Mi familia **va** de camping los fines de semana.	내 가족은 주말마다 캠핑 가요.
¿**Vais** a España este mes?	너희 이번 달에 스페인 가니?

¡Ojo!

☑ 반복 학습 체크체크

MP3 듣기 ✓1회 2회 3회

따라 읽기 1회 2회 3회

단어
ir al trabajo 출근하다
ir de camping 캠핑 가다

 스페인/중남미 진짜 여행 떠나기!

¡Vamos! 어디선가 들어 보지 않았나요? Ir 동사의 변형 형태인 'vamos'는 '가자'라는 의미뿐만 아니라, 영어의 'Come on!'처럼 '힘내!, 힘내자!, 가 보자'라는 응원의 의미로 쓰기도 해요.

STEP 2 스페인어 진짜 알아가기

1. Ir 동사 변형

▶ 강의보기 🔊 37-2

Ir 동사는 '가다'라는 뜻을 가진 불규칙 동사예요. 현재 시제에서 어떻게 바뀌는지 표로 살펴봐요.

인칭대명사	동사 변형
Yo	voy
Tú	vas
Él/Ella/Usted	va
Nosotros/as	vamos
Vosotros/as	vais
Ellos/Ellas/Ustedes	van

Ir 가다

Voy sola. — 나는 혼자 **가요**.
Vamos rápido. — 우리는 빨리 **가요**. / 우리 빨리 **가자**!
Ellas **van** juntas. — 그녀들은 함께 **가요**.
¿Quién **va** mañana? — 내일 누가 **가나요**?

¡Ojo!

🔤 **단어**
rápido 빨리, 빠르게
junto 함께

2. 전치사 a

▶ 강의보기 🔊 37-3

'~로/에'라고 목적지를 나타낼 때 쓰는 전치사로, 장소 명사 앞에 넣어 줍니다.

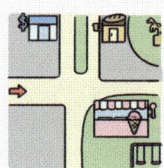

Voy a mi casa. — 나는 내 집**에 가요**.
Elia e Iván **van a** Bolivia este mes. — 엘리아와 이반은 이번 달에 볼리비아**에 가요**.
¿**Vas al** trabajo hoy? — 너 오늘 출근 하러 **가**?

⭐ 여행가다, viajar 동사를 배울 때 전치사 'a'를 본 적이 있지요? 그때 역시 '~로'라고 여행의 목적지를 나타내는 경우였어요.
• Viajo a Cancún.
나는 칸쿤으로 여행가요.

💬 잠깐!

전치사 a와 남성단수 정관사 el이 만나면 축약 형태인 'al'로 바뀌어요.

Vamos **a el** centro comercial. (X) — 우리는 쇼핑 센터에 가요.
➡ Vamos **al** centro comercial. (O)
¿Vais **a el** museo mañana? (X) — 너희는 내일 박물관에 가니?
➡ ¿Vais **al** museo mañana? (O)

3. En + 교통수단

'~를 타고', '~로'라는 의미로 문장에 교통 수단을 넣고 싶을 때는 전치사 'en'을 교통수단 앞에 써 주면 돼요! 이때 관사는 사용하지 않아요.

en tren	기차로	en coche	차로
en metro	지하철로	en bici	자전거로
en taxi	택시로	en autobús	버스로
en avión	비행기로	en tranvía	전차로

Vamos **en tren**. 우리는 기차 타고 가요. / 우리 기차 타고 가자.
Voy al trabajo **en metro**. 나는 지하철로 출근해요.

잠깐!

'걸어서'는 'caminando' 혹은 'a pie'라고 해요. '걸어서'는 교통수단이 아니기 때문에 전치사 en을 사용하지 않아요.
Hay que ir **a pie**. 걸어서 가야 해요.

스페인어 진짜 즐기기

아래 대화를 들으면서 오늘 배운 내용을 확인해 보세요.

단어
con ~와 함께

 Erica
¿Vamos al centro comercial hoy?
우리 오늘 쇼핑 센터에 가?

 Lucas
Pero, ¿Sara no va con nosotros?
근데, 사라는 우리와 함께 안 가?

 Erica
No, ella va a su casa. Tiene cena con su familia.
아니, 사라는 그녀의 집으로 가. 그녀의 가족이랑 저녁 약속 있어.

 Lucas
¿De verdad? ¡Soy su hermano!
Yo también tengo que ir a casa.
정말? 나는 그녀의 형제야! 나도 집에 가야 해.

 **STEP 4 스페인어 진짜 써먹기**

 쓰기펜으로 맞힌 개수를 작성해 주세요.

나의 점수   개 / 10개   정답 보기

1 각 인칭대명사에 맞는 ir 동사 현재 시제 변형 형태를 짝지어 보세요.

1. Yo · · a. voy
2. Tú · · b. vamos
3. Nosotros · · c. vas

2 다음 문장의 빈칸에 들어갈 수 없는 어휘를 고르세요.

보기   Voy _____.

❶ al trabajo   ❷ solo   ❸ México   ❹ rápido

3 제시된 빈칸에 알맞은 단어를 고르세요.

¿Ustedes **1.** (vais / van) a Sevilla?

No, **2.** (vais / vamos) a Toledo.

¿Tú **3.** (va / vas) solo?

Claro. **4.** (Voy / Vas) solo. No tengo novia.

4 보기와 같이, 제시된 우리말에 해당하는 교통 수단을 스페인어로 써 보세요.

보기   기차로 ➡ en tren

1. 버스로 ➡ _____   2. 택시로 ➡ _____

▶강의보기 틀리거나 헷갈리는 문제는 문제 해설 강의로 복습하세요.

오늘의 Misión 오늘, 이번 주, 이번 달 혹은 올해 갈 곳이 있나요? 요일과 날짜를 말할 때 사용하는 표현을 넣어 언제 어디를 가는지 스페인어로 얘기해 보세요!

 학습 종료

Día 38

일정 및 계획 ② - 계획 말하기

Vamos a caminar.
우리 걷자.

오늘은 지난 시간에 배운 ir 동사를 활용해 가까운 미래 계획을 이야기하는 방법을 배워 볼게요. 본격적인 학습에 앞서 오늘 배울 내용을 확인해 보세요!

1. Ir a 동사원형 2. 미래 시간 부사 및 부사구 3. Ir 동사의 활용

STEP 1 스페인어 진짜 맛보기

오늘 배울 내용을 예문으로 먼저 만나 보세요! 음원을 여러 번 듣고 따라 읽으면서 실력을 쌓아 볼까요?

Yo **voy a** pagar.	내가 계산할 거예요.
Esta semana **vamos a** estudiar duro.	이번 주에 우리는 열심히 공부할 거예요.
¿**Vais a** cocinar mañana?	너희는 내일 요리할 거니?
Mi hermano **va a** llegar a Corea el próximo mes.	내 남자 형제는 다음 달 한국에 도착할 거예요.

¡Ojo!

☑ 반복 학습 체크체크

MP3 듣기 ✓ 1회 2회 3회

따라 읽기 1회 2회 3회

단어
pagar 지불하다, 계산하다
llegar 도착하다
próximo 다음의

스페인/중남미 진짜 여행 떠나기!

스페인어권 나라에서는 아주 흔한 파티 문화가 우리에게는 조금 생소하지요. 아는 사람, 모르는 사람 할 것 없이 많은 사람들이 모여 음주가무를 즐기는 문화라고 보면 돼요. 꼭 술을 마시거나 춤을 춰야 하는 것은 아니니 여러분도 기회가 있다면 꼭 한 번 참여해 보세요!

STEP 2 스페인어 진짜 알아가기

1. Ir a 동사원형

▶ 강의보기   🔊 38-2

'~할 것이다'라고 가까운 미래 계획을 나타낼 때 사용하는 구문이에요. Ir 동사는 주어에 맞게 변형하고 무엇을 할지는 꼭 원형으로 적어 줘요.

| Ir 동사 | + a + | 동사원형 |

Voy a estudiar español. — 나는 스페인어를 공부할 거예요.
Vas a llegar tarde. — 너는 늦을 거야.
No **vamos a** llorar. — 우리는 울지 않을 거예요.
¿**Vais a** descansar un poco? — 너희는 조금 쉴 거니?
¡**Vamos a** trabajar! — 우리는 일할 거예요! / 우리 일하자!

잠깐!
'Vamos a 동사원형'은 '우리는 ~할 것이다'라는 의미뿐만 아니라, '우리 ~ 하자!'라고 제안하는 표현으로도 사용돼요.
Vamos a caminar.   우리는 걸을 거예요. / 우리 걷자.

¡Ojo!

✅ 단어
estudiar 공부하다
tarde 늦게
llorar 울다
descansar 쉬다

2. 미래 시간 부사 및 부사구

▶ 강의보기   🔊 38-3

'Ir a 동사원형'처럼 미래에 대해 이야기할 때 함께 사용할 수 있는 시간 부사와 부사구를 정리해 봐요!

ahora	지금
hoy	오늘
mañana	내일
pasado mañana	내일 모레
este jueves	이번 목요일
el próximo jueves	다음 목요일
este fin de semana	이번 주말
el próximo fin de semana	다음 주말
esta semana	이번 주
la próxima semana	다음 주
este mes	이번 달
el próximo mes	다음 달
este año	올해
el próximo año	내년

★ **부사구란?**
형용사, 명사, 부사 등이 두 개 이상 모여 한 뜻을 이루는 것이에요.
• en mi casa 내 집에
• por la noche 밤에

Mañana **voy a** estar en casa.
내일 나는 집에 있을 거예요.

Este mes mis padres **van a** viajar a Perú.
이번 달에 내 부모님은 페루로 여행을 가실 거예요.

El próximo año voy a estudiar en Estados Unidos.
내년에 나는 미국에서 공부할 거예요.

 ¡Ojo!

잠깐!

'다음~'을 나타내는 'próximo'라는 형용사는 '오는 ~'를 뜻하는 '~ que viene'로 대체할 수도 있어요.

el **próximo** año 내년(다음 해) = el año **que viene** 내년(오는 해)

3. Ir 동사의 활용

Ir 동사 뒤에 'de + 명사'의 형태가 더해져 '~하러 가다'라는 구문으로 사용되기도 해요. 가장 많이 쓰이는 표현들을 살펴볼게요.

ir de compras	쇼핑 가다	ir de copas	술 마시러 가다
ir de camping	캠핑 가다	ir de viaje	여행 가다
ir de fiesta	파티 가다	ir de vacaciones	휴가 가다

Tengo que **ir de compras**. 나는 쇼핑 가야 해요.
Mañana **voy de fiesta**. 내일 나는 파티 가요.

 단어
la compra 쇼핑
la copa 잔
el camping 캠핑
el viaje 여행
las vacaciones 휴가

 **STEP 3** 스페인어 진짜 즐기기

아래 대화를 들으면서 오늘 배운 내용을 확인해 보세요.

 Sara
Oye, ¿vas a viajar a Cuba el mes que viene?
얘, 다음 달에 쿠바에 여행 갈 거야?

 Lucas
Sí. Voy a ir con un amigo. Bueno, ¿ya vamos a casa?
응. 친구 한 명과 함께 갈 거야. 뭐, 이제 집에 갈까?

 Sara
Vale. ¿Vas a pagar?
알겠어. 네가 계산할 거야?

Lucas
No, no voy a pagar. No tengo dinero.
아니, 내가 내지 않을 거야. 나 돈 없어.

단어
ya 이제, 이미, 벌써

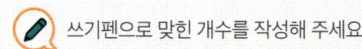

① 보기와 같이, 제시된 우리말 표현을 참고하여 미래 계획을 표현하는 문장을 만들어 보세요.

| 보기 | 월요일 / 나 / 일하다 ➡ El lunes voy a trabajar. |

1. 내일 모레 / 너 / 수영하다 ➡ _____.
2. 이번 주 / 우리 / 술 마시다 ➡ _____.
3. 지금 / 그 / 청소하다 ➡ _____.
4. 내년 / 그녀들 / 살다 / 스페인에 ➡ _____.

② 제시된 우리말에 해당하는 스페인어 표현을 'próximo'와 'que viene'를 이용하여 적어 보세요.

	próximo	que viene
다음 주	1.	la semana que viene
다음 달	el próximo mes	2.
다음 금요일	3.	el viernes que viene

③ 제시된 표현을 스페인어로 바꿔 써 보세요.

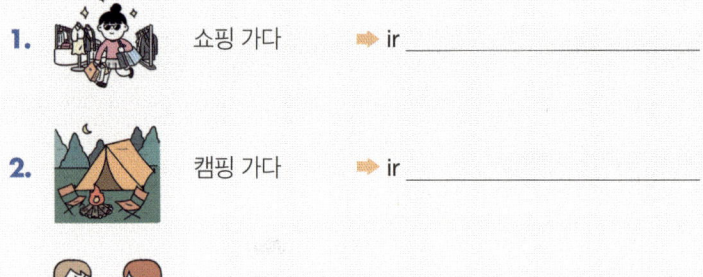

1. 쇼핑 가다 ➡ ir _____
2. 캠핑 가다 ➡ ir _____
3. 술 마시러 가다 ➡ ir _____

▶ 강의보기 틀리거나 헷갈리는 문제는 문제 해설 강의로 복습하세요.

◎ 오늘의 Misión 여러분의 내년 계획을 스페인어로 말해 보세요!

Día 39

일정 및 계획 ③ - 여가 활동 말하기

Yo hago ejercicio con un amigo.

나는 친구 한 명과 운동해요.

20 . .

오늘은 현재 시제 불규칙 동사인 hacer 동사를 살펴볼 거예요. 이 동사는 '하다, 만들다'라는 뜻을 가지고 있어요. 본격적인 학습에 앞서 오늘 배울 내용을 확인해 보세요!

1 Hacer 동사 변형   2 전치사 con   3 여가 활동 말하기

STEP 1 스페인어 진짜 맛보기

 강의보기   39-1   말하기 연습

오늘 배울 내용을 예문으로 먼저 만나 보세요! 음원을 여러 번 듣고 따라 읽으면서 실력을 쌓아 볼까요?

Yo **hago** ejercicio en el gimnasio.	나는 헬스장에서 운동**해요**.
¿Hay que **hacer** la cola?	줄 서야 **하나요**?
¿Qué **haces** en tu tiempo libre?	너는 너의 여가 시간에 뭐 **해**?
Salgo con mis amigos.	나는 내 친구들과 **놀러 나가요**.

¡Ojo!

☑ 반복 학습 체크체크

MP3 듣기 1회 ✓ 2회 3회

따라 읽기 1회 2회 3회

단어

el ejercicio 운동
el gimnasio 헬스장
la cola 꼬리, 줄
salir (놀러) 나가다

 스페인/중남미 진짜 여행 떠나기!

Agua con gas(탄산수). 스페인권 나라에서는 탄산수를 물처럼 먹는 사람들이 많아요. 그래서 물을 사거나 주문할 때도 생수인지 탄산수인지 얘기해야 해요. 탄산수는 agua con gas, 생수는 agua sin gas라고 한답니다. 꼭 기억해 두세요! :)

STEP 2 스페인어 진짜 알아가기

1. Hacer 동사 변형

▶ 강의보기   🔊 39-2

'하다, 만들다'라는 뜻을 가진 동사로 1인칭 단수에서만 'go'라는 소리가 나는 'go 불규칙' 동사예요. 현재 시제 동사 변형을 살펴볼까요?

인칭대명사	동사 변형
Yo	hago
Tú	haces
Él/Ella/Usted	hace
Nosotros/as	hacemos
Vosotros/as	hacéis
Ellos/Ellas/Ustedes	hacen

Hacer 하다, 만들다

No hago ejercicio.	나는 운동하지 않아요.
Hacemos la compra los lunes.	우리는 매주 월요일 장을 봐요.
No hay que hacer la cola.	줄 서지 않아도 돼요.
Hacemos las paces.	우리는 화해해요. / 우리 화해하자.

2. 전치사 con

▶ 강의보기   🔊 39-3

'~와 함께'라는 뜻의 전치사로 여러 번 살펴보았어요. 어떻게 활용되는지 예문들을 살펴볼까요?

Voy con mi hijo.	나는 내 아들과 가요.
Jimena va a cantar con su novio.	히메나는 그녀의 남자친구와 노래할 거예요.
Mis padres van a bailar conmigo.	내 부모님은 나와 함께 춤을 출 거예요.

잠깐!

'나와 함께' 그리고 '너와 함께'는 예외적으로 전치사와 인칭대명사를 합쳐서 사용해요.

| conmigo | 나와 함께 | contigo | 너와 함께 |

¡Ojo!

✓ Mini Check

'가지다'라는 의미의 tener 동사도 'go 불규칙'이었죠!

tener	
tengo	tenemos
tienes	tenéis
tiene	tienen

✓ 단어

hacer la compra
장 보다
hacer la cola 줄 서다
hacer las paces
화해하다

★ 'con'의 반대말인 '~없이/빼고'는 'sin'이에요. '~빼고 주세요'라고 식당에서 부탁하는 표현이 기억나요?
• Sin sal, por favor.
  소금 빼고 주세요.

3. 여가 활동 말하기

[강의보기] [🔊 39-4]

Hacer 동사로 상대방의 여가 활동을 묻는 방법과 대답의 다양한 예를 살펴봐요.

¿**Qué haces** en tu tiempo libre?	너는 네 여가 시간에 **뭐 해**?
Veo Netflix en mi tiempo libre.	나는 내 여가 시간에 넷플릭스 봐.
Leo libros.	나는 책을 읽어.
Voy a una cafetería.	나는 카페에 가.
Paseo a mi perro.	나는 내 강아지를 산책시켜.
Escucho música.	나는 음악을 들어.
Salgo con mis amigos.★	나는 내 친구들과 놀러 나가.

¡Ojo!

단어

ver 보다
pasear a perro 강아지를 산책시키다

★ '나가다'라는 salir 동사도 'go 불규칙' 동사예요.

salir	
sal**go**	salimos
sales	salís
sale	salen

STEP 3 스페인어 진짜 즐기기

[강의보기] [🔊 39-5] [💬 말하기 연습]

아래 대화를 들으면서 오늘 배운 내용을 확인해 보세요.

Marcos: ¿Qué haces, Sara? Estoy aburrido.
사라야, 뭐해? 나 심심해.

Sara: No hago nada. Pero voy al gimnasio pronto.
나 아무것도 안 해. 그런데 곧 헬스장에 갈 거야.

Marcos: ¿Sí? ¿Haces ejercicio?
그래? 너 운동해?

Sara: Sí. Tú también tienes que hacer ejercicio. Estás gordito.
응. 너도 운동해야 해. 너 똥똥해.

단어

aburrido 지루한
nada 아무것도
pronto 곧
gordo 뚱뚱한

✓ Mini Check

'-o/a'로 끝나는 형용사를 '-ito/ita'라고 바꿔 단어의 의미를 축소시키거나 애정을 담기도 했죠!

- gordo 뚱뚱한
- gordito 똥똥한
- un poco 조금
- un poquito 쬐끔

3

STEP 4 스페인어 진짜 써먹기

쓰기펜으로 맞힌 개수를 작성해 주세요.

나의 점수   개 / 10개   정답 보기

1 빈칸에 알맞은 hacer 동사의 현재 시제 변형 형태를 채워 보세요.

Yo	1.	Nosotros/as	2.
Tú	haces	Vosotros/as	3.
Él/Ella/Usted	hace	Ellos/Ellas/Ustedes	hacen

2 제시된 상황에 어울리는 스페인어 표현을 짝지어 보세요.

1.
2.
3.
4.

a. hacer ejercicio   b. hacer la cola   c. hacer las paces   d. hacer la compra

3 제시된 단어를 순서대로 배열하여 문장을 완성해 보세요.

1. tomo con Yo agua gas ➡ _____.
2. que contigo hablar Tengo ➡ _____.
3. a vivir Mi hija va con Isa ➡ _____.

▶ 강의보기   틀리거나 헷갈리는 문제는 문제 해설 강의로 복습하세요.

◎ 오늘의 Misión   ¿Qué haces en tu tiempo libre? 여러분이 여가 시간에 하는 것 세 가지를 스페인어로 말해 보세요!

일정 및 계획 ④ - 날씨 말하기

Día 40
¡Mañana hace buen tiempo!
내일은 날씨가 좋아요!

오늘은 지난 시간에 배운 hacer 동사로 날씨 이야기를 해 볼게요. 본격적인 학습에 앞서 오늘 배울 내용을 확인해 보세요!

1. Hacer 동사로 날씨 말하기
2. 날씨 묻기
3. 계절 어휘

STEP 1 스페인어 진짜 맛보기

강의보기 | 40-1 | 말하기 연습

오늘 배울 내용을 예문으로 먼저 만나 보세요! 음원을 여러 번 듣고 따라 읽으면서 실력을 쌓아 볼까요?

¿**Qué tiempo hace** hoy?	오늘 날씨가 어떤가요?
Hoy **hace** mucho **calor**.	오늘은 매우 더워요.
En España no **hace frío**.	스페인은 춥지 않아요.
¡**Hace muy buen tiempo** en primavera!	봄에는 날씨가 매우 좋아요!

¡Ojo!

☑ 반복 학습 체크체크

MP3 듣기 1회 ✓ 2회 3회

따라 읽기 1회 2회 3회

단어
el tiempo 날씨, 시간
la primavera 봄

 스페인/중남미 진짜 여행 떠나기!

많은 사람들이 중남미는 일년 내내 더울 것이라고 생각하는데 그렇지 않아요. 안데스 산맥의 영향으로 남미의 많은 도시들은 백두산보다 높은 곳에 있거든요! 낮에는 덥고 해가 지면 쌀쌀하답니다. 따라서 중남미 여행을 갈 때는 한여름 옷부터 초겨울 복장까지 모두 챙겨야 해요. :)

STEP 2 스페인어 진짜 알아가기

1. Hacer 동사로 날씨 말하기

▶강의보기 🔊 40-2

Hacer 동사 뒤 날씨 관련 명사를 넣어 '~한 날씨이다'라는 표현을 말할 수 있어요. 이때 동사는 항상 3인칭 단수로만 사용해요. 날씨는 사람이 만들지 않기 때문이죠!

Hacer 동사 + 날씨 관련 명사

Hace	calor.	더워요.
	frío.	추워요.
	fresco.	선선해요.
	sol.	해가 쨍쨍해요.
	viento.	바람이 불어요.
	buen tiempo.	날씨가 좋아요.
	mal tiempo.	날씨가 나빠요.

✓ 단어
el fresco 선선함
el sol 태양
el viento 바람

'날씨가 매우 ~이다'라고 말하고 싶을 때는 날씨 명사 앞에 'mucho'(많은)를, 반대로 '날씨가 조금 ~이다'라고 말하고 싶으면 날씨 명사 앞에 'un poco de'(조금의)를 넣어줘요.★

Hace **mucho** calor.   **매우** 더워요.
Hace **un poco de** frío.   **조금** 추워요.

하지만 '날씨가 좋다, 날씨가 나쁘다'의 경우는 명사인 tiempo 앞에 이미 형용사 bueno, malo가 있기 때문에 이 경우는 형용사 bueno, malo를 꾸며 주는 muy(매우)와 un poco(조금)을 넣어 줘요. 하지만 '날씨가 조금 나빠요, 조금 좋아요'는 잘 사용하지 않는 표현이에요.★

Hace **muy** buen tiempo.   날씨가 **매우 좋아요**.

★ 명사의 양을 수식해주는 형용사
• mucho + 명사 : 많은 [명사]
• un poco de + 명사 : 조금의 [명사]

★ 형용사의 양을 수식해주는 부사
• muy + 형용사 : 매우 [형용사]인
• un poco + 형용사 : 조금 [형용사]인

> **잠깐!**
> 형용사 bueno(좋은), malo(나쁜)는 남성 단수 명사를 앞에서 꾸며줄 때 끝 철자인 'o'가 탈락돼요.
> **buen** niño 착한 아이   **mal** niño 나쁜 아이

2. 날씨 묻기

▶강의보기 🔊 40-3

날씨를 물어볼 때 역시 hacer 동사를 사용해요. 혹은 날씨가 어떤 상태인지 묻는 거니까 상태를 말하는 estar 동사를 사용할 수도 있어요.

¿Qué tiempo **hace** hoy?   오늘 날씨 어때요?
= ¿Cómo **está** el tiempo hoy?

3. 계절 어휘

 40-4 ¡Ojo!

날씨 얘기에 계절이 빠질 수 없지요! 사계절에 해당하는 단어와 예문을 살펴봐요. 문장에 시간 부사구로 계절을 넣을 때는 전치사 'en'과 함께 사용하며 관사는 넣지 않아요.

la primavera	봄	el otoño	가을
el verano	여름	el invierno	겨울

En España no **hace** mucho **frío** en invierno.
스페인에서는 겨울에 많이 춥지 않아요.

En México **hace** muchísimo **calor** en verano.
멕시코에서는 여름에 매우 더워요.

= **Hace** muchísimo **calor** en verano en México.

잠깐!
지역을 이야기할 때 역시 전치사 en을 더해 줘요. 지역과 계절을 얘기하는 부분은 날씨 표현의 앞, 뒤에 모두 사용 가능해요.

강의보기 40-5 말하기 연습

아래 대화를 들으면서 오늘 배운 내용을 확인해 보세요.

 단어
es que ~거든
friolento 추위를 잘 타는

 Erica
¿Qué tiempo hace en México?
멕시코는 날씨가 어때?

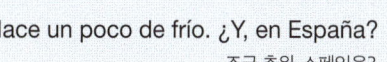
Hace un poco de frío. ¿Y, en España?
조금 추워. 스페인은? Marcos

 Erica
¡Muchísimo calor! En España en verano hace mucho calor.
엄청 더워! 스페인은 여름에 매우 더워.

¡Qué bien! Yo tengo mucho frío aquí. Es que soy friolento.
좋다! 나 여기 너무 추워. 나 추위 많이 타거든. Marcos

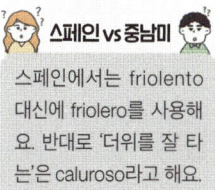
스페인 vs 중남미
스페인에서는 friolento 대신에 friolero를 사용해요. 반대로 '더위를 잘 타는'은 caluroso라고 해요.

STEP 4 스페인어 진짜 써먹기

 쓰기펜으로 맞힌 개수를 작성해 주세요.

나의 점수 개 / 10개 정답 보기

1 제시된 그림에 어울리는 날씨 표현을 짝지어 보세요.

1.  • • a. Hace frío.

2.  • • b. Hace sol.

3.  • • d. Hace viento.

2 제시된 문장에서 틀린 부분을 찾아 올바른 문장으로 다시 써 보세요.

1. Hace muy calor. ➡ _____.
2. Hace malo tiempo. ➡ _____.
3. ¿Cómo es el tiempo hoy? ➡ ¿_____?
4. Hace un poco viento. ➡ _____.

3 MP3에서 나오는 문장을 듣고, 스페인어로 받아 적어 보세요. 🔊 40-6

1. _____.
2. ¿_____?
3. _____.

▶ 강의보기 틀리거나 헷갈리는 문제는 문제 해설 강의로 복습하세요.

◎ 오늘의 Misión 오늘 배운 표현을 세 개 이상 사용하여 오늘 날씨를 스페인어로 얘기해 보세요.

 학습 종료

4

일정 및 계획 ⑤ - 예약/주문하기

¿Puedo hacer una reserva?
예약할 수 있나요?

오늘은 '할 수 있다'라는 뜻의 poder 동사로 상대방에게 주문하고 부탁하는 표현까지 학습해 볼게요! 본격적인 학습에 앞서 오늘 배울 내용을 확인해 보세요!

1 Poder 동사 변형   **2** Poder + 동사원형   **3** 예약/주문하기

STEP 1 스페인어 진짜 맛보기

 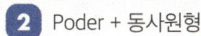 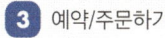

오늘 배울 내용을 예문으로 먼저 만나 보세요! 음원을 여러 번 듣고 따라 읽으면서 실력을 쌓아 볼까요?

¡Yo **puedo** con todo!	난 뭐든 할 수 있어요!
¿Me **puedes** poner una cerveza?★	나에게 맥주 하나 줄 수 있나요?
¿**Podemos** beber aquí?	우리 여기서 술 마셔도 되나요?
¿**Puedo** hacer una reserva para mañana?	저 내일로 예약할 수 있나요?

¡Ojo!

☑ 반복 학습 체크체크

MP3 듣기 ✓ 1회 2회 3회

따라 읽기 1회 2회 3회

단어
me 나에게
poner 놓다, 두다
la reserva 예약
para ~(시간, 날짜)로

★ '놓다, 두다'라는 'poner' 동사로 주문하는 경우가 많아요.

★ '나에게'에 해당하는 'me'는 Día 50에서 더 자세히 볼게요!

 스페인/중남미 진짜 여행 떠나기!

'화이팅!' 우리가 정말 많이 사용하는 말이죠. 스페인어로 누군가를 응원하고 싶을 때는 poder 동사를 사용하면 돼요. ¡Vamos! ¡Tú puedes! (자! 넌 할 수 있어!)

STEP 2 스페인어 진짜 알아가기

1. Poder 동사 변형

▶강의보기  41-2

'할 수 있다, 가능하다'라는 뜻을 가진 poder는 모음 o가 현재 시제에서 ue로 바뀌는 ue 불규칙 동사예요. Ie 불규칙 동사와 마찬가지로 1인칭 복수(Nosotros/as)와 2인칭 복수(Vosotros/as) 동사 변형은 항상 규칙 변형이에요.

인칭대명사	동사 변형
Yo	puedo
Tú	puedes
Él/Ella/Usted	puede
Nosotros/as	podemos
Vosotros/as	podéis
Ellos/Ellas/Ustedes	pueden

Poder 할 수 있다

No **puedo** más.   난 더 이상 못 해.
Yo **puedo** con todo.   난 뭐든 할 수 있어요.

¡Ojo!

단어
más 더

2. Poder + 동사원형

▶강의보기   41-3

Poder 동사 변형 뒤에 동사원형을 넣어 '~를 할 수 있다/~해도 된다'라는 구문으로 사용해요.

[Poder 동사] + [동사원형]

¿**Puedo** pasar?   저 들어가도/지나가도 되나요?
Podemos aprender español por Internet.   우리는 인터넷으로 스페인어를 배울 수 있어요.
¿**Puedes** llegar temprano?   너는 일찍 도착할 수 있니?
Ellos no **pueden** beber mucho.   그들은 많이 마실 수 없어요.

Mini Check

의무를 나타내는 표현들 역시 동사 변형 뒤에 동사원형을 넣어 줬었지요! 헷갈리지 않도록 다시 정리해 봐요.

- **tener que 동사원형**
  ~ 해야 한다/할 필요 없다
- **deber 동사원형**
  ~ 해야 한다/하면 안 된다
- **hay que 동사원형**
  ~해야 한다/할 필요 없다
  (무인칭)

단어
pasar 들어가다, 지나가다
temprano (시간적으로) 이른

3. 예약/주문하기

Poder 동사로 예약과 주문하는 방법도 살펴봐요!

¿**Puedo** hacer una reserva para el martes?
저 화요일로 예약할 수 있나요?

¿**Puedo** reservar una mesa para esta noche?
오늘 밤으로 테이블 하나 예약할 수 있나요?

¿Me **puedes** poner una paella y una copa de vino blanco?★
나에게 빠에야 하나와 화이트 와인 한 잔 줄 수 있나요?

¿**Podemos** pagar en efectivo?★
우리는 현금으로 결제할 수 있나요?

¡Ojo!

단어

la mesa 테이블, 식탁
pagar en efectivo 현금 결제

★ poner 동사는 go 불규칙 동사예요.

poner	
pongo	ponemos
pones	ponéis
pone	ponen

★ 카드 결제
pagar con tarjeta

STEP 3 스페인어 진짜 줄기기

아래 대화를 들으면서 오늘 배운 내용을 확인해 보세요.

Sara: ¿Puedo hacer una reserva para mañana?
내일로 예약할 수 있나요?

Camarero: Claro que sí. ¿Cuántas personas son?
당연하죠. 몇 명인가요?

Sara: Somos cuatro. Vamos a llegar sobre las dos.
네 명이에요. 두 시쯤 도착할 거예요.

Camarero: Vale. No deben llegar tarde.
알겠어요. 늦으면 안 돼요.

단어

sobre ~(시간)쯤
tarde 늦게

STEP 4 스페인어 진짜 써먹기

쓰기펜으로 맞힌 개수를 작성해 주세요.

나의 점수   개 / 10개   정답 보기

1 제시된 빈칸에 poder 동사를 알맞게 채워 문장을 완성하세요.

1. ¡Yo no _____ más!
2. ¿Tú _____ hablar español?
3. ¿Vosotros _____ nadar?

2 제시된 우리말에 맞는 스페인어 표현을 짝지어 보세요.

1. 너는 내일 일할 수 있니? •   • a. ¿Tienes que trabajar mañana?
2. 너는 내일 일하면 안 돼.   •   • b. No debes trabajar mañana.
3. 너는 내일 일해야 해?   •   • c. ¿Puedes trabajar mañana?

3 제시된 빈칸에 poder 동사를 알맞게 채워 다음 대화문을 완성해 보세요.

1. ¿Puedes bailar?
   Sí, _____ bailar.

2. ¿Tus padres pueden hablar inglés?
   No, no _____ hablar inglés.

3. ¿Podéis limpiar la casa?
   Sí, _____ limpiar.

4. ¿Usted puede descansar hoy?
   No, no _____ descansar hoy.

▶강의보기 틀리거나 헷갈리는 문제는 문제 해설 강의로 복습하세요.

◎오늘의 Misión 여러분이 할 수 있는 일, 능력을 poder 동사를 활용해 이야기해 보세요!

Día 37~41 복습하기

Práctica ⑦
연습문제

20 . .

  연습문제로 실력을 체크해 봐요!

나의 점수   개 / 30개

1 제시된 동사의 현재 시제 1인칭 단수 변형 형태를 적어 보세요.

1. ir ➡ yo _____

2. salir ➡ yo _____

3. hacer ➡ yo _____

4. poner ➡ yo _____

5. poder ➡ yo _____

2 제시된 빈칸에 ir 동사를 알맞게 채워 다음 대화문을 완성해 보세요.

 ¿Ustedes **1.** _____ a esperar?

 Sí, **2.** _____ a esperar.

 ¿Tú **3.** _____ a vivir en Seúl?

 No, **4.** _____ a vivir en Nueva York.

 ¿Ellas **5.** _____ a salir esta noche?

No, **6.** _____ a salir mañana.

3 제시된 전치사를 빈칸에 넣어 문장을 완성하세요.

| 보기 | a | con | de |

1. Voy _____ Chile el año que viene.

2. Vamos _____ Pablo.

3. ¿Vas _____ copas?

4 제시된 시간 부사들을 스페인어로 바꿔 써 보세요.

1. 내일 모레 ➡ _____

2. 이번 주 ➡ _____

3. 다음달 ➡ _____

5 빈칸에 전치사 con이 들어갈 수 없는 문장 하나를 고르세요.

① Hago ejercicio _____ mi esposa.

② Voy a estudiar _____ tú.

③ ¿Haces la compra _____ tu hija?

6 제시된 빈칸에 알맞은 단어를 골라 문장을 완성하세요.

1. Hace (mucho / muy) viento.

2. Hace (mucho / muy) buen tiempo.

3. Hace (un poco de / un poco) frío.

7 Hacer 동사를 이용하여 제시된 문장을 스페인어로 바꿔 써 보세요.

1. 한국은 추워요.
   ➡ _____.

2. 여기는 많이 덥지 않아요.
   ➡ _____.

3. 여름에는 해가 많이 쨍쨍해요.
   ➡ _____.

4. 봄에는 날씨가 좋아요.
   ➡ _____.

8 빈칸에 알맞은 단어를 보기에서 골라 적어 보세요.

| 보기 | pasear | llegar | fumar | pagar | poner |

1. Tengo prisa. ¿Puedes _____ más temprano?
2. Tengo sed. ¿Me puedes _____ una cerveza?
3. ¿Puedo _____ aquí?
4. ¿Podemos _____ con tarjeta?
5. ¿Podéis _____ a mi perro mañana?

Diálogo 음원을 듣고 대화를 완성한 다음, 소리 내어 연습해 보세요.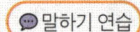

Andrés: ¡_____ a Cuba este verano!

Alma: ¿De verdad? ¡Qué bien! ¿No _____ en Cuba?

Andrés: No, no hace frío.

Alma: ¿_____ en Cuba?

Andrés: ¡Hace _____ calor!

Alma: Uy. Yo _____ a Cuba. Es que soy una persona calurosa.

Andrés: Jajaja. ¿_____ este verano?

Alma: Sí. Voy a viajar a Bilbao _____.

Andrés: ¡A Bilbao! ¡Guay! ¿Vais _____, verdad?

Alma: No. Vamos _____. Está cerca. Y no hace mucho calor allí.

Andrés: Jajaja. Así _____ más.

강의보기 틀리거나 헷갈리는 문제는 문제 해설 강의로 복습하세요.

오늘의 Misión Poder, ir 그리고 hacer 동사를 활용하여 이번 주말 계획을 스페인어로 세 문장 이상 말해 보세요.

Día 43

식당에서 ① - 메뉴 정하기 ①

Queremos una cerveza.

우리는 맥주를 원해요.

20 . .   학습 시작

오늘은 '원하다'라는 뜻을 가진 querer 동사를 배울 거예요. 본격적인 학습에 앞서 오늘 배울 내용을 확인해 보세요!

 전체강의   질문 게시판   MP3

1 Querer 동사 변형   **2** Querer 동사로 메뉴 정하기   **3** 음료 관련 어휘

STEP 1 스페인어 진짜 맛보기

▶ 강의보기   🔊 43-1   💬 말하기 연습

¡Ojo!

☑ 반복 학습 체크체크

MP3 듣기 1회 ✓ 2회 3회

따라 읽기 1회 2회 3회

단어

más 더

오늘 배울 내용을 예문으로 먼저 만나 보세요! 음원을 여러 번 듣고 따라 읽으면서 실력을 쌓아 볼까요?

¿Qué **quieres**?	너는 무엇을 원해?
Quiero un cortado.	나는 코르타도를 원해.
No **queremos** más cerveza.	우리는 맥주를 더 원하지 않아요.
Eva **quiere** un tinto de verano.	에바는 틴토 데 베라노를 원해요.

 스페인/중남미 진짜 여행 떠나기!

스페인권 사람들 역시 우리처럼 커피를 즐겨 마시지만 보통 차가운 커피는 마시지 않아요. 따라서 아이스 아메리카노를 팔지 않는 카페가 많답니다. 아이스 아메리카노를 마시고 싶을 때, 'café con hielo'(아이스 커피)가 있다면 주문하고 그렇지 않다면 얼음을 달라고 하세요. ¡Un vaso con hielo, por favor! (얼음 컵 주세요!)

STEP 2 스페인어 진짜 알아가기

1. Querer 동사 변형

'원하다'라는 의미를 가진 querer 동사는 현재 시제에서 어간의 'e'가 'ie'로 바뀌는 ie 불규칙 동사예요. 다른 불규칙 동사와 마찬가지로 1인칭 복수(Nosotros/as)와 2인칭 복수(Vosotros/as)에서는 규칙변형이에요.

인칭대명사	동사 변형
Yo	quiero
Tú	quieres
Él/Ella/Usted	quiere
Nosotros/as	queremos
Vosotros/as	queréis
Ellos/Ellas/Ustedes	quieren

Querer 원하다

> **Ojo!**
>
> **Mini Check**
> '가지다'라는 뜻을 가진 tener 동사도 ie 불규칙 동사였죠!
>
> | tener | |
> |---|---|
> | tengo | tenemos |
> | tienes | tenéis |
> | tiene | tienen |

Quiero este coche. — 나는 이 자동차를 원해요.
¿Usted quiere ese plato? — 당신은 저 음식을 원하나요?
No queremos dinero. — 우리는 돈을 원하지 않아요.

단어
el dinero 돈

2. Querer 동사로 메뉴 정하기

Querer 동사 뒤에 원하는 음식이나 음료 관련 명사를 넣어, '~를 원한다'라고 말할 수 있어요.

[Querer 동사] + [음식/음료 관련 명사]

Quiero un café con leche. — 나는 카페라떼 하나를 원해요.
¿Quieres helado? — 너는 아이스크림을 원해?
No queremos vino. — 우리는 와인을 원하지 않아요.
¿Queréis más jamón?★ — 너희는 하몬을 더 원해?
Isa y Mateo quieren una tortilla de patatas. — 이사와 마테오는 또르띠야 데 파타타스 하나를 원해요.

단어
más 더, 더욱

★ más는 명사 앞에 써 줘요. 더 자세한 사용법은 Día 68에서 배울 거예요.

3. 음료 관련 어휘

스페인 사람들이 즐겨 마시는 다양한 음료 관련 어휘들을 정리해 봐요!

 **el café solo**
에스프레소
(혹은 진한 아메리카노)

 la cerveza
맥주

el cortado 코르타도 (에스프레소 + 약간의 우유)	el vino 와인
el café con leche 카페 라떼	el zumo 주스
el café bombón 카페 봄본 (에스프레소 + 연유)	la sangría 상그리아
el café con hielo 아이스 커피	el tinto de verano 틴토 데 베라노 (레드와인 + 레몬 탄산음료 + 얼음)

¡Ojo!

★ **el tinto de verano**
스페인 사람들이 여름에 즐겨 마시는 와인이 들어간 칵테일로, 상그리아처럼 여러 과일이 들어가지 않고 도수도 더 낮아요.

STEP 3 스페인어 진짜 즐기기   ▶강의보기   🔊 43-5   💬 말하기 연습

아래 대화를 들으면서 오늘 배운 내용을 확인해 보세요.

 Sara
¿Qué quieres?
너는 무엇을 원해?

 Lucas
Estamos en verano así que quiero un tinto de verano.
우리 여름이니까 난 틴토 데 베라노 하나를 원해.

 Sara
Yo quiero algo muy dulce. Quiero un café bombón, un zumo de naranja y una sangría.
난 매우 단 것을 원해. 카페 봄본 하나, 오렌지 주스 하나 그리고 상그리아 하나를 원해.

 Lucas
Bueno, ¡tú estás estresada!
아니, 너 스트레스 받았구나!

단어

el verano 여름
así que 그래서
algo 무언가
dulce 단, 달달한 것
naranja 오렌지

★ **bueno**는 '좋은'이라는 의미의 형용사이지만 '음, 자, 그러면, 아니' 등 말을 시작하기 전에 즐겨 넣는 표현이기도 해요. 영어의 'well, so'와 같은 역할이에요.

STEP 4 스페인어 진짜 써먹기

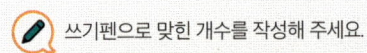

나의 점수   개 / 10개

① 제시된 querer 현재 시제 동사 변형 형태 중에서 틀린 것을 3개 찾아 고치세요.

Yo	quiero	Nosotros/as	quieremos
Tú	quiers	Vosotros/as	queréis
Él/Ella/Usted	quiere	Ellos/Ellas/Ustedes	queren

틀린 형태   올바른 형태

1. _____ ➡ _____
2. _____ ➡ _____
3. _____ ➡ _____

② 빈칸에 querer 동사를 알맞게 채워 다음 대화문을 완성해 보세요.

¿Qué 1. _____ tú?

2. _____ un café con hielo.

¿Qué 3. _____ ustedes?

4. _____ dos zumos.

③ 빈칸에 알맞은 전치사를 보기에서 골라 적어 보세요.

보기   no | de | con

1. Elisa quiere un zumo _____ piña.
2. ¿_____ queréis café?
3. ¿Usted quiere un café _____ leche?

▶ 강의보기   틀리거나 헷갈리는 문제는 문제 해설 강의로 복습하세요.

◎ 오늘의 Misión   지금 스페인의 한 식당에 있다고 생각하고, querer 동사를 이용해 마시고 싶은 것을 스페인어로 얘기해보세요.

Día 44

식당에서 ② - 메뉴 정하기 ②

Quiero comer pollo frito.

나는 치킨을 먹고 싶어요.

20 . .

학습 시작

오늘은 지난 시간에 배운 querer 동사를 활용해 '~하고 싶다'라는 소망을 나타내는 표현을 배울 거예요. 본격적인 학습에 앞서 오늘 배울 내용을 확인해 보세요!

전체강의 | 질문 게시판 | MP3

1. Querer + 동사원형
2. 식재료 관련 어휘
3. 강한 소망 나타내기

STEP 1 스페인어 진짜 맛보기

강의보기 | 44-1 | 말하기 연습

¡Ojo!

☑ 반복 학습 체크체크

MP3 듣기 1회 ✓ 2회 3회

따라 읽기 1회 2회 3회

오늘 배울 내용을 예문으로 먼저 만나 보세요! 음원을 여러 번 듣고 따라 읽으면서 실력을 쌓아 볼까요?

¿Qué **quieres** tomar?	너는 무엇을 마시고 싶어?
Quiero comer algo.	나는 무언가를 먹고 싶어요.
Ellas **quieren** descansar un poco.	그녀들은 조금 쉬고 싶어해요.
Tengo muchas ganas de salir.	나는 정말 나가고 싶어요.

단어

algo 무언가
la gana 욕망, 욕구
salir 나가다

스페인/중남미 진짜 여행 떠나기!

스페인어권 나라에는 토끼, 달팽이, 기니피그 등 우리에게 새로운 식재료들이 있어요. 먹어 보고 싶다면 이렇게 말해 보세요. ¡Quiero probar este plato! (저는 이 음식을 먹어 보고 싶어요!)

1

 **STEP 2 스페인어 진짜 알아가기**

1. Querer + 동사원형

'원하다'라는 뜻의 querer 동사 뒤에 또 다른 동사원형을 넣으면 '~하고 싶다'라는 소망을 나타내는 표현이 돼요. 이때 querer 동사는 주어에 맞게 변형하고 원하는 동작은 꼭 원형으로 적어 줘요.

[Querer 동사] + [동사원형]

¿Qué **quieres** hacer mañana?	너는 내일 무엇을 하고 싶어?
Quiero pasear a mi perro.	나는 내 강아지를 산책시키고 싶어.
Esta semana no **queremos** ir de camping.	우리는 이번 주에 캠핑 가고 싶지 않아.
¿**Queréis** caminar un poco?	너희는 조금 걷고 싶어?

이 표현은 식당에서도 유용하게 사용될 수 있어요!

Quiero comer carne.	나는 고기를 먹고 싶어요.
No **quiero** comer pizza.	나는 피자를 먹고 싶지 않아요.
Mis padres **quieren** probar este plato.	나의 부모님은 이 음식을 먹고 싶어 하세요.

2. 식재료 관련 어휘

식당의 메뉴판을 읽기 위해 필수인 식재료 어휘들을 살펴봅시다!

la carne de res/vaca	소고기	el pescado	생선
la carne de cerdo	돼지고기	el pulpo	문어
la carne de conejo	토끼고기	la gamba/el camarón	새우
el pollo	닭고기	la langosta	랍스터
el cuy/cui	기니피그	el caracol	달팽이

¡Ojo!

★ '소망하다'라는 뜻의 동사 desear로도 원하는 것을 나타낼 수 있어요. Desear 동사는 -ar 규칙변화 동사예요!

desear	
deseo	deseamos
deseas	deseáis
desea	desean

- ¿Qué desea tomar usted?
  당신은 무엇을 마시기를 원하시나요?

단어

pasear a perro 강아지 산책시키다
el camping 캠핑
caminar 걷다
la carne 고기
probar 먹어보다
el plato 음식, 그릇

★ 어린 소고기는 'la ternera'라고 해요.

 스페인 vs 중남미

스페인에서는 새우를 'la gamba', 중남미에서는 'el camarón'이라고 해요.

3. 강한 소망 나타내기

▶ 강의보기　🔊 44-4　📝 ¡Ojo!

'정말 ~하고 싶다'라는 문장은 querer 동사를 사용하지 않아요. 이때는 tener 동사를 사용해서 '난 ~하고 싶은 욕구가 많다'라고 이야기해요.

Tener 동사 + muchas ganas de + 동사원형

Quiero ir mucho de fiesta. (X)　　저는 정말 파티에 가고 싶어요.
➡ **Tengo** muchas ganas de ir de fiesta. (O)

Quiero viajar mucho a España. (X)　저는 정말 스페인에 여행 가고 싶어요.
➡ **Tengo** muchas ganas de viajar a España. (O)

STEP 3 스페인어 진짜 즐기기
▶ 강의보기　🔊 44-5　💬 말하기 연습

아래 대화를 들으면서 오늘 배운 내용을 확인해 보세요.

 Erica
¿Qué quieres comer? Yo quiero comer pollo frito.
너는 무엇을 먹고 싶어? 나는 치킨 먹고 싶어.

 Sara
Yo no quiero comer pollo. Voy a comer una ensalada.
나는 닭고기 안 먹고 싶어. 나는 샐러드 하나 먹을 거야.

 Erica
¡Estás a dieta! Vale. ¿Y qué quieres tomar?
너 다이어트 중이구나! 알겠어. 그리고 무엇을 마시고 싶어?

 Sara
Quiero tomar un refresco de limón.
나는 레몬 탄산음료 마시고 싶어.

단어
frito 튀긴
la ensalada 샐러드
estar a dieta 식이 조절 하다
el refresco 탄산음료

STEP 4 스페인어 진짜 써먹기

쓰기펜으로 맞힌 개수를 작성해 주세요.

나의 점수   개 / 10개   정답 보기

1 보기와 같이, 제시된 단어와 querer 동사를 이용하여 '~하고 싶다'라는 문장을 만들어 보세요.

보기   Ella / no trabajar ➡ Ella no quiere trabajar.

1. Yo / aprender español ➡ _____.
2. Tú / no llorar ➡ _____.
3. Nosotros / no esperar ➡ _____.
4. Ellos / hablar contigo ➡ _____.

2 제시된 그림에 맞는 스페인어 단어를 짝지어 보세요.

1. 2. 3. 4.

a. el pescado   b. el pulpo   c. la carne   d. la gamba

3 보기와 같이, 제시된 두 문장을 'tener muchas ganas de 동사원형' 구문으로 바꿔 써 보세요.

보기   Queremos comer algo dulce. ➡ Tenemos muchas ganas de comer algo dulce.

1. Quiero bailar. ➡ _____.
2. Él quiere fumar. ➡ _____.

▶강의보기   틀리거나 헷갈리는 문제는 문제 해설 강의로 복습하세요.

◎오늘의 Misión   ¿Qué quieres hacer ahora? (너는 지금 무엇을 하고 싶어?) 여러분이 지금 하고 싶은 것 세 가지를 말해 보세요!

학습 종료

4

Día 45

식당에서 ③ - 주문하기

¿Puedo pedir la paella?

빠에야를 주문해도 될까요?

20 . .

오늘은 '주문하다, 요구하다'라는 뜻을 가진 pedir 동사를 살펴볼 거예요. 본격적인 학습에 앞서 오늘 배울 내용을 확인해 보세요!

1 Pedir 동사 변형 2 Pedir 동사로 주문하기 3 또 다른 i 불규칙 동사

STEP 1 스페인어 진짜 맛보기

🎥 강의보기 🔊 45-1 💬 말하기 연습

오늘 배울 내용을 예문으로 먼저 만나 보세요! 음원을 여러 번 듣고 따라 읽으면서 실력을 쌓아 볼까요?

¿Qué quieres **pedir**?	너는 무엇을 주문하고 싶어?
Pido una ensalada.	나는 샐러드를 주문해요.
Queremos **pedir** dos cañas.	우리는 맥주 두 개를 주문하고 싶어요.
¿Qué **dices**?	너 무슨 소리 하는 거야?

¡Ojo!

✅ 반복 학습 체크체크

MP3 듣기 1회 ✓ 2회 3회

따라 읽기 1회 2회 3회

단어

la ensalada 샐러드
la caña 맥주 (200ml가량의 생맥주)
decir 말하다

🧳 **스페인/중남미 진짜 여행 떠나기!**

맥주가 스페인어로 la cerveza라는 것을 알고 있죠! 스페인은 우리보다 맥주를 더 자주, 가볍게 마시는 사람들이 많기 때문에 사이즈도 다양해요. 그중 가장 흔한 것은 200~250ml 정도인 caña라는 사이즈의 생맥주예요. 여러분도 가볍게 마시고 싶을 때 주문해 보세요. ¡Una caña, por favor!

corto caña terico

1

STEP 2 스페인어 진짜 알아가기

1. Pedir 동사 변형

▶ 강의보기 🔊 45-2

'주문하다, 요구하다'라는 뜻을 가진 동사로 어간의 'e'가 'i'라고 바뀌는 i 불규칙 동사예요. 현재 시제 동사 변형을 살펴볼까요?

인칭대명사	동사 변형
Yo	pido
Tú	pides
Él/Ella/Usted	pide
Nosotros/as	pedimos
Vosotros/as	pedís
Ellos/Ellas/Ustedes	piden

Pedir 주문하다, 요구하다

¿Qué pides en una cafetería? — 너는 카페에서 무엇을 주문해?
Yo siempre pido un café solo o un café con hielo. — 나는 항상 에스프레소 혹은 아이스 커피를 시켜.
Y mi novia siempre pide un cortado. — 그리고 내 여자친구는 항상 코르타도를 시켜.

단어
siempre 항상

2. Pedir 동사로 주문하기

▶ 강의보기 🔊 45-3

'주문하다'라는 뜻을 가지고 있으니 식당이나 카페에서 자주 쓰이는 동사겠죠? 어떻게 사용되는지 예문으로 살펴봐요.

¿Qué vais a pedir? — 너희는 무엇을 주문할 거야?
¿Qué quieres pedir? — 너는 무엇을 주문하고 싶어?
¿Puedo pedir una hamburguesa? — 나는 햄버거 하나를 주문해도 돼요?
Queremos pedir tacos de pescado. — 우리는 생선 타코를 주문하고 싶어요.

단어
la hamburguesa 햄버거

✅ Mini Check

동사 뒤 또 다른 동사원형이 들어갈 수 있었던 구문들을 정리해 봐요!
- **querer 동사원형**
  ~하고 싶다
- **poder 동사원형**
  ~ 할 수 있다
- **ir a 동사원형**
  ~ 할 것이다

3. 또 다른 i 불규칙 동사

▶ 강의보기 🔊 45-4

회화에서 잘 쓰이는 i 불규칙 동사를 두 개 더 배워 봐요.

인칭대명사	동사 변형
Yo	digo
Tú	dices
Él/Ella/Usted	dice
Nosotros/as	decimos
Vosotros/as	decís
Ellos/Ellas/Ustedes	dicen

Decir 말하다

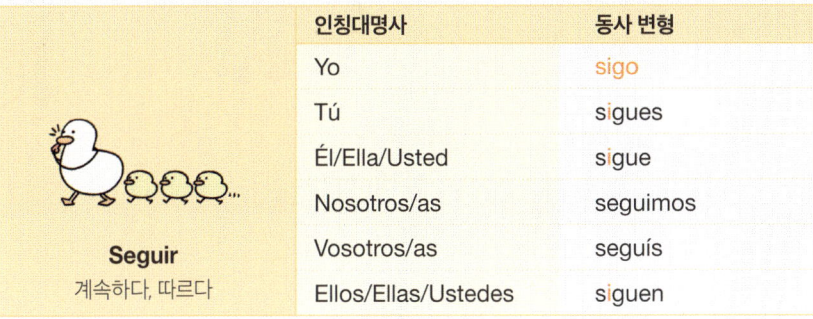

인칭대명사	동사 변형
Yo	sigo
Tú	sigues
Él/Ella/Usted	sigue
Nosotros/as	seguimos
Vosotros/as	seguís
Ellos/Ellas/Ustedes	siguen

Seguir 계속하다, 따르다

 **¡Ojo!**

★ decir, seguir 두 동사는 go 불규칙 동사예요.

¿Qué dices?   너 무슨 소리 하는 거야?
Yo no digo mentiras.   나는 거짓말을 하지 않아요.
Seguimos adelante.   우리는 앞으로 나아가요.
¿Sigues con Manuel?   너는 계속 마누엘이랑 사귀니?

단어
la mentira 거짓말
adelante 앞으로

★ seguir는 '누군가와 계속해서 만나다'라는 의미로 사용되기도 해요.

아래 대화를 들으면서 오늘 배운 내용을 확인해 보세요.

 Marcos
Estoy muerto. ¡Tengo mucho trabajo!
난 죽었어(지쳤어). 일이 너무 많아!

 Sara
Ay, pobrecito. A ver, ¿qué vas a pedir?
아이고, 가여운 것. 어디 보자, 뭐 시킬 거야?

 Marcos
Una caña. Tengo ganas de tomar cerveza.
까냐 하나. 나 맥주 마시고 싶어.

 Sara
¿Cerveza? ¿Por la tarde? Bueno, yo también voy a pedir una caña. ¡Dos cañas, aquí!
맥주? 오후에? 그럼, 나도 까냐 하나 시킬 거야. 여기, 까냐 두 개요!

단어
muerto 매우 지친
pobrecito 가여운 사람
también ~도

 **Mini Check**

tener (muchas) ganas de 동사원형 : (너무) ~하고 싶다

3

STEP 4 스페인어 진짜 써먹기

쓰기펜으로 맞힌 개수를 작성해 주세요.

나의 점수   개 / 10개   정답 보기

1 제시된 동사의 1인칭 단수(yo) 현재 시제 변형 형태를 적어 보세요.

1. pedir ➡ _____
2. decir ➡ _____
3. seguir ➡ _____

2 제시된 빈칸에 pedir 동사를 알맞게 채워 다음 대화문을 완성해 보세요.

¿Qué 1. _____ tú?

2. _____ una sangría.

¿Qué pedís?

No 3. _____ nada.

¿Ustedes van a pedir algo?

Sí, vamos a 4. _____ un café solo y un cortado.

3 제시된 문장을 스페인어로 바꿔 써 보세요.

1. 나는 주문하고 싶어요. ➡ _____.
2. 나는 주문할 거예요. ➡ _____.
3. 나는 주문할 수 있나요? ➡ ¿_____?

▶ 강의보기   틀리거나 헷갈리는 문제는 문제 해설 강의로 복습하세요.

◎ 오늘의 Misión   여러분이 지금 식당에 있다고 생각하고 pedir 동사를 활용해 음료와 음식을 주문해 보세요.

학습 종료

Día 46

식당에서 ④ - 요리 실력 말하기

Él sabe cocinar comida coreana.
그는 한국 음식을 요리할 줄 알아요.

오늘은 '알다'라는 뜻의 saber 동사를 배워볼 거예요. 단순한 사실뿐만 아니라 '~할 줄 안다'라는 구문에서도 활용되는 요긴한 동사예요. 오늘 배울 내용을 확인해 보세요!

1 Saber 동사 변형 2 Saber 동사 활용

STEP 1 스페인어 진짜 맛보기

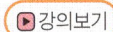 

오늘 배울 내용을 예문으로 먼저 만나 보세요! 음원을 여러 번 듣고 따라 읽으면서 실력을 쌓아 볼까요?

¡Ojo!

☑ 반복 학습 체크체크

MP3 듣기 1회 ✓ 2회 3회

따라 읽기 1회 2회 3회

단어
la historia 역사, 이야기

No sé.	나는 몰라요.
¿Sabes algo de España?	너는 스페인에 대해서 뭔가 알아?
Sabemos mucho de la historia.	우리는 역사에 대해 많이 알아요.
Mi hija sabe cocinar comida española.	나의 딸은 스페인 음식을 요리할 줄 알아요.

 스페인/중남미 진짜 여행 떠나기!

스페인어권에서, 특히 중남미에서 정말 유명한 'Yo no sé mañana'라는 니카라과 가수의 노래가 있어요. '나는 내일을 모른다'라는 뜻으로 현재에 집중하는 스페인어권 사람들의 신조가 잘 담겨 있네요! 꼭 들어 보세요~!

STEP 2 스페인어 진짜 알아가기

1. Saber 동사 변형

'알다'라는 뜻을 가진 saber 동사는 1인칭 단수(yo)에서만 불규칙으로 바뀌어요.

인칭대명사	동사 변형
Yo	sé
Tú	sabes
Él/Ella/Usted	sabe
Nosotros/as	sabemos
Vosotros/as	sabéis
Ellos/Ellas/Ustedes	saben

Saber 알다

Yo no sé. 나는 몰라요.
Lo sé. 나는 그것을 알아요.
¿Sabes qué? 너 그거 알아?

> ¡Ojo!
>
> 단어
> **lo** 그것을
>
> ★ '그것을'에 해당하는 어휘 'lo'는 Día 49에서 더 자세히 살펴볼게요.

2. Saber 동사 활용

Saber 동사를 사용하는 방법은 여러 가지가 있어요. 동사 뒤에 전치사나 의문사, 동사원형을 동반할 수 있는데, 각각의 의미가 조금씩 달라요.

1) ~에 대해 알다 (지식, 정보)

[Saber 동사] + de + [명사]

¿**Sabes** de Corea? 너는 한국에 대해서 알아?
Sabemos mucho de la música. 우리는 음악에 대해서 잘 알아요.
Mi hermano no **sabe** nada de la cocina. 내 형제는 요리에 대해 아무것도 몰라요.

> 단어
> **nada** 아무것도

2) ~인지 알다

[Saber 동사] + [의문사] + [문장]

¿**Sabes** dónde está México? 너는 멕시코가 어디 있는지 알아?
No **sé** quién es Mario. 나는 마리오가 누구인지 몰라요.
¿**Sabéis** cuántos años tengo? 너희는 내가 몇 살인지 알아?

3) ~할 줄 알다

Saber 동사 + 동사원형

¿**Sabéis** tocar el violín?
Mi padre **sabe** cocinar la comida japonesa.
No **sé** nadar.

너희 바이올린 연주할 줄 알아?
나의 아버지는 일본 요리를 할 줄 아세요.
나는 수영할 줄 몰라요.

> **잠깐**
>
> 세 번째 활용인 '~할 줄 알다'는 우리가 배운 'poder 동사원형'과 비슷한 역할을 해요. 하지만 '~해도 된다'라는 허락, 허가의 의미는 'poder 동사원형'에만 있어요.
>
> 예)
>
> Sé nadar.   vs.   Puedo nadar.
> 난 수영할 줄 알아요. (O)   난 수영할 수 있어요. (O)
> 난 수영해도 돼요. (X)   난 수영해도 돼요. (O)

> **¡Ojo!**
>
> 단어
>
> **el violín** 바이올린

STEP 3 스페인어 진짜 즐기기

▶ 강의보기   🔊 46-4   💬 말하기 연습

아래 대화를 들으면서 오늘 배운 내용을 확인해 보세요.

Lucas: ¿Sabes bailar salsa?
너는 살사 출 줄 알아?

Erica: No, no sé. Pero quiero aprender.
아니, 몰라. 그런데 배우고 싶어.

Lucas: A ver, mira. Un, dos, tres, cinco, seis, siete.
어디 보자, 봐봐. 하나, 둘, 셋, 다섯, 여섯, 일곱.

Erica: ¿Sabes qué? ¡Bailas fatal! Tú tampoco sabes bailar salsa.
너 그거 알아? 너 최악으로 춤 춰! 너도 살사 춤 출 줄 모르네!

> 단어
>
> **mira** 봐봐
> **tampoco** ~도(아니다)
>
> ★ '~도'라는 단어는 긍정문에서는 también, 부정문에서는 tampoco로 사용해요. tampoco는 문장의 no 자리에 대신 넣어 줘요.

STEP 4 스페인어 진짜 써먹기

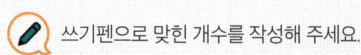
쓰기펜으로 맞힌 개수를 작성해 주세요.

나의 점수 개 / 10개

정답 보기

1 보기와 같이, 제시된 단어를 이용하여 '~할 줄 안다'라는 문장을 만들어 보세요.

보기   Él / bailar ➡ Él sabe bailar.

1. Yo / cocinar ➡ _____.
2. Usted / no limpiar ➡ _____.
3. Vosotros / nadar ➡ _____.

2 우리말 뜻을 참고하여, 빈칸에 알맞은 단어를 보기에서 골라 적어 보세요.

보기   mucho | nada | algo

1. 너는 스페인에 대해 무언가 알아? ➡ ¿Sabes _____ de España?
2. 응, 나는 스페인에 대해 많이 알아. ➡ Sí, sé _____ de España.
3. 와! 나는 스페인에 대해 아무것도 몰라. ➡ ¡Guau! Yo no sé _____ de España.

3 우리말 뜻을 참고하여, 제시된 빈칸에 saber 동사 혹은 poder 동사를 알맞게 채워 보세요.

1. 나는 여기서 노래해도 돼요? ➡ ¿_____ cantar aquí?
2. 나는 인생을 즐길 줄 알아요. ➡ _____ disfrutar la vida.
3. 너는 지나가면 안 돼요. ➡ No _____ pasar.
4. 너는 사랑할 줄 몰라요. ➡ No _____ amar.

▶ 강의보기 틀리거나 헷갈리는 문제는 문제 해설 강의로 복습하세요.

◎ 오늘의 Misión 다음 세 가지 질문에 대해 스페인어로 대답해 보세요.
¿Sabes hablar español?, ¿Sabes nadar?, ¿Sabes cocinar?

학습 종료

Día 47

식당에서 ⑤ - 맛집 말하기

Ella conoce ese restaurante español.

그녀는 그 스페인 식당에 가 봤어요.

20 . .

학습 시작

지난 시간의 saber 동사에 이어 오늘도 '알다'라는 뜻을 가진 conocer 동사를 살펴볼 거예요. 둘 다 '알다'라는 뜻이지만 사용법이 다르답니다.

전체강의 질문 게시판 MP3

1 Conocer 동사 변형 **2** Conocer 동사 활용 **3** 또 다른 -zco 불규칙 동사

STEP 1 스페인어 진짜 맛보기

강의보기 47-1 말하기 연습

오늘 배울 내용을 예문으로 먼저 만나 보세요! 음원을 여러 번 듣고 따라 읽으면서 실력을 쌓아 볼까요?

¡Ojo!

☑ 반복 학습 체크체크

MP3 듣기 1회 ✓ 2회 3회

따라 읽기 1회 2회 3회

¿**Conoces** Ecuador? 너는 에콰도르에 가 봤어?

Ella **conoce** bien este barrio. 그녀는 이 동네를 잘 알아요.

No **conocemos** a ese tío.★ 우리는 그 남자를 잘 몰라요.

Mis amigos **conocen** esa cafetería. 내 친구들은 그 카페를 알아요.

단어

el barrio 동네
el tío 삼촌, 남자

★ '삼촌, 이모, 고모'라는 뜻의 'tío, tía'는 스페인에서 chico, chica 처럼 단순히 남자, 여자를 칭하는 단어로 쓰여요.

 스페인/중남미 진짜 여행 떠나기!

스페인어권 사람들은 새로운 사람들 conocer(만나다)하는 것을 좋아하는 편이에요. 그래서 여행 중 현지인들과 쉽게 말을 할 수 있죠. 모르는 사람이라도 현지인에게 먼저 말 걸어 보세요. 어쩌면 좋은 친구가 될 수도 있을 거예요!

STEP 2 스페인어 진짜 알아가기

 ¡Ojo!

1. Conocer 동사 변형

'알다, 가 보다, 만나다' 등 다양한 뜻을 지닌 conocer 동사는 현재 시제 1인칭 단수(yo)에서만 불규칙으로 바뀌어요.

인칭대명사	동사 변형
Yo	conozco
Tú	conoces
Él/Ella/Usted	conoce
Nosotros/as	conocemos
Vosotros/as	conocéis
Ellos/Ellas/Ustedes	conocen

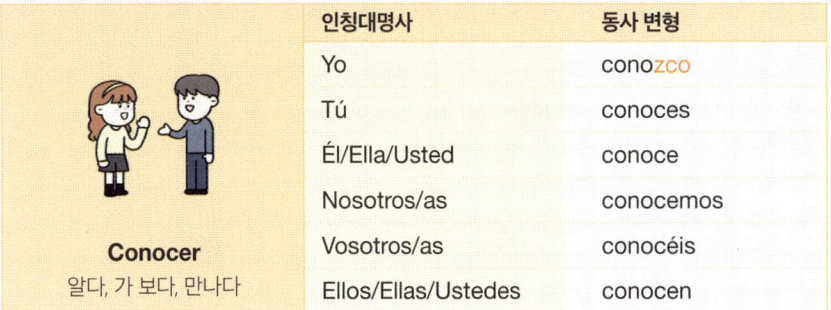

Conocer 알다, 가 보다, 만나다

2. Conocer 동사 활용

Conocer 동사를 사용하는 방법은 여러 가지가 있어요. Día 46에서 배운 saber 동사는 보통 간접적인 지식이나 정보를 알 때 사용하지만, conocer 동사는 화자가 가 본 곳, 만나 본 사람 등 직접 겪은 것을 얘기할 때 사용해요.

1) ~(사람)을 알다, 만나다

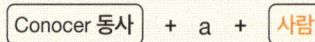

Conocer 동사 + a + 사람

¿**Conoces** a Julio?   너는 훌리오를 아니?
Conocemos al cocinero de aquí.   우리는 여기의 요리사를 알아.
Yo **conozco** a esa camarera guapa.   나는 그 예쁜 종업원을 알아.

잠깐!
Conocer 동사 뒤에 오는 사람이 특정 인물이 아닌 일반화된 명사일 경우, 전치사 a는 생략해서 쓰기도 해요.
Conocer mucha **gente**.   많은 사람들을 알다.

2) ~(장소)를 알다, 가 봤다

Conocer 동사 + 장소

¿**Conocéis** Corea?   너희 한국 가 봤어?
Un compañero mío **conoce** ese bar.   내 동료 한 명은 그 술집에 가 봤어요.
Ellos **conocen** un buen restaurante chino.   그들은 좋은 중국 식당을 알아요.

3. 또 다른 -zco 불규칙 동사

강의보기 47-4  ¡Ojo!

동사원형이 -cer, -cir로 끝나는 동사들은 현재 시제 1인칭 단수(yo)에서 모두 철자 z가 들어가 -zco라는 소리가 나요. 한 가지 동사만 더 살펴봐요!

인칭대명사	동사 변형
Yo	condu**zco**
Tú	conduces
Él/Ella/Usted	conduce
Nosotros/as	conducimos
Vosotros/as	conducís
Ellos/Ellas/Ustedes	conducen

Conducir 운전하다

¿Tú conduces? 너는 운전하니?
No, no conduzco. 아니, 나는 운전 안 해.

 **STEP 3 스페인어 진짜 줄기기** 강의보기 47-5 말하기 연습

아래 대화를 들으면서 오늘 배운 내용을 확인해 보세요.

단어
nuevo 새로운
el lugar 장소, 곳
maravilloso 훌륭한

 Marcos: ¿Conoces el nuevo restaurante mexicano?
너는 새로운 멕시코 식당에 가 봤어?

 Sara: No. Pero sé dónde está.
아니, 안 가 봤어. 그런데 어디 있는지 알아.

 Marcos: ¡Debes ir! ¡Es un lugar maravilloso!
너는 가 봐야 해! 훌륭한 곳이야.

 Sara: ¿Sí? Yo conozco a un chico mexicano. ¡También es maravilloso! Jeje.
그래? 나는 어떤 멕시코 남자를 알아. 그도 훌륭해! ㅎㅎ

STEP 4 스페인어 진짜 써먹기

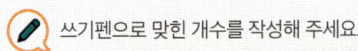
쓰기펜으로 맞힌 개수를 작성해 주세요.

나의 점수　　개 / 10개

정답 보기

1 빈칸에 알맞은 conocer 동사 현재 시제 변형 형태를 채워 보세요.

Yo	1.	Nosotros/as	conocemos
Tú	2.	Vosotros/as	3.
Él/Ella/Usted	conoce	Ellos/Ellas/Ustedes	conocen

2 제시된 빈칸에 saber 혹은 conocer 동사를 알맞게 채워 문장을 완성하세요.

1. Ella _____ mucho de la historia.
2. Yo _____ algo de Ana.
3. ¿Tú _____ a Ana?
4. Ellos no _____ Corea.
5. Ellos no _____ dónde está Corea.
6. ¿Tú _____ ese bar?
7. ¿Vosotros no _____ hablar español?

▶ 강의보기　틀리거나 헷갈리는 문제는 문제 해설 강의로 복습하세요.

◎ 오늘의 Misión　여러분이 가 본 도시나 나라 세 군데를 conocer 동사를 이용해 말해 보세요.

Día 43~47 복습하기

Práctica ⑧
연습문제

 연습문제로 실력을 체크해 봐요!

나의 점수   개 / 30개

1 제시된 질문에 어울리는 답변을 짝지어 보세요.

1. ¿Qué quieres?   •   • a. Queremos un café bombón.

2. ¿Qué quiere ella?   •   • b. Quiero un cortado.

3. ¿Qué queréis?   •   • c. Quieren un tinto de verano.

4. ¿Qué quieren ellos?   •   • d. Quiere un zumo.

2 MP3를 듣고 다음 빈칸을 채워 문장을 완성해 보세요.   🔊 48-1

1. ¿Qué _____ mañana?

2. _____ pollo.

3. No _____ pescado.

4. ¿_____ este plato?

5. Ignacio no _____.

3 보기와 같이, 각 인칭대명사에 맞는 불규칙 동사들의 현재 시제 변형 형태를 적어 보세요.

| 보기 | Yo (pedir) ➡ pido |

1. Tú (pedir) ➡ _____
2. Vosotros (pedir) ➡ _____
3. Yo (decir) ➡ _____
4. Ellos (decir) ➡ _____
5. Ustedes (seguir) ➡ _____
6. Nosotros (seguir) ➡ _____

4 제시된 우리말을 참고하여, 각 문장에서 틀린 부분을 찾아 올바른 문장으로 다시 써 보세요.

1. Tengo muchas ganas de bailo.   나는 정말 춤 추고 싶어요..
   ➡ _____.

2. ¿Podo pedir una paella?   나는 빠에야를 주문해도 되나요?
   ➡ _____.

3. Vamos a pedimos más.   우리는 더 시킬 거예요.
   ➡ _____.

4. No quero trabajar.   나는 일하고 싶지 않아요.
   ➡ _____.

5 빈칸에 알맞은 전치사를 보기에서 골라 적어 보세요.

| 보기 | de | a | con |

1. Sigo _____ María.
2. ¡No sabes nada _____ Corea!
3. No conocéis _____ mi madre, ¿verdad?

6 제시된 문장에 어울리는 표현을 1개 골라 문장을 완성하세요.

1. No (sé / conozco) quién es Lía.

2. ¿(Sabes / Conoces) de Argentina?

3. Mi hermana (sabe / conoce) a mis compañeros.

4. Los españoles (saben / conocen) disfrutar la vida.

7 보기와 같이, 제시된 단어와 'saber 동사원형' 구문을 사용하여 그림 속 사람들의 능력을 설명하는 문장을 완성해 보세요.

| 제시어 | nadar | tocar | cocinar | hablar | ~~conducir~~ |

보기 ➡ Yo <u>sé conducir</u>.

1. ➡ Yo _____.

2. ➡ Ella _____.

3. ➡ Nosotros _____ piano.

4. ➡ Ellas _____ inglés.

Diálogo 음원을 듣고 대화를 완성한 다음, 소리 내어 연습해 보세요. 🔊 48-2 💬 말하기 연습

Álvaro: Oye, pero ¿qué pasa? ¿Estás bien?

Martina: No. Es que _____. No _____.

Álvaro: ¡Qué _____!

Martina: ¿_____? Mi jefe es muy cabezón.

No escucha y pide mucho. Además _____.

Álvaro: Yo _____. Yo _____ tu jefe.

Martina: Quiero descansar. Tengo muchas ganas de ir de vacaciones.

Álvaro: Bueno, ¿_____? Voy _____ una caña.

Martina: Yo también _____ una caña. A ver... ¡Ahí _____ él!

Álvaro: ¿Quién? ¡Ah, tu jefe! ¡Madre mía!

Jefe: Ehh, ¡Martina!

Álvaro: ¡Hola! _____ en el mismo bar. ¡Qué alegría! ¡Estás _____!

▶ 강의보기 틀리거나 헷갈리는 문제는 문제 해설 강의로 복습하세요.

◉ 오늘의 Misión 다음 질문에 세 문장 이상으로 대답해 보세요. ¿Qué quieres hacer mañana?

Día 49

인간관계 ①

Los quiero mucho.
나는 그들을 많이 사랑해.

오늘은 문장에서 '~을/를'이라고 해석되는 직접 목적어와 그 대명사를 살펴볼 거예요. 본격적인 학습에 앞서 오늘 배울 내용을 확인해 보세요!

1. 직접 목적어
2. 직접 목적격대명사
3. 직접 목적어와 자주 쓰이는 동사

STEP 1 스페인어 진짜 맛보기

강의보기 | 49-1 | 말하기 연습

오늘 배울 내용을 예문으로 먼저 만나 보세요! 음원을 여러 번 듣고 따라 읽으면서 실력을 쌓아 볼까요?

Te quiero.   나는 너를 사랑해.

¿Me puedes esperar?   너는 나를 기다릴 수 있어?

Os podemos ayudar.   우리는 너희를 도와줄 수 있어.

Vamos a pedirlo.   우리는 그것을 주문할 거예요.

¡Ojo!

☑ 반복 학습 체크체크

MP3 듣기   ✓1회   2회   3회

따라 읽기   1회   2회   3회

단어
- te 너를
- me 나를
- esperar 기다리다
- os 너희를
- ayudar 도와주다
- lo 그것을

스페인/중남미 진짜 여행 떠나기!

¡Te quiero! (너를 사랑해!) 연인에게뿐만 아니라 친구 생일에, 친구가 부탁 들어줄 때, 부모님이 출근하면서 자녀들에게 인사할 때 등 친한 친구나 가족 사이에서도 자주 사용하는 표현이에요. 여러분도 가까운 사람이 생기면 써 보세요! :)

STEP 2 : 스페인어 진짜 알아가기

1. 직접 목적어

▶ 강의보기 🔊 49-2

문장에서 한국어로 '~을/를'이라고 해석되는 단어를 '직접 목적어'라고 불러요. 보통은 동사 뒤에 들어가요.

Escucho la música española. 나는 스페인 음악을 들어요.
Voy a probar estos platos. 나는 이 음식들을 먹어 볼 거예요.
Quiero mucho a mi hermano. ★ 나는 내 남자 형제를 많이 사랑해요.

> ★ 사람이 목적어로 쓰일 때는 사람 명사 앞에 전치사 'a'를 꼭 넣어 줘요.
>
> ★ querer는 원래 '원하다'라는 뜻이지만, 목적어 자리에 사람이 오면 '~를 좋아하다, 사랑하다'라는 뜻이 돼요.

2. 직접 목적격대명사

▶ 강의보기 🔊 49-3

앞서 언급된 혹은 상대방이 알고 있는 직접 목적어는 반복하지 않고 보통 직접 목적격대명사로 바꿔서 사용해요. 동사 뒤에 들어가는 직접 목적어와는 달리 직접 목적격대명사는 동사 앞에 넣어요.

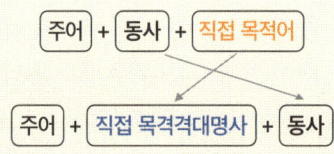

직접 목적격대명사는 아래 표처럼 인칭별로 나누어지는데, 3인칭의 경우 반드시 목적어의 성과 수에 맞는 형태를 넣어 줘야 해요.

	단수 형태		복수 형태	
1인칭	me	나를	nos	우리를
2인칭	te	너를	os	너희를
3인칭	lo, la	그를, 그녀를, 당신을, 그것을	los, las	그들을, 그녀들을, 당신들을, 그것들을

¿Escuchas la música española? 너는 스페인 음악을 들어?
Sí, escucho la música española. 응, 나는 스페인 음악을 들어.
➡ Sí, la escucho. ➡ 응, 나는 그것을 들어.

위 예문의 첫 번째 대답처럼 직접 목적어를 그대로 반복해도 되지만, 보통은 두 번째 대답처럼 대명사로 바꾸어 짧게 말하는 것을 선호해요.

> **잠깐!**
>
> 그 문장의 동사가 동사원형으로 끝날 때는 직접 목적격대명사를 동사 뒤에 붙일 수도 있어요. 다만 이 경우에는 동사원형 뒤에 띄어쓰기 없이 한 단어처럼 붙여요.
>
> ¿Vas a probar estos platos? 너는 이 음식들을 먹어볼 거야?
> Sí, los voy a probar. 응, 나는 그것들을 먹어볼 거야.
> = Sí, voy a probarlos.

> ★ 목적격 대명사가 동사 뒤에 붙는 경우가 더 있는데 이건 버전업 학습지에서 학습해요!
>
> ★ 동사원형으로 끝나는 구문들
> 동사원형(verbo infinitivo)는 축약해 inf.로 표기
>
> | aprender a | |
> | ir a | |
> | tener que | |
> | deber | + inf. |
> | hay que | |
> | poder | |
> | saber | |

그리고 문장 안에서 1, 2인칭 직접 목적어는 'a + 인칭대명사'의 형태가 아니라 직접 목적격 대명사 형태로 사용해요.

| 나를 | a mí (X) ➡ me (O) | 우리를 | a nosotros (X) ➡ nos (O) |
| 너를 | a ti (X) ➡ te (O) | 너희를 | a vosotros (X) ➡ os (O) |

¿Quieres **a mí**? (X) ➡ ¿ **Me** quieres?   너는 나를 사랑하니?
Sí, quiero **a ti**. (X) ➡ Sí, **te** quiero.   응, 나는 너를 사랑해.

★ 1인칭 인칭대명사 yo와 2인칭 인칭대명사 tú는 전치사 뒤에서 각각 mí, ti라고 바꿔 사용해요.
• a yo ➡ a mí
• a tú ➡ a ti

잠깐!

강조할 목적으로 목적격 대명사가 들어간 문장에 'a + 인칭대명사'를 반복해 넣어 줄 수는 있어요.
Te quiero a ti.   나는 너를 사랑해, 너를! 바로 너를!

3. 직접 목적어와 자주 쓰이는 동사   ▶강의보기   🔊 49-4

querer	원하다, 사랑하다	mirar	보다
amar	사랑하다	saber	알다
escuchar	듣다	conocer	알다
esperar	기다리다	ayudar	돕다

아래 대화를 들으면서 오늘 배운 내용을 확인해 보세요.

Erica
¿Conoces a Eva? La tía fría. 너 에바 알아? 차가운 여자애.

Sí, la conozco. 응, 걔 알아.
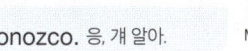
Marcos

Erica
Ella dice que te quiere mucho.
걔가 너를 많이 좋아한다고 그러던데.

Yo también la quiero mucho.
¡La amo! Bueno, somos novios.
나도 그녀를 많이 좋아해. 그녀를 사랑해! 뭐, 우리 연인이니까.

Marcos

STEP 4 스페인어 진짜 써먹기

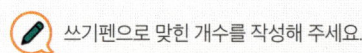

나의 점수 　개 / 10개

1 제시된 우리말에 해당하는 직접 목적격대명사를 빈칸에 채워 보세요.

나를	1.	우리를	nos
너를	te	너희를	3.
그를, 그녀를, 당신을, 그것을	2.　　　, la	그들을, 그녀들을, 당신들을, 그것들을	los, las

2 보기와 같이, 직접 목적어를 직접 목적격대명사로 바꾸어 질문에 대한 답변을 완성하세요.

| 보기 | ¿Conoces a Ana? ➡ Sí, la conozco. |

1. ¿Usted me conoce? ➡ Sí, _____.
2. ¿Conoces a mis hermanos? ➡ Sí, _____.
3. ¿Conocéis a mi novio? ➡ Sí, _____.
4. Oye, ¿ellos me conocen? ➡ Sí, _____.

3 빈칸에 알맞은 단어를 보기에서 골라 적어 보세요.

| 보기 | me | la | te |

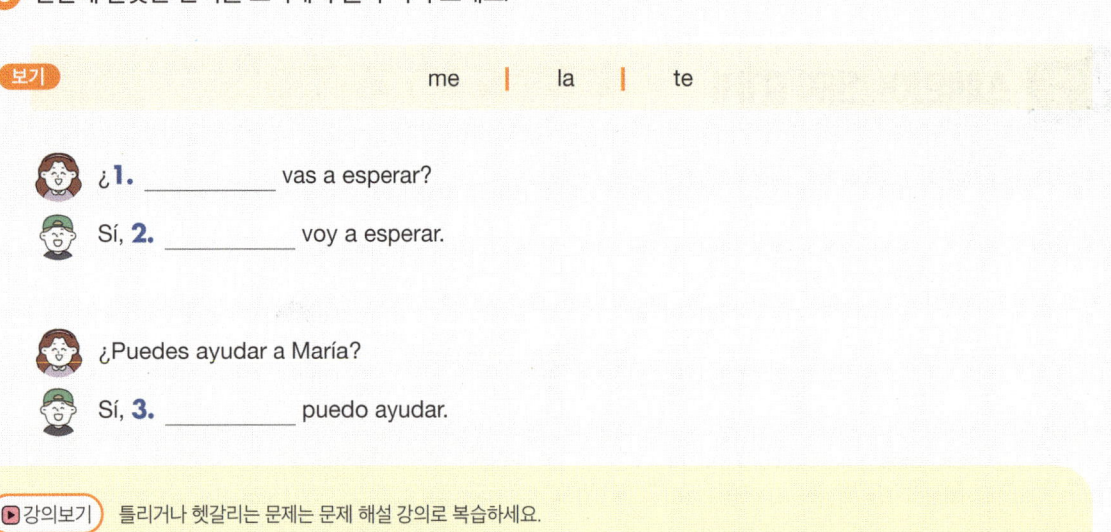

▶ 강의보기　틀리거나 헷갈리는 문제는 문제 해설 강의로 복습하세요.

◎ 오늘의 Misión　오늘 살펴본 동사들과 직접 목적격대명사 'me'를 활용해 질문 세 가지를 만들어 보세요.

인간관계 ②

Día 50
Él nos pregunta todo.

그는 우리에게 다 물어봐요.

오늘은 지난 시간에 배운 직접 목적격대명사에 이어 간접 목적격대명사를 살펴볼 거예요. 본격적인 학습에 앞서 오늘 배울 내용을 확인해 보세요!

1 간접 목적어   2 간접 목적격대명사   3 간접 목적어와 자주 쓰이는 동사

STEP 1 스페인어 진짜 맛보기

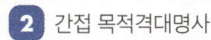 

오늘 배울 내용을 예문으로 먼저 만나 보세요! 음원을 여러 번 듣고 따라 읽으면서 실력을 쌓아 볼까요?

Te voy a hacer una pregunta.	나 너에게 질문 하나 할 거야.
¿Qué **te** pasa?	너에게 무슨 일이야?
Ella **nos** dice mentiras.	그녀는 우리에게 거짓말을 해요.
Mi novio **me** escribe a menudo.★	내 남자친구는 내게 자주 문자해요.

¡Ojo!

☑ 반복 학습 체크체크

MP3 듣기 1회 ✓ 2회 3회

따라 읽기 1회 2회 3회

단어

la pregunta 질문
pasar 들어가다, 지나가다, 일이 생기다
la mentira 거짓말
escribir 쓰다, 문자하다
a menudo 자주

★ -ir 규칙 동사인 escribir는 '쓰다, 적다'라는 뜻 이외에 '문자하다'라는 뜻도 가지고 있어요.

스페인/중남미 진짜 여행 떠나기!

스페인어권 나라에서 식당에 가면 보통 테이블마다 소금(la sal)과 후추(la pimienta)가 있어요. 어떤 곳은 식초(el vinagre)와 설탕(el azúcar)도 있으니 취향대로 더하면 돼요. 그런데 만약 나에게서 멀리 있다면 패스(pasar)해 달라고 친구들에게 얘기해 보세요. ¿Me puedes pasar la sal?

STEP 2 스페인어 진짜 알아가기

1. 간접 목적어

▶ 강의보기   🔊 50-2

문장에서 한국어로 '~에게'라고 해석되는 단어를 '간접 목적어'라고 불러요. 보통은 동사 뒤에 들어가요.

Escribo a mi padre a menudo.   나는 내 아버지에게 자주 **문자해요**.
Digo mentiras a mis compañeros.   나는 내 동료들에게 거짓**말해요**.

2. 간접 목적격대명사

▶ 강의보기   🔊 50-3

간접 목적어 역시 반복하지 않고 보통 간접 목적격대명사로 바꿔서 사용해요. 간접 목적격대명사도 직접 목적격대명사처럼 동사 앞에 넣어요.

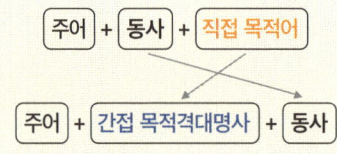

간접 목적격대명사의 1, 2인칭은 직접 목적격대명사와 같은 형태이지만 3인칭은 형태가 다르니 주의하세요!

	단수 형태		복수 형태	
1인칭	me	나에게	nos	우리에게
2인칭	te	너에게	os	너희에게
3인칭	le	그에게, 그녀에게, 당신에게, 그것에게	les	그들에게, 그녀들에게, 당신들에게, 그것들에게

¿**Compras** algo a tu hijo?   너는 너의 아들에게 무언가를 **사 주니**?
Sí, le **compro** muchas cosas.   응, 그에게 많은 것들을 **사 줘**.

¿Qué te **pasa**?   너에게 무슨 **일이야**?
No me **pasa** nada.   나에게 아무 **일**도 없어.

¿Tu hermana te **pide** dinero?   너의 여자형제는 너에게 돈을 **요구하니**?
Sí, me **pide** mucho dinero.   응, 그녀는 내게 많은 돈을 **요구해**.

¡Ojo!

✅ Mini Check

decir

digo	decimos
dices	decís
dice	dicen

✅ Mini Check

직접 목적격대명사

단수 형태	복수 형태
me	nos
te	os
lo, la	los, las

🔤 단어

la cosa 일, 것
nada 아무것도

✅ Mini Check

pedir

pido	pedimos
pides	pedís
pide	piden

> **잠깐!**
>
> ❶ 직접 목적격대명사와 마찬가지로 동사가 원형으로 끝난다면 간접 목적격대명사도 동사 뒤에 붙일 수 있어요.
>
> Te voy **a escribir**. 나 너에게 문자 할 거야.
> = Voy a **escribir**te.
>
> ❷ 3인칭 간접 목적격대명사는 간접 목적어가 있는 문장에 반복해서 쓰기도 해요.
>
> No le puedo enseñar **a Catalina**. 나는 카탈리나에게 가르쳐 줄 수 없어.
> Les queremos decir algo **a ustedes**. 우리는 당신들에게 무언가를 말하고 싶어요.

✏️ ¡Ojo!

3. 간접 목적어와 자주 쓰이는 동사   ▶강의보기 🔊 50-4

preguntar	질문하다	comprar	사다, 사 주다
escribir	쓰다, 문자하다	pedir	주문하다, 요구하다
pasar	일이 일어나다	regalar	선물하다
decir	말하다	enseñar	가르치다, 보여 주다
dar ⭐	주다		

★ '주다'라는 뜻을 가진 dar 동사는 Día 52에서 자세히 살펴볼 거예요!

STEP 3 스페인어 진짜 줄기기   ▶강의보기 🔊 50-5 💬말하기 연습

아래 대화를 들으면서 오늘 배운 내용을 확인해 보세요.

🔵 단어

enojado 화난
hacer las paces 화해하다
pedir perdón 사과하다
fácil 쉬운

 Lucas
Mi madre está enojada conmigo. ¿Le regalo algo?
엄마가 나에게 화났어. 그녀에게 무언가를 선물할까?

 Sara
Quieres hacer las paces, ¿verdad?
화해하고 싶은 거지?

 Lucas
Sí, le quiero pedir perdón.
응, 그녀에게 사과하고 싶어.

 Sara
No la conoces bien. Es fácil.
Tienes que escribirle y decirle, '¡te quiero!'
너는 그녀를 잘 모르네. 쉬워. 넌 그녀에게 문자해서 '사랑해'라고 말해야 해.

3

 **STEP 4 스페인어 진짜 써먹기**

 쓰기펜으로 맞힌 개수를 작성해 주세요.

나의 점수 개 / 10개

① 제시된 간접 목적격대명사의 우리말 뜻을 모두 적어 보세요.

1. le _____ 2. nos _____
3. les _____

② 보기와 같이, 제시된 단어를 순서대로 배열하여 현재 시제 문장을 만들어 보세요.

| 보기 | yo / preguntar / el profesor ➡ (Yo) le pregunto. |

1. Tú / escribir / a mí ➡ _____.
2. Nosotros / regalar / a ti ➡ _____.
3. Ustedes / decir / a ella ➡ _____.
4. Vosotros / pedir / a ellos ➡ _____.

③ 빈칸에 알맞은 간접 목적격대명사를 채워 다음 대화문을 완성해 보세요.

1. ¿Puedes pasar el azúcar a María?
   Sí, _____ puedo pasar el azúcar.

2. ¿Ellos te dicen mentiras?
   Sí, _____ dicen mentiras.

3. ¿Vas a regalar flores a tus padres?
   Sí, _____ voy a regalar flores.

▶강의보기 틀리거나 헷갈리는 문제는 문제 해설 강의로 복습하세요.

◎오늘의 Misión 간접 목적어가 들어간 다음 질문에 대해 간접 목적격대명사를 활용하여 대답해 보세요.
¿Escribes mucho a tu madre? (너는 너의 어머니에게 문자 많이 하니?)

인간관계 ③

Día 51
Ella no me habla.
그녀는 나에게 말하지 않아요.

지금까지 배운 직접 목적격대명사와 간접 목적격대명사를 활용한 부정문을 만들어 볼 거예요. 본격적인 학습에 앞서 오늘 배울 내용을 확인해 보세요!

1 목적격대명사가 있는 부정문   **2** 부정문과 잘 쓰이는 어휘

STEP 1 스페인어 진짜 맛보기

오늘 배울 내용을 예문으로 먼저 만나 보세요! 음원을 여러 번 듣고 따라 읽으면서 실력을 쌓아 볼까요?

¿Por qué **no nos** dices la verdad?	왜 너는 우리에게 사실을 말하지 않아?
¡Tú **nunca me** esperas!	너는 나를 절대 기다리지 않는구나!
Nadie te escribe...	아무도 너에게 문자하지 않아...
Yo **no les** puedo comprar **nada**.	나는 그들에게 아무것도 사 줄 수 없어.

¡Ojo!

☑ 반복 학습 체크체크

MP3 듣기 1회 ✓ 2회 3회

따라 읽기 1회 2회 3회

🔊 **단어**
la verdad 사실
nunca 절대
nadie 아무도
nada 아무것도

 스페인/중남미 진짜 여행 떠나기!

중남미가 여행하기 위험한 지역이라는 인식이 많지요. 하지만 유럽과 마찬가지로 하지 말아야 할 것들만 잘 지키면 안전하게 다닐 수 있어요. 여러분이 nunca! 절대로! 하면 안 되는 것 세 가지를 알려 드릴게요. 첫째, 으슥한 골목 가지 않기. 둘째, 모르는 사람이 주는 것 먹지 말기. 셋째, 핸드폰 손에 쥐고 다니지 말기.

STEP 2 스페인어 진짜 알아가기

¡Ojo!

1. 목적격대명사가 있는 부정문

▶ 강의보기 🔊 51-2

목적격대명사는 동사 앞에 썼던 것 기억하죠? 부정문에서도 마찬가지예요!

주어 + no + 목적격대명사 + 동사

Tú no me escuchas.   너는 나를(내 말을) 듣지 않아.
Ella no te habla.   그녀는 너에게 말하지 않아.
No lo puedo mirar.   나는 그를 볼 수 없어.

🟡 단어

mirar 보다

2. 부정문과 잘 쓰이는 어휘

▶ 강의보기 🔊 51-3

부정문과 잘 사용하는 어휘 세 가지를 살펴봐요.

1) Nada

'아무것도'라는 의미를 가진 대명사로, 문장의 주어나 목적어로 사용할 수 있어요.

❶ 주어로 사용된 경우

부정어 nada가 주어로 쓰일 때는 동사를 부정하는 no가 생략돼요.

Nada me sale bien.★   아무것도 내게 잘 되지 않아.
➡ Nada no me sale bien. (X)

❷ 목적어로 사용된 경우

Yo no te voy a preguntar nada.   나는 너에게 아무것도 묻지 않을 거야.
¿Por qué no nos dices nada?   왜 너는 우리에게 아무것도 말하지 않니?

★ salir 동사는 '나가다, 나오다'라는 뜻뿐만 아니라 '~에게 일이 풀리다, 잘 되다'라는 뜻도 가지고 있어요.
• Todo te va a salir bien.
너는 모든 일이 잘 풀릴 거야.

2) Nadie

'아무도'라는 의미를 가진 대명사로, 문장의 주어나 목적어로 사용할 수 있어요.

❶ 주어로 사용된 경우

부정어 nadie도 주어로 쓰일 때는 동사를 부정하는 no가 생략돼요.

¿Nadie sabe conducir?   아무도 운전할 줄 몰라요?
➡ ¿Nadie no sabe conducir? (X)

2 목적어로 사용된 경우

Nadie는 사람을 칭하는 대명사이므로, 목적어로 쓰일 때 반드시 전치사 a와 함께 써요.

Ellos no ayudan a nadie.   그들은 아무도 도와주지 않아.

No conozco a nadie en este barrio.   나는 이 동네에서 아무도 몰라.

 ¡Ojo!

 단어

el barrio 동네

3) Nunca

동사를 부정하는 부사로 '절대 (~이 아니다)'라는 의미를 가지고 있어요. Nunca는 부정문의 no 자리에 대신 사용하거나 no가 있는 문장의 동사 뒤에 넣어 줘요.

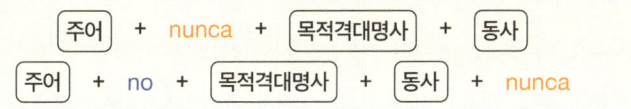

Nunca la esperas.   너는 절대 그녀를 기다리지 않는구나.

= No la esperas nunca.

아래 대화를 들으면서 오늘 배운 내용을 확인해 보세요.

 단어

ya 이제, 이미
pobrecito 가여운 사람

 Lucas: Mamá no me compra nada.
엄마는 내게 아무것도 안 사 줘.

 Sara: Es que tú le pides muchas cosas.
네가 그녀에게 많은 것들을 요구하니까 그래.

 Lucas: Ya no me escucha... Ya no me quiere...
이제 내 말을 듣지 않으셔... 이제 날 사랑하지 않으셔...

 Sara: No, ella te ama mucho. Pobrecito. Eres un niño...
아니야, 그녀는 너를 많이 사랑해. 가여운 것. 넌 애야...

STEP 4 스페인어 진짜 써먹기

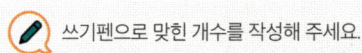

1 목적격대명사와 동사 변형을 이용하여 다음 질문에 대한 답변을 부정문으로 써 보세요.

1. ¿La conoces? ➡ No, no _____.
2. ¿Me puedes ayudar? ➡ No, no _____.
3. ¿Nos amas, Julia? ➡ No, no _____.
4. ¿Te quiere Julia? ➡ No, no _____.
5. ¿Le escribís a Julia? ➡ No, no _____.

2 빈칸에 알맞은 단어를 보기에서 골라 적어 보세요.

| 보기 | nada | nadie | nunca |

1. No voy a esperar a _____.
2. _____ les digo mentiras a mis padres.
3. ¡No me pasa _____!

3 MP3에서 나오는 문장을 듣고, 빈칸에 알맞은 내용을 스페인어로 받아 적어 보세요. 🔊 51-5

1. No _____ Nadia.
2. No _____ café.

▶ 강의보기   틀리거나 헷갈리는 문제는 문제 해설 강의로 복습하세요.

◎ 오늘의 Misión   Nada, nadie, nunca를 이용해 부정문 세 개를 만들어 보세요.

인간관계 ④

Día 52
Te lo doy.
나는 그것을 너에게 줄게.

오늘은 직접 목적격대명사와 간접 목적격대명사가 모두 들어간 문장 구조를 살펴볼 거예요. 본격적인 학습에 앞서 오늘 배울 내용을 확인해 보세요!

1 간접 목적격대명사 + 직접 목적격대명사 **2** Dar 동사 변형

 **STEP 1** 스페인어 진짜 맛보기   ▶강의보기 🔊 52-1 💬 말하기 연습

¡Ojo!

오늘 배울 내용을 예문으로 먼저 만나 보세요! 음원을 여러 번 듣고 따라 읽으면서 실력을 쌓아 볼까요?

✅ 반복 학습 체크체크

MP3 듣기 ✔ 2회 3회

따라 읽기 1회 2회 3회

¿**Me** puedes dar **la servilleta**?	너는 나에게 냅킨을 줄 수 있어?
Sí, **te la** doy.	응, 너에게 그것을 줄게.
¿**Se los** vas a comprar?	너는 그에게 그것들을 사 줄 거야?
No, no **se los** voy a comprar.	아니, 나는 그에게 그것들을 사 주지 않을 거야.

단어
dar 주다
la servilleta 냅킨

 스페인/중남미 진짜 여행 떠나기!

도움이 필요할 때, ¿Me puedes ayudar?라고 도움을 청할 수 있죠. 그런데 같은 의미이지만 더 재미있는 표현이 있어요. ¿Me puedes dar una mano?(너는 나에게 손 하나를 줄 수 있니?) 무거운 짐을 혼자 들기 힘들 때처럼 혼자 해결하기 어려운 일이 있으면 주변 사람들에게 손 좀 빌려 달라고 이렇게 얘기해 보세요! :)

STEP 2 스페인어 진짜 알아가기

1. 간접 목적격대명사 + 직접 목적격대명사 ▶강의보기 ◀) 52-2

두 가지 목적격대명사가 한 문장에 모두 나오는 경우도 있어요. 이때는 반드시 간접 목적격대명사를 먼저 써 줘요.

[주어] + [간접 목적격대명사] + [직접 목적격대명사] + [동사]

¿**Me** compras **un café**? 너는 나에게 **커피 하나를** 사 줄래?
Sí, te **lo** compro. 응, 너에게 **그것을** 사 줄게.

그런데 3인칭 간접 목적격대명사(le, les)와 3인칭 직접 목적격대명사(lo, la, los, las)가 만날 때는 발음하기 어려워 le, les를 se라고 바꿔 써요.

[le, les] + [lo, la, los, las] ➡ [**se**] + [lo, la, los, las]
간접 목적격대명사   직접 목적격대명사   간접 목적격대명사   직접 목적격대명사

¿**Le** compras **un café** a Martín? 너는 마르틴에게 커피를 사 줄 거야?
Sí, **se lo** compro. 응, 그에게 그것을 사 줄 거야.
➡ Sí, le lo compro. (X)

¿Vas a regalar **estas bicicletas** a tus hermanas? 너는 이 자전거들을 너희 여자 형제들에게 선물할 거야?
Sí, **se las** voy a regalar. 응, 그녀들에게 이것들을 선물할 거야.
➡ Sí, les las voy a regalar. (X)

¿**Le** podéis dar **ese libro** a Violeta? 너희는 그 책을 비올레타에게 줄 수 있어?
Sí, **se lo** podemos dar. 응, 우리는 그녀에게 그것을 줄 수 있어.
➡ Sí, le lo podemos dar. (X)

잠깐!
그 문장의 동사가 동사원형으로 끝나는 구문일 때는 띄어쓰기 없이 대명사를 동사 뒤에 붙일 수도 있었죠! 목적격대명사가 두 개가 나오는 경우도 마찬가지예요. 이때 강세는 항상 원형에 있어야 하기 때문에, 강세가 목적격대명사의 위치에 올 경우 원형에서 강세가 있었던 곳에 tilde를 찍어 줘요.
Voy a **regalárselas**. 나는 그녀에게 이것들을 선물할 거야.
Podemos **dárselo**. 우리는 그녀에게 그것을 줄 수 있어.

¡Ojo!

Mini Check

간접 목적격대명사

me	나에게
te	너에게
le	그, 그녀, 당신, 그것에게
nos	우리에게
os	너희에게
les	그들, 그녀들, 당신들, 그것들에게

직접 목적격대명사

me	나를
te	너를
lo, la	그, 그녀, 당신, 그것을
nos	우리를
os	너희를
los, las	그들, 그녀들, 당신들, 그것들을

단어
la bicicleta 자전거

2. Dar 동사 변형

▶강의보기 🔊 52-3 📝 ¡Ojo!

간접 목적격대명사와 잘 쓰이는 불규칙 동사 'dar'를 학습해 봐요. '주다'라는 뜻으로 현재 시제에서는 1인칭 단수(yo)와 2인칭 복수(vosotros/as)에서는 불규칙 변형해요.

인칭대명사	동사 변형
Yo	doy
Tú	das
Él/Ella/Usted	da
Nosotros/as	damos
Vosotros/as	dais
Ellos/Ellas/Ustedes	dan

Dar 주다

¿Me puedes dar una toalla? 나에게 수건 하나를 줄 수 있어?
Sí, te la puedo dar. 응, 너에게 그것을 줄 수 있어.

단어
la toalla 수건
la mano 손
la vuelta 돎
el mundo 세계

잠깐!

Dar 동사가 쓰이는 유용한 표현도 함께 살펴봐요!

dar una mano 도와주다
➡ ¿Te doy una mano? 내가 너를 도와줄까?

dar una vuelta 한바퀴 돌다/산책하다
➡ Quiero dar la vuelta al mundo. 나는 세계 여행을 하고 싶어요.

 **STEP 3 스페인어 진짜 즐기기** ▶강의보기 🔊 52-4 💬 말하기 연습

아래 대화를 들으면서 오늘 배운 내용을 확인해 보세요.

단어
regalar 선물하다

 Marcos: Amiga, ¿me puedes regalar tu bicicleta?
친구야, 내게 너의 자전거를 선물해 줄 수 있어?

 Sara: Claro que no. No te la puedo regalar.
당연히 안되지. 너에게 그것을 선물해 줄 수 없어.

 Marcos: Es que quiero dar la vuelta al mundo en bicicleta.
자전거로 세계 여행하고 싶단 말이야.

 Sara: Te quiero ayudar pero es mi bicicleta. No puedo dártela.
널 도와주고 싶지만 내 자전거야. 너에게 그것을 줄 수 없어.

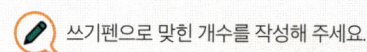

1 빈칸에 알맞은 dar 동사의 현재 시제 변형 형태를 채워 보세요.

Yo	1.	Nosotros/as	2.
Tú	das	Vosotros/as	3.
Él/Ella/Usted	da	Ellos/Ellas/Ustedes	dan

2 제시된 문장에 어울리는 우리말 뜻을 짝지어 보세요.

1. Te puedo dar una mano.　•　　　• a. 나는 너에게 그것을 줘야 해.

2. ¿Quieres dar una vuelta?　•　　　• b. 너 산책하고 싶어?

3. Tengo que dártelo.　•　　　• c. 나는 너를 도와줄 수 있어.

3 보기와 같이, 간접 목적격대명사와 직접 목적격대명사를 사용하여 질문에 대한 답변을 완성하세요.

| 보기 | ¿Me compras un zumo? ➡ Sí, te lo compro. |

1. ¿Ella te compra una cerveza?　➡ Sí, _____.

2. ¿Me compráis un helado?　➡ Sí, _____.

3. ¿Ellos compran este refresco a Mario?　➡ No, no _____.

4. ¿Usted me compra estas patatas fritas?　➡ No, no _____.

▶ 강의보기　틀리거나 헷갈리는 문제는 문제 해설 강의로 복습하세요.

◎ 오늘의 Misión　다음 질문에 스페인어로 대답해 보세요. ¿Me compras una casa?

Día 53

인간관계 ⑤

Erica es mi primera amiga española.

에리카는 나의 첫 번째 스페인 친구예요.

20 . .   학습 시작

오늘은 스페인어의 서수와 서수를 활용한 기본 회화 표현들을 살펴볼 거예요. 본격적인 학습에 앞서 오늘 배울 내용을 확인해 보세요!

전체강의 | 질문 게시판 | MP3

1 서수 (1-10)   **2** 서수의 활용

 **STEP 1** 스페인어 진짜 맛보기   ▶강의보기 🔊 53-1 💬 말하기 연습

오늘 배울 내용을 예문으로 먼저 만나 보세요! 음원을 여러 번 듣고 따라 읽으면서 실력을 쌓아 볼까요?

¡Ojo!

☑ 반복 학습 체크체크

MP3 듣기 1회 2회 3회
따라 읽기 1회 2회 3회

Vivo en el noveno piso.
나는 9층에 살아요.

Es mi segundo viaje a España.
나의 두 번째 스페인 여행이에요.

Sois mis primeros amigos mexicanos.
너희는 나의 첫 번째 멕시코 친구들이야.

De primero, quiero croquetas.
나는 에피타이저로 크로켓을 원해요.

단어
el piso 층, 바닥
el viaje 여행
de primero 에피타이저로, 전채로
la croqueta 크로켓

 스페인/중남미 진짜 여행 떠나기!

스페인어권 나라에 갔을 때, 숙소의 주소나 친구네 집 주소에 2º 혹은 4º 같은 표시가 있다면 그건 층 수를 이야기하는 거예요. 2º은 2층이고, 4º은 4층을 뜻한답니다.

STEP 2 스페인어 진짜 알아가기

1. 서수 (1~10)

▶강의보기   🔊 53-2

기수는 먼저 배웠지만 서수는 오늘 처음 살펴보네요! 가장 많이 쓰이는 1부터 10까지의 서수를 학습해 봐요. 보통 형용사와 명사로 활용된답니다.

primero	첫 번째	sexto	여섯 번째
segundo	두 번째	séptimo	일곱 번째
tercero	세 번째	octavo	여덟 번째
cuarto	네 번째	noveno	아홉 번째
quinto	다섯 번째	décimo	열 번째

2. 서수의 활용

▶강의보기   🔊 53-3

기초 회화에서 서수를 사용하게 되는 세 가지 경우를 학습해 봐요!

1) 층 수 얘기하기

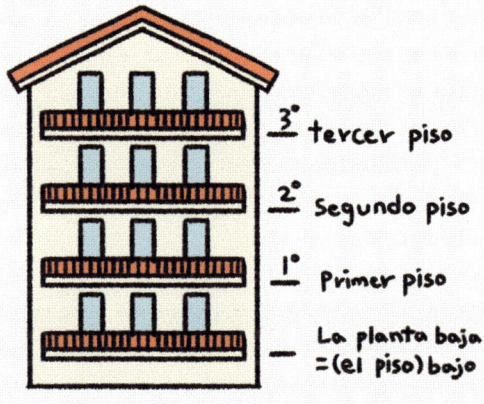

서수 + piso

El hostal está en el **segundo** piso.   호스텔은 2층에 있어요.
Vivo en el **tercer** piso.   나는 3층에 살아요.

> **잠깐!**
> 첫 번째와 세 번째를 의미하는 'primero, tercero'는 뒤에 남성 단수 명사가 올 때 끝의 o가 탈락돼요.

¡Ojo!

✓ Mini Check

기수 1~10

1	uno
2	dos
3	tres
4	cuatro
5	cinco
6	seis
7	siete
8	ocho
9	nueve
10	diez

★ 스페인의 건물은 1층은 la planta baja, el piso bajo 혹은 bajo라고 불리고 그 위층부터 1층으로 세요.

✓ 단어

el hostal 호스텔

2) 경험 얘기하기

Este es mi primer viaje a Guatemala.	이건 내 첫 번째 과테말라 여행이야.
Julio es mi primer novio.	훌리오는 내 첫 번째 남자친구야.
Sois mis primeras amigas españolas.	너희는 내 첫 번째 스페인 친구들이야.
Este es mi segundo mojito.	이건 내 두 번째 모히또야.

잠깐!
서수가 형용사로 쓰이는 경우 뒤에 오는 명사에 따라 반드시 성수일치를 해 줘요.

3) 에피타이저와 메인 메뉴 얘기하기

De primero, quiero ensalada.	에피타이저로 저는 샐러드를 원해요.
De segundo, voy a probar el plato de conejo.	메인 메뉴로 저는 토끼 요리를 먹어볼 거예요.

 ¡Ojo!

단어
de segundo 메인 메뉴로

 **STEP 3 스페인어 진짜 즐기기**   ▶강의보기   🔊 53-4   💬 말하기 연습

아래 대화를 들으면서 오늘 배운 내용을 확인해 보세요.

Mochilero: ¡Hola! ¿Puedo ir al quinto piso?
안녕! 5층으로 갈 수 있을까?

Erica: ¿Vives aquí?
너 여기 살아?

Mochilero: No. Soy mochilero.
Es mi primer viaje a España y estoy perdido.
아니. 난 배낭여행자야. 내 첫 스페인 여행인데 길을 잃었어.

Erica: ¡Ah! Quieres ir al hostal del quinto piso. Vamos, te enseño.
아! 5층의 호스텔에 가고 싶구나! 가자, 내가 알려 줄게.

단어
el mochilero 배낭여행자
perdido 길 잃은

Mini Check
전치사 a + 정관사 el = al
전치사 de + 정관사 el = del

STEP 4 스페인어 진짜 써먹기

쓰기펜으로 맞힌 개수를 작성해 주세요.

나의 점수   개 / 10개   정답 보기

1 보기와 같이, 제시된 기수를 남성 단수 서수 형태로 바꿔 써 보세요.

보기   uno ➡ primero

1. tres ➡ _____
2. cinco ➡ _____
3. siete ➡ _____
4. diez ➡ _____

2 빈칸에 알맞은 단어를 보기에서 골라 적어 보세요.

보기   segundo | cuarto | primero

1. De _____, quiero tomar sopa.
2. Voy al _____ piso.
3. De _____, gambas al ajillo, por favor.

3 제시된 우리말을 참고하여, 서수 'primero'의 알맞은 형태를 빈칸에 적어 보세요.

1. 이건 내 첫 번째 여행이에요.   ➡ Este es mi _____ viaje.
2. 그들은 내 첫 번째 동료들이에요. ➡ Ellos son mis _____ compañeros.
3. 이건 내 첫 번째 스페인 맥주예요. ➡ Esta es mi _____ cerveza española.

▶ 강의보기 틀리거나 헷갈리는 문제는 문제 해설 강의로 복습하세요.

◎ 오늘의 Misión 서수 1부터 10까지 외워서 한 번에 말해 보세요! :)

4

Día 54

Día 49~53 복습하기

Práctica ⑨
연습문제

20   .   .

연습문제로 실력을 체크해 봐요!

나의 점수   개 / 30개

❶ 제시된 우리말에 해당하는 목적격대명사를 스페인어로 적어 보세요.

1. 나를 ➡ _____

2. 우리에게 ➡ _____

3. 그를 ➡ _____

4. 그들에게 ➡ _____

❷ 제시된 명사를 직접 목적격대명사로 바꿔 써 보세요.

1.

la mesa

➡ _____

2.

las ciudades

➡ _____

3.

el refresco

➡ _____

4.

los perros

➡ _____

3 제시된 그림을 참고하여, 각 질문에 대한 답변을 스페인어로 써 보세요.

1. **A** ¿Me conoces?

   B Sí, _____.

2. **A** ¿Los conoces?

   B No, _____.

3. **A** ¿Nos conocéis?

   B Sí, _____.

4 직접 목적격대명사를 이용하여 다음 질문에 대한 답변을 스페인어로 써 보세요.

1. ¿Quieres este libro?   ➡ Sí, _____.

2. ¿Queréis a Inés?   ➡ Sí, _____.

3. ¿Usted me quiere?   ➡ No, _____.

4. ¿Ellos te quieren?   ➡ No, _____.

5 제시된 문장에서 틀린 부분을 찾아 올바른 문장으로 다시 써 보세요.

1. Quiero a ti.   ➡ _____.

2. ¿Puedes esperar a nosotros?   ➡ ¿_____?

3. Debéis escuchar a mí.   ➡ _____.

4. Tengo que ayudar a vosotros.   ➡ _____.

6 보기와 같이, 어휘 nada를 이용하여 질문에 대한 답변을 만들어 보세요.

| 보기 | ¿Qué me vas a decir? ➡ No te voy a decir nada. |

1. ¿Qué me vais a preguntar? ➡ _____.
2. ¿Qué le vamos a comprar a Paula? ➡ _____.
3. ¿Qué nos van a pedir ustedes? ➡ _____.
4. ¿Qué les va a regalar Pablo a sus padres? ➡ _____.

7 제시된 질문에 어울리는 답변을 짝지어 보세요.

1. ¿Me das los libros?   •   • a. Sí, te lo damos.
2. ¿Me dais el mapa?   •   • b. No, no se la doy.
3. ¿Le das tu perra?   •   • c. Sí, te los doy.
4. ¿Le dais vuestro piano? •   • d. No, no se lo damos.

8 제시된 그림을 보고 빈칸에 알맞은 서수 표현을 적어 보세요.

En el bajo hay un café.

1. En el _____ piso vive Juan.
2. En el _____ piso viven los padres de Juan.
3. En el _____ piso hay un bar.

Diálogo 음원을 듣고 대화를 완성한 다음, 소리 내어 연습해 보세요. 🔊 54-1 💬 말하기 연습

Jaime: Quiero salir. Quiero _____ . No... ¡Tengo muchas ganas de ir de copas!

Olivia: ¿Qué ___ pasa? Hoy salgo con unos amigos coreanos. ¿Quieres salir? ___ invito.

Jaime: ___ _____ mucho, mi hermana. Jeje. Vale, vamos.

Pero tengo que _____ a mamá.

Olivia: No tienes que _____ .

Jaime: Pero no tengo dinero. ¿____ pedimos dinero?

Olivia: ¡Vamos a _____ ! Claro que sí, ___ _____ dinero.

Jaime: ¡Qué morro!

Olivia: Hay que ser inteligente.

Jaime: Ella ___ compra muchas cosas y nosotros siempre ___ pedimos algo.

Olivia: ¡Qué dices! A veces ___ _____ algo y... ¡___ queremos!

Jaime: Claro...

Olivia: Anda, vamos. Hoy vas a conocer a tus _____ amigos coreanos.

▶ 강의보기 틀리거나 헷갈리는 문제는 문제 해설 강의로 복습하세요.

🎯 오늘의 Misión 목적격대명사를 활용해 다음 질문들에 대한 답변을 스페인어로 말해 보세요.
¿Me puedes dar la sal? ¿Nos vais a decir la verdad? ¿Tienes que enseñar español a tu hermana?

Día 55

일상 묻고 답하기 ① - 누가

¿Quiénes son ellos?

그들은 누구인가요?

오늘은 '누구'에 해당하는 의문사와 그 활용법을 살펴볼 거예요. 본격적인 학습에 앞서 오늘 배울 내용을 확인해 보세요!

1 Quién **2** 전치사 + quién

STEP 1 스페인어 진짜 맛보기

오늘 배울 내용을 예문으로 먼저 만나 보세요! 음원을 여러 번 듣고 따라 읽으면서 실력을 쌓아 볼까요?

¡Ojo!

✅ 반복 학습 체크체크

MP3 듣기 ✓ 2회 3회

따라 읽기 1회 2회 3회

¿**Quién** sabe?	누가 알아?
¿**Quiénes** sois?	너희는 누구야?
¿A **quién** esperas?	너는 누구를 기다려?
¿Con **quién** viven ellos?	그들은 누구와 함께 살아?

 스페인/중남미 진짜 여행 떠나기!

¿Quién sabe? '누가 알아?'라는 질문이지만 회화에서는 '누가 알겠어? 아무도 모르는 거야.'라는 의미로 사용되는 문장이에요. 여러분, 스페인어 열심히 공부하셔서 나중에 스페인으로 혹은 중남미로 한달 살기 가시는 거 아니에요? 그럴 수도 있죠! ¡Quién sabe!

STEP 2 스페인어 진짜 알아가기

1. Quién

(▶강의보기) (🔊 55-2)

'누가'라는 의미의 의문사예요. 의문사가 들어가는 의문문은 보통 의문사가 가장 먼저 오고 그 다음 동사와 주어를 넣어요.

¿ Quién + 동사 + 주어 ?

¿Quién eres tú? — 너는 누구야?
¿Quién está borracho? — 누가 취했어요?
¿Quién me puede ayudar? — 누가 나를 도와줄 수 있어요?
¿Quién va a pagar? — 누가 계산할 거예요?

잠깐!
주어가 복수이거나, 주어가 복수라는 가정 하에 '누구누구가~?'라고 질문할 때는 의문사를 복수 형태로 적어요.
¿Quiénes van de fiesta hoy? — 오늘 누가 파티에 가?
¿Quiénes son ustedes? — 당신들은 누구세요?

2. 전치사 + quién

(▶강의보기) (🔊 55-3)

질문에 사용된 동사에 의미상 전치사가 필요한 경우는 의문사 앞에 전치사를 넣어줘요. 다양한 전치사가 있지만 우리가 알고 있는 몇 가지만 살펴봐요.

Con quién	누구와 함께

¿Con quién estás? — 너는 누구와 함께 있어?
Estoy con mi abuela. — 나는 내 할머니와 함께 있어.

¿Con quién sale Pablo? — 파블로는 누구와 사귀어?
Él sale con tu hermana. — 그는 너의 여자 형제와 사귀어.

A quién	누구에게

¿A quién vas a regalar esta flor? — 너는 누구에게 이 꽃을 선물할 거야?
Voy a regalarla a mi profesor. — 나는 내 선생님께 그것을 선물할 거야.

¿A quién tengo que enseñar el pasaporte? — 저는 누구에게 여권을 보여 줘야 하나요?
Me lo tiene que enseñar a mí. — 당신은 저에게 그것을 보여 줘야 해요.

¡Ojo!

💡 **단어**
borracho 취한

💡 **단어**
la abuela 할머니

✅ **Mini Check**
목적격대명사는 동사 앞에 넣거나, 동사원형으로 끝나는 구문에서는 동사 뒤에 딱! 붙여 사용하기도 했어요.

De quién	누구의
¿**De quién** es esta bicicleta? Es de mi prima.	이 자전거는 **누구**의 것이에요? 내 사촌 거야.
¿**De quién** es el cumpleaños? Es de David.	**누구**의 생일이에요? 다비드의 생일이야.

 **¡Ojo!**

 단어

la prima 여자사촌
el cumpleaños 생일

아래 대화를 들으면서 오늘 배운 내용을 확인해 보세요.

 Sara
¿Fiesta? ¡Qué bien! ¿De quién es el cumple?
파티? 잘됐다! 누구 생일이야?

 Lucas
Sí, hoy es el cumple de Bea.
응, 오늘 베아 생일이야.

 Sara
¿Quién es Bea? ¿La conozco? Y, ¿quién va a la fiesta?
베아가 누구야? 나 걔 알아? 또, 파티에는 누가 가는데?

 Lucas
No la conoces. Pero... no estás invitada así que voy solo.
넌 걔 몰라. 근데... 넌 초대되지 않았으니 나 혼자 갈게.

 단어

invitado 초대된
así que 그래서, 그러니까

STEP 4 스페인어 진짜 써먹기

쓰기펜으로 맞힌 개수를 작성해 주세요.

나의 점수   개 / 10개   정답 보기

1 제시된 우리말에 해당하는 스페인어 의문사를 짝지어 보세요.

1. 누가?   •   • a. ¿Con quién?
2. 누구랑?   •   • b. ¿Quién?
3. 누구에게?   •   • c. ¿A quién?
4. 누구의?   •   • d. ¿De quién?

2 제시된 단어를 순서대로 배열하여 문장을 완성해 보세요.

1. quién A amas   ➡ ¿_____?
2. Con quieres quién caminar   ➡ ¿_____?
3. quién este es De café   ➡ ¿_____?

3 빈칸에 알맞은 단어를 제시어에서 골라 적어 보세요.

| 보기 | Quién | A quién | Con quién |

1. ¿_____ puedo preguntar?
2. ¿_____ eres tú?
3. ¿_____ hacéis ejercicio?

▶ 강의보기 틀리거나 헷갈리는 문제는 문제 해설 강의로 복습하세요.

◎ 오늘의 Misión ¿Quién eres tú?라는 질문에 여러분이 어떤 사람인지, 누구인지 스페인어로 대답해 보세요.

Día 56

일상 묻고 답하기 ② - 언제

¿Cuándo comemos?
우리는 언제 밥을 먹나요?

오늘은 '언제'라는 의문사와 대답할 때 사용할 수 있는 시간 부사와 부사구를 살펴볼 거예요. 본격적인 학습에 앞서 오늘 배울 내용을 확인해 보세요!

1. Cuándo
2. 전치사 + cuándo
3. 시간 부사 및 부사구

STEP 1 스페인어 진짜 맛보기

오늘 배울 내용을 예문으로 먼저 만나 보세요! 음원을 여러 번 듣고 따라 읽으면서 실력을 쌓아 볼까요?

¿**Cuándo** me vas a invitar? — 너는 나를 언제 초대할 거야?
(= 언제 밥 사 줄 거야?)

¿**Cuándo** podemos entrar? — 우리는 언제 들어갈 수 있어요?

¿Hasta **cuándo** tengo que esperar? — 나는 언제까지 기다려야 해요?

¿Desde **cuándo** eres bueno? — 네가 언제부터 착한 사람이니?
(= 네가 언제부터 착했다고 그래?)

¡Ojo!

☑ 반복 학습 체크체크

MP3 듣기 ✓ 2회 3회

따라 읽기 1회 2회 3회

단어
- invitar 초대하다
- entrar 들어가다
- hasta ~까지

 스페인/중남미 진짜 여행 떠나기!

나라마다 여행하기 좋은 시기가 있지요! 스페인은 너무 덥지도, 춥지도 않은 4-5월, 9-10월이 여행 적기예요. 사실 스페인은 한 겨울도 한국보다 춥지 않아 괜찮아요. 하지만 7, 8월은 한국의 여름보다 더운 지역들도 있으니 피해가는 것이 좋아요!

STEP 2 스페인어 진짜 알아가기

1. Cuándo

'언제'라는 의미의 의문사예요. 다른 의문사들과 마찬가지로 문장의 맨 앞에 넣어 줘요.

¿Cuándo descansa tu novio?	너의 남자친구는 언제 쉬어?
¿Cuándo empiezas a hacer ejercicio?★	너는 언제 운동을 시작해?
¿Cuándo vais a viajar a Cuba?	너희는 언제 쿠바에 여행 갈 거야?
¿Cuándo puedo pasar?	나는 언제 지나갈 수 있어요?
¿Cuándo limpias tu cuarto?	너는 언제 네 방을 청소해?
¿Cuándo me va a llamar usted?	당신은 언제 저에게 전화하실 거예요?

¡Ojo!

단어
empezar 시작하다
el cuarto 방
llamar 전화하다

★ **empezar a + 동사원형**
empezar 동사는 ie 불규칙 동사로, 동사 변형 뒤 전치사 a와 동사원형을 넣으면 '~하는 것을 시작하다'라는 구문으로 사용할 수 있어요.

empezar	
empiezo	empezamos
empiezas	empezáis
empieza	empiezan

2. 전치사 + cuándo

Cuándo 앞에서 함께 잘 사용되는 전치사 두 가지를 살펴봐요.

Desde cuándo	언제부터
¿Desde cuándo estudias español?	너는 언제부터 스페인어를 공부해?
Estudio español desde junio.	나는 6월부터 스페인어를 공부해.

Hasta cuándo	언제까지
¿Hasta cuándo vas a trabajar?	너는 언제까지 일할 거야?
Voy a trabajar hasta el año que viene.	나는 내년까지 일할 거야.

단어
desde ~부터
hasta ~까지

3. 시간 부사 및 부사구

Cuándo를 사용해 질문했을 때 대답으로 사용할 수 있는 시간 부사 및 부사구를 정리해 봐요!

ahora	지금	por la mañana	오전에
hoy	오늘	por la tarde	오후에
mañana	내일	por la noche	밤에
pasado mañana	내일 모레	todos los días	매일
este jueves	이번 목요일	el próximo jueves	다음 목요일
este fin de semana	이번 주말	el próximo fin de semana	다음 주말
esta semana	이번 주	la próxima semana	다음 주
este mes	이번 달	el próximo mes	다음 달
este año	올해	el próximo año	내년

Mini Check

próximo는 '오는'이라는 뜻을 가진 que viene로 바꿔서 사용하기도 했어요.
- el próximo año
  = el año que viene

Hago ejercicio **por la mañana**.   나는 오전에 운동해요.
Olga lee libros **todos los días**.   올가는 매일 독서해요.

 **¡Ojo!**

★ '날'과 '시간대'를 동시에 쓸 때는 '날'을 먼저 써 줘요.
- hoy por la tarde
  오늘 오후
- mañana por la noche
  내일 밤

잠깐!

'모든'이라는 뜻의 형용사 todo는 보통 명사를 앞에서 꾸며 주며, 명사의 성수에 맞는 정관사를 넣어 줘요.

todo	+	[정관사]	+	[명사]

todo el día	하루 종일	toda la noche	밤새
todos los coreanos	모든 한국인들	todas las noches	매일 밤

Jaime y su hermano quieren tomar **toda la noche**.   하이메와 그의 남자 형제는 밤새 마시고 싶어 해요.

 **STEP 3 스페인어 진짜 즐기기**   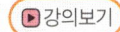 강의보기   56-5   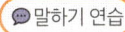 말하기 연습

아래 대화를 들으면서 오늘 배운 내용을 확인해 보세요.

단어
famoso 유명한
paciente 인내심 있는

 Lucas
¿Cuándo podemos entrar? Tengo mucha hambre...
우리 언제 들어갈 수 있어? 나 많이 배고파…

 Sara
No sé... Es un restaurante famoso.
몰라… 유명한 식당이잖아.

 Lucas
Jo. ¿Hasta cuándo tenemos que esperar?★
휴. 우리 언제까지 기다려야 하는 거야?

★ 'Jo'라는 표현을 몇 번 보았죠? 이 감탄사는 놀라움뿐만 아니라 오늘의 대화처럼 실망을 표현할 때도 사용해요.

 Sara
Oye, pero tú tienes que ser más paciente, ¿eh?
얘, 근데 너는 좀 인내심을 가져야 해, 알겠니?

 **STEP 4 스페인어 진짜 써먹기**

 쓰기펜으로 맞힌 개수를 작성해 주세요.

나의 점수　　개 / 10개　　정답 보기

1 형용사 todo를 이용하여 제시된 표현을 스페인어로 바꿔 써 보세요.

1. 매일 ➡ _____
2. 종일 ➡ _____
3. 밤새 ➡ _____

2 제시된 우리말에 해당하는 스페인어 표현을 짝지어 보세요.

1. 너는 언제까지 맥주를 마실 거니? •　　• a. ¿Hasta cuándo vas a tomar cerveza?
2. 너는 언제 맥주 마시니?　　　　　•　　• b. ¿Desde cuándo tomas cerveza?
3. 너는 언제부터 맥주를 마시니?　　•　　• c. ¿Cuándo tomas cerveza?

3 MP3를 듣고 다음 빈칸을 채워 대화를 완성해 보세요.　 56-6

¿1. _____ 2. _____ vas a escribir?

3. _____ voy a escribir 4. _____.

▶강의보기　틀리거나 헷갈리는 문제는 문제 해설 강의로 복습하세요.

◎오늘의 Misión　¿Cuándo estudias español? 여러분은 언제 스페인어 공부를 하시나요?
오늘 살펴본 시간 부사, 부사구를 활용해 스페인어로 대답해 보세요.

 학습 종료

Día 57

일상 묻고 답하기 ③ - 어디서

¿Dónde está Lucas?
루카스는 어디에 있나요?

20 . . 학습 시작

오늘은 '어디'에 해당하는 의문사를 살펴보고 이동하는 의미를 가진 동사들을 정리해 볼 거예요. 본격적인 학습에 앞서 오늘 배울 내용을 확인해 보세요!

전체강의 / 질문 게시판 / MP3

1. Dónde   2. 전치사 + dónde   3. 이동 의미 동사

STEP 1 스페인어 진짜 맛보기

강의보기 57-1 말하기 연습

오늘 배울 내용을 예문으로 먼저 만나 보세요! 음원을 여러 번 듣고 따라 읽으면서 실력을 쌓아 볼까요?

¿**Dónde** estáis? — 너희는 어디에 있어?

¿A **dónde** vamos mañana? — 우리는 내일 어디로 가요?

¿De **dónde** eres? — 너는 어디 출신이야?

¿Por **dónde** tengo que pasar? — 나는 어디로 지나가야 하나요?

¡Ojo!

☑ 반복 학습 체크체크

MP3 듣기 1회 2회 3회
따라 읽기 1회 2회 3회

단어
pasar 지나가다

스페인/중남미 진짜 여행 떠나기!

여러 지도 어플 덕에 요즘은 여행하며 길을 찾기 어렵지 않은데요, 그래도 스페인어를 배우고 여행을 간다면 주변 현지인들에게도 길을 물어보세요! 대부분 아주 친절하게 알려줄 거예요. 가끔은 목적지까지 데려다 주시는 천사 같은 분들도 있답니다!

STEP 2 스페인어 진짜 알아가기

1. Dónde
▶ 강의보기 🔊 57-2

'어디'라는 의미의 의문사예요. 바로 예문들을 살펴봐요!

¿Dónde está el baño? 화장실은 어디에 있어요?
¿Dónde viven ustedes? 당신들은 어디에 살아요?
¿Dónde pones tu móvil en casa? 너는 집에서 너의 핸드폰을 어디에 둬?
¿Dónde compráis ropa? 너희는 어디서 옷을 사?

> **잠깐!**
> ① 파티, 콘서트, 공연, 박람회 등 이벤트가 열리는 곳을 물어볼 때는 estar 동사가 아닌 ser 동사를 사용해요.
> ¿Dónde **es la fiesta**? 파티는 어디예요?
> ② '어디'라고 장소를 물을 때 'dónde' 대신에 'en dónde'를 사용할 수도 있지만, 'dónde'를 더 많이 사용하는 편이에요.

¡Ojo!

단어
el baño 화장실
el móvil 핸드폰
la ropa 옷

Mini Check
poner 동사 현재 시제 변화 형태 (go 불규칙)

poner	
pongo	ponemos
pones	ponéis
pone	ponen

2. 전치사 + dónde
▶ 강의보기 🔊 57-3

Dónde가 들어간 의문문 역시 동사에 필요한 전치사가 있으면 문장 맨 앞에 넣어 줘요.

A dónde	어디로 (목적지)
¿A dónde vas?	너는 어디로 가?
¿A dónde quieres viajar en estas vacaciones?	너는 이번 휴가에 어디로 여행 가고 싶어?

De dónde	어디에서 (출발지)
¿De dónde eres tú?	너는 어디 출신이야?
¿De dónde venís?	너희는 어디에서 오는 거야?

Por dónde	어디를
¿Por dónde paseamos?	우리는 어디를 산책해?
¿Por dónde vais a caminar?	너희는 어디를 걸을 거야?

★ 목적지를 묻는 a dónde는 전치사를 띄어 써도 되고 붙여 써도 돼요.
• a dónde = adónde

> **잠깐!**
> '~에서/를'이라는 뜻으로 장소를 문장에 넣을 때 보통 전치사 'en'를 사용하지요. 하지만 정확한 장소가 아닌 대략적인 장소임을 나타내기 위해 'por'를 사용하기도 해요. 우리가 배운 동사들 중 장소 앞에 por가 나오는 동사들은 세 가지가 있어요.
>
> | pasar por | ~를 지나가다/들리다 | caminar por | ~를 걷다 | pasear por | ~를 산책하다 |

3. 이동 의미 동사

Dónde와 함께 쓸 수 있는 이동하는 의미를 가진 동사들을 정리해 봐요!

ir	가다	venir★	오다
llegar	도착하다	salir	나가다, 출발하다
viajar	여행하다		

¿A **dónde** llega este tren? 이 기차는 **어디**에 도착하나요?
Llega a Baracoa. 바라코아에 도착해요.

¿De **dónde** vienen ustedes? 당신들은 **어디**에서 오시나요?
Venimos del supermercado. 우리는 슈퍼마켓에서 와요.

¡Ojo!

★ venir는 go 불규칙 동사이자 ie 불규칙 동사예요.

venir	
vengo	venimos
vienes	venís
viene	vienen

단어

Baracoa 바라코아 (쿠바의 지명)
el supermercado 슈퍼마켓

STEP 3 스페인어 진짜 줄기기

아래 대화를 들으면서 오늘 배운 내용을 확인해 보세요.

Lucas: Hola, Erica. ¿De dónde vienes?
안녕, 에리카. 어디서 오는 거야?

Erica: Vengo de la universidad. Y, tú, ¿a dónde vas?
학교에서 오는 길이야. 너는 어디 가?

Lucas: Voy a la casa de Sara. ¿Vienes conmigo?
나는 사라 집에 가. 나랑 갈래?

Erica: Pues, sí. ¿Dónde vive ella?
음, 그래. 걔 어디 살아?

단어

la universidad 대학교
pues 음, 아니

STEP 4 스페인어 진짜 써먹기

쓰기펜으로 맞힌 개수를 작성해 주세요.

나의 점수　　개 / 10개　　정답 보기

1 제시된 빈칸에 ser 동사 혹은 estar 동사를 알맞게 채워 보세요.

1. ¿Dónde _____ ellos?
2. ¿Dónde _____ el concierto de Bad Bunny?　＊ **el concierto** 콘서트
3. ¿Dónde _____ la fiesta de Daniela?
4. ¿Dónde _____ el centro comercial?

2 빈칸에 알맞은 단어를 보기에서 골라 적어 보세요.

| 보기 | por | a | de |

1. ¿_____ dónde quieres ir?
2. ¿_____ dónde es tu madre?
3. ¿_____ dónde vais a pasear?

3 의문사 dónde와 전치사를 빈칸에 알맞게 채워 다음 대화문을 완성해 보세요.

1. ¿_____ está Ivan?
   Está en la casa de sus padres.

2. ¿_____ _____ va Iván todos los domingos?
   Va a la casa de sus padres.

3. ¿_____ _____ viene Iván?
   Viene de la casa de sus padres.

▶ 강의보기　틀리거나 헷갈리는 문제는 문제 해설 강의로 복습하세요.

◎ 오늘의 Misión　다음 두 질문에 스페인어로 대답해 보세요. ¿Dónde estudias español?, ¿Dónde trabajas?

Día 58

일상 묻고 답하기 ④ - 무엇

¿Qué es esto?
이것은 무엇인가요?

20 . .

오늘은 '무엇'에 해당하는 의문사와 그의 활용에 대해 살펴볼 거예요. 본격적인 학습에 앞서 오늘 배울 내용을 확인해 보세요!

1. Qué
2. 전치사 + qué
3. Qué + 명사

STEP 1 스페인어 진짜 맛보기

 강의보기   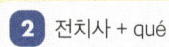 58-1    말하기 연습

오늘 배울 내용을 예문으로 먼저 만나 보세요! 음원을 여러 번 듣고 따라 읽으면서 실력을 쌓아 볼까요?

¿**Qué** piensas?★   너는 어떻게 생각해?

¿**Qué** prefieres?★ ¿Café o té?   너는 무엇을 선호해? 커피 아니면 차?

¿Con **qué** frecuencia lloráis?   너희는 얼마나 자주 울어?

¿**Qué** tipo de música escuchas?   너는 어떤 종류의 음악을 들어?

¡Ojo!

☑ 반복 학습 체크체크

| MP3 듣기 | ✓ | 2회 | 3회 |
| 따라 읽기 | 1회 | 2회 | 3회 |

단어
pensar 생각하다
preferir 선호하다
la frecuencia 빈도
el tipo 종류

★ pensar(생각하다)와 preferir(선호하다)는 ie 불규칙 동사예요.

pensar	preferir
pienso	prefiero
piensas	prefieres
piensa	prefiere
pensamos	preferimos
pensáis	preferís
piensan	prefieren

 스페인/중남미 진짜 여행 떠나기!

상대방의 말을 제대로 못 들었을 때 가장 쉽게 '뭐라고?'라고 할 수 있는 표현이 바로 '¿Qué?'예요. 다만 한국어의 '뭐?, 뭐라고?'처럼 친분이 있는 사이에 사용하는 표현이니 친해진 사람과 사용하세요!

STEP 2 스페인어 진짜 알아가기

1. Qué

'무엇'이라는 의미의 의문사로 정의(뜻, 의미)나 모르는 사실, 사물을 물어볼 때 사용해요. 바로 예문들을 살펴봐요!

¿Qué hay en este barrio?	이 동네에는 무엇이 있나요?
¿Qué miráis?	너희는 뭘 봐?
¿Qué te pasa?	너에게 무슨 일이야?
¿Qué dices?★	너 무슨 말이야?
¿Qué prefieres, pizza o pasta?	너는 무엇을 선호해, 피자 혹은 파스타?

잠깐!

¿Qué prefieres?는 무엇을 선호하냐는 질문이기 때문에, 앞이나 뒤에 꼭 선택지가 나와요.

¿Cerveza o vino? ¿Qué prefieres? — 맥주 혹은 와인? 너는 무엇을 선호해?
¿Qué prefieres, estar en casa o salir? — 너는 무엇을 선호해, 집에 있는 것 아니면 나가는 것?

¡Ojo!

단어
- **el barrio** 동네
- **mirar** 보다
- **o** 혹은

★ **¿Qué dices?**
상대방의 말을 제대로 못 들었을 때 되묻는 것이 아니고 무슨 말인지 잘 들었으나 동의할 수 없거나 믿을 수 없을 때 쓰는 표현이에요. '엥? 그게 무슨 소리야????'

2. 전치사 + qué

의문사 qué 앞에도 다양한 전치사가 들어갈 수 있어요. 유용한 문장들을 몇 개 살펴봐요!

¿A qué hora...? — 몇 시에...?

¿A qué hora abre el café? — 카페는 몇 시에 여나요?
Abre a las seis de la mañana. — 오전 여섯 시에 열어요.

¿A qué hora sales de casa? — 너는 몇 시에 집에서 나가?
Salgo sobre las ocho. — 나는 여덟 시쯤 나가.

¿Con qué frecuencia...? — 얼마나 자주...?

¿Con qué frecuencia dice mentiras tu hija? — 너의 딸은 얼마나 자주 거짓말을 해?
Dice mentiras todos los días. — 그녀는 매일 거짓말을 해.

¿Con qué frecuencia lees libros? — 너는 얼마나 자주 책을 읽어?
Nunca leo libros. — 나는 절대 책을 읽지 않아.

단어
- **abrir** 열다
- **sobre** ~시쯤
- **nunca** 절대

Mini Check
nunca라는 단어는 부정문에 사용되며 no 자리에 대신 넣어 주었죠!

3. Qué + 명사

Qué 뒤에 명사가 들어가면, '무슨~', '몇~', '어떤~'이라는 의미를 갖게 돼요. 앞에서 살펴본 '몇 시'와 '어떤 빈번함(얼마나 자주)'라는 표현도 사실 qué 뒤에 명사가 나온 형태였어요. 같은 형태로 잘 사용되는 구문을 하나 더 살펴볼게요.

¿**Qué** tipo de ……?	어떤 종류의 ….?
¿**Qué** tipo de música escuchas?	너는 어떤 종류의 음악을 들어?
Escucho K-pop.	나는 케이팝을 들어.
¿**Qué** tipo de película ves?★	너는 어떤 종류의 영화를 봐?
Veo películas románticas.	나는 로맨스 영화를 봐.

¡Ojo!

단어

la película 영화
ver 보다
romántico 로맨틱한, 낭만적인

★ '보다'를 뜻하는 ver 동사는 현재 시제 1인칭 단수 (yo)에서 'veo', 2인칭 복수 (vosotros/as)에서 'veis'로 불규칙 변형해요.

ver	
veo	vemos
ves	veis
ve	ven

STEP 3 스페인어 진짜 즐기기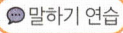

아래 대화를 들으면서 오늘 배운 내용을 확인해 보세요.

 Erica: ¿Qué vas a cocinar esta noche?
오늘 밤에 무엇을 요리할 거야?

 Marcos: Voy a cocinar un plato mexicano.
나는 멕시코 음식 하나를 요리할 거야.

 Erica: ¡Guau! ¿Qué tiene dentro? ¡Tengo mucha hambre!
와! 속에 뭐가 들어 있어? 나 많이 배고파!

 Marcos: ¡Qué dices! ¡No es para ti!
무슨 소리야?! 널 위한 것이 아니야!

단어

dentro 속 안에
para ~를 위한

STEP 4 스페인어 진짜 써먹기

쓰기펜으로 맞힌 개수를 작성해 주세요.

나의 점수   개 / 10개   정답 보기

1 제시된 우리말에 해당하는 스페인어 표현을 짝지어 보세요.

1. 무슨 소리야?   •   • a. ¿Qué piensas?
2. 어떻게 생각해?   •   • b. ¿Qué te pasa?
3. 너 무슨 일이야?   •   • c. ¿Qué dices?

2 빈칸에 알맞은 의문사 qué 혹은 동사 변형을 채워, 다음 대화문을 완성해 보세요.

¿1. _____ prefieres, mango o piña?

2. _____ mango.

¿3. _____ frecuencia tomas café?

Yo 4. _____ café todos los días.

3 MP3에서 나오는 문장을 듣고, 스페인어로 받아 적어 보세요.   🔊 58-6

1. ¿_____?
2. ¿_____?
3. ¿_____?

▶ 강의보기 틀리거나 헷갈리는 문제는 문제 해설 강의로 복습하세요.

🎯 오늘의 Misión 다음 질문에 스페인어로 대답해 보세요. ¿A qué hora llegas a casa?

Día 59

일상 묻고 답하기 ⑤ - 어떤

¿Cuál quiere usted?
어떤 것을 원하시나요?

 20 . . 학습 시작

오늘은 '어떤'이라는 의문사와 그가 들어간 유용한 표현을 살펴볼 거예요. 본격적인 학습에 앞서 오늘 배울 내용을 확인해 보세요!

 전체강의   질문 게시판   MP3

1 Cuál   2 최애 말하기

STEP 1 스페인어 진짜 맛보기

강의보기 59-1 말하기 연습

¡Ojo!

오늘 배울 내용을 예문으로 먼저 만나 보세요! 음원을 여러 번 듣고 따라 읽으면서 실력을 쌓아 볼까요?

☑ 반복 학습 체크체크

| MP3 듣기 | ✓ | 2회 | 3회 |
| 따라 읽기 | 1회 | 2회 | 3회 |

¿**Cuál** es tu maleta? 어떤 것이 너의 캐리어야?

¿**Cuál** es tu película favorita? 어떤 것이 네가 가장 좋아하는 영화야?

Mi actor **favorito es** Javier Bardem. 내가 가장 좋아하는 배우는 하비에르 바르뎀이야.

¿**Cuáles** son tus pasatiempos? 어떤 것들이 너의 취미야?

🔵 단어

la maleta 캐리어
favorito 가장 좋아하는
el pasatiempo 취미

 스페인/중남미 진짜 여행 떠나기!

스페인어를 잘 하려면 스페인어권 나라들의 문화를 아는 것이 큰 도움이 돼요. 그중 음악, 영화 등은 우리가 접하기 쉬운 분야이니 유명한 음악이나 영화를 찾아서 즐겨 보세요! 나중에 스페인 친구들과 이야기하는데 좋은 소재가 될 거예요.

STEP 2 스페인어 진짜 알아가기

1. Cuál

Cuál은 '어떤, 무엇'이라는 뜻의 의문사로, 보통 선택지가 있을 때 사용해요.

1) 눈 앞에 여러 개가 있을 때

¿Cuál es tu maleta? — 어떤 것이 너의 캐리어야?
¿Cuál es tu bolso? — 어떤 것이 너의 가방이야?

2) 이름, 국적, 성을 물을 때

¿Cuál es tu nombre/apellido? — 어떤 것이 너의 이름/성이야?
¿Cuál es tu nacionalidad? — 어떤 것이 너의 국적이야?
Mi nacionalidad es coreana. — 나의 국적은 한국이야.

3) 취미, 계획 등을 물을 때

¿Cuáles son tus pasatiempos? — 어떤 것이 너의 취미들이야?
Mis pasatiempos son ver Youtube y bailar. — 나의 취미들은 유튜브 보는 것과 춤 추는 것이야.

¿Cuáles son tus planes para hoy? — 어떤 것들이 오늘을 위한 너의 계획들이야?
Mis planes son descansar y tomar en casa. — 내 계획들은 집에서 쉬고 마시는 거야.

> **잠깐!**
> Cuál도 주어가 복수이면 복수 형태로 사용하는 의문사예요. 따라서 주어와 수 일치를 꼭 시켜줘야 한답니다.

¡Ojo!

단어
el bolso 가방
el nombre 이름
el apellido 성
la nacionalidad 국적

★ 이름, 성, 국적 역시 제한된 선택지들이 있다고 생각해 qué가 아니고 cuál로 물어봐요.

★ 국적 이야기를 할 때는 화자가 남자여도 국적(la nacionalidad)이라는 단어가 여성이기 때문에 형용사는 항상 여성형으로 사용해요.

2. 최애 말하기

Cuál을 이용하여 내가 가장 좋아하는 무언가를 말할 수 있어요. 매우 자주 사용되지만 어순이나 의문사 활용이 헷갈리는 구문이니 다양한 예를 학습해 봐요.

¿Cuál es tu + [명사] + favorito?
네가 가장 좋아하는 ~(명사)는 무엇이야?

Mi + [명사] + favorito es [___].
내가 가장 좋아하는 ~(명사)는 [___]야.

¿**Cuál** es tu *color* **favorito**? 　　네가 가장 좋아하는 색깔은 무엇이야?
Mi *color* **favorito** es el rosado. 　내가 가장 좋아하는 색깔은 분홍색이야.

¿**Cuál** es tu *película* **favorita**? 　네가 가장 좋아하는 영화는 무엇이야?
Mi *película* **favorita** es Volver. 　내가 가장 좋아하는 영화는 '귀향'이야.

잠깐!

① 이 구문 역시 주어를 복수로 사용할 수 있어요. 이 때 cuál은 복수로 사용해요.

¿Cuáles son tus actrices favoritas? 　네가 가장 좋아하는 여배우들은 누구야?
Mis actrices favoritas son Ester Expósito y Ana de Armas. 　내가 가장 좋아하는 여배우들은 에스테르 엑스포시토와 아나 데 아르마스야.

② 3인칭 주어가 가장 좋아하는 대상에 대해 말할 때는 전치사 de와 소유형용사 su를 활용해요.

¿Cuál es la actriz favorita **de** tu novio? 　너의 남자친구가 가장 좋아하는 여배우는 누구야?
Su actriz favorita es Salma Hayek. 　그가 가장 좋아하는 여배우는 살마 하예크야.

¡Ojo!

단어

el color 색깔
rosado 분홍, 분홍색

Mini Check

z로 끝나는 단어를 복수로 만들 때는 z를 빼고 그 자리에 ces를 넣어줬어요.
- feliz - felices
- luz - luces
- actriz - actrices

STEP 3 　스페인어 진짜 즐기기　

아래 대화를 들으면서 오늘 배운 내용을 확인해 보세요.

 Blanca
¿Cuál es tu mochila?
어떤 것이 너의 배낭이야?

La mochila roja. Mi color favorito es el rojo.
¿Cuál es tu color favorito?
빨간 배낭. 내가 가장 좋아하는 색이 빨간색이야. 네가 가장 좋아하는 색은 무엇이야? Marcos

 Blanca
Es el blanco. Es que me llamo Blanca.
하얀색이야. 내 이름이 블랑카거든.

¡Qué bonito! Mi actriz favorita también es Blanca.
예쁘다! 내 최애 배우도 블랑카야. Marcos

단어

la mochila 배낭
rojo 빨간, 빨간색
blanco 흰, 흰색

STEP 4 스페인어 진짜 써먹기

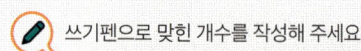

나의 점수   개 / 10개

1 제시된 빈칸에 cuál 혹은 cuáles를 알맞게 채워 보세요.

1. ¿_____ es tu café?
2. ¿_____ son tus planes?
3. ¿_____ es tu nacionalidad?
4. ¿_____ es el coche de tu hermano?

2 보기와 같이, 오늘 배운 '네가 가장 좋아하는 ~는 무엇이니?' 구문을 활용하여 답변에 대한 질문을 만들어 보세요.

보기
질문 ¿Cuál es tu cantante favorito?
대답 Mi cantante favorito es Daddy Yankee.

1. 질문 ¿_____?
   대답 Mi película favorita es Volver.

2. 질문 ¿_____?
   대답 Mi comida favorita es la sopa de kimchi.

3. 질문 ¿_____?
   대답 Mis ciudades favoritas son Bogotá y Buenos Aires.

4. 질문 ¿_____?
   대답 Mi día favorito es el viernes.

3 MP3에서 나오는 문장을 듣고, 스페인어로 받아 적어 보세요. 🔊 59-5

1. ¿_____?
2. _____.

▶ 강의보기   틀리거나 헷갈리는 문제는 문제 해설 강의로 복습하세요.

◎ 오늘의 Misión   2번 문제의 네 가지 질문에 대해 여러분도 스페인어로 대답해 보세요.

Día 60

Día 55~59 복습하기

Práctica ⑩
연습문제

20 . .

 연습문제로 실력을 체크해 봐요!

나의 점수   개 / 30개

1 제시된 빈칸에 quién 또는 quiénes를 넣어 문장을 완성해 보세요.

1. ¿_____ viene mañana?

2. ¿_____ van a venir a la fiesta?

3. ¿_____ van a salir?

4. ¿_____ quiere cantar?

5. ¿_____ son estos chicos guapos?

2 제시된 질문에 어울리는 답변을 짝지어 보세요.

1. ¿Qué vas a comer? • • a. Con mis compañeros.

2. ¿Dónde vas a comer? • • b. Por la tarde.

3. ¿Con quién vas a comer? • • c. En un restaurante chino.

4. ¿Cuándo vas a comer? • • d. Comida china.

5. ¿Hasta cuándo vas a comer? • • e. Hasta mañana.

3 제시된 단어를 순서대로 배열하여 의문문을 완성해 보세요.

1. A   tienes   escribir   quién   que

   ➡ ¿_____?

2. quién   hermana   Con   canta   tu

   ➡ ¿_____?

3. es   edificio   quién   el   De

   ➡ ¿_____?

4. con   Desde   vives   ella   cuándo

   ➡ ¿_____?

5. van   A   ahora   dónde   ellos

   ➡ ¿_____?

6. Dónde   la   haces   compra

   ➡ ¿_____?

7. dónde   padres   tus   De   son

   ➡ ¿_____?

8. qué   abre   museo   A   hora   el

   ➡ ¿_____?

9. tipo   Qué   música   de   escuchas

   ➡ ¿_____?

10. son   favoritos   actores   tus   Cuáles

    ➡ ¿_____?

4 각 질문의 대답을 참고하여, 질문의 빈칸에 들어갈 의문사를 보기에서 골라 써 보세요.

| 보기 | qué | dónde | cuándo | quién |

1. 질문 ¿_____ haces hoy?
   대답 Trabajo.

2. 질문 ¿Con _____ frecuencia estudias?
   대답 Estudio todos los días.

3. 질문 ¿_____ es el concierto?
   대답 Es en Madrid.

4. 질문 ¿A _____ queréis llegar?
   대답 Queremos llegar a Málaga.

5. 질문 ¿_____ puedes descansar?
   대답 Puedo descansar los domingos.

6. 질문 ¿A _____ quiere Juan?
   대답 Quiere a Juana.

7. 질문 ¿_____ va a cocinar mañana?
   대답 Va a cocinar mi padre.

8. 질문 ¿Con _____ vas de camping?
   대답 Voy con mi novia.

9. 질문 ¿Por _____ caminamos?
   대답 Caminamos por el parque.

10. 질문 ¿A _____ hora llegan aquí Eva y Jesús?
    대답 Llegan sobre las seis.

Diálogo 음원을 듣고 대화를 완성한 다음, 소리 내어 연습해 보세요.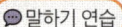

Papá: Buenos días, _____ _____.

Hija: Hola, papá. Buenos días.

Papá: ¿_____ _____ tu plan para hoy?

Hija: Voy a salir con unos amigos.

Papá: ¿_____ _____? ¿_____ conozco?

Hija: No, no _____ conoces. Son mis _____ _____ de la universidad.

Papá: Ah, ya. ¿_____ _____ _____?

Hija: _____ _____ a un bar nuevo.

Papá: ¿_____ _____ el bar? ¿_____ vais a hacer?

Hija: Está cerca del parque central. _____ _____ _____ algo y ... bailar.

Papá: ¿_____ vas a regresar a casa?

Hija: _____ sé, papá. ¿_____ es tu problema?

▶ 강의보기 틀리거나 헷갈리는 문제는 문제 해설 강의로 복습하세요.

◎ 오늘의 Misión 의문사 quién, cuándo, dónde, qué, cuál 중 세 가지를 골라 여러분의 친구에게 할 만한 질문을 만들어 보세요.

Día 61

일상 묻고 답하기 ⑥ - 어떻게

¿Cómo andamos?
어떻게 지내?

20 . .

오늘은 '어떻게'라는 의미의 의문사와 안부를 물어보는 다양한 방법을 살펴볼 거예요. 본격적인 학습에 앞서 오늘 배울 내용을 확인해 보세요!

전체강의 질문 게시판 MP3

1 Cómo   **2** Cómo로 안부 묻기

STEP 1 스페인어 진짜 맛보기

▶강의보기   🔊 61-1   💬 말하기 연습

📝 **¡Ojo!**

오늘 배울 내용을 예문으로 먼저 만나 보세요! 음원을 여러 번 듣고 따라 읽으면서 실력을 쌓아 볼까요?

☑ 반복 학습 체크체크

MP3 듣기 ✓ 2회 3회

따라 읽기 1회 2회 3회

¿**Cómo** te va?	너에게 어떻게 되어 가?
¿**Cómo** es tu novio?	너의 남자친구는 어떤 사람이야?
¿**Cómo** va al colegio tu hijo?	너의 아들은 어떻게 학교에 가?
¿**Cómo** puedo comer este plato?	나는 어떻게 이 음식을 먹어야 돼요?

🔤 단어

el colegio 학교

🧳 **스페인/중남미 진짜 여행 떠나기!**

상대방의 말을 잘 못 들었을 때 '무엇'에 해당하는 의문사 qué로 다시 물어볼 수 있다는 걸 배웠죠? 그런데 이 표현은 정말 한국어의 '뭐?, 뭐라고?' 같은 느낌이어서 친한 사이가 아니라면 오늘 배우는 의문사 cómo를 사용하는 것이 좋아요. '¿Cómo?'는 조금 더 정중한 '네?, 뭐라고요?, 어떻다고요?'라는 표현이 됩니다.

STEP 2 스페인어 진짜 알아가기

1. Cómo

[▶강의보기] [🔊 61-2]

'어떻게'라는 의미의 의문사로 ser나 estar 동사와 함께 사용하면 사람이나 물건의 상태, 생김새, 성향을 물어볼 수 있고, 일반 동사와 함께 사용하면 그 동사의 방법을 물어볼 수 있어요.

Cómo + ser/estar 동사

¿Cómo es tu esposo? 너의 남편은 어때?
Es un pesado. 짜증나는 사람이야.

¿Cómo está tu esposo? 너의 남편은 어때?
Está muy bien. 매우 잘 지내.

> **잠깐!**
> Cómo 뒤에 ser 동사가 쓰이면 생김새나 성향 등 본질을 물어보는 질문이 되고, 반대로 estar 동사가 쓰이면 상태를 물어보는 질문이 돼요.

Cómo + 일반 동사

¿Cómo cocinas? 너는 어떻게 요리해?
Fatal. Cocino muy mal. 최악으로. 매우 나쁘게 요리해.

¿Cómo conocéis a Mía? 너희는 미아를 어떻게 알아?
Es nuestra jefa. 우리의 상사야.

¿Cómo vas al trabajo? 너는 어떻게 출근해?
Voy en metro. 지하철로 출근해.

¿Cómo puedo abrir la ventana? 어떻게 창문을 열 수 있나요?
No puedes abrirla. 너는 그것을 열 수 없어.

📝 **¡Ojo!**

단어
el esposo 남편
pesado 짜증나는, 질척대는

단어
abrir 열다
la ventana 창문

2. Cómo로 안부 묻기

안부는 누구에게나, 하루에도 몇 번씩 물어보는 질문이라 다양한 형태가 있어요. 그리고 보통 의문사 cómo로 물어보지요. 우리가 배운 표현 말고 새로운 안부 인사도 살펴봐요.

¿**Cómo** estás?	너는 **어떻게** 지내?
¿**Cómo** andamos?★	**어떻게** 지내?
¿**Cómo** te va todo?	너는 다 **어때**?
¿**Cómo** te va en el trabajo?	너는 회사에서 **어때**?

대답의 형태도 다시 한번 확인해 봐요!

Estoy (muy) bien.	나는 (매우) 괜찮아요.
Ahí vamos.	항상 똑같지 뭐. 그냥 저냥.
= Aquí tirando.	
Me va bien.	나 잘돼 가.

¡Ojo!

★ 상대방의 안부를 묻는 것이지만, andar는 2인칭 단수 '너'뿐만 아니라 1인칭 복수 '우리'를 주어로 쓰기도 해요.
- ¿Cómo andas?
  ¿Cómo andamos?
  어떻게 지내?

단어

andar 걷다, 거닐다, 있다
ir 가다, (상태가)~이다

STEP 3 스페인어 진짜 즐기기

아래 대화를 들으면서 오늘 배운 내용을 확인해 보세요.

Lucas: ¿Cómo estás? ¿Cómo te va en el trabajo?
잘 지내? 회사에서는 어때?

Erica: Muy mal. Es que está muy lejos de mi casa.
매우 나빠. 그게 집에서 엄청 멀거든.

Lucas: Uff. ¿Y cómo es el jefe?
휴. 그러면 상사는 어때?

Erica: Es un pesado. No sé cómo puedo trabajar con él.
짜증나는 사람이야. 어떻게 그와 함께 일할 수 있을지 모르겠어.

단어

lejos de ~에서 먼
uff 휴

Mini Check

saber + 의문사 + 문장
~인지 알다

 스페인어 진짜 써먹기

 쓰기펜으로 맞힌 개수를 작성해 주세요.

나의 점수   개 / 10개   정답 보기

1 제시된 질문에 어울리는 답변을 짝지어 보세요.

1. ¿Cómo es la casa?   • • a. Es muy pequeña.   * **pequeño** 작은
2. ¿Cómo está la comida?   • • b. Es alto y guapo.
3. ¿Cómo es tu hermano?   • • c. Está borracho.
4. ¿Cómo está tu hermano?   • • d. Está muy buena.

2 제시된 빈칸에 알맞은 단어를 채워, 질문에 대한 답변을 완성하세요.

1. ¿Cómo baila Simón?
   Él _____ muy bien.

2. ¿Cómo te puedo ayudar?
   No me _____ ayudar.

3. ¿Cómo vas a pagar?
   _____ a pagar con tarjeta.

3 MP3에서 나오는 문장을 듣고, 스페인어로 받아 적어 보세요.   🔊 61-5

1. ¿_____?
2. ¿_____?
3. ¿_____?

▶ 강의보기   틀리거나 헷갈리는 문제는 문제 해설 강의로 복습하세요.

◎ 오늘의 Misión   문제 3번의 안부를 묻는 질문을 소리 내어 3번씩 반복해 읽으세요!

Día 62

일상 묻고 답하기 ⑦ - 얼마나

¿Cuánto cuestan estas manzanas?

이 사과들은 얼마인가요?

20 . .

오늘은 '얼마나'라는 의문사와 이것으로 여러 종류의 기간을 묻는 방법을 학습할 거예요. 본격적인 학습에 앞서 오늘 배울 내용을 확인해 보세요!

1. Cuánto
2. Cuánto + 명사
3. 기간 묻기

STEP 1 스페인어 진짜 맛보기

강의보기 | 62-1 | 말하기 연습

오늘 배울 내용을 예문으로 먼저 만나 보세요! 음원을 여러 번 듣고 따라 읽으면서 실력을 쌓아 볼까요?

¿**Cuánto** vale?	**얼마**예요?
¿**Cuántos** cumples este año?	너는 올해 **몇** 살 돼?
¿**Cúantas** novias tiene Martín?	마르틴은 여자친구가 **몇** 명이야?
¿**Cuánto** dura el show?	공연은 **얼마나** 걸리나요?

¡Ojo!

☑ 반복 학습 체크체크

MP3 듣기 ✓ 1회 2회 3회
따라 읽기 1회 2회 3회

단어
valer 가치가 나가다
cumplir 만 ~살이다, 완성하다, 완수하다
durar 지속하다, 걸리다
el show 쇼, 공연

스페인/중남미 진짜 여행 떠나기!

'주량이 얼마나 되나요?' 우리가 자주 하고 듣는 질문이지요! 하지만 스페인권 사람들은 잘 하지 않는 질문이에요. 물론 물어볼 수는 있겠지만 보통 상대방이 얼마나 마실 '수' 있는지 크게 관심이 없답니다.

STEP 2 스페인어 진짜 알아가기

1. Cuánto

'얼마나'에 해당하는 의문사로, 주로 양을 물어볼 때 사용해요.

¿Cuánto cuesta?★	얼마예요?
¿Cuánto pesa mi maleta?	내 캐리어는 몇 킬로예요?
¿Cuánto mides?★	너는 키가 몇이야?

2. Cuánto + 명사

'얼마만큼의, 몇 개의 ~(명사)'라고 쓰일 때는 cuánto 뒤에 명사가 놓일 수 있어요. 이때는 명사의 성수에 맞춰 cuánto도 성수일치를 해 줍니다.

¿ Cuánto/a/os/as + 명사 + 동사 + 주어 ?

¿Cuántos años tienes?	너는 몇 살이야?
¿Cuántos años cumples este año?	너는 올해 몇 살 돼?
Cumplo 20 años.	나는 스무 살이 돼.

잠깐!
나이를 물을 때는 단순히 현재 나이를 물을 수도 있지만, 매년 1월 1일이 아닌 자기 생일에 한 살 더 먹기 때문에 올해 몇 살이 되는지 혹은 되었는지 등을 묻는 방식도 사용해요.

¿Cuántos baños hay aquí?	여기 화장실이 몇 개 있나요?
¿Cuántas maletas son?	캐리어가 몇 개인가요?
¿Cuántas copas de vino puedes tomar?	너는 와인 몇 잔 마실 수 있어?
¿Cuántas veces viajáis al año?	너희는 1년에 몇 번 여행해?

3. 기간 묻기

얼마나 걸리는지, 얼마나 됐는지 등의 기간을 물어볼 때도 cuánto를 사용해요. 가장 많이 쓰이는 세 가지 구문을 살펴봐요.

¿Cuánto durar ...? : 공연, 이벤트 등 러닝타임 물어볼 때

| ¿Cuánto dura esta película? | 이 영화는 얼마나 걸리나요? |
| Dura dos horas y media. | 2시간 반 걸려요. |

¡Ojo!

단어
costar 가격이 나가다
pesar 무게가 나가다
la maleta (여행용) 캐리어
medir 측정하다, 키가 ~다

★ costar - ue 불규칙

costar	
cuesto	costamos
cuestas	costáis
cuesta	cuestan

★ medir - i 불규칙

medir	
mido	medimos
mides	medís
mide	miden

단어
la vez 번
al año 1년에

¿Cuánto dura el espectáculo?　　공연은 얼마나 걸리나요?
Dura setenta minutos.　　70분 걸려요.

¿Cuánto tardar en ...? : 얼마만큼의 시간이 걸리는지 물어볼 때

¿Cuánto tardas en llegar?　　너는 도착하는 데 얼마나 걸려?
Tardo diez minutos.　　10분 걸려.

¿Cuánto tardáis en salir?　　너희는 나오는 데 얼마나 걸려?
Tardamos veinte minutos.　　20분 걸려.

잠깐!
'~하는 데' 시간이 걸린다는 의미로 전치사 en과 동사원형을 사용해요.

¿Cuánto llevar ...? : 지속중인 것의 기간을 물어볼 때

¿Cuánto llevan Jorge y Pilar?　　호르헤와 필라르는 (만난 지) 얼마나 됐어?
Llevan tres años.　　3년 됐어.

¡Ojo!

단어
el espectáculo 공연, 쇼
el minuto 분

STEP 3 스페인어 진짜 즐기기　강의보기　62-5　말하기 연습

아래 대화를 들으면서 오늘 배운 내용을 확인해 보세요.

 Marcos: Amiga, estoy enamorado de Noa. Pero enamoradísimo.
친구야, 나 노아에게 사랑에 빠졌어. 근데 엄청 빠졌어.

 Erica: Jajaja. ¡Qué bien! ¿Cuánto llevas con tu novia?
ㅎㅎㅎ 잘됐네! 여자친구랑 얼마나 됐어?

 Marcos: ¿Con mi segunda novia, Noa? Llevamos una semana.
내 두 번째 여자친구, 노아랑? 우리 일주일 됐어.

 Erica: ¿Qué? ¿Cuántas novias tienes?
뭐? 너 여자친구가 몇 명이야?

 **STEP 4 스페인어 진짜 써먹기**

 쓰기펜으로 맞힌 개수를 작성해 주세요.

나의 점수   개 / 10개

① 제시된 빈칸에 의문사 cuánto를 알맞게 채워 보세요.

1. ¿_____ cafés tomas?
2. ¿_____ dinero tienes?
3. ¿_____ agua vas a tomar?
4. ¿_____ niños hay en el parque?

② 제시된 빈칸에 tardar 동사를 알맞게 채워 대화를 완성하세요.

¿Cuánto 1. _____ tú en llegar?

2. _____ treinta minutos.

¿Cuánto 3. _____ vosotros en salir?

No 4. _____ mucho, ¿Una hora?

③ 제시된 질문에 어울리는 답변을 짝지어 보세요.

1. ¿Cuánto dura la película? •   • a. Duran 3 horas.
2. ¿Cuánto duran los espectáculos? • • b. Dura una hora y media.

▶강의보기 틀리거나 헷갈리는 문제는 문제 해설 강의로 복습하세요.

◎오늘의 Misión 현재 나이를 물어보는 다음 질문에 대답해 보세요. ¿Cuántos cumples este año?

4

일상 묻고 답하기 ⑧ - 왜

Día 63

¿Por qué estás ocupado?
너는 왜 바쁘니?

20 . .

오늘은 마지막 의문사인 'por qué'를 살펴보고, 비슷하게 생겼지만 다른 역할을 하는 접속사 'porque'도 배워 볼게요. 본격적인 학습에 앞서 오늘 배울 내용을 확인해 보세요!

1 Por qué   2 Por qué no   3 Porque

STEP 1 스페인어 진짜 맛보기

강의보기 63-1 말하기 연습

오늘 배울 내용을 예문으로 먼저 만나 보세요! 음원을 여러 번 듣고 따라 읽으면서 실력을 쌓아 볼까요?

¿**Por qué** quieren viajar a España ellos?	그들은 왜 스페인으로 여행을 가고 싶어해요?
¿**Por qué** me miras así?	너는 왜 나를 그렇게 봐?
¿**Por qué no** me invitas?	너는 왜 나를 초대하지 않아? / 너는 왜 내게 밥을 사지 않아?
No como mucho **porque** estoy a dieta.	나는 다이어트 해서 많이 먹지 않아요.

¡Ojo!

☑ 반복 학습 체크체크

MP3 듣기 ✓ 2회 3회
따라 읽기 1회 2회 3회

단어
así 그렇게, 이렇게
estar a dieta 다이어트, 식이 조절하다

 스페인/중남미 진짜 여행 떠나기!

여행가 목적으로 스페인어를 배우는 사람들이 많죠! 여러분이 현지인들과 스페인어로 이야기를 나누다 보면 '¿Por qué hablas español? (왜 스페인어를 할 줄 아니?)'라는 질문을 받을 수 있어요. 미리 대답을 준비해 보세요!

STEP 2 스페인어 진짜 알아가기

1. Por qué

'왜'라는 의미의 의문사로 이유를 물어볼 때 사용해요. 예문을 바로 살펴봐요!

¿Por qué aprendes español?	왜 너는 스페인어를 배워?
¿Por qué bailáis así?	왜 너희는 춤을 그렇게 춰?
¿Por qué me quieres?	왜 너는 나를 사랑해?
¿Por qué te pregunta eso el profesor?	왜 선생님은 너에게 그것을 물어봐?
¿Por qué lloran ellas?	왜 그녀들은 울어요?

2. Por qué no

부정문의 형태로 질문을 하면 '왜 ~가 아니야?'라는 뜻도 있지만 '~하는 게 어때?'라는 청유의 의미도 갖게 돼요.

¿Por qué no estudias duro?	왜 너는 열심히 공부하지 않아? (= 너는 열심히 공부하는 게 어때?)
¿Por qué no limpias tu cuarto?	왜 너는 네 방을 청소하지 않아? (= 너는 네 방을 청소하는 게 어때?)
¿Por qué no vienes conmigo?★	왜 너는 나와 함께 가지 않아? (= 나와 함께 가는 게 어때?)
¿Por qué no me invitas?	왜 너는 나에게 밥을 사 주지 않아? (= 너는 나에게 밥을 사 주는 게 어때?)
¿Por qué no lo esperamos un poco?	왜 우리는 그를 조금 기다리지 않아? (= 우리 그를 조금 기다리는 게 어때?)

3. Porque

띄어쓰기와 tilde가 없는 'porque'는 의문사가 아닌 접속사로, '~기 때문에, ~라서, ~니까' 등 이유를 나타내는 어휘예요.

[결과 문장] + porque + [원인 문장]

No voy a limpiar la casa porque no tengo ganas. / 나는 집 청소 안 할 거야. 왜냐하면 하고싶지 않으니까.

¡Ojo!

단어
el cuarto 방

★ ¿Por qué no?
'왜 안되겠어, 그거 좋지!'라는 뜻으로, 수락과 동의를 나타내는 표현이니 같이 익혀 두세요!

★ 상대방에게 내가 가는 곳에 같이 가자고 할 때는 ir 동사보다 venir 동사를 사용해요.
• ¿Vienes conmigo?
(내가 가는 곳에) 나와 함께 갈래?

Mini Check
tener (muchas) ganas de inf.
너무 ~ 하고 싶다

Estás cansado **porque** bebes todos los días.

너는 매일 술을 마시니까 피곤한 거야.

No vamos a ir **porque** no estamos invitados.

우리는 초대받지 않았기 때문에 가지 않을 거야.

¡Ojo!

> **잠깐!**
>
> ❶ 질문에 대답하는 경우에는 결과 문장을 꼭 넣지 않고 바로 porque로 시작하는 원인 문장만 말해줄 수 있어요.
>
> **¿Por qué** no vienen tus compañeros?
> **Porque** no quieren trabajar.
>
> 네 동료들은 왜 안 와?
> 일하기 싫으니까.
>
> ❷ 원인과 결과는 '그래서, 그러므로, 그러니까'라는 의미의 접속사인 así que, por eso, entonces 등의 단어로 나타낼 수도 있어요.
>
> No tengo ganas **así que** no voy a limpiar la casa.
> Bebes todos los días **por eso** estás cansado.
> No estamos invitados **entonces** no vamos a ir.
>
> 나는 하고 싶지 않으니까 집 청소 안 할 거야.
> 너는 매일 술을 마셔서 피곤한 거야.
> 우리는 초대받지 않았으므로 가지 않을 거야.

★ [원인 문장] + así que / por eso / entonces + [결과 문장]

STEP 3 스페인어 진짜 즐기기   ▶강의보기   🔊 63-5   💬말하기 연습

아래 대화를 들으면서 오늘 배운 내용을 확인해 보세요.

Erica

¿Por qué aprendes español?
넌 왜 스페인어를 배워?

Lucas

Umm... Porque quiero viajar a España solo.
음... 혼자 스페인으로 여행가고 싶어서.

Erica

¿Por qué no viajas con tus amigos?
왜 네 친구들과 함께 여행하지 않아?

Lucas

Porque quiero encontrar a una novia española.★ Jeje.
왜냐하면 나는 스페인 여자친구를 찾고 싶거든. ㅎㅎ

단어

encontrar 발견하다, 찾다

★ encontrar 동사는 ue 불규칙 동사예요.

encontrar
encuentro
encuentras
encuentra
encontramos
encontráis
encuentran

3

STEP 4 스페인어 진짜 써먹기

쓰기펜으로 맞힌 개수를 작성해 주세요.

나의 점수　　　개 / 10개　　정답 보기

1 제시된 상황에 어울리는 제안 표현을 짝지어 보세요.

1. Estoy triste. •　　　• a. ¿Por qué no sales conmigo?
2. Estoy hecho polvo. •　　　• b. ¿Por qué no vas en taxi?
3. Tengo prisa. •　　　• c. ¿Por qué no descansas un poco?

2 빈칸에 알맞은 단어를 보기에서 골라 적어 보세요.

> 보기　　　Por qué　｜　Porque

¿1. _____ no quieres conducir?

2. _____ tengo miedo. ¿3. _____ me lo preguntas?

3 왼쪽의 결과, 오른쪽의 원인 문장들을 상황에 맞게 짝지어 보세요.

1. No tomo •　　　• a. porque está enfadada conmigo.
2. Ella no baila conmigo •　　　• b. porque no quiero estar borracho.
3. Ellos la ven todos los días •　　　• c. porque es su película favorita.
4. No queremos ir a la fiesta •　　　• d. porque no conocemos a nadie.

▶ 강의보기　틀리거나 헷갈리는 문제는 문제 해설 강의로 복습하세요.

◎ 오늘의 Misión　다음 질문에 스페인어로 대답해 보세요. ¿Por qué estudias español?

4

Día 64

일상 묻고 답하기 ⑨ - 이동하기

20 . .

Voy a casa de Erica en autobús.

버스를 타고 에리카 집에 가요.

오늘은 지금까지 학습 중 틈틈이 살펴본 전치사를 정리할 거예요. 본격적인 학습에 앞서 오늘 배울 내용을 확인해 보세요!

 A   De   En   Con   Sin

 **STEP 1** 스페인어 진짜 맛보기   강의보기 64-1 말하기 연습

¡Ojo!

☑ 반복 학습 체크체크

| MP3 듣기 | 1회 | 2회 | 3회 |
| 따라 읽기 | 1회 | 2회 | 3회 |

오늘 배울 내용을 예문으로 먼저 만나 보세요! 음원을 여러 번 듣고 따라 읽으면서 실력을 쌓아 볼까요?

Mi novio no sabe comer con palillos.
내 남자친구는 젓가락으로 먹을 줄 몰라요.

Esa película de Pablo Almodóvar es buenísima.
파블로 알모도바르의 그 영화는 아주 좋아요.

Tengo que ir en bicicleta.
나는 자전거를 타고 가야 해요.

¿Vais a salir sin mí?
너희는 나 빼고 나갈 거야?

단어
los palillos (chinos) 젓가락
sin ~없이, 빼고

Mini Check
전치사 뒤 1, 2인칭 단수 인칭대명사
a yo ➡ a mí
a tú ➡ a ti

 스페인/중남미 진짜 여행 떠나기!

한국 문화를 좋아하는 스페인어권 친구들에게 줄 선물이 고민이라면 젓가락을 추천해요! 젓가락을 일상에서 볼 일이 없기 때문에 재미있고 신기해한답니다. 사용법을 직접 스페인어로 알려 주면 더 좋겠죠? :)

STEP 2 스페인어 진짜 알아가기

¡Ojo!

1. A

▶ 강의보기 🔊 64-2

1) ~로/에 (목적지)

¿A dónde vas? — 너는 어디로 가?

¡Llegamos a España pronto! — 우리는 곧 스페인에 도착해!

2) ~에게/을/를 (사람 목적어)

No puedo esperar a Martín. — 나는 마르틴을 기다릴 수 없어.

3) 동사원형 앞

Mi abuelo quiere aprender a conducir. — 나의 할아버지는 운전을 배우고 싶어하셔.

Mañana empiezo a hacer ejercicio. — 나는 내일 운동을 시작해.

🟧 단어
el abuelo 할아버지

2. De

▶ 강의보기 🔊 64-3

1) ~에서부터 (출발지/출신지)

Mi prima viene de Estados Unidos. — 내 사촌은 미국에서 와.

¿A qué hora sales de casa? — 너는 몇 시에 집에서 나가?

2) ~의 것 (소유)

¿Esta bici es de tu hijo? — 이 자전거는 너의 아들 거야?

3. En

▶ 강의보기 🔊 64-4

1) ~에서 (위치)

Vamos a practicar en el aula. — 우리는 교실에서 연습할 거예요.

¡Hay mucha gente en la calle! — 밖에 많은 사람들이 있어요!

2) ~로 (교통수단)

Mi padre va al trabajo en coche. — 나의 아버지는 차로 출근하세요.

🟧 단어
el aula 교실
ir al trabajo 출근하다

✅ Mini Check
교통수단을 나타낼 때는 관사를 넣지 않아요.
- en autobús 버스로
- en tren 기차로

4. Con

▶ 강의보기　🔊 64-5

1) ~와 함께

¿Quieres vivir conmigo?
Ellos siempre viajan con sus hijos.

너는 나와 함께 살고 싶어?
그들은 항상 그들의 자식들과 함께 여행해요.

2) ~로 (방법/수단)

¿Usted va a pagar con tarjeta?
¿Por qué no abrís la puerta con la llave?

당신은 카드로 계산할 거예요?
너희는 열쇠로 문을 열어 보는 게 어때?

✏ ¡Ojo!

✅ Mini Check

con + mí ➡ conmigo
con + ti ➡ contigo

5. Sin

▶ 강의보기　🔊 64-6

1) ~없이

Estoy mejor sin ti.
No queremos probar este plato sin salsa picante.

나는 너 없이 더 괜찮아.
우리는 매운 소스 없이 이 음식을 먹어 보고 싶지 않아요.

🔤 단어

mejor 더 나은
la salsa 소스
picante 매운

▶ 강의보기　🔊 64-7　💬 말하기 연습

아래 대화를 들으면서 오늘 배운 내용을 확인해 보세요.

Sara

¿Tu hermano sigue con Emma?
너의 형제는 엠마와 계속 만나?

Pues, sí. Él no puede vivir sin ella.
음, 응. 그는 그녀 없이는 못 살아.

Marcos

Sara

Jajaja. Emma es de Alemania, ¿verdad?
하하하. 엠마는 독일 출신이지?

Sí. Vive allí entonces él viaja a Alemania cada mes.
응. 거기 살아서 그가 매달 독일로 여행 가.

Marcos

🔤 단어

pues 음, 아니
Alemania 독일
entonces 그러므로
cada ~마다

3

 **STEP 4 스페인어 진짜 써먹기**

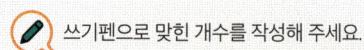 쓰기펜으로 맞힌 개수를 작성해 주세요.

나의 점수   개 / 10개   정답 보기

❶ 제시된 빈칸에 전치사 a가 들어갈 수 없는 문장을 2개 고르세요.

① Voy _____ cantar.
② Aprendo _____ cantar.
③ Empiezo _____ cantar.
④ Puedo _____ cantar.
⑤ Hay _____ cantar.

❷ 각 문장에 알맞은 전치사를 a와 de 중 하나 고르세요.

1. En julio mi marido y yo vamos a viajar (a / de) Corea.
2. Yo soy coreana pero mi padre es (a / de) Perú.
3. Nunca le escribes (a / de) la profesora.
4. ¿(A / De) quién es este bolso?

❸ 빈칸에 알맞은 전치사를 제시어에서 골라 적어 보세요.

| 보기 | en | con | sin |

1. ¿Quieres hablar _____ el jefe?
2. El jefe va al trabajo _____ tren.
3. Él no puede trabajar _____ mí.
4. Siempre estamos _____ la oficina.
5. Mi novio sabe comer _____ palillos.

▶ 강의보기   틀리거나 헷갈리는 문제는 문제 해설 강의로 복습하세요.

◎ 오늘의 Misión   오늘 살펴본 다섯 가지 전치사(a, de, en, con, sin)를 활용해 세 문장 이상 만들어 보세요.   학습 종료

Día 65

일상 묻고 답하기 ⑩ - 목적 말하기

Yo aprendo español para viajar.
나는 여행 가려고 스페인어를 배워요.

20 . .

오늘은 지난 시간에 이어 전치사를 살펴볼 거예요. 본격적인 학습에 앞서 오늘 배울 내용을 확인해 보세요!

 1 Para   2 Por  3 Entre

STEP 1 스페인어 진짜 맛보기

강의보기 65-1 말하기 연습

오늘 배울 내용을 예문으로 먼저 만나 보세요! 음원을 여러 번 듣고 따라 읽으면서 실력을 쌓아 볼까요?

Tengo algo **para** ti.	나는 너를 **위한** 무언가를 가지고 있어.
¿**Por** aquí está mi móvil?	내 핸드폰 **이쪽에** 있어요?
Mi novio no quiere hablar **por** teléfono conmigo.	내 남자친구는 나랑 전화**로** 말하고 싶어하지 않아요.
Hay algo **entre** ellos.	그들 **사이에** 무언가 있어요.

¡Ojo!

☑ 반복 학습 체크체크

MP3 듣기 ☑ 1회 2회 3회

따라 읽기 1회 2회 3회

단어
el móvil 핸드폰
hablar por teléfono 통화하다

 스페인/중남미 진짜 여행 떠나기!

'고마워.'라는 인사를 스페인어로 잘 알고 있지요? 'Gracias.' 여기에 고마운 이유를 더해 줄 수도 있어요. 'Gracias por venir.' (와 줘서 고마워) 'Gracias por invitarme.' (날 초대해 줘서 고마워) 'Gracias por estar conmigo.' (나와 함께 있어 줘서 고마워)

STEP 2 스페인어 진짜 알아가기

1. Para

▶ 강의보기 🔊 65-2

1) ~위해 (목적)

Aprendo español para viajar a Latinoamérica.
나는 라틴아메리카로 여행 가기 위해 스페인어를 배워요.

Tengo algo para ti.
나는 너를 위한 무언가를 가지고 있어.

2) ~로 (목적지)

Ellas salen para Cuenca hoy.
그녀들은 오늘 쿠엔카로 떠나요.

¿Para dónde sale este tren?
이 기차는 어디로 떠나요?

3) ~에게 (의견)

Para mí, es caro.
나에게는 비싸요.

¿Para ti, soy una persona aburrida?
너에게는 내가 지루한 사람이야?

4) ~까지 (기한)

Las tareas son para mañana.
숙제는 내일까지예요.

¿Necesitáis este documento para mañana?
너희는 이 서류가 내일까지 필요해?

✅ **단어**

Latinoamérica 라틴아메리카
caro 비싼
aburrido 지루한
la tarea 숙제

2. Por

▶ 강의보기 🔊 65-3

1) ~때문에 (원인)

Muchas gracias por venir.
와 줘서 너무 고마워요.

No podemos dormir por el ruido.★
우리는 소음 때문에 잘 수 없어요.

2) ~쪽/부근에 (대략적 장소)

Por aquí no hay cajero.
이 부근에 ATM이 없어요.

Mi amiga, Daniela, vive por este barrio.
내 친구 다니엘라는 이 동네 쪽에 살아요.

✅ **단어**

dormir 자다
el ruido 소음
la serie 시리즈, 드라마

★ dormir 동사는 ue 불규칙 동사예요.

dormir	
duermo	dormimos
duermes	dormís
duerme	duermen

3) ~로 (방법)

Todos los días hablo *por* teléfono con mi mamá.
나는 매일 나의 엄마와 전화로 말해요. (= 통화해요.)

Mi familia ve las series *por* la televisión.
내 가족은 티비로 드라마들을 봐요.

3. Entre

1) ~사이에 (위치, 관계)

Corea está *entre* China y Japón.
한국은 중국과 일본 사이에 있어요.

No hay nada *entre* nosotros.
우리 사이에는 아무것도 없어요.

 **STEP 3 스페인어 진짜 즐기기**

아래 대화를 들으면서 오늘 배운 내용을 확인해 보세요.

단어
el café 커피, 카페

 Erica:
Hay algo entre Álex y tú...
알렉스랑 너 사이에 뭔가 있어...

 Sara:
¡Qué dices! Somos amigos. Para mí, es un buen amigo.
무슨 소리야! 우린 친구야. 나에게 그는 좋은 친구야.

 Erica:
¡Pero tú vas al café todos los días! ¡Por él y para verlo!
그런데 너 카페 매일 가잖아! 걔 때문에, 걔를 보려고!

 Sara:
Yo vivo por ahí y voy sola para tomar café.
나는 그쪽에 살고 커피 마시러 가는 것일 뿐이야.

STEP 4 스페인어 진짜 써먹기

쓰기펜으로 맞힌 개수를 작성해 주세요.

나의 점수   개 / 10개   정답 보기

1 제시된 문장에 어울리는 전치사를 하나 고르세요.

1. Por la mañana salgo (para / entre) el centro.
2. Hay muchos supermercados (para / por) ahí.
3. Voy (para / por) hacer la compra.
4. Tengo que comprar muchas comidas (para / por) mañana.
5. (Para / Por) mí, es un buen barrio.

2 빈칸에 어울리는 전치사와 표현을 채워 다음 문장을 완성해 보세요.

전치사	por	para

표현	a. Salamanca?	b. estar aquí conmigo.	c. mí.
	d. teléfono.	e. pagar?	

	전치사	표현
1. Gracias	_____	_____
2. Es muy romántico	_____	_____
3. Mi padre habla mucho	_____	_____
4. ¿Mañana sales	_____	_____
5. ¿Qué necesito	_____	_____

▶ 강의보기   틀리거나 헷갈리는 문제는 문제 해설 강의로 복습하세요.

◎ 오늘의 Misión   다음 질문에 스페인어로 대답해 보세요. ¿Para qué trabajas? (무엇을 위해 일해?)

Día 66

Día 61~65 복습하기

Práctica ⑪
연습문제

20 . .

  연습문제로 실력을 체크해 봐요!

나의 점수   개 / 30개

❶ 제시된 빈칸에 의문사 cómo 혹은 cuánto를 알맞게 채워 질문을 완성하세요.

1. ¿_____ andamos?

2. ¿_____ vale?

3. ¿_____ es Carla?

4. ¿_____ mide Carla?

5. ¿_____ vas al trabajo?

❷ 제시된 빈칸에 의문사 cuánto를 알맞은 형태로 채워 질문을 완성하세요.

1. ¿_____ personas vienen mañana?

2. ¿_____ bancos hay en esta ciudad?

3. ¿_____ dinero necesito?

4. ¿_____ días tienes que esperar?

5. ¿_____ tareas tenemos?

6. ¿_____ patatas vais a comprar?

7. ¿_____ gente pasa por aquí?

3 보기와 같이, 의문사 cuánto와 durar, tardar, llevar 동사를 활용하여 빈칸을 알맞게 채워 보세요.

> **보기**
> 질문 ¿Cuánto dura la película?
> 대답 La película dura dos horas.

1. 질문 ¿_____ _____ el espectáculo?
   대답 El espectáculo dura dos horas y media.

2. 질문 ¿_____ _____ ella en salir?
   대답 Ella tarda treinta minutos en salir.

3. 질문 ¿_____ _____ tú en llegar?
   대답 Yo tardo cinco minutos en llegar.

4. 질문 ¿_____ _____ vosotros?
   대답 Llevamos cuatro años.

5. 질문 ¿_____ _____ ellos?
   대답 Ellos llevan siete meses.

4 빈칸에 알맞은 단어를 보기에서 골라 적어 보세요.

| 보기 | por qué | porque | así que |

1. ¿_____ empiezas a aprender inglés?

2. Voy a comer todo _____ tengo hambre.

3. Hace mucho frío _____ no vamos a salir.

4. ¿_____ no me enseñas español?

5. Podéis hacerlo _____ sois inteligentes.

5 빈칸에 알맞은 전치사를 보기에서 골라 적어 보세요.

| 보기 | a | de | en | con |
| | sin | para | por | entre |

1. Hay que tener mucho dinero _____ dar la vuelta al mundo.

2. _____ Perú quiero probar ceviche.

3. _____ mí no podéis hacer nada.

4. ¿Puedes llamar _____ mi hermana?

5. El banco está _____ el museo y el bar.

6. Mi tío vive _____ su novia.

7. No debes tocar las obras _____ Alma.

8. Ellos no van de camping _____ el calor.

Diálogo

음원을 듣고 대화를 완성한 다음, 소리 내어 연습해 보세요.

Enzo: ¡María! ¿____ tal? ¿____ andamos? ¿____ vas?

María: Muy bien. ¿Voy al colegio ____ recoger ____ mis hijos.

Enzo: ¿____ hijos tienes?

María: Dos. No puedo vivir ____ ellos. Por cierto, sigues ____ Olivia, ¿no?

Enzo: Pues, no. Ahora estoy soltero ____ el trabajo.

María: ¿____? ¿Tienes mucho trabajo?

Enzo: Sí. Muchísimo. No ____ descansar.

María: ¿____ trabajas ____ mi cafetería? Vas a poder descansar.

Enzo: ¿____ serio? ¿Puedo trabajar allí? ¿____ me vas a pagar?

María: 300 euros a la semana.

Enzo: No… Prefiero trabajar más y ganar más dinero.

▶ 강의보기 틀리거나 헷갈리는 문제는 문제 해설 강의로 복습하세요.

◎ 오늘의 Misión 다음 질문에 스페인어로 세 문장 이상 대답해 보세요. ¿Cómo te va todo?

Día 67

일상 묻고 답하기 ⑪ - 위치 설명하기

España está lejos de aquí.
스페인은 여기서 멀리 있어요.

오늘은 다양한 위치 전치사, 부사, 부사구로 위치를 말하는 방법을 살펴볼게요. 본격적인 학습에 앞서 오늘 배울 내용을 확인해 보세요!

1. 전치사 en
2. 위치 부사/부사구
3. Estar 동사로 위치 설명하기
4. 위치 부사/부사구 활용하기

STEP 1 스페인어 진짜 맛보기

오늘 배울 내용을 예문으로 먼저 만나 보세요! 음원을 여러 번 듣고 따라 읽으면서 실력을 쌓아 볼까요?

¡Ojo!

☑ 반복 학습 체크체크

MP3 듣기 ✓ 2회 3회

따라 읽기 1회 2회 3회

Estoy al lado de ti. — 나는 네 옆에 있어.

Puerto Rico está cerca de Estados Unidos. — 푸에르토리코는 미국 근처에 있어요.

¿Puedo comer dentro del restaurante? — 저 식당 안에서 먹어도 되나요?

Hay algo detrás de la cama. — 침대 뒤에 무언가 있어요.

단어
Puerto Rico 푸에르토리코(서인도 제도의 섬나라)
la cama 침대

 스페인/중남미 진짜 여행 떠나기!

요즘은 한류로 인해 한국이 어디 있는지, 한국이 어떤 나라인지 아는 사람들이 꽤 많지만 그래도 아직 잘 모르는 사람들도 있어요. 누군가가 한국이 어디 있냐고 물으면 '그것도 모른다고?'라며 놀라지 말고 오늘 배우는 위치 부사/부사구를 이용해 친절하게 알려 주세요! :)

STEP 2 스페인어 진짜 알아가기

1. 전치사 en

'~에, ~에서'라는 의미로 장소 명사 앞에 전치사 en을 사용하는 것을 알고 있지요! 예문을 몇 가지 다시 살펴볼게요.

en + 위치/장소

Ellos viven en Mallorca.	그들은 마요르카에 살아요.
Te voy a esperar en mi casa.	나는 너를 내 집에서 기다릴 거야.
¿Por qué quieres dormir en mi cuarto?	왜 너는 내 방에서 자고 싶어?
A veces estudio en cafeterías.	나는 가끔 카페에서 공부해요.

단어
Mallorca 마요르카(스페인의 지명)
el cuarto 방
a veces 가끔

2. 위치 부사/부사구

전치사 en 이외에 위치를 설명할 수 있는 어휘들을 학습해 봐요! 아래 부사, 부사구는 전치사 en과 함께 사용하지 않아요.

aquí	여기	ahí/allí	거기/저기
entre	~의 사이에	al lado de	~의 옆에
cerca de	~의 근처에	delante de	~의 앞에
lejos de	~의 멀리에	detrás de	~의 뒤에
dentro de	~의 (속)안에	encima de	~의 위에
fuera de	~의 밖에	debajo de	~의 아래에

Mini Check
Día 31에서 ahí는 화자에게서 가까운 '거기/저기'를 가리킬 때 사용하고 allí는 화자에게서 멀리 있거나 안 보이는 '거기/저기'를 가리킬 때 사용한다고 배웠어요!

3. Estar 동사로 위치 설명하기

위치 부사/부사구와 estar 동사를 함께 사용하면 사람이나 사물 등의 위치를 설명할 수 있어요.

¿Dónde estamos?	우리는 어디에 있나요?
Estamos al lado de la plaza.	우리는 광장 옆에 있어요.
¿Dónde está Corea?	한국은 어디에 있나요?
(Corea) está cerca de China.	(한국은) 중국 근처에 있어요.
(Corea) está entre China y Japón.	(한국은) 중국과 일본 사이에 있어요.
¿Dónde está la llave?	열쇠는 어디에 있나요?
(La llave) está dentro de la habitación.	(열쇠는) 방 안에 있어요.
¿Dónde está el perro?	강아지는 어디에 있나요?
(El perro) está encima de la silla.	(강아지는) 의자 위에 있어요.

단어
la silla 의자

> **잠깐!**
>
> ① 전치사 뒤에 '사람'을 나타내는 표현도 올 수 있어요. 이때 전치사 de 뒤에 인칭대명사 'yo', 'tú'가 사용되면 각각 'mí', 'ti'로 바꿔서 써 줘요.
>
> Tú estás al lado **de mí**.   너는 내 옆에 있어.
> Yo estoy detrás **de ti**.   나는 네 뒤에 있어.
>
> ② 전치사 'de' 뒤에 남성단수 정관사 'el'이 오면 두 단어를 합쳐 'del'이라고 표기했어요.
>
> El supermercado está al lado **del** hotel.   슈퍼마켓은 호텔 옆에 있어요.

¡Ojo!

 Mini Check

전치사 + mí/ti
a yo ➡ a mí
a tú ➡ a ti

 Mini Check

전치사 a + el ➡ al
전치사 de + el ➡ del

4. 위치 부사/부사구 활용하기

위치 부사/부사구와 일반 동사를 활용해서 '~(위치)에서 ~한다'라고도 말할 수 있어요.

¿**Dónde** trabajas?   너는 어디에서 일해?

Trabajo **delante de** un colegio.   나는 어떤 학교 앞에서 일해.

Mi perro duerme **fuera de** la casa. 나의 강아지는 집 밖에서 자요.

STEP 3 스페인어 진짜 즐기기

아래 대화를 들으면서 오늘 배운 내용을 확인해 보세요.

 단어

perdido 길 잃은

 Sara

¿Dónde estás? Aquí no hay nadie. No te veo.
너 어디야? 여기 아무도 없어. 네가 안 보여.

 Lucas

¡Cuántas veces te digo! Estoy dentro del restaurante.
너에게 몇 번 말해! 나 식당 안에 있다니까.

 Sara

¡Ah! Yo estoy al lado del bar Jerónimo. Estoy perdida...
아! 나 헤로니모 술집 옆이야. 나 길을 잃었어...

 Lucas

¿Qué? ¡Ese bar está muy lejos de aquí! Estás muy perdida.
뭐? 그 술집 여기서 엄청 멀리 있어! 너 완전 길 잃었네.

STEP 4 스페인어 진짜 써먹기

쓰기펜으로 맞힌 개수를 작성해 주세요.

나의 점수 개 / 10개 정답 보기

1 제시된 위치 관련 표현과 뜻이 반대되는 표현을 짝지어 보세요.

1. encima de •   • a. fuera de
2. delante de •   • b. debajo de
3. dentro de •   • c. detrás de

2 제시된 그림을 보고 estar 동사를 이용하여 강아지의 위치를 스페인어로 적어 보세요..

1.

El perro _____.

2.

El perro _____.

3.

El perro _____.

3 제시된 단어를 순서대로 배열하여 문장을 완성해 보세요.

1. en la a Voy descansar oficina ➡ _____.
2. de Las están aquí maletas fuera ➡ _____.
3. Quiero cerca ti estar de ➡ _____.
4. dentro museo puedes No comer del ➡ _____.

▶ 강의보기 틀리거나 헷갈리는 문제는 문제 해설 강의로 복습하세요.

◎ 오늘의 Misión ¿Dónde vives?, ¿Dónde trabajas?, ¿Dónde estudias?
오늘 배운 위치 부사, 부사구를 활용하여 이 세 가지 질문에 대답해 보세요!

4

일상 묻고 답하기 ⑫ - 비교하기

Día 68

México es más grande que Corea.

멕시코는 한국보다 더 커요.

오늘은 '더' 그리고 '덜'이라는 어휘를 이용해 비교하는 문장을 만들어 볼 거예요. 본격적인 학습에 앞서 오늘 배울 내용을 확인해 보세요!

1 Más   2 Menos   3 불규칙 비교급

STEP 1 스페인어 진짜 맛보기

 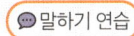

¡Ojo!

오늘 배울 내용을 예문으로 먼저 만나 보세요! 음원을 여러 번 듣고 따라 읽으면서 실력을 쌓아 볼까요?

☑ 반복 학습 체크체크

	1회	2회	3회
MP3 듣기	✓		
따라 읽기	1회	2회	3회

Tú eres más feo que yo.
너는 나보다 못 생겼어.

No debéis llegar más tarde que mis padres.
너희들은 내 부모님보다 더 늦게 도착하면 안 돼.

Hace menos frío que ayer.
어제보다 덜 추워요.

Este vino es mejor.
이 와인이 더 나아요.

● 단어
ayer 어제

🧳 **스페인/중남미 진짜 여행 떠나기!**

스페인에서 휴양지를 찾는다면 Mallorca 섬은 어때요? 바르셀로나 동남쪽에 있는 섬으로 인기있는 휴양지예요. Mallorca는 라틴어로 '더 큰'이라는 말에서 유래한 이름이에요. 그 옆에는 Menorca라는 작은 섬도 있는데 이는 '더 작은'이라는 라틴어에서 나왔고요. 오늘 배울 'mayor, menor'와 비슷하게 생겼네요! :)

STEP 2 스페인어 진짜 알아가기

¡Ojo!

1. Más

▶강의보기 🔊 68-2

'더'라는 의미의 단어로 형용사, 부사, 명사 앞에 사용해요. 비교 대상을 넣는 것이 필수는 아니지만, 넣을 때는 '~보다'라는 뜻의 'que'를 함께 사용해요.

| 주어 | + | 동사 | + | más | + | 형용사/명사/부사 | + | que | + | 비교대상 |

Ese plato es más **pequeño** que este.
　　　　　　　　　형용사
그 그릇은 이것보다 더 작아요.

Yo corro más **lento** que mis amigos.
　　　　　　　부사
나는 내 친구들보다 더 느리게 달려요.

Hace más **calor** que ayer.
　　　　　명사
어제보다 더 더워요.

단어
pequeño 작은
lento 느린

잠깐!

① más가 형용사를 꾸며줄 경우 형용사는 주어에 맞게 성수일치 해요. 그리고 부사는 성수가 없기 때문에 주어와 성수일치를 하지 않아요.

Yo corro más **lenta** que mis amigos. (X)
Esos platos son más **pequeño** que estos. (X)
나는 내 친구들보다 더 느리게 달려요.
저 그릇들은 이것들보다 더 작아요.

② 주어와 비교대상의 품사는 반드시 일치시켜요.
En Barcelona hace más calor que en Seúl.
바르셀로나는 서울보다 더 더워요.

'더 ~(동사)하다'라는 의미로 más가 동사를 꾸며 줄 때는 동사 뒤에 넣어요.

| 주어 | + | 동사 | + | más | + | que | + | 비교대상 |

Yo **como** más que vosotros.
나는 너희들보다 더 먹어.

★ **más o menos**
'더도 아니고 덜도 아니다.'라는 뜻으로, '그냥 저냥', '그럭 저럭', '대략'이라는 의미로 사용하는 회화 표현이에요.
• ¿Hablas bien español?
너 스페인어 잘 해?
Más o menos.
그럭저럭.

2. Menos

▶강의보기 🔊 68-3

'덜'이라는 의미의 단어로 'más'와 마찬가지로 형용사, 부사, 명사 앞에 사용해요.

| 주어 | + | 동사 | + | menos | + | 형용사/명사/부사 | + | que | + | 비교대상 |

Tu coche es menos **caro** que mi coche.
　　　　　　　　형용사
네 자동차는 내 자동차보다 덜 비싸.

Vamos a caminar menos **rápido** que ayer.
　　　　　　　　　　부사
우리 어제보다 덜 빠르게 걷자.

Mi hermana tiene menos **amigos** que yo.
　　　　　　　　　　　명사
내 여자형제는 나보다 친구를 덜 가지고 있어요.

★ menos보다 más를 이용한 비교급을 더 자주 사용해요.

'덜 ~(동사)하다'라는 의미로 menos가 동사를 꾸며 줄 때는 동사 뒤에 넣어요.

주어 + 동사 + menos + que + 비교대상

Esta pulsera **cuesta** menos que esa.   이 팔찌는 그것보다 가격이 덜 나가요.

3. 불규칙 비교급

▶강의보기 🔊 68-4

아래 네 가지 형용사는 más 혹은 menos와 함께 사용하지 않아요. 이미 비교급의 의미를 가진 형용사가 있기 때문이에요. 불규칙 비교급 형용사는 여성형은 없지만 복수로는 사용해요.

bueno	좋은	más bueno	(X)	➡	mejor	더 나은/좋은
malo	나쁜	más malo	(X)	➡	peor	더 나쁜
viejo	낡은/늙은	más viejo	(X)	➡	mayor	더 나이 많은
joven	젊은	más joven	(X)	➡	menor	더 어린

Esta cerveza es **mejor** que esa.   이 맥주는 그것보다 더 나아요.
Sois **menores** que yo.   너희는 나보다 나이가 더 어려.

잠깐!
더 좋은 사람(más bueno), 더 나쁜 사람(más malo), 더 낡은(más viejo)이라는 의미일 때는 más와 함께 사용해요.
Manuel es **más** bueno que yo.   마누엘은 나보다 더 착해.

¡Ojo!

단어

la pulsera 팔찌
costar 가격이 나가다

★ mejor 뒤에 동사원형이나 문장을 넣으면 '~하는 게 낫다'라는 표현이 돼요.
· Mejor vamos mañana.
  우리 내일 가는 게 나아.
· Mejor no ir.
  안 가는 게 나아.

★ 불규칙 비교급 형용사는 명사를 뒤에서 수식해 주기도 해요.
· la hermana mayor
  누나/언니

STEP 3 스페인어 진짜 즐기기

▶강의보기 🔊 68-5 💬 말하기 연습

아래 대화를 들으면서 오늘 배운 내용을 확인해 보세요.

Erica: Oye, Lucas es menor que tú, ¿verdad?
얘, 루카스가 너보다 어리지?

Sara: Sí, soy mayor que él.
Pero él es más alto y tiene más dinero que yo.
응, 내가 걔보다 나이가 많아. 그런데 걔가 나보다 더 키가 크고 돈이 많아.

Erica: Además, él es más bueno que tú.   게다가 너보다 더 착해.

Sara: ¿Cómo?   뭐라고?

3

STEP 4 스페인어 진짜 써먹기

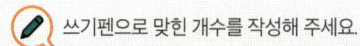
쓰기펜으로 맞힌 개수를 작성해 주세요.

나의 점수 개 / 10개

정답 보기

1 제시된 형용사를 활용하여 각 그림을 설명하는 비교급 문장을 만들어 보세요.

| 보기 | alto | caro | calor | cansado |

1. ➡ Soy _____ tú.

2. ➡ Tenéis _____ yo.

3. ➡ El coche _____ el móvil.

4. ➡ Estamos _____ tú.

2 제시된 비교급 문장에서 틀린 부분을 찾아 올바른 문장으로 다시 써 보세요.

1. El idioma español es más bueno que el inglés.   ➡ _____.

2. Juana está más borracho que yo.   ➡ _____.

3. Esta maleta más pesa que esa.   ➡ _____.

4. El hostal es mayor que mi casa.   ➡ _____.

3 다음 질문에 대한 답변을 스페인어로 써 보세요.

1. ¿Aquí hace más calor que en Corea?   ➡ No, _____.

2. ¿Tu barrio es peor que aquí?   ➡ Sí, _____.

▶ 강의보기 틀리거나 헷갈리는 문제는 문제 해설 강의로 복습하세요.

◎ 오늘의 Misión 여러분과 여러분의 가족 구성원을 비교하는 문장을 세 개 만들어 보세요!

학습 종료

4

Día 69

일상 묻고 답하기 ⑬ - 날씨 설명하기

Hoy hace tanto calor como ayer.
오늘은 어제만큼 더워요.

20 . .  학습 시작

오늘은 지난 시간에 이어 비교할 때 사용하는 또 다른 표현을 살펴볼 거예요. 본격적인 학습에 앞서 오늘 배울 내용을 확인해 보세요!

 전체강의 / 질문 게시판 / MP3

1 동급 비교 2 날씨 설명하기

STEP 1 스페인어 진짜 맛보기

 강의보기    69-1   말하기 연습

¡Ojo!

☑ 반복 학습 체크체크

| MP3 듣기 | ✓ | 2회 | 3회 |
| 따라 읽기 | 1회 | 2회 | 3회 |

오늘 배울 내용을 예문으로 먼저 만나 보세요! 음원을 여러 번 듣고 따라 읽으면서 실력을 쌓아 볼까요?

En España no hace tanto frío como en Corea.
스페인은 한국만큼 그렇게 춥지 않아요.

En esta ciudad llueve tanto como en Seúl.★
이 도시에는 서울만큼 비가 와요.

Hoy está tan nublado como ayer.
오늘은 어제만큼 흐려요.

Sois tan frioleros como yo.
너희는 나만큼 추위를 잘 타요.

단어
la ciudad 도시
llover 비 오다
nublado 흐린, 구름 낀
friolero 추위를 잘 타는

★ '비 오다'라는 의미의 llover 동사는 ue 불규칙 동사이며, 주어가 없는 날씨 이야기라 모든 시제에서 3인칭 단수 변형만 해요.

 스페인/중남미 진짜 여행 떠나기!

세상에서 가장 긴 나라가 칠레라고 하지요? 세로로 긴 만큼 기후가 다양해요. 북쪽은 아프리카만큼 건조하고, 중심부는 지중해만큼 날씨가 좋으며, 숲과 호수들로 이루어진 남쪽은 한국의 늦가을만큼 추워져요. 따라서 여행자가 가장 다양한 자연환경을 볼 수 있는 나라이기도 해요!

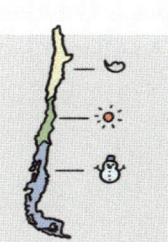

STEP 2 스페인어 진짜 알아가기

1. 동급 비교

▶ 강의보기 🔊 69-2

동급 비교에서는 '더' 혹은 '덜'이라는 단어 말고 '그렇게(잘, 많이, 많은)'라는 뜻을 가진 tan, tanto가 사용돼요. 동급 비교 문장에 비교 대상이 들어갈 때는 '~만큼/처럼'에 해당하는 como를 앞에 넣어줘요.

1) Tan은 부사로, 형용사나 부사를 꾸며 줘요.

| 주어 | + | 동사 | + | tan | + | 형용사/부사 | + | como | + | 비교대상 |

Esta habitación está **tan sucia como** mi casa.
이 방은 내 집만큼 더러워요.

El clima de Cuba es **tan húmedo como** el clima de Corea.
쿠바의 기후는 한국의 기후만큼 습해요.

Elena canta **tan mal como** tú.
엘레나는 너만큼 노래를 못해.

En Nueva York nieva **tan frecuentemente como** en Seúl.★
뉴욕에는 서울만큼 자주 눈이 와요.

2) Tanto는 형용사로, 명사를 꾸며 줘요. 이때 명사의 성수에 맞게 반드시 성수일치를 해줘요.

| 주어 | + | 동사 | + | tanto/a/os/as | + | 명사 | + | como | + | 비교대상 |

En México hace **tanto frío como** en Colombia.
멕시코는 콜롬비아만큼 춥지 않아요.

Ellas comen **tantos helados como** los niños.
그녀들은 아이들만큼 많은 아이스크림들을 먹어요.

3) 동사는 부사 tanto로 꾸며줘요. 이때 tanto는 동사 뒤에 넣어줘요.

| 주어 | + | 동사 | + | tanto | + | como | + | 비교대상 |

Lloras tanto como mis hijos.
너는 내 자식들만큼 많이 울어.

Aquí **llueve tanto como** en Ecuador.
여기는 에콰도르만큼 비가 많이 와요.

¡Ojo!

★ 비교 대상이 들어갈 때는 자연스러운 해석을 위해 '그렇게'라는 뜻을 넣지 않아도 돼요.

단어
sucio 더러운
el clima 기후
húmedo 습한
nevar 눈 오다

★ '눈 오다'라는 의미의 nevar 동사는 ie 불규칙 동사이며 모든 시제에서 3인칭 단수 변형만 해요.

단어
el helado 아이스크림

2. 날씨 설명하기

Día 40에서 hacer 동사와 함께 사용하는 날씨 표현들을 학습했었죠? 오늘은 그 표현들 이외의 새로운 날씨 표현도 살펴볼게요.

동사원형	주어	동사	명사/형용사	의미
Llover	-	Llueve.		비 와요.
Nevar	-	Nieva.		눈 와요.
Ser	El clima	es	húmedo.	기후가 습해요.
	El clima	es	seco.	기후가 건조해요.
Estar	El cielo	está	nublado.	하늘이 흐려요.
	El cielo	está	despejado.	하늘이 맑아요.
Haber	-	Hay	humedad.	습해요.

¡Ojo!

단어
seco 건조한
despejado 맑은
la humedad 습기
normalmente 보통

Mini Check
- 동사 + mucho
- mucho/a/os/as + 명사
Llueve mucho.
비가 많이 와요.
Hay mucha humedad.
매우 습해요.

- muy + 형용사
Es muy seco.
매우 건조해요.
Está muy nublado.
매우 흐려요.

> **잠깐!**
> 날씨 얘기는 항상 3인칭 단수 변형으로만 표현해요. 그리고 '습하다, 건조하다, 흐리다, 맑다'라는 표현은 보통 주어까지 함께 말해요.
>
> En primavera **llueve** frecuentemente. 봄에는 자주 비가 와요.
> En verano **hay** mucha humedad. 여름에는 많이 습해요.
> En otoño normalmente el cielo **está** despejado. 가을에는 보통 하늘이 맑아요.

 **STEP 3** 스페인어 진짜 즐기기

아래 대화를 들으면서 오늘 배운 내용을 확인해 보세요.

 Sara: Quiero viajar a México. En México no hace tanto frío como en Corea, ¿verdad?
나는 멕시코로 여행 가고 싶어. 멕시코는 한국만큼 춥지 않지?

 Marcos: No, ahora hace calor. Pero está tan lejos como Nueva York. ¿Puedes venir?
아니지, 지금 더워. 그런데 멕시코는 뉴욕만큼이나 멀리 있잖아. 올 수 있어?

 Sara: No sé... Y la comida de México es tan rica como la comida coreana...
글쎄... 그래도 멕시코 음식은 한국 음식만큼 맛있어서…

 Marcos: Bueno, ¡ven!
뭐, 그럼, 와!

단어
lejos 먼
venir 오다
ven! 와!

★ 'Ven'은 venir 동사의 2인칭 단수 (tú) 명령형이에요. 명령형은 다음 레벨인 버전업 학습지에서 공부 할 거예요!

STEP 4 스페인어 진짜 써먹기

쓰기펜으로 맞힌 개수를 작성해 주세요.

나의 점수   개 / 10개

 정답 보기

1 제시된 빈칸에 tan 혹은 tanto를 알맞게 채워 보세요.

1. Noa habla _____ como su perro.
2. Yo soy _____ guapa como mi mamá.
3. Mi primo va al trabajo _____ temprano como tú.
4. Tienes _____ dinero como yo.

2 제시된 그림을 보고 빈칸에 알맞은 어휘를 보기 중에 골라 넣어 보세요.

| 보기 | tanto | tanta | tantos | tantas |

En julio   En septiembre

1. En septiembre no hace _____ calor como en julio.
2. En septiembre no hay _____ humedad como en julio.
3. En septiembre no llueve _____ como en julio.
4. En julio no hay _____ niños en la calle como en septiembre.

3 제시된 문장을 스페인어로 바꿔 써 보세요.

1. 날씨가 흐려요. ➡ _____.
2. 비가 많이 와요. ➡ _____.

▶ 강의보기   틀리거나 헷갈리는 문제는 문제 해설 강의로 복습하세요.

◎ 오늘의 Misión   오늘 학습한 동급 비교를 활용해 한국의 여름과 봄 날씨를 스페인어로 비교해 보세요.

Día 70

일상 묻고 답하기 ⑭ - 격려하기

¡Eres el mejor!
네가 최고야!

20 .   .

오늘은 비교급에 이어 최상급을 살펴볼 거예요. 본격적인 학습에 앞서 오늘 배울 내용을 확인해 보세요!

1 최상급   2 불규칙 최상급   3 절대 최상급

STEP 1 스페인어 진짜 맛보기

오늘 배울 내용을 예문으로 먼저 만나 보세요! 음원을 여러 번 듣고 따라 읽으면서 실력을 쌓아 볼까요?

Eres el más listo de la universidad.★	네가 대학교에서 가장 똑똑해.
¡Eres la mejor!	네가 최고야!
¿Quiénes son los menores entre nosotros?	우리 중에 누구누구가 가장 어려?
¡La comida está buenísima!	음식이 정말 맛있어요!

¡Ojo!

☑ 반복 학습 체크체크

MP3 듣기 1회 2회 3회
따라 읽기 1회 2회 3회

단어

listo 똑똑한, 준비된
el/la mejor 최고
el menor 가장 어린
buenísimo 매우 좋은

★ 형용사 listo는 ser 동사와 쓰일 때는 '똑똑한', estar 동사와 쓰일 때는 '준비된'이라는 뜻을 가져요.
- Soy listo.
  난 똑똑해요.
- Estoy listo.
  난 준비됐어요.

스페인/중남미 진짜 여행 떠나기!

스페인어권 나라들은 예술로도 굉장히 유명해요. 여행 전 그 나라의 최고 예술가를 찾아보고 가는 것이 좋겠죠? 스페인의 Antoni Gaudí, 멕시코의 Frida Khalo, 콜롬비아의 Fernando Botero와 같은 예술가들을 가기 전 미리 검색해 보세요 :)

STEP 2 스페인어 진짜 알아가기

1. 최상급

비교급과 마찬가지로 más, menos라는 어휘가 들어가지만 그 앞에 반드시 주어의 성수에 맞는 정관사를 붙여야 최상급이 된답니다. 또한 비교 대상을 나타낼 때는 que(~보다)가 아닌 entre, de(~에서, 사이에서)를 사용해요.

> el/la/los/las + más/menos + 형용사 + entre/de + 비교대상

Eres **el más** inteligente.	네가 가장 똑똑해.
Eres **la más** fuerte **de**l aula.	네가 교실에서 가장 쎄.
Sois **los más** valientes **entre** nosotros.	너희가 우리 중에서 가장 용감해.
Ella es **la menos** paciente **entre** ellas.	그녀는 그녀들 중 가장 덜 참을성 있어.

¡Ojo!

단어
- fuerte 쎈
- el aula 교실
- valiente 용감한
- paciente 인내심/참을성 있는

★ 비교 대상이 사람일 때는 entre와 de 모두 사용 가능하지만, 장소일 때는 de만 사용할 수 있어요.

잠깐!

정관사 자리에 소유형용사를 넣어도 최상급이 돼요.
Sus obras **más** famosas están en Medellín. 그의 가장 유명한 작품들은 메데인에 있어요.

'가장 ~(형용사)한 ~(명사)이다'라고 명사를 넣어 최상급의 범위를 좁힐 수 있어요.

> 주어 + 동사 + el/la/los/las + 명사 + más + 형용사 + entre/de + 비교대상

Soy **la mujer más** feliz **de**l mundo.	나는 세상에서 가장 행복한 여자예요.
Fernando Botero es **el pintor más** famoso **de** Colombia.	페르난도 보테로는 콜롬비아에서 가장 유명한 화가예요.

단어
- el mundo 세상
- el pintor 화가
- famoso 유명한

2. 불규칙 최상급

más와 함께 사용할 수 없었던 불규칙 비교급 형용사 네 가지 기억하나요? 이 형용사들 앞에 정관사를 넣으면 최상급이 돼요.

mejor	더 나은/좋은	➡ el/la mejor los/las mejores	최고(들)
peor	더 나쁜	➡ el/la peor los/las peores	최악(들)
mayor	더 나이 많은	➡ el/la mayor los/las mayores	가장 나이 많은 사람(들)
menor	더 어린	➡ el/la menor los/las menores	가장 어린 사람(들)

Este es el peor helado del mundo. 이건 세상에서 최악의 아이스크림이에요.
¿Yo soy la mayor de aquí? 여기에서 제가 가장 나이가 많아요?

 ¡Ojo!

>
> 불규칙 최상급 역시 정관사 자리에 소유형용사를 넣을 수 있어요.
> Tú eres mi mejor amigo.   너는 나의 베스트 프렌드야.

3. 절대 최상급

▶ 강의보기 🔊 70-4

형용사나 부사의 -o(s), -a(s) 자리에 -ísimo(s)/ísima(s)를 넣으면 '가장, 정말, 매우'라는 뜻이 추가돼요.

caro	➡	carísimo 가장 비싼	guapo	➡	guapísimo 가장 잘생긴
mucho	➡	muchísimo 가장 많은, 많이	bueno	➡	buenísimo 가장 좋은

¡Estás guapísima! 너 오늘 정말 예쁘다!
Muchísimas gracias. 정말 감사해요.
Este bolso es carísimo. 이 가방은 정말 비싸요.

★ '맛있는'이라는 형용사 rico는 절대 최상급으로 바꾸면 'ㄲ' 발음이 'ㅆ' 발음으로 바뀌기 때문에 c자리를 qu로 바꿔요.
- ricísimo (X)
  ➡ riquísimo (O)

 STEP 3 스페인어 진짜 즐기기   ▶ 강의보기 🔊 70-5 💬 말하기 연습

아래 대화를 들으면서 오늘 배운 내용을 확인해 보세요.

 Erica
Uff. No puedo más. No sé... Creo que estoy de bajón.
휴. 나 더 못 하겠어. 모르겠어... 나 처지는 것 같아.

Sara
¡Qué te pasa! ¡Ánimo! Tú puedes.
¡Eres la persona más fuerte!
무슨 일이야! 힘내! 넌 할 수 있어. 너는 가장 센 사람이야!

 Erica
¿Tú crees? Gracias, mi mejor amiga.
그렇게 생각해? 고마워, 내 베프.

 Sara
¡Para eso estoy aquí!
나 그러려고 (널 응원하려고) 여기 있는 거야!

⊙ 단어
estar de bajón 우울하다, 슬럼프에 있다
ánimo 힘내

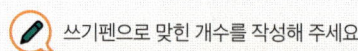

① 제시된 문장을 스페인어로 바꿔 써서 그림 속 친구를 격려하는 문장을 만들어 보세요.

1. 네가 가장 똑똑해. ➡ _____
2. 네가 가장 세. ➡ _____
3. 네가 가장 예뻐. ➡ _____

② 제시된 형용사들을 성수일치에 주의하며 절대 최상급으로 바꾸세요.

1. alto ➡ _____
2. mala ➡ _____
3. cansados ➡ _____
4. contentas ➡ _____

③ 제시된 단어를 순서대로 배열하여 최상급 문장을 완성해 보세요.

1. de es Esta obra aquí la más obra famosa
   ➡ _____.

2. los entre más Sois tacaños nosotros
   ➡ _____.

3. es mis Ella romántica hermanas más la de
   ➡ _____.

▶ 강의보기 틀리거나 헷갈리는 문제는 문제 해설 강의로 복습하세요.

◎ 오늘의 Misión 다음 질문에 스페인어로 대답해 보세요. ¿Quién es el más guapo de tu familia?

일상 묻고 답하기 ⑮ - 응원하기

Día 71
Lo importante es la mente.
중요한 것은 마음이에요.

20 . .

오늘은 앞서 나온 사실을 지칭하는 '그것' 혹은 '~인 것'이라는 의미를 갖는 중성관사를 살펴볼 거예요. 본격적인 학습에 앞서 오늘 배울 내용을 확인해 보세요!

1. 중성관사 lo
2. Lo + 형용사
3. Lo + más + 형용사

STEP 1 스페인어 진짜 맛보기

강의보기 | 71-1 | 말하기 연습

오늘 배울 내용을 예문으로 먼저 만나 보세요! 음원을 여러 번 듣고 따라 읽으면서 실력을 쌓아 볼까요?

¡No lo puedo creer! — 난 그것을 믿을 수 없어!

Lo malo no es para siempre. — 나쁜 것은 영원하지 않아요.

Lo bueno de este barrio son los parques. — 이 동네의 좋은 것은 공원들이에요.

Lo más importante es la salud. — 가장 중요한 것은 건강이에요.

¡Ojo!

☑ 반복 학습 체크체크

MP3 듣기 1회 2회 3회
따라 읽기 1회 2회 3회

단어
- para siempre 영원히
- importante 중요한
- la salud 건강

 스페인/중남미 진짜 여행 떠나기!

스페인어권 사람들은 서로 응원과 격려를 많이 해주는 편이에요. 부정적인 이야기보다는 긍정적인 말을 해준답니다. 오늘 나오는 응원하는 문장들은 통째로 외워서 친구가 고민 상담할 때 얘기해 주세요. :)

STEP 2 스페인어 진짜 알아가기

1. 중성관사 lo

'그것, 그 사실, 이 사실'이라는 뜻을 가진 성이 없는 관사로, 앞서 나온 내용을 통째로 언급할 때 사용해요. 목적격 대명사와 마찬가지로 동사 앞에 넣어 주며, 동사가 원형으로 끝나는 경우는 동사 뒤에 딱! 붙여 사용할 수도 있어요.

Lo sé.	나 그거 알아요.
No debes hacerlo.	너는 그것을 하면 안 돼.
Mañana vamos a España. ¡No lo puedo creer!	내일 우리는 스페인에 가. 그걸 믿을 수 없어!

잠깐!

❶ 'lo de 명사'라고 쓰면 '~의 일, ~와 관련된 일'이라는 뜻이 돼요.
¿Sabes lo de Lola? 너 롤라의 일 알아?
No te puedo decir lo de ayer. 어제의 일은 너에게 얘기할 수 없어.

❷ 중성관사는 일반 관사와 달리 명사 앞에 들어갈 수 없어요.
Lo colegio (X) ➡ El colegio (O)

2. Lo + 형용사 : ~한 것/~한 점

중성관사 lo 뒤에 바로 형용사를 넣으면 '~한 것/~한 점'이라는 명사가 돼요.

$$\boxed{Lo} + \boxed{형용사} + \boxed{es} + \boxed{명사/inf.}$$

Lo **malo** no es para siempre.	나쁜 것은 영원하지 않아요.
Lo **importante** es disfrutar.	중요한 것은 즐기는 것이에요.

잠깐!

'~에서'라고 기준을 더해 주고 싶을 때는 전치사 'de'를 사용해요.
Lo hermoso **de** Latinoamérica es la naturaleza. 라틴아메리카의 아름다운 것은 자연이에요.
Lo bueno **de** ti es la mentalidad. 너의 좋은 점은 정신이야.

단어
disfrutar 즐기다
hermoso 아름다운
la naturaleza 자연
la mentalidad 정신

3. Lo + más + 형용사 : 가장 ~한 것/가장 ~한 점

중성관사 lo와 형용사 사이에 más를 넣으면 최상급이 되어 '가장 ~한 것/가장 ~한 점'이라는 명사가 돼요.

$$\boxed{Lo} + \boxed{más} + \boxed{형용사} + \boxed{es} + \boxed{명사/inf.}$$

★ 비교급 불규칙 형용사들은 más 없이 'lo + 불규칙 형용사' 구조로 '가장 ~한 것'을 나타내요.
- lo más bueno (X)
  ➡ lo mejor (O)
- lo más malo (X)
  ➡ lo peor (O)

Lo más interesante de la película es la historia.
영화에서 가장 흥미로운 것은 이야기예요.

Lo más recomendable es dormir ocho horas al día.
가장 추천하는 것은 하루에 8시간 자는 것이에요.

Lo más importante de la vida **es** el amor.
인생에서 가장 중요한 것은 사랑이에요.

'lo + (más) + 형용사' 구문으로 의견을 나타낼 때 누구의 의견, 생각인지를 더하려면 'para + 사람'을 문장에 넣어 줘요.

Para mí, lo más importante de la vida es el amor.
나에게 인생에서 가장 중요한 것은 사랑이에요.

 ¡Ojo!

단어

interesante 흥미로운
la historia 이야기, 역사
recomendable 추천할 만한

Mini Check

전치사 para의 사용법
1. ~위해 (목적)
   para estudiar
   공부하기 위해
2. ~로 (목적지)
   para mi casa
   집으로
3. ~에게 (의견)
   Es barato para mí.
   나에게는 저렴해요.
4. ~까지 (기한)
   para mañana
   내일까지

 **STEP 3 스페인어 진짜 즐기기**  강의보기   71-5 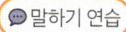 말하기 연습

아래 대화를 들으면서 오늘 배운 내용을 확인해 보세요.

Sara

Mañana tengo el examen de español. ¡No lo puedo creer!
내일 스페인어 시험 있어. 믿을 수 없어!

Lucas

Lo sé. Pero, tranquila. Lo importante es no estar nervioso.
알아. 하지만 진정해. 중요한 것은 긴장하지 않는 것이야.

Sara

Pero estoy en blanco. Tengo que estudiar...
근데 나 머리가 하얘. 공부해야 해…

Lucas

Bueno, lo más importante es estudiar.
뭐, 가장 중요한 것은 공부하는 거지.

단어

el examen 시험
nervioso 긴장한
estar en blanco 머리가 하얗다

 **STEP 4 스페인어 진짜 써먹기**

 쓰기펜으로 맞힌 개수를 작성해 주세요.

나의 점수   개 / 10개

① 제시된 문장에서 중성관사 lo가 들어갈 자리를 고르세요.

1. Mi ① padre ② no ③ sabe.
2. Necesito ① saber ② de ③ Ana.
3. ¿ ① Me ② puedes ③ decir?
4. No ① vamos a ② hacer nunca ③ .

② 보기와 같이, 중성관사 뒤에 형용사를 넣어 '~한 것', '가장 ~한 것'이라는 구문을 만들어 보세요.

| 보기 | 중요한 것 ➡ lo importante |

1. 좋은 것   ➡ _____
2. 나쁜 것   ➡ _____
3. 가장 좋은 것   ➡ _____
4. 가장 나쁜 것   ➡ _____
5. 가장 아름다운 것 ➡ _____

③ MP3에서 나오는 문장을 듣고, 스페인어로 받아 적어 보세요. 🔊 71-6

1. _____.

▶ 강의보기 틀리거나 헷갈리는 문제는 문제 해설 강의로 복습하세요.

◎ 오늘의 Misión 여러분에게 가장 중요한 것은 무엇인가요? 스페인어로 얘기해 보세요.

4

Día 72

Día 67~71 복습하기

Práctica ⑫
연습문제

20 . .

 연습문제로 실력을 체크해 봐요!

나의 점수   개 / 30개

① 제시된 단어를 순서대로 배열하여 문장을 완성해 보세요.

1. Yo   en   casa   estoy   ➡ _____.
2. trabaja   de   Él   no   cerca   aquí   ➡ _____.
3. hotel   lejos   Estamos   del   ➡ _____.
4. y   China   entre   está   Corea   Japón   ➡ _____.
5. de   silla   la   encima   está   llave   La   ➡ _____.
6. Tú   lado   mí   estás   al   de   ➡ _____.

② 각 위치 부사구를 반대말끼리 짝지어 보세요.

1. cerca de   •   • a. lejos de
2. dentro de   •   • b. fuera de
3. delante de   •   • c. debajo de
4. encima de   •   • d. detrás de

3 보기와 같이, más와 제시된 형용사를 이용하여 비교급 문장을 만들어 보세요.

> **보기**
> 비교 대상 el avión / el coche 형용사 grande
> ➡ El avión es más grande que el coche.

1. 비교 대상 la mesa / la silla   형용사 pequeño
   ➡ La silla es _____.

2. 비교 대상 yo / ellos   형용사 alto
   ➡ Ellos son _____.

3. 비교 대상 las croquetas / los tacos   형용사 caro
   ➡ Las croquetas son _____.

4. 비교 대상 la piña / el aguacate   형용사 dulce
   ➡ La piña es _____.

4 제시된 비교급 문장에서 틀린 부분을 찾아 올바른 문장으로 다시 써 보세요.

1. Mi hermano más estudia que yo.   ➡ _____.
2. En Seúl hace más calor que Madrid.   ➡ _____.
3. Ellos son más viejos que vosotros.   ➡ _____.
4. Ella está peora que ayer.   ➡ _____.

5 괄호 안 어휘 중, 제시된 동급 비교 문장에 어울리는 것을 1개씩 고르세요.

1. Sois (tan / tantos) graciosos como mi novio.
2. No puedo bailar (tan / tanto) bien como ella.
3. La paella vale (tan / tanto) como las gambas al ajillo.
4. Hoy no hay (tanto / tanta) gente.
5. Tengo (tanto / tantas) tareas como ayer.

6 보기와 같이, 제시된 단어를 사용하여 아래 가족 사진을 묘사하는 최상급 문장을 만들어 보세요.

보기	alto	pequeño	delgado	frío	~~gordo~~

➡ Yo soy el más gordo de mi familia.

1. Yo soy _____.

2. Mi hermana es _____.

3. Mi papá es _____.

4. Mi mamá es _____.

7 제시된 문장에 빠져 있는 중성관사 lo를 올바른 위치에 넣은 후, 스페인어로 완성된 문장을 쓰고 우리말로 해석해 보세요.

1. Bueno es el barrio.

   ➡ (올바른 문장) _____.

   ➡ (우리말 해석) _____.

2. Más importante es saber hablar español.

   ➡ (올바른 문장) _____.

   ➡ (우리말 해석) _____.

3. No sé de hoy.

   ➡ (올바른 문장) _____.

   ➡ (우리말 해석) _____.

Diálogo 음원을 듣고 대화를 완성한 다음, 소리 내어 연습해 보세요. 🔊 72-1   💬 말하기 연습

Daniel: Guau. Hoy llueve _____ _____ ayer.

Julia: Sí. También hay _____ humedad _____ ayer. En España llueve _____ pero en verano _____ _____ _____ _____ _____ .

Daniel: Jo. ¿Más que aquí? ¿Dónde está España?

Julia: Está _____ Francia. _____ Francia y Portugal.

Daniel: ¡Está _____ _____ Corea! Pero tengo ganas de viajar a España.

Julia: Para mí, _____ _____ _____ Europa.

Julia: Sí, es un país maravilloso. ¡Puedes ir! _____ _____ es querer. ¡Querer es poder!

Daniel: Bueno, tienes razón. _____ _____ el precio de viaje. ¡Es _____ _____ !

Julia: Ah, ¿sí? Yo no sé nada de eso.

Daniel: _____ no saberlo.

▶ 강의보기 틀리거나 헷갈리는 문제는 문제 해설 강의로 복습하세요.

🎯 오늘의 Misión Más, menos, tan/tanto 그리고 중성관사 lo를 활용해 우리나라(한국)를 설명해 보세요.

4